ISBN 978-0-267-76334-4
PIBN 11002724

1 MONTH OF
FREE
READING

at
www.ForgottenBooks.com

By purchasing this book you are eligible for one month membership to ForgottenBooks.com, giving you unlimited access to our entire collection of over 1,000,000 titles via our web site and mobile apps.

To claim your free month visit:
www.forgottenbooks.com/free1002724

Gesammelte Werke

der Brüder

Christian und Friedrich Leopold

Grafen zu Stolberg.

———

Fünfter Band.

———

Hamburg,
bei Friedrich Perthes.
1827.

Schauspiele mit Chören.

Zweiter Theil.

Die weiße Frau.

Ein Gedicht in sieben Balladen.

Inhalt.

Timoleon.

Ein Trauerspiel mit Chören

von

Friedrich Leopold Graf zu Stolberg.

1784.

An meinen Freund

F. H. Jacobi.

Handelnde Personen.

Timophanes, Tyrann von Korinth.

Timoleon, sein Bruder.

Aeschylos.

Orthagoras.

Glaukos, Anführer des Chors der Jünglinge.

Ein Greis.

Kreon, sein Sohn.

Ein Herold.

Ein Knecht.

Demariste, Mutter des Timoleon und des Timophanes.

Eucharis, Schwester des Timophanes und des Timoleon, Weib des Aeschylos.

Psyche, Tochter des Orthagoras, Braut des Timoleon.

Chor der Jünglinge.

Chor der Jungfrauen.

Volk.

Wache des Tyrannen.

Die Scene ist in Korinth.

Erster Aufzug.

Timoleon, Aeschylos und Orthagoros sind im Zimmer des Timoleon. Glaukos tritt herein.

Glaukos.

Der gute Dichter sagt ein wahres Wort:
Der Tag, der ihm die Freiheit nimmt, beraubt
Den Menschen seiner halben Tugend auch.
Deß sind der Zeugen in Korinthos viel,
Auch ich und ihr, ja selbst Timoleon!
Er schont den Bruder, wir im Bruder ihn,
Und achten nicht der Knechtschaft Schmach, und nicht
Des Vaterlandes, unsrer Kinder nicht,
Der freien Väter nicht, der Götter nicht!
Sie gaben uns die Freiheit, Hella's Kranz,
Den in der Feldschlacht oft der Väter Blut
Bethaute, den des großen Königs Arm
Uns nicht entriß, wiewohl der Meere Schooß
Uns seine Schiffe, wie der Wogen Schaum,

Entgegen warf; und feiner Heere Macht,
Wie im Gefild' die Halme, zahllos uns
Mit eh'rner Saat umstarrte. Hoch erscholl
Im Ruhm der Griechen auch Korinthos Preis.
Nun schütteln alle Griechen über uns
Ihr Haupt, es höhnen die Barbaren uns:
Wohl fein verschmähtet ihr des Königs Bund,
Und schüttetet wie Wasser euer Blut
In vielen Schlachten für die Freiheit hin,
Zu fröhnen dem Tyrannen, den ihr selbst
An eurem Busen wärmtet, wie der Thor
Die Schlange, eh' ihr Gift in's Herz ihm drang.
Es kamen zu Poseidon's Feier nie
So wenig Gäste; zahllos war die Schaar
Vordem, und jeden Fremdling kennt man nun.
Von Sparta kam nicht einer, von Athen
Kaum hundert, wenig der Böotier,
Sehr wenig aus der nahen Sicyon,
Es werden Karer und Joner bald,
Und Kappodozier das heil'ge Fest
Mit uns begehn, des Siegers Eppich wird
Nicht mehr ein Schmuck für freie Häupter seyn.
Da ich das vor'gemal das Fest beging,
Als Führer des geweihten Chors, da scholl
Mein Lied der Freiheit Preis; auch heute soll
Das heil'ge Chor erschallen! schreckend soll
Es dem Tyrannen schallen! soll das Volk
Gleich ehernen Drommeten in der Schlacht

Entflammen! dem Tyrannen Rabenlied
Vortönen! Meine Jünglinge sind kühn,
Und edel, alle sind entschlossen heut
Zu sterben schönern Tod, als Tod der Schlacht,
Gewissen Tod! wie bei Thermopyle
Die heil'ge Schaar von Sparta starb! Vielleicht
Erwachen ihre Väter aus dem Schlaf,
Und ihre Brüder, wenn des Miethlings Schwert
Des Vaterlandes schönste Blüthe mäht,
Gehabt euch wohl, und duldet was ihr könnt,
Ihr der Heroen, ihr der Götter Blut!
Entsagt der Freiheit, wenn ihr könnt, Ich bin
Schon frei, und jeder, der den Tod nicht scheut!

(Er geht.)

Aeschylos.

Die Götter sandten ihn, Timoleon!
Sie wollen unsern wankenden Entschluß
Beflügeln! Werth der heil'gen Botschaft ist
Der edle Sänger, wollen wir nicht werth
Der Götterstimme, die uns rufet, seyn?
Wer große Thaten aufschiebt, thut sie nie!
Der Blöde harret der Gelegenheit,
Die, wie ein loses Mädchen, täuschend lockt,
Und flieht; der Edle achtet ihrer nicht,
Und ungerufen tanzt sie vor ihm her!

8

Timoleon.

Der biedre Glaukos hatte recht, er ist
Schon frei, und jeder, der den Tod nicht scheut!
Die Wache schützet den Tyrannen nicht
Vor meinem Arm, den Bruder schützte nur
Mein Herz bisher. Es war der schönste Tag
In meinem Leben, als ich in der Schlacht
Ihn rettete. Des Schicksals Hülle hing
Vor meinen Augen, und ich wähnte nicht,
Daß ich zu seiner Schmach ihn schönem Tod
Entrissen hätte! seinem Vaterland
Und mir zum Wehe! — Doch sein Maaß ist voll!
Gefaßt ist mein Entschluß; nur einmal noch
Versucht mit mir, Orthagoras und du,
Ihn zu erschüttern; hört er heut uns nicht,
So thut, was euch das Vaterland gebeut,
Und was die Götter fodern! was mein Herz
Mir täglich zurief, täglich mir verbot!

Orthagoras.

Ihr guten Götter! Hör', Timoleon!
Was meine Tochter, deine Braut, im Traum
Die letzte Nacht gesehn. Versammelt war
Das Volk, das Lied des heil'gen Reigens scholl,
Wie heute wird versammelt seyn das Volk,
Wie schallen wird des heil'gen Reigens Lied!

Vor Poseidaon's Tempel standst du ernst,
Gelehnt an einen Pfeiler; heftetest
Den Blick hinauf zu des Tyrannen Burg.
Da stürzte schnell der Vogel des Zeus herab
Auf deine Scheitel, schleuderte von da
Das flammende Geschoß, und krachend stürzte
Die gethürmte Burg, es stäubte Erd' empor,
Trüb' wogte das Meer. Der Adler schwand, das
      Volk
Bewarf mit Blumenkränzen jauchzend dich.
Nun schwand das Volk; du bliebst, da entstieg der
      Tiefe
Der Eumeniden blasse Schaar, ihr Haupt
Umzischt von Schlangen; dir entsank dein Kranz,
Erbleichtest, wolltest fliehn; umsonst, du standst
Wie eingewurzelt, mit gesträubtem Haar,
Hoch schlug dein Herz, es zitterten dir die Kniee,
Die Wangen bebten unter starrem Blick.
Die Eumeniden schwebten um dich her,
Und jauchzten fürchterlich, und dräuten dir.
Doch plötzlich stand die hohe Tochter Zeus
Bei dir, es strahlt Pallas Aegis hell
Vor deinem Haupt, die Töchter der Nacht entflohn
Laut heulend, und es zischte noch von fern
Das lebende Gewind' in ihrem Haar.
Du standst erhaben wie ein Halbgott da,
Ein schimmerwerfend Schwert in deiner Hand,
Und neben dir ein zügelfreies Roß,

Genährt in Aetna's Thälen; blendend weiß.
Wie des Aetna Schnee, die Mähn' ein Spiel des
Winds,
Ein Spiel des Windes seines Schweifes Strom,
Sein Schnauben Dampf, und seine Augen Gluth.
Und ein gemischter Päan scholl und pries
Befreier von Korinthos dich, und dich
Befreier von der schönen Syrakusa.
Da erwachte sie. Im leichten Schleyer lief
Sie bleich zu mir, und forschte nach des Traums
Verborgner Deutung, freudig küßt' ich sie,
Und hieß sie still und froh des Traumes seyn!

Timoleon.

Ein sonderbarer Traum, Orthagoras!
Zwar deiner Tochter Phantasie ist reich,
Ihr Herz für Freiheit warm, und liebevoll,
Doch daß sie diesen Traum in dieser Nacht
Geträumet hat, ist wahrlich staunenswerth!
Mein Bruder! ach! laut spricht mein Herz für dich!
Doch lauter ruft das Vaterland mir zu!
Ihr Götter, rufet laut mir zu! und taub
Soll nie mein Ohr für eure Stimme seyn!

Ein Knecht.

Timophanes entbeut dir seinen Gruß,
Timoleon! auch dir, o Aeschylos!
Zugleich mit ihnen dir, Orthagoras;

Und dieses Worts Befehle: heute nicht
Hinauf zur Burg zu kommen, theuer ist
Ihm diese Stunde, schwer von Last des Staats.
Ihr seht ihn bei des Festes Feier, mögt,
Sobald der heil'ge Reigen schweiget, frei
Ihn sprechen in Poseidon's Säulengang.

(Er geht.)

Orthagoras.

"Ihr seht ihn bei des Festes Feier, mögt,
Sobald der heil'ge Reigen schweiget, frei
Ihn sprechen in Poseidon's Säulengang."
Vergleicht die Worte mit des Mädchens Traum!

Aeschylos.

Ein neuer Aufschub, neue Gall' in's Blut!

Timoleon.

Auch den beschlossen die Unsterblichen!
Ihr Schwert ist furchtbar, aber säumend hängt's
An einem Roßhaar über seinem Haupt.
Sie warnen selbst den Frevler, wollen ihn
Noch zweimal warnen, durch das Chor, und dann
Durch uns. Vielleicht erschüttern wir ihn noch,
Vielleicht des kühnen Reigens heil'ges Lied!

Aeschylos.

Und wenn das Chor ihn nicht erschüttert? Wenn
Er zürnend winket seiner feilen Schaar?

Timoleon.

Das darf er vor des Volkes Augen nicht;
Und darf es auch vor meinen Augen nicht.

Aeschylos.

So wahr ich leb', auch nicht vor diesem Arm!

Zweiter Aufzug.

Eucharis und Psyche
sind in einem Zimmer der Eucharis.

Eucharis.

Welch' Traumgesicht! und welcher Hoffnung Strahl!
Ein heller Strahl, doch tödtend wie der Blitz!
Und doch, ist dem der Tod ein Unglück, der
Zum Ruhm die Schmach erkor? der's Vaterland
Bejocht, und unsern Stamm befleckt? Wie tief
Sank Timodemo's Tochter nun herab?
Sie, die so stolz auf ihre Brüder war,
Und deren Bruder nun, Korinthos Pest,
Verderben haucht! des Bruders Frevel deckt
Mit Blässe meine Wangen, wenn das Volk,
Mit Fingern deutend, mich den Gästen zeigt:
Das ist die Schwester des Tyrannen! drum
Entzieh' ich der Gespielen Reigen mich,
Dem Schauspiel, ja den Tempeln, wenn ich darf.
In meinem Hauf', im Bett des Aeschylos,
Dem stiller Gram am Leben naget, frißt
Die Schande mich; je schonender er schweigt,

Je tiefer dringt mein Harm! Ich hätte lang
Mich abgehärmt, wo nicht Timoleon,
Auch er mein Bruder, und mein Liebling er,
Und Liebling unsers Vaterlandes, Trost
In meine offnen Wunden träufelte.
Und neuen Trost giebt mir dein großer Traum.
Doch sprich, wie war dir bei'm Erwachen? Schlug
Dein Herz vor Freude? schlug dein Herz vor Angst?

Psyche.

Es schlug vor Freude mir, doch mehr vor Angst.
Mir war zu Muth, wie mir zu Muthe war
Als mein Timoleon auf breitem Schild
Getragen ward, bedeckt mit schönem Blut,
Und lächelnd seiner Braut zu sagen schien:
O, meine süße Psyche! weine nicht,
Es schmücken diese Wunden, tödten nicht,
Als hinter ihm des Volkes Jauchzen scholl,
Und ihn Korinthos Schutzgeist nannte, als
Ihn Demariste weinend herzte, daß
Er ihren Erstgebornen, ihren Liebling,
Mit seinem Blut errettet hätte, ihn
Dem Tod entrissen, der vom eignen Roß
Gedrückt, der Feinde sichrer Raub schon war.
So war mir bei'm Erwachen. Bebend lag
Ich lang, mit kaltem Fieberthau der Angst
Genetzet, sah der Eumeniden Schaar
Vor offnem Blick und zagte; hörte dann

Mit wachem Ohr den Päan meines Traums,
Und freute bebend mich. Es siegte die Freude
Sobald des Morgens goldner Strahl in's Bett
Hineinschien, und ich sprang empor, und warf
Den Schleier um, und laufend trug mein Fuß
Mich hin zu meinem Vater, dem ich gleich
Den Traum erzählte, deß so voll ich war.

Eucharis.
Was sagt' Orthagoras? Erstaunt' er nicht?

Psyche.
Mein Vater staunte, und ward leichenblaß,
Doch Freude war sein Staunen, Freude war
Die Blässe seiner Wangen, und sein Blick
Warf Strahlen, wie ein Speer im Sonnenschein.
Er herzte mich, und seine Thränen stürzten
Auf seiner Psyche bebendes Gesicht.
Dann sprach er: Psyche, freue dich des Traums,
Und schweige! freue dich Timoleon's!
Sei stolz auf ihn, mein Kind! und stolz auf dich!
Dir sandten Götter dieses Traumgesicht;
Timoleon ist ihrer Sorge Ziel;
Und werth ist ihnen unser Vaterland!

Du lächelst, Freundinn! straft dein Lächeln mich?
Wie konnt' ich dir verschweigen diesen Traum?
Wiewohl mein Vater Schweigen mir gebot.

Hab' ich dir je geschwiegen, wenn mir Angst
Den Busen hub? wenn Freude mir ihn hub,
Geschwiegen je? und itzt, da Freud' und Angst
Wie Fluth und Ebbe strömen, sollt' ich itzt?
O, kennte so mein Vater dich, wie ich
Dich kenne, Freundinn! er erzählte dir
Den Traum; und seine Deutung, die er mir,
Der Schwächeren, verschwieg, enthüllte dir
Sein weiser Mund, denn männlich ist dein Herz,
Du werthe Schwester des Timoleon!
Ich schmiegte früh mich an die Stärkre an,
Wie um den Ulmbaum sich die Rebe schlingt;
Wenn meine Seele zagte folgt' ich dir,
Wie in dem Wogensturm das Wasserhuhn
Dem Schwane folgt, der ihm die Fluthen theilt.

E u c h a r i s.

Du gutes, süßes Mädchen! fasse dich!
Siehst noch so schüchtern, so verwirrt noch aus,
Und ich erwarte meine Mutter nun.
Du kennst sie, Psyche! findet sie uns hier
Im traulichen Geschwätz, und dich noch bleich,
So forschet sie. Wie wär es, wenn sie uns
Im schönen Spiel der Musen fände? Soll
Ich meine Zither nehmen? Findet sie
Dich singend, spielend mich, so forscht sie nicht,
So rechnet sie dem süßen Liede an,
Was deinem Traum, den sie nicht wissen darf,

Gehört, denn lügen können wir ja nicht,
Und dürfen ihr den Inhalt des Gesprächs
Nicht sagen, drum ermanne dich, und sing'.

Psyche.
Wohl faßest du bei meiner Schwäche mich,
Schalkhafte! doch es sei! Zwar klopft mein Herz,
Doch will ich singen wie ich singen kann,
Dem Böglein gleich, das in dem Käficht singt,
Und durch den Drath der Quelle Rauschen hört,
Und durch den Drath der Pappel Säuseln fühlt,
Und durch den Drath die freien Vögel sieht.

Eucharis.
Das freie Böglein singet bald vielleicht
In weiter Luft den Bögeln um sich her!

Psyche
(singt, Eucharis begleitet ihren Gesang mit der Äther).
Der bedeckte mit wallendem
Golde die Thale das drittemal,
Seit ich liebe den Helden,
Meinen Timoleon!

Unter den Jünglingen schimmerte
Hoch auf dem Wagen Timoleon,
Röthe deckte die Jungfraun,
Bläffe die Jünglinge!

Bräunlich und licht wie die stürzende
Quelle des Waldes im Sonnenschein,
   Glänzten fliegend die Rosse
    Meines Timoleon!

Schimmerten rund um das Ziel herum,
Wie um den Felsen die Woge glänzt,
   Brachten harrenden Kreisen
    Meinen Timoleon!

Glühend, wie Phöbos dem Meer entsteigt,
Sprang er vom stäubenden Wagen ab,
   Und es kränzte der Epheu
    Meinen Timoleon!

Jünglinge priesen, es priesen ihn
Männer und Weiber, nur Psyche schwieg,
   Denn sie durft' ihn nicht nennen
    Ihren Timoleon.

Seht auf dem Hügel die schwellende
Traube, der reifenden Freude voll!
   Als die Rebe noch weinte
    Freute Psyche sich!

Denn wo Pirene mit schimmernder
Welle den dürstenden Oelbaum tränkt,
   Sprach er fliegende Worte,
    Liebend zur Liebenden!

Demariste.

Mir scholl im Vorsaal deines Liedes Klang,
Ich wollte dich nicht stören, aber heut'
Ist keine Zeit für Saitenspiel und Lied.
Geht, schmücket zu des Festes Feier euch!
Sonst zürnet euch mit Recht Timophanes,
Der heute sich dem Volk als Herrscher zeigt.

Eucharis,

So ist denn freilich heute keine Zeit
Für Saitenspiel und Lied. — Als Herrscher zeigt
Er Freigebornen sich, aus Trotz, im Pomp
Der Tyrannei? Und das an diesem Fest,
Da ganz Korinthos voll von Gästen ist?

Demariste.

Das sei der Männer Sorge! Schmücke dich!
Auch deine Mutter schmücket sich zum Fest.
Es kümmre dich das Wohl Korinthos nicht,
Die Spindel wird kein Schwert in deiner Hand!
Der Klang der Saiten, Tanz und Lied sei dein,
So Rath als That gehört den Männern zu.

Eucharis.

Es blühte nie die Blume des Gesangs,
Es reifte nie der edlen Thaten Frucht,
Wo nicht der Freiheit Strahl die Seelen wärmt.

2*

Demariste.

Er wird ein König seyn und kein Tyrann.

Eucharis.

Ja, Mutter! ja, und Vater seines Volks!
So nannten auf der Veste, so umher
In Inseln, die Tyrannen alle sich.
Ein König — ein Tyrann — der eine ist
In guter Laune, und der andre ist
In böser Laune; weh dem Volke! das
Die Launen eines Menschen spähet, wie
Der Schiffer nach des Windes Wendung forscht!

Dritter Aufzug.

Versammlung des Volks.

Ein großer Platz. Seitwärts zur Rechten steht ein
Tempel, und vor ihm ein bedeckter Gang zwischen
Pfeilern. Gegenüber sieht man auf einem Berge
die Burg Akrokorinthos. In der Mitte steht ein
Thron, vor dessen Stufen ein Herold hintritt.

Ein Herold.

Ihr Männer von Korinthos, höret mich,
Und höret mich ihr Gäste, die das Fest
Zu feiern, aus den Städten Griechenlands,
Nach alter Sitte hergekommen seid.
Die edlen Spiele sind euch wohl bekannt,
Zu denen, schon von grauen Zeiten her,
Korinthos, in des dritten Jahres Lauf,
Die Völker sammelt. Eure Väter sahn,
Und ihrer Väter Urgeschlechte sahn,
Die Spiele, deren Stifter Theseus war.
Der ersten Morgenröthe Widerschein,
Vor dem die hohe Burg erröthen wird,

Bestrahlet morgen schneller Wagen Lauf.
Der Scheibe Schwung, des Spießes rascher Wurf,
Des harten Cestus blutbetriefter Schlag,
Des leichten Jünglings flügelschneller Fuß,
Der kühne Sprung, des Ringers Kraft und List,
Erwarten euch in vieler Tage Reih'.
An diesem Tage schallet der Gesang
Des heil'gen Reigens, der den Göttern werth,
Den Bürgern werth, und werth den Gästen sei!
Auch will Timophanes, den heil'gen Tag
Zu ehren, heute seinem Volke sich
Als Herrscher zeigen, in des Purpurs Glanz,
Den ihm Korinthos Götter selbst verliehn,
Denn Ehr' und Würde kommt aus ihrer Hand.
Er nahet schon, empfangt ihn mit dem Ruf
Der lauten Freude, denn Timophanes
Erfreuet sich des allgemeinen Wohls,
Deß Schutz und Wächter er geworden ist.

Einige Stimmen im Volk.

Heil Timodámos Sohn, Timophanes!

Timophanes,
(nachdem er den Thron bestiegen hat).

Heil allen Bürgern und den Gästen Heil!
Beginne, heil'ger Reigen, den Gesang!

Das halbe Chor der Jünglinge.

Dir, Poseidon! erschallt unser geflügeltes
Lied; Apollon, auch dir! dir auch, o herrschender
   Zeus! ihr waltet der schönen
    Meerumrauschten Sonnenstadt!

Du, Poseidon! erkohrst deine Korinthos dir!
Du, Apollon! erkohrst deine Korinthos dir!
   Und Unsterbliche kämpften
    Um die herrliche Sonnenstadt!

Aus den Wogen erhub donnernd dein Wagen sich,
Poseidaon! du hieltst dräuend den strahlenden
   Dreizack, sprühende Flammen
    Schnob dein schäumendes Roßgespann!

Auf der thürmenden Burg Akrokorinthos stand
Phöbos, hielt in der Hand seinen verderbenden
   Bogen, wehenden Flammen
    Glich das Haar des Unsterblichen!

Die andre Hälfte des Chors.

Vom Olympos herab sah die Unsterblichen
Zeus, mit mächtigem Arm nahm er die himmlische
   Wage, warf in die Schaalen
    Poseidaon's und Phöbos Loos.

Und die Wagschaal erscholl! keine der Schaalen sank;
Beide Mächtige sahn nach dem Olympos hin,
   Sahn die schwebenden Schaalen,
   Schnell entsagten dem Kampfe sie.

Wär' entlodert ihr Kampf, Akrokorinthos wär'
Eingestürzet! die Fluth hätte die Bande des
   Isthmos siegend zerrissen!
   Insel wäre des Pelops Land!

Hellas wäre getrennt, hätten die Götter sich
Nicht versöhnet! Ihr Bund krönet mit ewigem
   Ruhm Korinthos! sie wollen
   Beide Schützer Korinthos seyn!

Das ganze Chor.
Beide sind Schützer der hohen Korinthos!
   Rechts und links bewacht sie der Gott,
Welcher die thürmenden Wogen beherrschet!
   Dem die Tiefe schweigend gehorcht!

Beide sind Schützer der hohen Korinthos!
   Früh und spät begrüßt sie der Gott,
Welcher im flammenden Wagen der Sonne
   Beide Meere röthend versöhnt!

Das halbe Chor.
Segen schüttet auf uns durch das ägäische
 Meer Poseidon herab, Fülle des Morgenlands!

Durch ionische Fluthen
Reiche Fülle des Abendlands.

Unsre Jünglinge sehn früh die bezauberte
Küste Kolchis! Sie schreckt weder des Bosporos
    Schwarze Woge, noch Scylla,
    Noch Charybdis die Schlürfende!

Drachen schrecken uns nicht aus dem Hesperischen
Thal! mit wirbelndem Sand schreckt uns die Syrtis nicht!
    In die Säulen Herakles
    Beißt des kühneren Ankers Zahn!

Die andre Hälfte des Chors.
Schöne Gaben verehrt Phöbos Apollon uns!
Seinem feurigen Strahl röthet die Traube sich,
    Wenn die Freude des Menschen
    In der schwellenden Beere glänzt.

Schöne Gaben verehrt Phöbos Apollon uns!
Seinem himmlischen Strahl öffnet die Seele sich,
    Wenn die Flamme des Liedes
    Im begeisterten Seher glüht!

Phöbos heiliges Roß, Pegasos, weidete
Hier auf blühender Höh', schlug mit dem Flügelhuf
    An den Fels, da entquoll ihm
    Hell Pirene, der Musen Born.

Das ganze Chor.

Des Gottes Weisheit entflammet
Das heilige Chor!
O höret, Söhne Korinthos,
Das heilige Chor!

Das halbe Chor.

Des Guten gaben viel die Unsterblichen
An Viele! Erd' und Wasser und Luft sind voll
Belebter, und der Gaben Fülle
Strömet auf Diese, bethauet Jene.

Sie gaben Muth dem Löwen und schnellen Mord
Im Rachen; Muth und Fittig, und schnellen Mord
Dem Adler, List dem Fuchs, dem Tiger
Zielenden Sprung, und dem Rosse Feuer!

Vernunft dem Menschen! Sie, die den Löwen fällt,
Den Adler ereilet; höhnet des Fuchses List,
Den Sprung des Tigers; mit beschäumtem
Zügel die Flamme des Rosses leitet!

Die andre Hälfte des Chors.

Des Guten gaben viel die Unsterblichen
An Viele; Inseln sind und die Veste, voll
Von Menschen, und der Gaben Fülle
Strömet auf Diese, bethauet Jene!

Sie gaben Reichthum Diesen, und Heeresmacht
Den Andern, Schiffe zahllos wie Fisch' im Meer,
  Des Kriegeswagens blut'ge Sichel,
    Und Elephanten mit schwerer Thurmlast!

Uns Griechen Freiheit! Muth durch die Freiheit uns!
Nicht feil dem Golde, höhnend der Heeresmacht!
  An diesem Felsen scheitern Schiffe,
    Stürzet der Wagen und stürzt die Thurmlast!

Das ganze Chor.

Des Gottes Weisheit entflammet
  Das heilige Chor!
O höret, Söhne Korinthos,
  Das heilige Chor!

Das halbe Chor.

Es ward zu wählen Leben und Joch
  Und freien Tod
Den Söhnen von Hellas
  Gelassen schon oft!

Und Hellas Söhne wählten den Tod
  Für's Vaterland,
In Maráthon's Ebne,
  Und bei Platäa!

Bräunlich und licht wie die stürzende
Quelle des Waldes im Sonnenschein,
   Glänzten fliegend die Rosse
     Meines Timoleon!

Schimmerten rund um das Ziel herum,
Wie um den Felsen die Woge glänzt,
   Brachten harrenden Kreisen
     Meinen Timoleon!

Glühend, wie Phöbos dem Meer entsteigt,
Sprang er vom stäubenden Wagen ab,
   Und es kränzte der Epheu
     Meinen Timoleon!

Jünglinge priesen, es priesen ihn
Männer und Weiber, nur Psyche schwieg,
   Denn sie durft' ihn nicht nennen
     Ihren Timoleon.

Seht auf dem Hügel die schwellende
Traube, der reifenden Freude voll!
   Als die Rebe noch weinte
     Freute Psyche sich!

Denn wo Pirene mit schimmernder
Welle den dürstenden Oelbaum' tränkt,
   Sprach er fliegende Worte,
     Liebend zur Liebenden!

Winke der Schaar, die dich feil umgiebt,
Zu zücken den Speer und das blanke Schwert!
O, wir sehn, wüthe nur Thor! schon im Geist
Dich gestreckt, blutig und bleich, Hunden ein Raub!

Timophanes.

Ergreift, ihr Krieger, diese tolle Schaar,
Und führt sie schnell von hinnen! fesselt sie,
Und übergebt sie Hütern in dem Thurm.
Ihr Bürger, seht der Frevler frechen Trotz,
Ihr Gäste, seht ihn; schnellen Tod verdient
Die That; doch soll kein Blut das heil'ge Fest
Beflecken; selbst der Uebertreter Blut,
Die dieses Fest entweihten, soll noch nicht
Vergossen werden. Krieger, führt sie schnell!

Glaukos.

Ihr Bürger, lebet wohl! Zum Tode gehn
Wir freudig, und erhabner Hoffnung voll;
Erfüllt die Hoffnung, deren Morgenroth
Mein brechend Auge noch erquicken wird!

Eine Stimme im Volk.

Weh' dir, wofern du nicht des Reigens schonst!

Timophanes.

Ich spreche heute keinen Todesspruch.

Ein Jüngling aus dem Chor.

Des Thoren, der auch nicht von Thieren lernt!
Ein Hund beißt schnell und giftig, eh' er fällt,
Und deine Todeswunde hast du nun!

Eine Stimme im Volk.

Der Jüngling ist Apollon's Weisheit voll!

Timophanes.

Was säumt ihr? Reißet sie von hinnen, schnell!
Ihr Bürger, heute ward das Fest entweiht,
Geht mit den Gästen heim, und lebet wohl!

Eine Stimme im Volk.

Der heil'ge Reigen feiert heut' im Thurm!

(Timophanes steigt vom Thron und wendet sich zur
Burg; Timoleon, Aeschylos und Orthagoros gehen
auf ihn zu.)

Aeschylos.

Dein Bote lud uns diesen Morgen ein
Mit dir zu reden dort im Säulengang,
Bevor du kehrtest in die hohe Burg.

(Sie gehen in den Säulengang.)

Und weß wir eben Zeugen waren, heischt
Von uns der freien Unterredung Wort,
Weß ganz Korinthos eben Zeuge war.

Timophanes.

Von einer Schwäche, die mich schon gereut.

Aeschylos.

Sehr schwach war deine That, wofern du sie
Nach deinem Willen missest, und sehr stark,
Wofern das Recht der Thaten Maaßstab ist.

Timophanes.

Was nennst du Recht und Unrecht? Willst du mich
Noch gängeln in der Schule Labyrinth?
Mein Wille kennet keine Schranken, als
Die Schranken, welche ihm die Klugheit setzt.
Geschwätz ist jede andre Weisheit mir,
Und jedem, welchen Bind' und Purpur schmückt!

Orthagoras.

Sehr enge Schranken setzt die Klugheit dir,
Und engere die Zeit! Dein Leben steht
Auf eines Messers Schärfe. Sahst du nicht
Das Volk? Wie still und trübe, gleich dem Meer
Vor nahem Sturm! Was Eine Stimme rief,
War aller Meinung, und wie dräuend rief
Die Eine! und wie tief in aller Herz!
Sehr tief in deins! auch wardst du leichenblaß!

Timophanes.

Im Kampf der Ueberlegung und des Zorns
Entfärbten meine Wangen sich. Der Zorn
Wich, gleich dem Phalanx mit gesenktem Speer,
Um später, aber fürchterlich und bald
Zu wüthen. Einem wilden Rosse gleicht
Das Volk; der kluge Reuter wählt die Zeit
Zum Schwung der Geissel und zum straffem Zau
Und wird den Gaul nicht schrecken, welcher hoch
Sich bäumt auf jähen Pfaden an dem Strom;
Er giebt ihm Freiheit, streichelt ihm den Hals,
Und schwingt die Geissel dann mit sicherm Arm.

Orthagoras.

Du reitest einen Löwen, welchem schon
Die Augen glühn. Ein Volk, das einmal schon
Erfahren hat der süßen Freiheit Glück,
Gleicht einem Löwen, welcher warmes Blut
Gekostet hat; du wähnst, er gähne? Sieh',
Er sperrt den Rachen zum Verderben auf!

Timophanes.

Der Sparter stirbt für seinen schwarzen Brei,
Soll ich aus Furcht entsagen einem Thron?

Timoleon.

Nein, lieber Bruder, nicht aus feiger Furcht!
Aus Edelmuth, und weil die Pflicht gebeut!

Du bist des Vaterlandes Kind, du hast
Geblutet für das Vaterland, und wardst
Des Vaterlandes ärgster Feind! Du weißt,
Wie dieser Gram an meiner Seele nagt.
Du fühltest einst, wie ich, der Freiheit Glück,
Bei ihrem Namen glühtest du, wie ich.
Nun sprichst du der Barbaren Sprache, höhnst
Deß Volkes, das genährt von schwarzem Brei,
Der Ruhm der Griechen und ihr Bollwerk ward.

Timophanes.

Was kümmern mich und dich die Sparter? Wir
Sind auf dem Isthmos, deß Tyrann ich bin,
Und bleiben will, so lang mein Auge sieht,
So lang mein Odem Lebenslüfte haucht!
Wer Freiheit sucht, dem steht Thessalia
Gen Mitternacht, gen Mittag Argos offen,
Und ist auch diese Luft nicht frei genug,
So athm' er in den Wüsten Libyens
Mit freien Ungeheuern freie Luft!

Aeschylos.

Was meinest du, Timoleon? Mich däucht,
Es sei der eitlen Worte schon genug!

(Zween von der Wache kommen mit einem alten Mann.)

Einer von der Wache.

Timophanes! wir führen diesen Greis
Herbei, der Worte von Gewicht mit dir
Zu reden hat, wofern sein Mund nicht täuscht.

Timophanes.

Ich kenn' ihn, haltet ihn? nun sprich, o Greis!

Der Greis.

Ist mir kein Wort mit dir allein vergönnt?

Timophanes.

Vor diesen Männern halt' ich nichts geheim.

Der Greis.

Ein Wort, Timophanes! ein kurzes Wort,
Geheimen Inhalts, und von schwerer Wucht!

Timophanes.

Man weiß, ich wiederhole mich nicht gern.
Vor diesen Männern halt' ich nichts geheim.

Der Greis.

Ein einzig Wörtchen! Sieh', ich bin ein Greis!

Timophanes.

So wahr ich leb', ich sprech' dich nicht allein!
Vor diesen Männern rede was du willst.

Der Greis.

Ich folgte bis zum Thurm des Sisyphos
Dem heil'gen Reigen und der Wache Schaar.
Mein Sohn ist einer im geweihten Chor.
Als raffelnd nun des hohen Thurmes Thür
Geöffnet ward, da schlüpft ich ungesehn
Hinein, und hörte schaudernd den Befehl,
Den deiner Wache Führer in dem Thurm
Den Hütern gab, in stiller, finstrer Nacht
Die Jünglinge zu morden mit dem Strang.

Timophanes.

Er ist von Sinnen, führet ihn hinweg!

Der Greis.

So wahr du lebst, ich sprach dich nicht allein!
Ich brachte dir für meinen armen Sohn
Den Schlüssel zu dem Thurm! nun sei's für mich
(Er zieht einen Dolch hervor.)
Der Schlüssel einer bessern, freien Welt!
(Er ersticht sich.)

Timoleon.

O weh'! du lud'st auf dich auch dieses Blut!

3*

Aeschylos.

Wir luden säumend dieses Blut auf uns!
Das Blut der Jünglinge soll über uns
Auch Rache schrein, nicht wahr, Timoleon?

Timoleon.

Das Blut des Greises schreiet laut genug!
Thut was zu thun das Vaterland gebeut,
(Er entfernt sich einige Schritte, lehnt sich an einen
der Pfeiler, und verhüllet sein Haupt.)

Aeschylos,
(indem er dem Timophanes einen Dolchstoß giebt).
Da stirb, Tyrann!

Timophanes.

O weh'!

Orthagoras,
(indem auch er dem Tyrannen einen Dolchstoß giebt).
Ja stirb, Tyrann!

(Einige von der Wache eilen herbei.)

Aeschylos.

Zuerst bleibt stehen! nun eilet fort! wofern
Euch euer Leben werth ist! Euer Herr
Liegt hier in seinem Blut! das freie Volk,

Das mit gerechtem Grimm' euch haffet, wird
Euch nicht verschonen, wo ihr nicht entrinnt.

   (Sie werfen Speere und Schilde hin und entfliehn.)
Geh' rechts, Orthagoras! ich geh' links,
Herbei zu rufen das befreite Volk.

   (Sie gehen, man hört jeden auf seiner Seite
      noch rufen:)
Timophanes ist todt! Korinthos frei!

     Timoleon (allein).
Es ist geschehn, er liegt in seinem Blut!
Gerechte Götter! Menschen sehn die That,
Und selten trifft ihr Urtheil in das Ziel.
Ihr seht mein Herz, zerrissen ist mein Herz!
Es spricht mich frei und blutet — er ist todt!
Mein Bruder! und mit meinem Willen! Er,
Den meine Seele liebte, er ist todt!

   (Er geht hin zur Leiche seines Bruders.)
Mich klage diese Todesbläffe nicht,
Mich klage dieses Blut nicht an! — Auch dich,
Mein Bruder, müffe bei den Göttern nicht
Dein Tod anklagen, nicht des Greises Tod,
Nicht deines Vaterlandes Flüche! Nehmt,
Ihr Götter! dieses Blut als Opfer an,
Und zürnt dem Todten nicht! — Vernichtet ihn —
Vernichten? — Ach, ihr Götter! wißt, wie schwach
Der Sohn des Weibes ist! Der Taumelkelch
Der Herrschsucht, keiner ist so schlimm als der,

Bethörte seinen Geist mit bösem Schwindel,
Er trank ihn mit den bittern Hefen aus! —
Wie furchtbar starrt sein offner Blick! O, schließt
Euch unter meinem leichen Drucke zu,

(Er drückt ihm die Augen zu.)

Ihr Augen, meines Bruders! sinkend bebt
Die Rechte mir, doch drück' ich sanft euch zu!
Die Erde müsse nicht zu schwer dir seyn!
Die Bürger werden mir dein Grabmaal nicht
Versagen; ohne Todesfeier zwar,
Doch will ich dich bestatten, theu'r erwarb
Ich dieses Recht von meinen Bürgern mir!

(Er nimmt seinen Mantel ab und legt ihn über
seines Bruders Gesicht.)

Mein Bruder! dieser Mantel hülle dich
In seine Schatten ein, er hüllte mich
In seine Falten, als du niedersankst.

(Er setzt sich neben ihm auf den Boden.)

Hier will ich deiner Leiche Hüter seyn!

Das Volk

(läuft zusammen, man hört viele Stimmen rufen:)

Timophanes ist todt! Korinthos frei!

Aeschylos

(stellt sich neben den Thron hin),

Ihr Männer von Korinthos; stürzt den Thron!
Timophanes ist todt. Korinthos frei!

(Viele stürzen den Thron, welcher in einem Augenblick
zertrümmert ist.)

Die Götter gaben ihn in meine Hand,
Und in die Hand Orthagoras, und in
Des edlen Bruders Hand, Timoleon's!
Er theilte unsern Rath, sein Name bürgt
Für unsre Absicht, unser ist die That.

Eine Stimme im Volk.
Viel Heil Orthagoras und Aeschylos!
Und dreimal großes Heil Timoleon!

Viele Stimmen im Volk.
Viel Heil Orthagoras und Aeschylos!
Und dreimal großes Heil Timoleon!

Eine Stimme im Volk.
Wo ist Timoleon, der Edle? Wo?

Viele Stimmen im Volk.
Wo ist Timoleon, der Edle? Wo?

Timoleon
(richtet sich auf und bleibt stehen bei der Leiche).
Ihr Bürger von Korinthos, ich bin hier,
Hier liegt die Leiche meines Bruders! sie
Bewacht' ich, und ich ruf euch flehend an,
Schmäht seine Leiche nicht, ich liebt' ihn stets,

Und opfert' ihn dem Vaterlande gern,
Nach Ueberlegung, nicht von Herzen gern!
Laßt seiner Mutter, die ich fliehen muß,
Die stolz auf ihre beiden Söhne war,
Und ihre beiden Söhne heut verlor,
Laßt seiner Mutter, meiner Mutter, nun
Der Leiche kurzen und so herben Trost!

Eine Stimme im Volk.
Die Mutter nehme seine Leiche hin!

Viele Stimmen im Volk.
Die Mutter nehme seine Leiche hin!
(Timoleon setzt sich wieder hin zur Leiche.)

Aeschylos.
Wer reißt den heil'gen Reigen aus dem Thurm?

Orthagoras,
(der eben zurück kommt).
Schon sind die Jünglinge befreit! sobald
Mein Ruf in jenem Theil der Stadt erscholl,
So stürzten Männer durch's zerschellte Thor
Des Thurms, es war die Wache schon entflohn.
Die innern Hüter öffneten bedräut
Des Kerkers Thür', und lös'ten jedem schnell
Die schwere Fessel ab von Hand und Fuß.
Der gute Glaukos sprang empor, und rief:

Bald sind wir frei! er wähnte nun zum Tod
Geführt zu werden, schüttelte den Arm
Von Ketten umklirrt, ergötzte sich des Klangs
Der Ketten, schaute freudig um sich her,
Und rief: der Klang der Ketten tönet mir
Melodisch, tönt der Freiheit Hahnenschrei!
Ihr Jünglinge! bald sind wir frei! und wenn
Dem Tode nah', der Geist das Morgenroth
Der Zukunft heller schaut, so künd' ich euch
Des Vaterlandes nahe Freiheit an!
Da rief ich ihm der Wonne Worte zu:
Schau in den hellen Tag! wir sind schon frei!
Timophanes ist todt! es rufet euch
Das freie Volk! — der junge Kreon sprang
Herbei, und jauchzte wie ein trunkner Faun:
Wohl mir! und meinem grauen Vater wohl!
Auf seine glatte Scheitel strahlet noch
Der Freiheit Sonne! freudig wird sein Haupt,
Mit schönem Silberhaar, dem Tode sich
Entgegen senken wie die reife Frucht.
Da konnt' ich ihm des Schreckens Botschaft nicht
Vom Tode seines Vaters bringen, lief
Von dannen, daß der liebe Jüngling nicht
Die helle Thrän' in meinen Augen säh'.
Da kommt er in dem heil'gen Reigen her.

(Das Chor, geführt von Glaukos, kommt von der rechten
Seite her).

Glaukos.

Ihr Bürger unsrer lieben Vaterstadt,
Seid mir gegrüßet mit der Freude Gruß!
Ich war noch nie so großer Freude voll!
Von solcher Wonne schlug mir nicht das Herz
Als ich aus meiner ersten Feldschlacht kam,
Und einen kleinen Haufen Sieger stolz
Im Schall des frohen Päans führte. Nun
Ist mir zu Muth wie einem Fischer ist,
Den schwarze Wogen, aus zerschelltem Kahn,
In dunkeln Stunden warfen hin und her,
Und der gewisses Todes sich versah,
Bis ihn die Brandung an's Gestade warf,
Ach! an's Gestad' in seinem kleinen Dorf,
An seine Hütte, wo sein treues Weib,
Den Säugling in dem Arm, vor offner Thür
Sein harret, und ihn bei des Heerdes Schein
Erkennt, sie drücken sprachlos sich an's Herz!
So ist mir nun! ich fürchte nicht den Tod,
Doch Weib und Säugling ist die Freiheit mir,
Die aus der Nacht des Kerkers mich empfängt,
Und hellen Tag auf ganz Korinthos strahlt!
Doch wem verdanken wir der Freiheit Licht?

Aeschylos.

Orthagoras und ich erschlugen ihn,
Dort in Poseidon's Säulengang; die That

Beschloß mit uns Timoleon, sein ist
Der Geist, der uns erhub, wir sind der Arm.

Kreon,
(auf die Leiche seines Vaters zulaufend).
Da liegst du nun, Tyrann! da stand dein Thron!

Orthagoras.
Zurück! enthülle diese Leiche nicht!

Kreon.
Ihr Götter! weh'! o weh'! mein Vater! ach!
Wer schlug ihn? Ach, mein Vater! redet! wer?

Orthagoras,
Er kam zu tödten den Tyrannen, ward
Gehalten, zog den Dolch hervor, und rief:
Ich brachte dir für meinen armen Sohn
Den Schlüssel zu dem Thurm, nun sei's für mich
Der Schlüssel einer bessern, freien Welt!
Und stieß den Dolch sich in das edle Herz!

Kreon,
(wirft sich auf die Leiche seines Vaters).
Dich tödtete die Liebe für dein Kind,
Du theurer Vater! laß die starre Hand
Mich küssen, küssend deine Augen dir
Zuschließen! mit dem Thau der Wehmuth dir

Dein Antlitz netzen und dein Silberhaar!
O hätteſt du doch ganz den ſchönſten Tag
Erlebt! für mich allein ein Trauertag!

D e m a r i ſ t e

(kommt herbei gelaufen, von der linken Seite her, mit
halb geſchmücktem und halb fliegendem Haar).

Hatte Timophanes,
Euer König Timophanes,
Keine Mutter? Wer wagt
Zu ſagen, daß nur ihm
Ein Trauertag ſei
Der heutige Tag?
Ach, da liegt — o du geliebtes Kind! —
Euer König! ihr Verruchten!
Ihr Vatermörder!

(Sie ſtürzt ſich neben Kreon auf die Leiche des
Greiſes.)

Was ſeh ich!

(Sie ſpringt auf.)

Täuſcht mich mein böſer
Dämon? Wo bin ich?
Wer iſt der?
Todter, du ſchreckſt mich!
Mich, die der Todten Genoſſinn,
Hinſtarrend, nicht mehr
Kennen ſollte die Furcht!
Aber wo iſt, wo iſt

Mein geliebtes Kind?
Verruchtes Volk! sprich,
Wo ist er? Wo ist
Dein König Timophanes? —
Todter, was schreckst du mich!

Kreon.

Geh', dieser ist mein armer Vater! laß
Ihn schlummern; sieh, er träumet nun vielleicht
Von deinem Sohne! klagt vielleicht im Traum
Bei Minos ihn und Rhadamantos an!
Es schlummert ja dein Sohn wie er, und träumt
Vielleicht vor Minos Richterstuhl zu stehn.
Ja, Weib! da steht er nun! und fühlt sich wach!
Und fühlt, daß seine Größe nur ein Traum,
Ein kurzer Fiebertraum sein Purpur war!
Betastet mit der Schattenhand vielleicht
Sein nichtiges Haupt, zu fühlen ob ein Traum
Ihn täusche, oder ob mit wahrem Rauschen
Ihm brause der Cocytus, um ihn her
Erschalle wirklich der Verdammten Weh'!
Dort liegt er! weck' ihn aus dem schweren Traum!

Demariste,
(die Leiche des Timophanes erblickend).

Ihr Götter! er ist's!

(Sie sinkt ohnmächtig bei der Leiche hin.)

Timoleon.

Es ist zu viel! ihr Götter, ruft mich ab!
Für's Vaterland hab' ich genug gelebt,
Für mich zu lang! o, daß Apollon's Pfeil
Mich träfe! grausam schönte Ares mein!
Du bittrer Gram, hast du denn keinen Pfeil?
Du, meines Bruders bleiches Angesicht,
Hast du für deinen Bruder keinen Pfeil?
Für deinen Mörder keinen? — Stärket mich,
Ihr Götter! stärk' auch du mein schwaches Herz,
Bewußtseyn einer edlen, guten That!

Aeschylos.

O, schwäche diese edle, gute That,
Timoleon! durch weichen Jammer nicht!
Die Reue bleicht des Frevels schwarze That,
Die Reue trübt der edlen Thaten Glanz!

Timoleon.

Es ist wahr! ja, stünd er lebend wieder da,
Ich thäte wieder, was ich weinend that!

Demariste,
(die wieder zu sich selber kömmt).

Verhaßtes Licht!
Schwere verhaßte Luft!
Ich athme dich wieder!

(Sie richtet sich halb auf).

Ha! da steht er!
Flüche, Verruchtester, dir!
Auch du, mein Kind! Flüche! Flüche!
Siebenfältige Flüche dir!

Timoleon.

Du arme Mutter! Ruh' und Segen dir!

Demariste.

Ruhe, ja Ruhe,
Du frommes Kind!
Bereitest Ruhe mir,
Deiner armen Mutter,
Hier auf des Sohnes blutigen Brust!
O, ruhete so
Deine Psyche, auf deiner blutigen
Von mir zerrissenen Brust!
Ha, daß ich tränke
Ihrer Verzweiflung Thränen,
Und dein warmes Blut,
Nektar der Unsterblichen mir!

Timoleon.

Dich rächen deine Thränen schon genug!
Ach! jede träufelt flammend mir in's Herz!

Demarista.

Spotte nur! spotte
Deiner Mutter Thränen!
Durch sie zerrinnet
Mein schwaches Leben,
Mein Leben, das ich hasse,
Weil es Rache mir versagt!
Ha! es verdorret mir der Arm!
Aber die Seele glüht!
Es entströmet ihrer Gluth,
Dein Leben zu versengen,
Der Verwünschungen siedender Quell!
Höret mich, ihr schrecklichen
Götter des Tartaros,
Die ihr mit Flammen umgürtet,
Wandelt in nächtlichen Tiefen,
Unter der Unterirdischen nichtigem Geschlecht!
Sendet eure Schrecken,
Euer Entsetzen ihm!
Ihm der Eumeniden
Schlangenumzischte
Gestalten! seinem Auge, seinem Ohre, sie!
Daß er unter des Tages
Heiligem Strahl,
Suche der Höhlen nächtliches Graun!
Daß auf den Wimpern des Verwünscheten
Sich lagre Todesangst,
Und er auffahre vor dem Morgenroth!

Deiner Psyche Wangen
Müsse bleichen Mehlthau des Grams!
Gehäßig und verhaßt
Dir werden die Braut und mehr das Weib!
Unfruchtbarkeit bereite dein Bett!
Es wache vor ihm
Bei nimmer erlöschender Lampe Schein,
Die tausendäugige Eifersucht!
Und soll sie gebären, so gebäre sie dir
Töchter ohne Scheu,
Deren Wange nicht erröthet von der schönen Schaam,
Und feiger Söhne schändliche Brut,
Die im Beginn der Schlacht,
Von sich zur Linken den Schild,
Und wirft zur Rechten den noch blanken Speer!

(Sie läuft wüthend zur linken Seite fort.)

Aeschylos.

Es wüthet, wie Medea, dieses Weib,
Wie Jo vor der Brems' und dem Fantom
Des Argos, schreckt die Wuth des Weibes dich?

Timoleon.

Nicht ihre Wuth, ihr Jammer schrecket mich!

Orthagoras.

Ein böser Dämon sandte sie uns her!

Fünfter Theil.

Timoleon.

Des Hades Götter sandten sie, und ach,
Mein Bruder, der ein Gast des Hades ist!

(Psyche kommt von der rechten Seite her, begleitet v
einem weißgekleideten und mit Blumen gekränzt
Reigen von Jungfrauen.)

Glaukos.

Des Himmels gute Götter senden dir
Die schöne, hohe Jungfrau, deine Braut!

Timoleon,
(zu einigen Beistehenden).

Tragt diesen Leichnam Demariste hin,
Korinthos Volk gewährt ihr diesen Trost.

(Sie tragen den Leichnam zur linken Seite fort.)

Orthagoras.

Komm, Kreon! laß uns deines Vaters Leib
Verbergen vor der Jungfraun Angesicht,
Ihr Schrecken würde plötzlich seyn und starr.

(Orthagoras und Kreon legen die Leiche bei Seite.)

Glaukos,
(zum Chor der Jünglinge).

Empfangt die schönen Jungfraun mit Gesang!

Das halbe Chor der Jünglinge.

Wer tritt mit schwebenden Füßen daher,
Schön wie Gestirne?
Wer schimmert, schön wie der Mond, und erröthend
voran?
Der Freude Schweben im leichten Gewand,
Gleichet des Morgens
Gelindem Wehen, wenn kühl in die Blüthen er
haucht!

Die andre Hälfte des Chors der Jünglinge.

Es sind die Töchter der Freien! es sind
Schwestern der Freien!
Und einst auch Mütter des freien und glücklichen
Volks!
Sie ist die Tochter des Helden! sie ist
Psyche, die schöne!
Die Braut des Helden! nun bebt uns erröthet sie
nicht!

Das ganze Chor der Jünglinge.

Fliehende Röthen,
Fliehende Blässen,
Blühen, o Psyche! auf deinem Gesicht!
Aehnlich der Quelle,
Welche des Mondes
Silber, und Röthe des Abends beschcint!

4 *

Timoleon.

O, meine Psyche, wenn das heil'ge Chor
Dich so im Angesicht des Volkes ehrt,
So darf ich sagen vor dem freien Volk,
Wie selig ich durch deine Liebe bin!

Psyche.

Es kennet deine Psyche sich nicht mehr,
Sie ist so freudetrunken und so stolz,
Durch dich so freudetrunken und so stolz,
Daß sie es waget vor dem freien Volk
Timoleon, den Helden, mit Gesang
Zu feiern. Schöne Jungfraun, stimmet an!

Das halbe Chor der Jungfrauen.

Wenn der Schatten der Nacht schon vor dem Morgenroth
Floh, und Phöbos sein Haupt flammenumlockt erhebt,
    Steiget jauchzend der Adler
    Ihm entgegen im Himmelflug!

Doch im kleineren Flug heben auch Lerchen sich
Freudewirbelnd! Es tönt lieblich im Rosenbusch
    An der Quelle Gemurmel
    Auch die Stimme der Nachtigall!

Trinkt der Aether allein Ströme des Lichtes? Trinkt
Nicht der blühende Busch? Wallet der goldne Strahl
    Zwischen bebenden Schatten
    Auf der murmelnden Quelle nicht?

Die andre Hälfte des Chors
der Jungfrauen.

Auf dem blutigen Feld mähet der Männer Arm,
Und die eiserne Saat sinket wie Halme hin,
    Wenn die Seelen der Helden
    Glühn für Freiheit und Vaterland!

Ach, sie erndten für's Weib und den schlummernden
Säugling, Freiheit und Ruh'! scheuchen der Knecht-
                    schaft Nacht,
    Mit dem Blitze des Schwertes
    Von den heimischen Hütten weg.

Jungfraun winden alsdann Kränze den Mähenden
Wischen purpurnen Schweiß Schnittern der eisernen
    Saaten, wischen des Ares
    Schweiß von strömenden Wunden ab!

Das ganze Chor der Jungfrauen.

Dank und strahlender Ruhm dir! o Timoleon!
Dank und strahlender Ruhm dir! o Orthagoras!

Und dir, Aeschylos! ewig
Preisen Enkel der Enkel euch!

Ihr zerbrachet das Joch, welches der Nacken des
Hohen Isthmos schon trug! sprachet zur Finsterniß,
Die schon nachtete: schwinde
Von der herrlichen Sonnenstadt!

Dank und strahlender Ruhm dir, o Timoleon!
Dank und strahlender Ruhm dir, o Orthagoras!
Und dir, Aeschylos! ewig
Preisen Enkel der Enkel euch!

Glaukos.

Kreon! Kreon!
Stütze mich Kreon!
Mir schwanken die Knie, hoch klopft mir das Herz!

(Er lehnet sich an Kreon.)

Es kocht mir im Busen,
Wie der Aetna siedet,
Eh' seinem Schlunde sich ergeußt das Flammenmeer!
Laß mich! laß mich, o Kreon!

(Er reißt sich von ihm los.)

Denn ich fühle mich stark wie ein Gott!
Und es entströmet mir hell wie Licht
Der Zukunft Strom!
Sandte die Sonnenstadt
Nicht ihre Tochter,

Die schöne Syrakusa,
Hin über Meere
Zum herrlichen Eiland?
Es legte sich hin das schöne Kind,
An's blühende Gestade
Der schönen Arethusa,
Ungeschreckt vom dreifachen Entsetzen
Der hehren Natur,
Von der brüllenden Scylla,
Von der verschlingenden Charybdis,
Und des Aetna flammendem Strom!
Unsre Väter sahn
Wie Jugend der Götter
Schmückte der Sonnenstadt herrliches Kind!
Wir weinen um sie
Ach, sie ist Magd!
Eines Tyrannen Magd!
Auch der Tochter Bande
Löset die Sonnenstadt!
Siehe, mit wenigen Segeln,
Schwebet hinüber die Freiheit zu ihr,
An Timoleon's Hand!
Er stürzet der Tyrannenthrone mehr
Im herrlichen Eiland,
Und wandelt, Herakles gleich,
Ungeheuertilgend und segnend einher!
Ihm spinnen die Unsterblichen,

Korinthos zu erhöhen,
Zu erhöhen Syrakusa,
Lange schimmernde Faden
Des thatenvollen,
Ehregetränkten Lebens!
Und die Enkel sehn
Sein heiliges Haupt
Weiß von des Alters Schnee,
Und mit späten Thaten der Tugend umkränzt!
Dem Aetna gleich,
Deß Haupt sich krönet mit blendendem Schnee,
Den jede Herrlichkeit
Segnender Fülle
Gürtet mit himmelanstrebendem
Wipfelgeräusch!
Deß Fuß in träufelnde Fruchtbarkeit tritt!
Indeß er die Wogen
Des tobenden Meeres
Mit strömenden Gluthen zurückschreckt,
Wie des Meeres Fluth,
Beflügelt vom Sturm,
Bis hinan zur Quelle das Bächlein schreckt.
Zagende Tritonen
Stürzen sich in die Tiefe
Und Poseidon's Rosse,
Mit starrenden Mähnen,
Bäumen sich an des Wagens umschäumtem Gold!

Psyche.

Ihr Götter, stärkt für diese Wonne mich!

Beide Chöre.

Dank und strahlender Ruhm dir, o Timoleon!
Ruhm und glühender Dank dir, o Timoleon!
Dir Timoleon! Ewig
Preisen Enkel der Enkel dich!

Demarista.

Spotte nur! spotte
Deiner Mutter Thränen!
Durch sie zerrinnet
Mein schwaches Leben,
Mein Leben, das ich hasse,
Weil es Rache mir versagt!
Ha! es verdorret mir der Arm!
Aber die Seele glüht!
Es entströmet ihrer Gluth,
Dein Leben zu versengen,
Der Verwünschungen siedender Quell!
Höret mich, ihr schrecklichen
Götter des Tartaros,
Die ihr mit Flammen umgürtet,
Wandelt in nächtlichen Tiefen,
Unter der Unterirdischen nichtigem Geschlecht!
Sendet eure Schrecken,
Euer Entsetzen ihm!
Ihm der Eumeniden
Schlangenumzischte
Gestalten! seinem Auge, seinem Ohre, sie!
Daß er unter des Tages
Heiligem Strahl,
Suche der Höhlen nächtliches Graun!
Daß auf den Wimpern des Verwünscheten
Sich lagre Todesangst,
Und er auffahre vor dem Morgenroth!

Apollon's Hain.

Ein Schauspiel mit Chören

von

Friedrich Leopold Graf zu Stolberg.

1 7 8 6.

Timoleon.

Des Hades Götter sandten sie, und ach,
Mein Bruder, der ein Gast des Hades ist!

(Psyche kommt von der rechten Seite her, begleitet von
einem weißgekleideten und mit Blumen gekränzten
Reigen von Jungfrauen.)

Glaukos.

Des Himmels gute Götter senden dir
Die schöne, hohe Jungfrau, deine Braut!

Timoleon,
(zu einigen Beistehenden).

Tragt diesen Leichnam Demariste hin,
Korinthos Volk gewährt ihr diesen Trost.

(Sie tragen den Leichnam zur linken Seite fort.)

Orthagoras.

Komm, Kreon! laß uns deines Vaters Leib
Verbergen vor der Jungfraun Angesicht,
Ihr Schrecken würde plötzlich seyn und starr.

(Orthagoras und Kreon legen die Leiche bei Seite.)

Glaukos,
(zum Chor der Jünglinge).

Empfangt die schönen Jungfraun mit Gesang!

An meinen Freund

Gottfried August Bürger.

———

Timoleon.

O, meine Psyche, wenn das heil'ge Chor
Dich so im Angesicht des Volkes ehrt,
So darf ich sagen vor dem freien Volk,
Wie selig ich durch deine Liebe bin!

Psyche.

Es kennet deine Psyche sich nicht mehr,
Sie ist so freudetrunken und so stolz,
Durch dich so freudetrunken und so stolz,
Daß sie es waget vor dem freien Volk
Timoleon, den Helden, mit Gesang
Zu feiern. Schöne Jungfraun, stimmet an!

Das halbe Chor der Jungfrauen.

Wenn der Schatten der Nacht schon vor dem Mor-
genroth
Floh, und Phöbos sein Haupt flammenumlockt erhebt,
Steiget jauchzend der Adler
Ihm entgegen im Himmelflug!

Doch im kleineren Flug heben auch Lerchen sich
Freudewirbelnd! Es tönt lieblich im Rosenbusch
An der Quelle Gemurmel
Auch die Stimme der Nachtigall!

Ein alter Faun und ein junger Faun.

Der alte Faun.

Ein jeder Tag hat seinen eignen Schwank,
Ein jeder Schwank hat seinen eignen Spaß,
Und mancher Spaß heckt seine Späßchen aus,
Wenn ihr ihm Ruhe laßt, und nicht zu früh
Die losen Vögel aus dem Neste scheucht.
Ihr jungen Faunen habt die rechte Kunst
Nur nicht gelernt; warum? weil ihr das Ding
Als Kunst behandelt. Sinnend geht ihr aus
Auf Lust, wie Königssöhne auf die Jagd.
Da denn der Spaß gar leicht zu Wasser wird,
Und eh' der Troß, mit Jäger, Hund und Pferd,
Den Wald ereilt, schon lang der Auerhahn
Der Buhlschaft Blindheit ausgekollert hat.
So macht auch ihr's, und gackert wie ein Huhn,
Eh' noch das Ei im sichern Neste liegt:
Ein Späßchen, das mir unverhofft gelingt,
Erhält mich lustig auf den ganzen Tag;
Und eines Wassernymphchens scheuer Kuß,
Das ich mit leisem Fuß' im Schilf beschleich',
Wenn es die grünen Haar am Mittag sonnt,

Ist mir willkommner, und entzückt mich mehr,
Als hätte Cypris mir ein Rendez-vous
Durch Iris auf den Ida angesagt.
Erwartung täuscht mich nie; ich rechn' auf nichts,
Und lasse nichts vorbeigehn; aber ihr,
Dünkt euch wie Hermes klug, wie Bacchus froh,
Und habet lange Weile, wie ein Mensch.

Der junge Faun.

Bei'm Pan! du hast nicht Unrecht. Manchesmal
Bewundr' ich dich im Stillen, alter Schalk!
Und wäre gern so klug und froh wie du.
Ich bitte, lehre deine Weise mich.

Der alte Faun.

Da haben wir's! das soll gelernet seyn!
Was Fäunchen noch nicht weiß, lernt Faun vielleicht
Das ist dein Trost; doch lern' auch das von mir:
Wenn Fäunchen sich nicht freut, freut Faun sich ni
Da sitzt der Unterschied! Als Bube schon
Sucht' ich die Freude nie, war immer froh,
Nahm der Gelegenheit aus offner Hand,
Was keiner findet, der es ängstlich sucht;
Und wenn ich schon in grauer Dämmerung
Der alten Harpe, welche Tag für Tag
Der bärt'gen Ziegen Eiter, Stück für Stück,
Betastete, der eignen Tochter selbst
Nicht trauend, ihrem hagern Murrkopf nicht,

(Wiewohl auch täglich, der mit karger Hand
Den Esel nährend, seinen Gaul bestahl)
Wann ich alsdann im kalten Morgenthau
Die aufgeschwollnen Euter trocken sog,
So schmeckte mir die Milch nicht halb so süß,
Als ihre Klage, wann die Here kam,
Und schlapp, wie ihrer Brüste welkes Paar,
Auf fettem Klee der Ziegen Euter fand,
Und bald des Mondes schwindend Horn, und bald
Den Pan, bald nasse Nächte, bald den Spruch
Des Zaub'rers, Flüche mummelnd, schuldigte,
Indessen ich im nahen Busche lag.
Der armen Amaryllis hätt' ich nicht
Den kleinsten Käs' aus ihrer Hütte, nicht
Ein Tröpfchen Milch genascht; warum? sie war
Nicht ärmer, als sie froh und freundlich war.
Ihr Haus stand immer offen, und ich ging
Mit leerer Hand und trocknem Maul vorbei.
Die Thorheit andrer muß den Bissen mir,
Sie muß mir jeden schlauen Schabernack,
Mit eignem Salze würzen, ohne das
Mir Götterkost nicht baß als Schlehen schmeckt.
Was kuckest du hinab in's krumme Thal?

Der junge Faun.

St! Alter! Hinter jenen Büschen kommt
Ein allerliebstes Gecklein her zu uns,
Gekränzt mit Blumen, schnaubend, feist und glatt

Korinthos zu erhöhen,
Zu erhöhen Syrakusa,
Lange schimmernde Faden
Des thatenvollen,
Ehregetränkten Lebens!
Und die Enkel sehn
Sein heiliges Haupt,
Weiß von des Alters Schnee,
Und mit späten Thaten der Tugend umkränzt!
Dem Aetna gleich,
Deß Haupt sich krönet mit blendendem Schnee,
Den jede Herrlichkeit
Segnender Fülle
Gürtet mit himmelanstrebendem
Wipfelgeräusch!
Deß Fuß in träufelnde Fruchtbarkeit tritt!
Indeß er die Wogen
Des tobenden Meeres
Mit strömenden Gluthen zurückschreckt,
Wie des Meeres Fluth,
Beflügelt vom Sturm,
Bis hinan zur Quelle das Bächlein schreckt.
Zagende Tritonen
Stürzen sich in die Tiefe
Und Poseidon's Rosse,
Mit starrenden Mähnen,
Bäumen sich an des Wagens umschäumtem Gol

Psyche.

Ihr Götter, stärkt für diese Wonne mich!

Beide Chöre.

Dank und strahlender Ruhm dir, o Timoleon!
Ruhm und glühender Dank dir, o Timoleon!
Dir Timoleon! Ewig
Preisen Enkel der Enkel dich!

Apollon's Hain.

Ein Schauspiel mit Chören

von

Friedrich Leopold Graf zu Stolberg.

1786.

An meinen Freund

Gottfried August Bürger.

Personen.

Sophron, Priester des Apollon.

Jon, ein Jüngling, Pflegesohn des Sophron.

Theopompos, ein Jüngling.

Knabe des Theopompos.

Ein alter Faun.

Ein junger Faun.

Psyche, Tochter des Sophron.

Eine Muse.

Chor der Musen.

Chor der Faunen.

Ein alter Faun und ein junger Faun.

Der alte Faun.

Ein jeder Tag hat seinen eignen Schwank,
Ein jeder Schwank hat seinen eignen Spaß,
Und mancher Spaß heckt seine Späßchen aus,
Wenn ihr ihm Ruhe laßt, und nicht zu früh
Die losen Vögel aus dem Neste scheucht.
Ihr jungen Faunen habt die rechte Kunst
Nur nicht gelernt; warum? weil ihr das Ding
Als Kunst behandelt. Sinnend geht ihr aus
Auf Lust, wie Königssöhne auf die Jagd.
Da denn der Spaß gar leicht zu Wasser wird,
Und eh' der Troß, mit Jäger, Hund und Pferd,
Den Wald ereilt, schon lang der Auerhahn
Der Buhlschaft Blindheit ausgekollert hat.
So macht auch ihr's, und gackert wie ein Huhn,
Eh' noch das Ei im sichern Neste liegt:
Ein Späßchen, das mir unverhofft gelingt,
Erhält mich lustig auf den ganzen Tag;
Und eines Wassernymphchens scheuer Kuß,
Das ich mit leisem Fuß' im Schilf beschleich',
Wenn es die grünen Haar am Mittag sonnt,

Ist mir willkommner, und entzückt mich mehr,
Als hätte Cypris mir ein Rendez-vous
Durch Iris auf den Ida angesagt.
Erwartung täuscht mich nie; ich rechn' auf nichts,
Und lasse nichts vorbeigehn; aber ihr,
Dünkt euch wie Hermes klug, wie Bacchus froh,
Und habet lange Weile, wie ein Mensch.

Der junge Faun.

Bei'm Pan! du hast nicht Unrecht. Manchesmal
Bewundr' ich dich im Stillen, alter Schalk!
Und wäre gern so klug und froh, wie du.
Ich bitte, lehre deine Weise mich.

Der alte Faun.

Da haben wir's! das soll gelernet seyn!
Was Fäunchen noch nicht weiß, lernt Faun vielleic
Das ist dein Trost; doch lern' auch das von mir
Wenn Fäunchen sich nicht freut, freut Faun sich ni
Da sitzt der Unterschied! Als Bube schon
Sucht' ich die Freude nie, war immer froh,
Nahm der Gelegenheit aus offner Hand,
Was keiner findet, der es ängstlich sucht;
Und wenn ich schon in grauer Dämmerung
Der alten Harpe, welche Tag für Tag
Der bärt'gen Ziegen Eiter, Stück für Stück,
Betastete, der eignen Tochter selbst
Nicht trauend, ihrem hagern Murrkopf nicht,

(Wiewohl auch täglich, der mit karger Hand
Den Esel nährend, seinen Gaul bestahl)
Wann ich alsdann im kalten Morgenthau
Die aufgeschwollnen Euter trocken sog,
So schmeckte mir die Milch nicht halb so süß,
Als ihre Klage, wann die Here kam,
Und schlapp, wie ihrer Brüste welkes Paar,
Auf fettem Klee der Ziegen Euter fand,
Und bald des Mondes schwindend Horn, und bald
Den Pan, bald nasse Nächte, bald den Spruch
Des Zaub'rers, Flüche mummelnd, schuldigte,
Indessen ich im nahen Busche lag.
Der armen Amaryllis hätt' ich nicht
Den kleinsten Käs' aus ihrer Hütte, nicht
Ein Tröpfchen Milch genascht; warum? sie war
Nicht ärmer, als sie froh und freundlich war.
Ihr Haus stand immer offen, und ich ging
Mit leerer Hand und trocknem Maul vorbei.
Die Thorheit andrer muß den Bissen mir,
Sie muß mir jeden schlauen Schabernack,
Mit eignem Salze würzen, ohne das
Mir Götterkost nicht baß als Schlehen schmeckt.
Was kuckest du hinab in's krumme Thal?

Der junge Faun.

St! Alter! Hinter jenen Büschen kommt
Ein allerliebstes Gecklein her zu uns,
Gekränzt mit Blumen, schnaubend, feist und glatt

Und einem jungen Eichelfresser gleich
Den Winzer, zu des Dionysos Fest,
Dem Gott zur Gabe und zum Opferschmaus
Dem Pfaffen bringen. Einen solchen Fang
Hat dir mit hellen Schellen lange nicht
Die Thorheit angelockt. Du hörst ihn schon.
Er prahlt vor seinem Knaben, den die Last
Der großen Geige, deren hohler Bauch
Vom Morgenwinde brummet, fast erdrückt.

Der alte Faun.

Den sandte Hermes! Klettre leis' und schnell
Auf jene Eiche, der Kastanienbaum
Nimmt mich in seine Höhlung, wo mir oft
Die rothe Frucht zum Göttermahle wird,
Wenn mir ein Schwank im glatten Schädel reift.
Hier wird er weilen bei dem Scheideweg;
Verweilend giebt er uns der Kurzweil mehr.

Theopompos (kommt).

Je mehr ich alles das im hohen Sinn
Erwäge, diese Göttergluth, die früh,
Wie in des rauchumwallten Aetna Bauch,
In meinem Busen loderte, den Trieb,
Der mich gen Delphos leitete, den Spruch
Der Pythia; den Ruhm, der meiner harrt,
Und mehr als alles dieses, diesen Geist,
Der immer dürstet, immer aufwärts strebt,

uf Flammenfittigen den Sternen naht,
nd, rastlos, wie Kronion's Adler, auch
Mit ihm aus Hebe's Nektarschale schlürfst;
m desto mehr entwickelt sich in mir,
Wird hell und heller, und umstrahlet mich
in göttlicher Gedanke! — Linos war
in Göttersohn, der weise Orpheus war
ein Göttersohn, und deines Herrn Geburt,
) Knabe, war mit Dunkelheit umwölkt,
Mir ahnet viel von dieses Tages Licht,
Das große Wunder offenbaren wird.

Der Knabe.

Du Wunderbarer! ahnet dir nicht auch
Die rechte Wahl auf diesem Scheideweg?

Theopompos.

Auch der ist Vorbedeutung! Sinnend stand
In zween Pfaden einst Alkmena's Sohn;
hier stand die Wollust und die Weisheit dort,
Der Halbgott zwischen ihnen zweifelvoll.

Der Knabe.

Wir stehen zwischen dem Kastanienbaum
nd jener Eiche. Beide laden mich
n ihre Schatten; aber wenn mir hier
Der Hunger winket, schreckt mich dort die Furcht
Vor dir, und gleichwohl scheint die Weisheit uns

5*

Zu rathen fürder nicht zu gehen, bis
Wir wissen, welcher Weg der rechte sei.

Theopompos.

Der Götter einer wird den rechten Pfad
Wiewohl vielleicht durch eines Menschen Mund,
Mir offenbaren. Du, der Sinne Sklav,
Ruh' dort, und nasche von des Baumes Frucht!
Mir kühlt indessen dieser Eiche Laub
Die Stirne, welche voll Begeistrung glüht.

(Der Knabe lieset Kastanien auf; nach kurzem
Stillschweigen fährt Theopompos fort.)

Ihr Nymphen, die ihr an den Quellen wohnt,
Und ihr Dryaden dieses Haines, ihr
Hamadryaden, Oreaden und
Najaden! — Oder wallest du, o Pan!
In diesem Hainthal mit Silenen und
Mit Faunen? Faunen und Silenen, hört
Den heil'gen Dichter, dessen Stimm' euch ruft,
Und lehrt ihn günstig den geweihten Pfad,
Der zu dem Heiligthum Apollon's führt!

Der junge Faun aus der Eiche.
Ha! ha! ha! ha!

Theopompos.
Hörst eines Gottes Ruf?

Der Knabe.

ı, eines Kukuk's, der im fremden Nest
ın Eichen schlürft und froh des Schmauses lacht.

Theopompos.

)ein Maul ist ungeweihet, wie dein Ohr;
Hender geh' und packe seitwärts dich!

Der junge Faun aus der Eiche.

ha! ha! ha! ha!

Der Knabe.

Bei'm Zeus, nun wird mir bang!
Ich kriech' in dieses hohlen Baumes Kluft,
    (indem er hinein kriechen will fährt der alte Faun
        heraus.)
Au weh'! Tod und Verderben! hilf! au weh'!

Theopompos,
(mit banger Stimme).

Insterblicher, du kommst auf meinen Ruf?

(Der junge Faun springt dem Theopompos, indem er
    einen Schritt zurück tritt, auf den Rücken.)

Der Knabe.

ıo ungerufen reitet jener dich!

Der junge Faun,
(nachdem er abgesprungen ist).

Erhabner Liebling der Unsterblichen,
Was zitterst du? wir hörten deinen Ruf.
Verzeihe! des Gehorsams Eile nur
Vermogte zu verletzen diese Scheu
Der Ehrerbietung, welche dir gebührt.

Der alte Faun.

Aus dunkeln Tiefen rieffst du mich hervor,
Und jenen aus der Höh'. Gebeut; wir stehn,
O Sohn Apollon's, deinem Wink bereit.

Theopompos,
(halbleise zum Knaben).

Hm, Sohn Apollon's! hab' ich's nicht gesagt?

Der Knabe.

Ihr Herren Ziegenfüßler, lehret uns,
Seid günstig, gnäd'ge rauche Herrn! und lehrt
Den nächsten Weg aus diesem Zauberhain!

Theopompos.

Schweig! oder meine Rechte fasset dich,
Und schleudert, wie Herakles einst im Zorn
Den Lichas, dich zehntausend Parasangen,
Von hier in's dunkle Schattenreich hinab,

Daß über dir Irions Wirbelrad
Erstrudle, Cerberus begeifre dich!

Der Knabe.

Zehntausend Anger breit von hier? wie gern!
Nur nicht geschleudert, großer Göttersohn!

Theopompos.

Ihr, die Apollon's Sohn in mir erkannt,
Ihr, die mein Vater mir gesendet hat,
Sagt an den Pfad zu meines Vaters Hain.

Der Knabe,
(halbleise).

Er sieht den Wald vor lauter Bäumen nicht.

Der alte Faun.

Zuerst erkühn' ich ehrerbietig mich,
O Göttersohn, von dir zu forschen, was
Beweget dich, der ohne Zweifel selbst
Vom Duft der Opfer und von Nektar lebst,
Zu wallen zu Apollon's Heiligthum?

Theopompos.

Der Götterspruch der weisen Pythia.

Der alte Faun.

So sendet deines Vaters Dreifuß dich?

Theopompos.

Nicht anders. Wisse, Faun: es regte sich
Des Vaters Gluth in meinem Busen früh,
Und solcher hohen Weisheit Uebermaaß,
Daß ich dem blöden Volk unsinnig schien;
Mir schien ich weise, weil ich weise war.
Doch wankte zweifelvoll ein Hochgefühl
Auf Wogen banger Ahnung mir im Sinn,
Ich wußte nicht, zu welchem hohen Zweck
Die Götter mich bestimmten. Zwar ich sang
Erhabne Hymnen, doch das Volk vernahm
Den tiefen Sinn der hohen Hymnen nicht.
Verschieden ist von Art der Dichter Ruhm;
Der weise Orpheus fesselte den Strom,
Und Haine tanzten seiner Leyer nach,
Die Löwen leckten seiner Füße Tritt,
Und Wölfe folgten mit den Lämmern ihm.
Mein Lied war selbst den Menschen viel zu hoch,
Und schnöder Spott war meiner Weisheit Lohn.
Da macht' ich zweifelnd mich und zürnend auf,
Und wallete gen Delphos. Wenn du mir,
O Phöbos, sprach ich, deine Gaben gabst,
So lehre mich der hohen Gaben Brauch!
Was frommet deine goldne Leyer mir,
Wenn Hohn des Volks mit Fingern auf mich zeigt
Ich sprach's, und wähnte schon, es würde nun
Der Boden zittern vor dem Götterspruch,
Und flammenathmend und mit weh'ndem Haar

Die Pythia mir Antwort donnern; doch
Sie lächelte und sprach: O Jüngling, geh'
Gen Tempe, forsche nach des Phöbos Hain,
Den Tag, an welchem sich mit jungem Licht
Der keuschen Phöbe Silbersichel zeigt;
Dann wirst du sehen, welche Ehren dem
Geziemen, den Apollon Phöbos liebt.
So viel gewähr' ich deiner Frag', o Faun!
Nun sage mir! wie hast du mich erkannt?

Der alte Faun.

Dem Blick der blöden Menschen hüllet sich
Der Göttersöhne Herrlichkeit in Nacht;
Wir aber sahen dein umkränztes Haupt
Mit Strahlen schimmern, und es duftete
Aus deinen Locken uns Ambrosia.

Theopompos.

O weiser Faun, o Liebling Pan's! es träuft
Von deinen Lippen, süß wie Honigseim,
Der Weisheit Rede, wie der Nektar stark!
Doch sprich, du Freund der Himmlischen, wie lang
Wird meine Gottheit unbekannt dem Volk,
Unsichtbar mir die eigne Herrlichkeit,
Und ungerochen dieser Duft mir seyn?

Der alte Faun.
Ich meine, dieser Tag enthüllet dich
Dir selber, wie die Pythia verheißt.

Theopompos.
Wie schwillet mir das volle Herz empor!

Der junge Faun.
Gleich einer Wolke, welche Blitze bräut,
Und voll und schwarz von klarem Waffer schwillt.

Theopompos.
Nun sage mir den Pfad zum Tempel an!

Der alte Faun.
Heil dir! Sei stets mir hold, du Göttersohn!

Der junge Faun.
Verschmähe nicht die Opfer meiner Hand!

Der Knabe.
Und theile mir den süßen Fladen mit;
Dein sei der Opfer Duft, und mein das Fett!

Theopompos.
Euch wird des goldumlockten Phöbos Sohn,
Euch Phöbos selber hold und günstig seyn.

Doch lehre mich, o Faun, den rechten Pfad
Zu meines Vaters Phöbus Heiligthum!

Der alte Faun.

O Sohn Apollon's, deine Stimme tönt
Stark wie die Donner Zeus, melodisch wie
Apollon's Leyer, und der Musen Lied!

Theopompos.

Dein Ohr, o Faun, ist weise wie dein Mund!
Doch sprich, wo lenk' ich meine Tritte hin?

Der alte Faun.

Ach! deine Gegenwart ist uns erwünscht
Wie Sonnenschein —

Der junge Faun.
(halbleise).
Dem Diebe!

Der alte Faun.

Wie der Wind,
Der günstig in die vollen Segel braus't.

Theopompos.

Ihr haltet mich in meines Ruhmes Bahn,
So nah' dem Strahlenziel, o Faunen, auf!

Wiewohl ich dankbar eurer Liebe bin,
Muß ich doch eilen, wo der Götter Wink
Gebeut, wo mein vielleicht Apollon harrt.

Der junge Faun.

Ach, ich liebe dich mehr
Als den Honig der Bär!
Als der Widder die Au'!
Als der Käfer den Thau!

Theopompos.

Fürwahr, das Scheiden wird mir schwer!   So schie
Ungern mein Vater von den Hirten einst,
Wiewohl die Götter des Olympos sein
Mit Sehnsucht harrten, seiner Leyer Klang
Vermissend, seines Liedes Harmonie
Vermissend, bei des Nektars Schaale selbst
Sank Zeus in Schlummer, weil sein schöner Sohn
Im niedern Thal' mit Schäferinnen sang;
Doch riß er aus dem süßen Taumel sich
Als mit gemeßnen Schritten ihren Tanz
Die Horen nun vollendet hatten, schwang
Sich strahlend wieder zum Olympos auf.
So reiß' ich mich von euch, ihr Faunen, los,
Und bleib' euch günstig.   Aber sagt mir schnell
Den Pfad; ich bin entschlossen, ihn zu gehn,
Und führt' er durch die Nacht des Tartaros!

Der alte Faun.

Erst gehst du rechts, dann links, dann wieder rechts!
Dann vorwärts, wieder links, und rückwärts dann.

Der Knabe.

O wehe, wenn in diesem Labyrinth
Uns nur kein schnöder Minotauros frißt!

(Die Faunen schleichen fort.)

Theopompos.

Den Pfad des Ruhms umstarret die Gefahr;
Des Dichters Lorbeer sproßt auf steiler Höh'!
Herakles ging in's Schattenreich hinab,
Und Orpheus mit der goldnen Leyer ging,
Wie er, hinunter in der Schatten Thal.
Ich fühle Muth wie sie, und Kraft! Auch mir
Kocht in den Adern des Olympos Blut.

Der Knabe.

Ich aber bin ein armer, schwacher Wicht!
Weh' dem, der Kirschen ißt mit großen Herrn!
Sie schnellen ihm die Stein' in's offne Maul!
Wo sind die Faunen? Bei des Halbgotts Haupt!
Und bei Sileno's Esel! sie sind fort!

Theopompos.

Dienstbare Faunen, kehrt auf meinen Ruf!
Sie schweigen! Feierliche Stille herrscht

Im heil'gen Haine! Doch sie sagten ja
Den Pfad zum Tempel; sprich, wie sagten sie?

Der Knabe.

Ja, wer das wüßte! rechts und links! doch hieß
Ihr letztes Wort uns rückwärts gehen, drum
Was braucht's des rechts und links? Zurück! zurück
O Halbgott! führet der geheißne Pfad!

Theopompos.

Erst sprach er rechts; drum will ich diesen Pfad
Erwählen. Phöbos, leite deinen Sohn!

(Jon und Psyche sitzen an einer Quelle im Schatt
überhangendes Gebüsches.)

Psyche (singt.)

Mit leisen Füßen hüpften die Horen mir
Vorüber; deine Psyche war sorgenlos,
  Wie Philomela's Töchter, wann sie
    Nahe dem Neste der Mutter nachhüpft.

Wir sahn uns, liebten; schnelleren Tanzes flog
Der Horen Reigen. Jegliche lächelt uns,
  Und streut uns Blumen, wie Aurora
    Freundlich dem Sterne der Liebe nachstreut.

Nun beben sanfte Freuden, und Liebe du,
Mir durch die Seele, wie in dem Abendhauch
  Durch wankend Laub der Abendsonne
  Strahl auf die singende Philomela.

Jon (singt).

O meine Psyche! freundlicher lächelt nicht
Der Jugend Göttinn, wenn sie Unsterblichen
  Die Wonneschaale reicht, als Psyche's
  Auge dem seligen Jon lächelt.

Dein frommes Auge lehrete, Psyche, mich
Die Liebe! blickte strahlenden Sonnenschein
  Auf meine Freuden, deren Knospen
  Dir sich entfalten und Wonne duften!

O Liebe! Liebe! Sonne der Seele! dich
Verkündet sanfterröthend die holde Schaam,
  Und tagender Empfindung Schauer
  Steigen empor mit gewecktem Fittig!

(Zephyron schleichet heran und bleibt hinter ihnen
im Gebüsch.)

Jon und Psyche.

O Liebe! Liebe! Sonne der Seele! dich
Verkündet sanfterröthend die holde Schaam,
  Und tagender Empfindung Schauer
  Steigen empor mit gewecktem Fittig!

Psyche.

Wie selig sind wir, Jon! dennoch trübt
Ein Wölkchen noch den Himmel meines Glücks,
Wir lieben, und mein Vater weiß es nicht!

Jon.

Er weiß vielleicht es wohl und sagt es nicht.

Psyche.

Er weiß vielleicht es wohl, vielleicht auch nicht.
Er, dem ich keinen Schmerz verberge, weiß
Vielleicht die Liebe seiner Psyche nicht,
Ach, ihre Wonne nicht! O, hätt' ich dir
Erlaubt zu offenbaren, was mir selbst
Oft auf den Lippen schwebte, oft zurück
Erzitternd von halboffnen Lippen floh,
Und was ich dir beneide, selber dir,
Der Väter bestem, der mir Bruder, Freund,
Und Vater ist, ihm kund zu thun! So fleucht,
Nach einem Tag ein andrer, uns zu schnell
Dahin, und was mir keine Furcht verbeut,
Verzögert blöde Schaam, die jeden Tag
Sich neuer Kühnheit schmeichelt, jeden Tag !
Selbst durch ihr Zögern schüchterner noch wird.
O weh', was rauschet in den Blättern hier?

Jon.

Verschämte Lieb' erlauschet den Verdacht
Aus jedes Zephyrs Hauch, aus jedem Blatt.

Sophron.

Und nicht mit Unrecht, wann der hohle Busch
Des blöden Mädchens strengen Vater deckt.

Psyche,
(sich vor ihm hinstürzend).

Mein Vater, sei willkommen! Bist mir stets
Willkommen, wie der Morgen! Bist's auch hier!
Und mehr als jemals nun! Ich hülle mich
In dein Gewand, o! laß mich deine Hand
Mit süßen Thränen netzen, laß sie mich
Mit Küssen decken, daß sie meinen Mund
Verberge! meine Augen deinem Blick
Nur diesen Augenblick verberge! Lang'
Band meinen Mund die Schaam, umwölkte mir
Den Blick in deiner Gegenwart! Nicht Furcht,
Du lieber Vater! Schaam, nur blöde Schaam!

Sophron.

Mein gutes Kind! —

Psyche.
O, überhebe nun
Der langversäumten süßen Pflicht mich nicht!

Ich will, ich muß gestehn, was ich verbarg,
Wiewohl du's weißest. Jon liebet mich,
Ich Jon. Neidend hielt ich ihn zurück,
Dir das zu sagen, was ich jeden Tag
Dir sagen wollte, jeden Tag verschwieg.

Sophron.

Was nur dein Mund mir jeden Tag verschwieg,
Oft durch sein Schweigen selbst bekannte, was
Dein Blick, mein Töchterchen, mir oft verrieth,
Was lange mir geheime Freuden gab.

Jon.

O, Psyche's und mein Vater! lange brannt'
Im tiefen Herzen heißer Dank! er darf
Nun flammenströmend sich ergießen, darf —

Sophron.

Genug, mein Sohn, und nicht mein Sohn! — wie
Verirrte sich mein Herz im eitlen Wunsch,
Daß meine Gorgo dich geboren, dich
Gesäuget hätte! Die Unsterblichen
Verzeihen auch des Menschen eitlen Wunsch,
Und lehren ihn, daß ihr verborgner Rath
Noch milder als die süße Hoffnung war.
Das Bäumchen unsrer Freude schneiden oft
Die guten Götter nah' der Wurzel ab,
Und impfen heimlich in den kahlen Stamm

Der höhern Wonne bessern Sprößling ein.
Dann segnen wir die weise Weig'rung deß,
Was wir so eifrig wünschten. Kinder, lernt,
O, lernet früh, die Flügel jedem Wunsch,
Noch eh' er flücke wird, beschneiden! lernt,
Was heute zwar vielleicht so leicht euch scheint,
Und was der Weise doch als Greis noch lernt:
Den Göttern trauend, froh und dankbar seyn!

Jon.

Die Freude lehrt mich Psyche, und du lehrst,
Durch Wohlthat und durch Beispiel, dankbar seyn.

Sophron.

Nun ruft des Heiligthumes Pflege mich,
Sie rufet bald auch euch; verweilet nicht
Zu lange. Winde deine Kränze, Kind!
Schön ist der heut'ge Tag, geheimnißvoll
Die Feier, denn ein Dichter wird geweiht.

Jon.

Wer ist der Musen Günstling und des Gott's?

Sophron.

Das hat Apollon mir nicht kund gethan.

Jon.

Von wannen kommt er? und wer sendet ihn?

6*

Sophron.

Wer zu der rechten Zeit, zum rechten Werk,
Sich selber gürtet, oder gürten läßt,
Den senden Götter; weihen werden den,
Den sich Apollon Phöbos selbst erkohr,
Die Stimmen höheren Gesanges, als
Des alten Sophron's — Kinder, folget bald
Mit Ahnung mir und reinen Herzen nach.

(Er geht.)

Psyche.

Mein Jon, Blässe deckt dein Angesicht,
Und meine Glieder beben! Kaum vermag
Ich diese Blumen noch in einen Kranz
Zu winden; heilig, Jon, ist und hehr
Der Ahnung Schauer, welcher mich durchbebt.
Doch süß ist die Erwartung — süßer ist,
Als jede Ahnung, unsre Seligkeit.

Jon.

Wie viel des Lebens drängt in Einen Tag
Sich heut zusammen! Psyche, laß mich ruhn,
Nur einen Augenblick, o Psyche, ruhn
In deinen Armen! einen Hafen da
Zu finden, matt vom Sturme des Gefühls,
Der mich auf hohen Wonnefluthen wiegt.

(Jon legt sich mit dem Haupt in ihren Schooß.)

Psyche (singt):
Liebender, ruh' in der Liebenden
Armen vom Taumel der Seligkeit!
Komm, o sanftere Ruhe!
Labe den Glühenden!

Schüttle die thauenden Fittige
Ueber die Scheitel des Trunkenen!
Kühl' in Lüften des Lethe,
Kühle die Fittige!

Aber, o! nur in den wehenden
Lüften des Stromes. Ich dulde nicht
Einen Tropfen des Lethe;
Dulde die Lüftchen nur!

Bis er gekühlet der Sonne gleich,
Wieder das flammende Haupt erhebt,
Und dem seligen Mädchen
Wonne der Liebe blickt!

(Indem sie die letzten Worte singt, kommen unbemerkt
Theopompos und sein Knabe dicht zu ihnen heran.
Psyche thut einen Schrei, und Jon springt auf.)

Theopompos.
Wer bist du, Jungfrau, deren Stimme werth
thabner Lieder wäre? Weidest du.

Mit diesen Knaben-Opferheerden? dienst
Du an des Tempels Schwelle? windest du
Zu Phöbos heil'ger Feier diesen Kranz?
Und ist des Strahlengottes Tempel nah'?

Psyche.

Ich bin des Priesters Kind, dies ist der Hain
Apollon's, und sein Heiligthum ist nah'.

Theopompos.

Dein Vater harret sehnend wohl auf mich?

Psyche.

Das weiß ich nicht, und weiß nicht wer du bist.

Der Knabe.

Er ist ein Götterkind! Apollon's Sohn!
Apollon's Dreifuß hat ihn hergesandt!

Theopompos.

Entweihe mit gemeiner Zunge nicht,
Was dieser Tag so herrlich offenbart.

Der Knabe.

O Jüngling, leit' uns zu des Tempels Pfad!
Ich und der Göttersohn verschmachten schier,
Ein zottlicht Unthier hat uns irr' geführt.

Theopompos.

Wie heißt Apollon's Priester? Bist sein Sohn?

Jon.

Er heißet Sophron, ich bin nicht sein Sohn,
Doch seine Weisheit, seine Liebe hat
Von Kindesblüthe bis zu diesem Tag
Mich väterlich geleitet; unter ihm
Dien' ich dem Gott in seinem Heiligthum.

Theopompos.

Du wirst ihm dienen, Jüngling, seiner Gunst
Dich würdig machen, wenn du mir den Weg
Zu seinem Tempel zeigest; gnädig werd'
Auch ich dir seyn, dich zu Geheimnissen
Der Weisheit künftig weihen. Eingeweiht
Scheinst du mir nicht, wenn du nicht weißest, wer
Ich sei, und ob der Priester meiner harr';
Es hat die Pythia mich hergesandt.

Jon.

Als Gast wirst du dem Sophron angenehm,
Wie jeder Fremdling, seyn. Du harrest wohl
In seiner Hütte diesen Tag, und auch
Den morgenden; denn heute ruft die Pflicht
Den weisen Priester zu des Gottes Dienst.

Theopompos.

Zum Feſt des Gottes rufet mich der Spruch,
Der aus der Erde Nabel mir erſcholl.

Jon.

Daß du von Delphos kommſt, verräth dein Kran
Der Pilger kommen viel von Delphos heim.
Des Tages Feier iſt geheimnißvoll;
Ein Dichter wird geweihet. Wer er iſt,
Und wer ihn weihet, iſt mir nicht bekannt.
Sogar der weiſe Sophron ſchien es nicht
Zu wiſſen, ſprach, Apollon würde ſelbſt
Den Günſtling ſenden, weihen würden ihn
Die Stimmen heiliges Geſanges. Wer
Der Feier naht, muß reines Herzens ſeyn.

Theopompos.

Der Götter Weisheit ſprach aus Sophron's Mur
Ich bin des Gottes Günſtling! bin der Sohn
Apollon's! ward hieher von ihm geſandt!
Ja, Strahlender, du leiteſt deinen Sohn!
O Theopompos, wenn du ſterblich wärſt,
Du faßteſt nicht die Größe deines Glücks!
Dich würde deines Ruhmes Herrlichkeit
Im Schwindel deiner himmelhohen Bahn,
Wie Phaethon, ergreifen; würde dich,
Wie ihn, hinab zerſchellen in den Staub!
Dich würde deines Ruhmes Herrlichkeit

Verzehren, wie die kühne Sterbliche
Des Zeus Umarmung! Brünstig herzte sie
Den Donnergott; getroffen von der Gluth,
An welcher Here liebeschmachtend schmilzt,
Sank sie vor ihm, ein Aschenhaufen, hin,
Eh' noch des Wetterstrahles Streitgenoß,
Der eh'rne Donner, rollend sie umscholl.

Psyche.

Wenn du mich liebst, so gehst du nicht mit ihm!
Zeig' ihm den Weg, und bleib', o Jon, hier!

Jon.

Dort hinter jenen Lorbeern krümmet sich
Der Pfad zur Linken. Irren kannst du nicht.

Theopompos.

Ich kann nicht irren. Phöbos leitet mich!

Der Knabe.

Ja, wenn der Weg ihm vor der Nase liegt,
So leiten ihn die Götter immer recht.

Theopompos.

Auf Wiedersehen, Kleine! Sieh' nicht bang'
Auf mich! des Sophron's Tochter bin ich hold!

Wie, oder scheueſt du vielleicht das Loos
Der Semele? Die Thörinn fiel durch Stolz;
Sonſt wäre Zeus mit ihr auch ſäuberlich
Verfahren; denn die hohe Strahlenkraft
Der Götter gleicht des bunten Pardels Klau',
Zum Schmeicheln linde, wie zum Reißen ſcharf.

(Er geht.)

Pſyche.

Des ſchnöden Thoren! Siehe, wie ſein Gang,
Gleich ſeiner Stimme, ſchon den Narren zeigt.

Jon.

Ein ſonderbarer Geck! Daß der nun heut
Muß kommen! Götter, glaub' ich, leiten auch
Der Narren Irrſaal, hauchen leeren Wind
In ihres Stolzes Blaſe, bis ſie platzt.
Wie ſchwoll er auf, als er von mir vernahm,
Was ich, nicht ohne Schalkheit, kund ihm that.
Ich freue ſein mich dennoch! Herrlich wird
Der Dünkel dieſes Ungeweiheten
Des Muſenlieblings reinen Glanz erhöhn.
Komm, Pſyche! daß wir ſeine Ankunft ſchaun.
Er ſcheinet mir ein Marktſchiff voll von Tand,
Das mit geſchwollnem Segel und geſchmückt,

Geführt von trunknen Schiffern, mit Geschrei
Verkündet, rauschend in den Hafen fährt.

Psyche.

Fast fürcht' ich ihn, und dennoch muß ich gehn;
Der eitlen Neugier weichet selbst die Furcht.

Viele Faunen.
Der alte Faun.

Nun wißt ihr, was von euch gefodert wird.
Nur kein unzeitig Lachen! Wahrer Hohn,
Der dem Gehöhnten kalt, wie Hebros Fluth,
Auf seine Scheitel träuft, und Schauer ihm
Auf Schauer jaget in das eitle Herz,
Ein solcher Hohn muß tief geschöpfet, muß
Der ernsten Wahrheit selbst entquollen seyn;
Sonst schüttelt die gewaschne Eitelkeit
Sich wie ein nasser Pudel, und besprützt
Den, der sie wusch. Versteht mich aber recht!
Ein Faun verbietet seinen Freunden nicht
Das Lachen; nur zur Unzeit lachet nicht!
Die laute Lache sei des dürren Ernst's
Gefährtinn! schrecke den Gebeugten hier,
Und Dolche des geschliffnen Witzes dort;
Daß, wenn der Kamm von Zorn und Eitelkeit
Ihm schwellen wollte, bleiches Zagen ihn

Verfolg', ergreife, knäte, wie zu Staub
Zermalme! wieder schwellen lasse, dann
Von neuem hudle, wie die Katz' die Maus.
Arachne hängt ihr luftiges Gespinnst
Den Fliegen und den Schmetterlingen hin;
Der kleine Vogel schnappt und wird erschnappt;
Der Hunger lehrt den Wolf, die List den Fuchs
Die Kunst der Jagd; der Löwe geht auf Raub,
Und Pallas Vogel und der Adler Zeus.
Der allgemeine Räuber heißet Mensch;
Uns Faunen ward der Thoren Jagd zu Theil,
Und dieses Wildpret fehlet nicht, so lang
Der Affen und der Götter Mittelding,
Prometheus Püppchen lebt, der eitle Mensch.

(Er singt.)

Die schwachen Geschöpfe
Erheben die Köpfe,
Und schwellen von Weisheit, wie Frösche von Wind
O! gingt ihr auf Vieren,
Gleich weiseren Thieren,
So wärt ihr mit offenen Augen nicht blind.

Der misset den Himmel,
Der reitet den Schimmel
Apollon's, und jauchzet, und stolpert und stürzt!
Der Weise macht Künste,
Des Hirnes Gespinnste,
Doch ist seine Weisheit mit Thorheit gewürzt.

Gefressen vom Harme
Ernährt er im Darme
ndwurm, und nagende Sorgen im Kopf;
Er schmelzet Demanten,
Er zähmt Elephanten;
t ein Lüftchen den elenden Tropf!

Den lenket ein Mädchen
An seidenem Fädchen,
cket ihn lächelnd und tränkt ihn mit
Hohn!
Von größeren Thoren,
Zum Herrscher erkohren,
t ein sterblicher Gott auf dem Thron.

Aus furchtbarem Dunkel
Erschreckt sie die Kunkel
zt sie kaufen sich Quaalen vom Arzt,
Als wüßt' er den Scheeren
Des Todes zu wehren,
er das Leben verpicht und verharzt.

Sie pressen aus Trauben
Sich Wahnsinn, und klauben
tlicher Tiefe den mordenden Strahl!
Sie scheuen Gefahren,
Und stürzen zu Schaaren
wert, und bereiten den Geiern ein Mahl!

Da lob' ich uns Faune!
Die lachende Laune
Erhält uns bei'm Quell und bei Früchten vergnügt;
Und necken und schimpfen
Die flatternden Nymphen;
Wir wissen, daß ihnen ein Fäunchen genügt!

Alle.

Wir loben uns, Faune!
Die lachende Laune
Erhält uns beim Quell und bei Früchten vergnü
Uns necken und schimpfen
Die flatternden Nymphen;
Wir wissen, daß ihnen ein Fäunchen genügt!

Der alte Faun.

's ist Zeit, wir kommen sonst zum Fest zu spät!
Die Jagdlust glüht, die Zähne sind gewetzt,
Und viele Hunde sind des Hasen Tod.
Nur kucke keiner aus dem Hinterhalt
Zu früh hervor; ein jeder lache leis'
In seinem Bart, wenn's ja gelacht will seyn,
Eh', wie ein Wolkenbruch, die Lache platzt.

Im Hintergrunde ruhen die Musen auf einer Anhöhe; im Vordergrunde stehet Sophron. Von
der einen Seite treten Jon und Psyche herein,
von der andern Theopompos. Jon und
Psyche werfen sich auf die Kniee.

――――――

Jon.
Unsterbliche, seid Psyche hold und mir!

Psyche.
Unsterbliche, seid Jon hold und mir!

Theopompos.
Wofern ihr Nymphen dieser Fluren seid,
So hört ihr günstig eines Dichters Gruß.

Sophron.
Es sind die Musen, sind die Töchter Zeus!
Steht auf, ihr Kinder, so gebieten sie,
Und bleibet schweigend stehn! bleib schweigend stehn
O Theopompos! — Heilig ist der Grund,
Auf dem wir stehen; reines Herzens muß —
Ein jeder prüfe sich — bescheiden muß

Und reines Herzens, wem der Muse Lied
Soll tönen, muß ein Freund der Götter seyn!

Eine Muse.

Sterblicher vernimm,
Sohn des Weibes,
Liebling des Gottes;
Dem, wann wandelt sein Strahlenfuß
Auf Auen, wo Amaranthos ihm entblüht,
Im goldenen Köcher
Säuseln die gefiederten Pfeile,
Wie an Quellen das bebende Schilfgeräusch!
Dem, wann er einhertritt zu Kampf und Sieg,
Raffelt das verderbende Geschoß,
Wie Boreas eherne Räder,
Wann der brausende Wald vor ihm hinstürzt,
Sich der Ocean thürmet, und die Veste bebt!
Seliger Sterblicher, vernimm
Der olympischen Musen
Weihegesang!

Chor der Musen.

Weil rein dein Herz ist, weil du der Weisheit dich
Und Tugend weihest, weil, wie des Helden Roß,
    Dein Geist entflammet und die holde
    Schaam den Entflammten erröthend zähmet;

eil zahllos dir, wie Blumen der Au', entblühn
:danken, vor dir her die Erfindung strahlt,
  Die Phantasie dir ungerufen
   Schwebet auf Purpurgewölk zur Seite;

eil oft dem jungen Morgen dein Wonneblick
on thaubenetzten Hügeln begegnete,
  Weil Philomela fromme Thränen
   Dir in dem schweigenden Thal' entlockte;

Beil heilig deiner Seele die Schönheit war,
Beil heilig deiner Seele die Wahrheit war,
  Und ungerufne Melodieen
   Um die Gefühle des Jünglings spielten;

So weihen dich die Töchter Kronion's, weiht
Durch seine Schwestern Phöbos Apollon dich!
  Es weihet dich die goldgelockte
   Cypris, der Musen vertraute Göttinn!

Komm, Psyche, winde, Psyche, den Blumenkranz
Um deines Jünglings Schläfen! Es windet sich,
  O selig Paar, der Musen Reigen
   Rund um dich her, wie im Sternentanze!

    (Psyche, Jon und Theopompos treten hervor.)

Fünfter Theil.

Theopompos.

Vermeßner Jüngling, eh' mein Edelmuth
Zu spät dich warne, nahe nicht dem Kreis
Der Musen! Mich, mich rufet ihr Gesang!
Mich sandte Phöbos Dreifuß! meinem Ruf'
Gehorchten Faune! nannten mich den Sohn
Des Strahlengottes! Ich bin Phöbos Sohn!

Eine Muse.

Nahet noch nicht,
Psyche, Theopompos, Jon!
Liebliche Psyche,
Du bist schön, wie der Liebe Stern,
Wann er schimmert am röthlichen Himmel,
Ihm zur Rechten glänzet der Mond,
Zur Linken Gewölk sich bläht,
Freundliche Psyche,
Dein ist der Kranz, und die Wahl ist dein!

Psyche.

Erhabne Töchter Zeus, ich wähle nicht;
Dein, Jon, ist der Kranz, und Psyche dein!

Theopompos.

Bescheiden ist, o Psyche, deine Wahl!

(Psyche windet den Kranz um Jons Haupt; die M
tanzen mit verschlungnen Händen um sie her.)

99.

Psyche.

be! Liebe! Sonne' der Seele! dich
ndet sanfterröthend die holde Schaam,
b tagender Empfindung Schauer
eigen empor mit gewecktem Fittig!

Theopompos.

ingen früh die Vögelchen im Busch,
oren tanzen vor dem Morgen her,
s der blauen Thetis nassem Schooß
Sluthgespann des Sonnenwagens brauf't.
b, o pochend Herz! zersprenge nicht
ruft, die schön von eigner Größe schwillt!

Eine Muse.

Dämme, Theopompos,
Die Fluthen der Freude!
Es harren noch dein
Gesänge der Feier,
Wie der Adler Kronion's
In strahlenden Lüften
Des herbstlichen Mittags
Der Beute harrt!
Noch feiern die Musen
Der Sterblichen Fest.

7*

Chor der Musen.

Halbgeweihet ist der, welchen die himmlischen
Musen weihen, eh' du, hohe Gespielinn der
   Götter, Freundinn der Musen,
    Liebe, weihest den Glücklichen!

Viele nennen uns zwar, wenigen lächeln wir!
Viele nennen dich zwar, wenigen lächelst du!
   Seelenwandelnd und schaffend
    Ist das Lächeln der Himmlischen!

Liebe tönt der Gesang hoher Unsterblichen!
Wahrer Liebe Gefühl, beb' es im weinenden
   Aug' auch sprachlos, ist dennoch
    Lied, und Götter vernehmen es.

Lieb' erfüllet die Welt, knüpfet im goldenen
Aetherbande Gestirn sanft an Gestirn, und geußt
   Durch die lauschenden Himmel
    Harmonien des Urgesangs!

Ihm entschöpfeten wir! Phöbos Apollon ihm,
Als sein erster Gesang an dem Gestade von
   Delos scholl, und die Rosse
    Lauschend anhielt der Sonnengott!

Jon.

er Wonne! Götter, gebt mir auch
e neue Wonne neue Kraft!

Psyche.

bin ich, Jon! Sieh', ich trink'
em Strome deiner Seligkeit,
der Sonne nie erschöpfter Gluth
e Mond die goldnen Strahlen trinkt,
ber ihm der Sterne feiernd Chor
autgesang im leichten Aether tanzt.

Jon.

netzet die Lippe,
auf das Herz,
net das Haupt der Begeistrung Wein!
m Fluge
f Flügeln des Gesanges
entzückte Geist!
hr gefesselt an den Staub,
Sterblichen Füßen sich entwölkend den Blick
ihm trübt,

th hinfort
Erde zu den Himmlischen,
onne Genoß!
der Erde
n Schatten dann,
' auf dem Busen der Psyche

Mein glühendes Haupt,
Ihrer Wonne Genoß!

Chor der Musen.

Auf den Schultern erklingt, Jüngling, dein Köcher, voll
Neuer Lieder! dir spannt freudige Jugendkraft
   Phöbos Bogen, und tönend
   Fleugt der Pfeil des Gesangs einher!

Wann die Sehne noch bebt, horchet der Zeitgenoß,
Rastlos tönet der Pfeil, Enkel noch horchen ihm,
   Ueber staunender Nachwelt
   Späte Sonnen noch rauschet er!

Deiner Pfeile verfehlt keiner des eigenen
Zieles! Plötzlich erweckt dieser den schlummernden
   Helden, daß er die Lanze
   Schwingt für Freiheit und Vaterland!

Dieser senkt sich in's Herz feuriger Jünglinge,
Tief in Nektar getaucht, leise wie Eros Pfeil,
   Lockte der Wehmuth Gespielen,
   Fromme Thränen, in's Angesicht.

Mächtig trittst du einher, Jüngling, in tönender
Rüstung! sicher des Siegs, weil dich mit strahlenden

Schilde Pallas begleitet,
Mit der Lanze das Ziel dir zeigt!

Ueberhebe dich nicht deiner verliehenen
Kräfte! Rüstung und Kraft weihe der Weisheit und
Tugend! weihe den Göttern,
Die dir Rüstung und Kraft verliehn!

Wisse, Jüngling, ein Gott tauchete jeden Pfeil
In die Wirbel des Styr, als er gehärtet ward!
Spiele nicht mit Geschoffen,
Deren Wunden unheilbar sind!

Auf Herakles Geschoß trotzte der mächtige
Philoktetes; ein Pfeil fiel aus der Rechten ihm,
Und die einsame Insel
Scholl vom Jammer des Mächtigen!

Eine Muse.

Dir, o Theopompos, wend' ich mich.

Theopompos.

Schon lange lauschet dürstend euch mein Ohr,
Schon lange schlägt mein hoffnungtrunkues Herz!
Ward solches Ruhmes Glanz dem Sterblichen,
Was harret eines Götterkindes dann!

Die Muse.

Erst schweige; dann vernimm der Muse Wort,
Das heut' zum erstenmale dir ertönt,
Das heut' zum letztenmale dir ertönt.
Nicht deinetwegen, sondern weil ein Schwarm
An deines Schwindels böser Seuche krankt,
Wiewohl des Wahnsinns Bremse jeden nicht
So tief wie dich in's leere Köpfchen stach;
Um dieses Schwarmes willen sandte dich
Die Pythia; sie hat dich nicht getäuscht.
Du hast vernommen, welche Ehren dem
Gebühren, den Apollon Phöbos ehrt,
Ihn ehret, weil, als er geboren ward,
Sich ihm der Götter Gabe schon ergoß,!
Der Götter freie Gabe, die kein Fleiß
Erringt, vielweniger der Stolz ertrotzt.
Krynion's Rache traf den Salmoneus,
Der nachzuahmen Donner sich vermaß;
Auf eh'rner Brücke scholl der Rosse Huf
Vor eh'rnen Rädern, und der König schwang
Der Fackel rothe Gluth; geschleudert flog,
Dem Wagen ihn entstürzend, Zeus Geschoß.
Zu klein der Rache, büßest du mit Hohn,
Der nahe schon mit offnem Munde klafft.

(Es erschallt von allen Seiten lautes Gelächter
Faunen. Indem Theopompos entfliehen will, st
ste hervor, und schließen mit verschlungenen Hä
einen Kreis um ihn.)

Im Hintergrunde ruhen die Musen auf einer Anhöhe; im Vordergrunde stehet Sophron. Von
der einen Seite treten Ion und Psyche herein,
von der andern Theopompos. Ion und
Psyche werfen sich auf die Kniee.

————

Ion.
Unsterbliche, seid Psyche hold und mir!

Psyche.
Unsterbliche, seid Ion hold und mir!

Theopompos.
Wofern ihr Nymphen dieser Fluren seid,
So hört ihr günstig eines Dichters Gruß.

Sophron.
Es sind die Musen, sind die Töchter Zeus!
Steht auf, ihr Kinder, so gebieten sie,
Und bleibet schweigend stehn! bleib schweigend stehn
O Theopompos! — Heilig ist der Grund,
Auf dem wir stehen; reines Herzens muß —
Ein jeder prüfe sich — bescheiden muß

Aber dem Ikaros brauſ't es und pocht es
Tief in dem Herzen; ihm ſauſ't es und kocht es
   Hoch in dem Köpfchen: du bildeteſt dir
   Flügel; ſo bilde doch Flügel auch mir!

Nun denn, mein Bübchen, ſollſt Flügelein haben!
Sagte der Vater zum wimmernden Knaben;
   Schritt zu der künſtlichen Arbeit, und ſtraks
   Knätete Dädalos Flügel aus Wachs.

Ikaros bebte vor Wonn' und Verlangen,
Als ihm der Vater mit güldenen Spangen
   Heftet die Flügel an Schulter und Bruſt,
   Iſt ſich der Ammenmilch nicht mehr bewußt.

Höre, mein Söhnchen, der Klugheit bedarf es
Oben in Lüften; drum achte mein ſcharfes,
   Weiſes Verbot, und bedenk' nicht zu ſpät,
   Daß man aus Wachs nur was Wächſernes dreht.

Folge mir nach in den mittleren Lüften
Wittere nicht nach ätheriſchen Düften!
   Weit iſt die Reiſe nach Welſchland und ſchwer,
   Oben die Sonne und unten das Meer.

Naheſt du ſteigend der Sonne, ſo ſchmelzen
Flugs dir die Fittige; tauchſt du, ſo wälzen

Wogen des Meers dich in's gläserne Haus
Wilder Tritonen, den Hechten zum Schmaus.

Dädalos sprach es und hub sich — der Junker
Fühlte sich nicht vor Entzücken; kühn schwung er
  Nach sich dem Vater, hoch über ihn hin,
  Ueber die Wolken mit trunkenem Sinn.

Aber die Flügel begannen zu triefen,
Eh' er es merkte; die Schwingen entliefen
  Sinkend dem Sinkenden, und er entstürzt
  Purzelnd dem Flug, nicht zur Seefahrt geschürzt.

Merke sich das der Bescheideneren Tadler:
Keck ist der Käfer, und kühn ist der Adler!
  Haben die Götter dir Schwingen versagt,
  Ei, so geh' nicht auf ätherische Jagd!

Der alte Faun.

Der Kuckuck trau'rte
Im finstern Strauch;
Ein Specht belau'rte
Den armen Gauch:
Was trauerst du Kuckuck? so fragte der Specht.
Ach! sprach er, deß hab' ich ein trauriges Recht.

Chor der Faunen.

Der arme Kuckuck!

Der alte Faun.

Dem Adler raunet
In's Ohr Herr Zeus,
Und wann er launet,
So spricht er: scheuß
Mit Dornen bewaffnet vom Himmel herab,
Und kehre der Sterblichen Stätt' in ein Grab!

Chor der Faunen.

Der arme Kuckuck!

Der alte Faun.

Des Donnergottes
Gekränkte Frau
Vergißt des Spottes,
Und kraut den Pfau;
Und ruhend im Wagen auf schwellendem Flaum
Lenkt Cypris die Täubchen mit purpurnem Zaum.

Chor der Faunen.

Der arme Kuckuck!

Der alte Faun.

Die Lerche schwinget
Sich aus der Au',
Und steigt und singet
Im Morgenthau;

Es singt Philomela das Bächlein entlang,
Und Götter und Menschen entzückt ihr Gesang!

Chor der Faunen.

Der arme Kuckuck!

Der alte Faun.

Mein schwacher Fittig
Trägt mich nicht weit;
Der bunte Psittich
Beschämt mein Kleid;
Ach, könnt' ich nur zwitschern, wie Hänfling und Spatz,
So nähm' ich mit Ehren doch auch meinen Platz!

Chor der Faunen.

Der arme Kuckuck!

Der alte Faun

Da lacht' in's Kröpfchen
Der lose Specht:
Du armes Tröpfchen,
Wohl hast du recht!
Doch ehre dich selber, mein Freund, und bekuck'
Dich selber, und rufe dir selber: Kuckuck!

Chor der Faunen.

Und rufe: Kuckuck!

Der alte Faun.

Und ihm behaget
Der Rath noch izt,
Und eh' es taget,
Und spät noch, sizt
Der Kuckuck und rufet; doch fliegt er empor,
So jaget ihn spottend ein zwitscherndes Chor.

Chor der Faunen.

Der arme Kuckuck!

(Vier Faunen ergreifen den Thespompos und tragen ihn
in den Wald hinein. Man hört noch ihre Stimmen,
bis sie sich verlieren.)

Der arme Kuckuck!
Ha! ha! ha! ha!
Der arme Kuckuck!
Ha! ha! ha! ha!

Servius Tullius.

Ein Trauerspiel mit Gesängen

von

Friedrich-Leopold Graf zu Stolberg.

1 7 8 6.

Mein glühendes Haupt,
Ihrer Wonne Genoß!

Chor der Musen.

Auf den Schultern erklingt, Jüngling, dein Köcher, voll
Neuer Lieder! dir spannt freudige Jugendkraft
   Phöbos Bogen, und tönend
   Fleugt der Pfeil des Gesangs einher!

Wann die Sehne noch bebt, horchet der Zeitgenoß,
Rastlos tönet der Pfeil, Enkel noch horchen ihm,
   Ueber staunender Nachwelt
   Späte Sonnen noch rauschet er!

Deiner Pfeile verfehlt keiner des eigenen
Zieles! Plötzlich erweckt dieser den schlummernden
   Helden, daß er die Lanze
   Schwingt für Freiheit und Vaterland!

Dieser senkt sich in's Herz feuriger Jünglinge,
Tief in Nektar getaucht, leise wie Eros Pfeil,
   Lockte der Wehmuth Gespielen,
   Fromme Thränen, in's Angesicht.

Mächtig trittst du einher, Jüngling, in tönender
Rüstung! sicher des Siegs, weil dich mit strahlendem

Meinem lieben Neffen

Christian Grafen von Bernstorf

gewidmet.

Fünfter Theil.

Perſonen.

Servius Tullius, König in Rom.

Tarquinius, Enkel des vorigen Königs Tarquinius
des erſten.

Calpurnius,
Junius, } Senatoren.

Lucius, Sohn des Junius.

Valerius, ein vornehmer junger Römer.

Gallus,
Ligur, } Freigelaſſene des Tarquinius.

Ein Greis.

Tarquinia, Gemahlinn des Servius,
Secunda, ihre Schweſter, Gemahlinn
des Junius, } Töchter des vorigen Königs.

Tullia, Gemahlinn des Tarquinius, Tochter des
Servius.

Tertia, jüngſte Tochter des Servius.

Schatten der älteſten Tullia.

Alecto,
Megära, } Furien.
Tiſiphone,

Servius, Calpurnius, hernach Junius.

───

Servius.

Mißgönne mir des kühlen Abends Ruh'
Nach meines Lebens langem Tage nicht!
Der müde Schnitter sehnt sich nach der Ruh',
Der müde König auch! Mein Tag war heiß,
Die Arbeit schwer, und Kummer oft mein Lohn!
Vom Undank red' ich nicht, zwar drückt auch der,
Doch mehr das Leiden manches Biedermanns,
Und Thränen, die dein Freund nicht trocknen kann,
Wenn manches Großen Trotz, so nah' dem Thron,
Sich bläht. Am schwersten aber drücket mich
Die Schuld, die Rom von mir zu fodern hat.

Calpurnius.

Die Schuld, die Rom von dir zu fodern hat?
Du bist der Gläubiger, der Schuldner Rom.
Dir danken wir die Größe dieser Stadt,
Dir viele Siege, dir des Friedens Ruh'.

8 *

Wir sehn in dir den kühnen Romulus
Und Numa, der ein Freund der Götter war.

Servius.

An einer Saite rühret deine Hand,
Die hell in meinem Herzen wiedertönt,
Wenn du den heil'gen Numa nennest; ihm
Zu gleichen, zwar in weiter Ferne nur,
War meines reifen Lebens heißer Wunsch,
Sobald der leere Taumel mich verließ,
Der leicht den König, leicht den Sieger täuscht,
Der mich auch täuschte, da mir Tanaquil
Den Becher bot; ich trank ihn dürstend aus
Und glühte von der Trunkenheit, die mir
Und andern Muth und Seelengröße schien,
Nicht Muth, nicht Seelengröße war, nur Rausch.

Calpurnius.

Auch edler Wein berauscht durch Uebermaaß
Und wenn von Jugendfeu'r der Trinker glüht;
Doch Quell des Lebens ist er für den Greis.
Du weißt es, Servius, ich rühme nicht
Den Glanz des Throns, du aber wardst gesandt
Von Göttern des Olympus über Rom
Zu herrschen, da du noch ein Knabe warst.
Von Augenzeugen hab' ich's noch gehört,
Wie du als Kind im sanften Schlummer lagst,
Und zarte Flammen, wie von Weihrauch blau,

Um deine Locken spielten, ohne dir
Ein Haar zu sengen; als Tarquinius
Und Tanaquil gerufen staunten, als
Der Weiber eine Wasser brachte, ihr
Die Königinn das Löschen wehrte, voll
Der nahen Gottheit wie vom Dreifuß rief:
Schau, König, diesen Knaben, wie er schläft
Und lächelt! schau, die Götter küssen ihn,
Und weihen ihn zu großer Zukunft ein!
Mir sei der Knabe, dir der Knabe werth!
Sei unser Sohn und unsers Hauses Schutz,
Und einst der Schutzgott von der hohen Rom!

Servius.

Ich weiß es, Freund, die Götter stellten mich
Auf diese Höh', du weißest nicht wozu.

Calpurnius.

Du solltest Romulus und Numa seyn!

Servius.

Aus Räubern und aus Mördern bildete
Quirinus Krieger, wie Deukalion
Aus Steinen Menschen. Rohen Füllen gleich
Gebändigt, nicht besänftigt, zähmte sie
Quirinus, brauchte sie, den Rossen gleich,
In blut'gen Schlachten, hielt im straffen Zwang
Sie streng, und tränkte mit der Völker Raub

Des wilden Volkes ungelöschten Durst.
Wie Diomedes, Thraciens Tyrann,
Erschlagner Fleisch in eh'rne Krippen warf,
Bis er der Fraß der eignen Rosse ward,
So fiel auch Romulus durch Römerhand.
Dein großer Ahnherr, Numa, bildete
Zu Bürgern diese rohen Krieger, er,
Der Götter Liebling, lehrte Gottesfurcht
Die Römer und Gerechtigkeit, verband
Durch treuen Frieden mit den Nachbarn sie,
Und Bürger mit den Bürgern durch's Gesetz.
Des Janus Tempel bauet er und schloß
Die Thüre; Tullus riß sie wieder auf,
Erweiterte die Gränzen Rom's, ein Held
Wie Romulus, doch nicht der Götter Freund.
Er ward vertilgt in seiner hohen Burg
Mit Weib und Kind, durch Jupiters Geschoß.
Der gute Ancus folgte Numa's Spur.
Ungern und siegend zuckte er sein Schwert;
Ungern und siegend auch Tarquinius,
Mein Schwäher. Selbst im Kriege ehret nun
Der Römer Mäßigung und übet Treu.
Die Weisheit, welche mit Pythagoras,
Zu meines Schwähers Zeit, von Griechenland
Zu uns herüber kam, verbreitete,
Dem jungen Tage gleich, allmählich sich,
Und sandte ihres Schimmers auch nach Rom.
Für vieles dank' ich dem Unsterblichen,

Es singt Philomela das Bächlein entlang,
Und Götter und Menschen entzückt ihr Gesang!

Chor der Faunen.

Der arme Kuckuck!

Der alte Faun.

Mein schwacher Fittig
Trägt mich nicht weit;
Der bunte Psittich
Beschämt mein Kleid;
Ach, könnt' ich nur zwitschern, wie Hänfling und Spatz,
So nähm' ich mit Ehren doch auch meinen Platz!

Chor der Faunen.

Der arme Kuckuck!

Der alte Faum.

Da lacht' in's Kröpfchen
Der lose Specht:
Du armes Tröpfchen,
Wohl hast du recht!
Doch ehre dich selber, mein Freund, und bekuck'
Dich selber, und rufe dir selber: Kuckuck!

Chor der Faunen.

Und rufe: Kuckuck!

Der alte Faun.

Und ihm behaget
Der Rath noch izt,
Und eh' es taget,
Und spät noch, sitzt
Der Kuckuck und rufet; doch fliegt er empor,
So jaget ihn, spottend ein zwitscherndes Chor.

Chor der Faunen.

Der arme Kuckuck!

(Vier Faunen ergreifen des Thespompos und tragen ihn
in den Wald hinein. Man hört noch ihre Stimmen
bis sie sich verlieren.)

Der arme Kuckuck!
Ha! ha! ha! ha!
Der arme Kuckuck!
Ha! ha! ha! ha!

Servius Tullius.

Ein Trauerspiel mit Gesängen

von

Friedrich-Leopold Graf zu Stolberg.

1 7 8 6.

Meinem lieben Neffen

Christian Grafen von Bernstorf

gewidmet.

Personen.

Servius Tullius, König in Rom.

Tarquinius, Enkel des vorigen Königs Tarqu
des ersten.

Calpurnius, }
Junius,   } Senatoren.

Lucius, Sohn des Junius.

Valerius, ein vornehmer junger Römer.

Gallus, }
Ligur, } Freigelassene des Tarquinius.

Ein Greis.

Tarquinia, Gemahlinn des Servius, } Töchter de
Secunda, ihre Schwester, Gemahlinn } rigen Kö
des Junius,

Tullia, Gemahlinn des Tarquinius, Tochter
Servius.

Tertia, jüngste Tochter des Servius.

Schatten der ältesten Tullia.

Alecto, }
Megära, } Furien.
Tisiphone, }

Servius, Calpurnius, hernach Junius.

Servius.

Mißgönne mir des kühlen Abends Ruh'
Nach meines Lebens langem Tage nicht!
Der müde Schnitter sehnt sich nach der Ruh',
Der müde König auch! Mein Tag war heiß,
Die Arbeit schwer, und Kummer oft mein Lohn!
Vom Undank red' ich nicht, zwar drückt auch der,
Doch mehr das Leiden manches Biedermanns,
Und Thränen, die dein Freund nicht trocknen kann,
Wenn manches Großen Troß, so nah' dem Thron,
Sich bläht. Am schwersten aber drücket mich
Die Schuld, die Rom von mir zu fodern hat.

Calpurnius.

Die Schuld, die Rom von dir zu fodern hat?
Du bist der Gläubiger, der Schuldner Rom.
Dir danken wir die Größe dieser Stadt,
Dir viele Siege, dir des Friedens Ruh'.

8*

Wir sehn in dir den kühnen Romulus
Und Numa, der ein Freund der Götter war.

Servius.

An einer Saite rühret deine Hand,
Die hell in meinem Herzen wiedertönt,
Wenn du den heil'gen Numa nennest; ihm
Zu gleichen, zwar in weiter Ferne nur,
War meines reifen Lebens heißer Wunsch,
Sobald der leere Taumel mich verließ,
Der leicht den König, leicht den Sieger täuscht,
Der mich auch täuschte, da mir Tanaquil
Den Becher bot; ich trank ihn dürstend aus
Und glühte von der Trunkenheit, die mir
Und andern Muth und Seelengröße schien,
Nicht Muth, nicht Seelengröße war, nur Rausch.

Calpurnius.

Auch edler Wein berauscht durch Uebermaaß
Und wenn von Jugendfeu'r der Trinker glüht;
Doch Quell des Lebens ist er für den Greis.
Du weißt es, Servius, ich rühme nicht
Den Glanz des Throns, du aber wardst gesandt
Von Göttern des Olympus über Rom
Zu herrschen, da du noch ein Knabe warst.
Von Augenzeugen häb' ich's noch gehört,
Wie du als Kind im sanften Schlummer lagst,
Und zarte Flammen, wie von Weihrauch blau,

e Locken spielten, ohne dir
ir zu sengen; als Tarquinius
naquil gerufen staunten, als
iber eine Wasser brachte, ihr
iginn das Löschen wehrte, voll
en Gottheit wie vom Dreifuß rief:
König, diesen Knaben, wie er schläft
elt! schau, die Götter küssen ihn,
hen ihn zu großer Zukunft ein!
der Knabe, dir der Knabe werth!
er Sohn und unsers Hauses Schutz,
st der Schutzgott von der hohen Rom!

Servius.

ß es, Freund, die Götter stellten mich
e Höh', du weißest nicht wozu.

Calpurnius.

eft Romulus und Numa seyn!

Servius.

ubern und aus Mördern bildete
ß Krieger, wie Deukalion
einen Menschen. Rohen Füllen gleich
igt, nicht besänftigt, zähmte sie
s, brauchte sie, den Rossen gleich,
'gen Schlachten, hielt im straffen Zwang
'ng, und tränkte mit der Völker Raub

Des wilden Volkes ungelöschten Durst.
Wie Diomedes, Thraciens Tyrann,
Erschlagner Fleisch in eh'rne Krippen warf,
Bis er der Fraß der eignen Rosse ward,
So fiel auch Romulus durch Römerhand.
Dein großer Ahnherr, Numa, bildete
Zu Bürgern diese rohen Krieger, er,
Der Götter Liebling, lehrte Gottesfurcht
Die Römer und Gerechtigkeit, verband
Durch treuen Frieden mit den Nachbarn sie,
Und Bürger mit den Bürgern durch's Gesetz.
Des Janus Tempel bauet er und schloß
Die Thüre; Tullus riß sie wieder auf,
Erweiterte die Gränzen Rom's, ein Held
Wie Romulus, doch nicht der Götter Freund.
Er ward vertilgt in seiner hohen Burg
Mit Weib und Kind, durch Jupiters Geschoß.
Der gute Ancus folgte Numa's Spur.
Ungern und siegend zuckte er sein Schwert';
Ungern und siegend auch Tarquinius,
Mein Schwäher. Selbst im Kriege ehret nun
Der Römer Mäßigung und übet Treu.
Die Weisheit, welche mit Pythagoras,
Zu meines Schwähers Zeit, von Griechenland
Zu uns herüber kam, verbreitete,
Dem jungen Tage gleich, allmählich sich,
Und sandte ihres Schimmers auch nach Rom.
Für vieles dank' ich dem Unsterblichen,

m für den guten Unterricht,
ser Weise meiner Jugend gab;
e mich was groß sei und was klein,
anz des Throns, und des Lorbeers Glanz
ten dennoch mich auf kurze Zeit
dem, aber Weisheit kehrte bald
ie Brust zurück, und ich entwarf
len Jahren einen Plan, den mir
er Gott in's Herz gehauchet hat,
lk — Willkommen, lieber Junius!
mst mir wie gerufen, fahre fort
begann, ich will im Schattengang
hlen, und mich freun, daß auch als Greis
noch bin für Freiheit und für Recht.

Junius.
nn, wie Rom seit Numa keinen sah.

Calpurnius.
ll er thun? Ich ahne Götterthat!

Junius.
gethan schon hätte, wär' er nicht
ise, der er ist, und der es weiß,
s der Weisheit schönste Blume sei,
nicht das zu thun, wozu das Herz,
elmuth entflammt, den Weisen treibt.
lk, das ihn bewundert, weiß es nicht,

Selbst du nicht, welch' ein Mann der König sei,
Zu welcher Größe sich sein Herz erhob,
Und welche Sonne unerhörten Ruhms
Und Heils sein weißes Haupt bestrahlen wird.
Er will den Thron verlassen und dem Volk,
Das weiser nun als seine Väter ist,
Das unter seiner Weisheit Strahle reif
Für Freiheit ward, die Freiheit geben.

Calpurnius.

Die Ahnung ging in meiner Seele auf,
Den Augenblick, eh' du in's Zimmer trat'st.
Den Römern Freiheit geben! Was ist groß,
Wenn das nicht groß ist! Aber, Junius,
Ein Zweifel regt in meinem Herzen sich,
Ein oftgedachter Zweifel, denn der Wunsch,
Rom frei zu sehn, ist lang mein Lieblingswunsch;
Doch wuchs der Zweifel, wie ein Zwilling, auch
Zugleich mit diesem Wunsch im Herzen auf.
Der König gab ein treffliches Gesetz,
Indem er uns erlaubte, Knechte frei
Zu machen; aber macht der Backenstreich,
Der ihn befreit, den Knecht der Freiheit werth?
Und wird ein Volk durch eines Königs Spruch
Der Freiheit werth, der Freiheit fähig seyn?
Der Freiheit fähig, und der Freiheit werth,
Macht jedes Volk gewiß sich selber frei,
Und selbstgegebne Freiheit nur macht frei!

Junius.

In diesem Zweifel kenn' ich meinen Freund;
Er sucht auch mich in wachen Nächten heim,
Ich gäb' ihn täglich, aber täglich spreußt
Er wieder, denn die Wurzel haftet fest
In Menschenkenntniß und Erfahrung. Doch
Vergleich uns nicht mit Knechten! Knechten sind
Der unumschränkten Fürsten Völker gleich,
Die Römer nicht. Des Friedens und des Kriegs
Entscheidung, Gebung der Gesetze und
Aufhebung der Gesetze, Richterwahl
Und Priesterwahl, ja selbst die Königswahl
Ist jedes Römers angebornes Recht.
Des Volkes Hüter und der Krieger Haupt
Ist unser König, minder nicht, nicht mehr.

Calpurnius.

Er sollte minder nicht und mehr nicht seyn!
Nicht minder und nicht mehr ist Servius,
War Numa. Aber war nicht jede Zeit
Der Väter ihres Königs Sitte gleich?
Beweiset nicht ihr Einfluß ihre Macht?

Junius.

Freund, jedes Reich, in dem ein König herrscht,
Hat oder hatte zwei Dämonen, die,
Gleich zwei Dämonen jedes Sterblichen,
Wie Nacht und Tag im ew'gen Kampfe sind.

Der Freiheit Dämon athmet in dem Volk;
Der Herrschsucht Dämon bläht sich auf dem Thron.
Wo dieser ungestraft sich blähen darf,
Da wird der Freiheit Dämon zum Phantom,
Und schwindet endlich wie ein Dunst dahin.

Calpurnius.

Dies Uebel scheinet fern von uns zu seyn,
Und war vielleicht uns nie so nah' als jetzt.
Stirbt Servius, so buhlt Tarquinius
Um's Königreich; sein Ansehn ist im Volk
Sehr groß, und größer ist es im Senat,
Der seinen Namen liebt. Und herrschet er,
So herrscht durch ihn sein Weib, die Furie.
Durch seines Bruders, ihrer Schwester Mord,
Durch ihren Hymen, dieser Morde Frucht
Ward blut'ger Weg gebahnt zum blut'gen Thron.

Junius.

Und trät' ihm auch ein andrer in den Weg,
Den er sich bahnte, würd' er besser seyn?
Noch ist es Zeit, da Servius den Pflug
Ergreift, und diesen Weg zum Thron umpflügt.
Wie wird im Neubruch keimen edle Saat!
Noch ist es Zeit! Der Freiheit Dämon ist
Bei uns noch kein Phantom, er athmet noch
In jedem Römer! und der König hat
Seit vielen Jahren schon den Grund gelegt

Zur unumschränkten Freiheit Rom's; er hat
Zu diesem großen Zweck Centurien
Gestiftet, Last des Schosses und Gewalt
So abgewogen, daß die große Zahl
Der Armen, und der Reichen kleine Zahl,
Mit gleichem Segen seine Weisheit preis't,
So hat durch Ordnung er zur Ordnung schon
Sie vorbereitet, und durch Glück zum Glück,
Zum Glück der Freiheit, das auf Ordnung ruht.
Bettraut mit aller Weisheit Griechenlands,
hat er verschiedner Völker Glück geprüft,
Verfassungen gewogen, und gewählt
Aus jeder, was für Rom das Beste schien.
Wie Bildner, deren Geist Urschöne späht,
Zerstreute Schönheit sammlen, Aug' und Stirn
Von diesem Jüngling, und von dem den Arm,
Von dem den Schenkel wählen, und die Brust
Von jenem, zu Apollon's Wohlgestalt;
So hat auch er zerstreute Trefflichkeit
Gesammelt im Entwurf der trefflichsten
Verfassung, lang gesammelt, spät gewählt.
Erstaunen wirst du über seinen Plan.

Calpurnius.

Ihr Götter Numa's, und ihr Götter Rom's,
ich dank' euch, daß ihr mich für diese Zeit
erhalten habt; vollendet euer Werk!

Es ist Nacht. Tullia liegt im Bette und schläft.
Tarquinius wacht bei einer Lampe.

Tarquinius.

Mir starren die Gebeine, und sie schläft
So ruhig wie in seiner Mutter Arm
Ein Kind! Tarquinius, bist du ein Weib
Geworden? sie ein Mann? War sie nicht stets
Mehr Mann als ich? Und ist nicht jedes Weib,
Das über's Weib sich hebet, mehr als Mann
Zum Frevel? Doch gethan ist meine Wahl!
Wie sanft war ihre Schwester, und wie schön!
Es hätte Ruh' und Glück ein guter Mann
In ihrem Arm gefunden! Ruh' und Glück
War nicht für mich! Es bot mir diese Ruhm
Und Herrschaft; Ruhm und Herrschaft ist für mich;
Für alles Gute ward mein Sinn gestumpft,
Für Ruhm und Herrschaft nicht! Ich that die Wahl
Wie konnt' ich anders? Meine Tullia
Trank Gift aus meiner Hand, mein Bruder trank
Aus dieses Weibes Hand den Todestrunk.
Sie hatte Höllengift in meinen Geist
Gehaucht, ward nicht in meinen Armen mein,
In ihren Armen ward der ihre ich,

kann nichts anders, will nichts anders seyn!
könnt' ich wollen? Hebt ihr höh'rer Sinn
t wie auf Flügeln mich und stählt mein Herze
nn meine Thaten mit gehobnem Speer
mir erscheinen, den Titanen gleich?
Lächeln, welches meine Schwäche höhnt,
bt Stärke, wieget mich in Ungefühl
s alten Frevels, spornt zum neuen mich,
n eine dieser Sonnen reifen wird.
sei! ich wählte! vorwärts! — Wie sie ruh't
d lächelt! Greifst du nach der Krone schon?
hst deines Vaters graues Haupt mit Blut
fleckt, du feines Töchterlein? — Es sei —
nmt her, ihr Tugendschwärmer! seht, wie süß,
r Schlummer einer Tugendhaften sei!
ruhig trägt sie ihres Grolles Gift
Herzen, wie sein Gift der Scorpion!
! küssen möcht' ich von den Lippen ihr
Ruhe, die nur mich, den Feigling, flieht!

(Er geht.)

Tullia schläft noch. Der Schatten ihrer Schwester
   Tullia erscheint, stellt sich an's Bette hin, und
   breitet sich über sie. Die Schlafende fährt zuckend
   zusammen und schläft fort.
Die drei Furien erscheinen. Jede hält in der rechten
   Hand eine Fackel. Ihre Haare sind mit Schlangen umwunden. Alecto hält eine Krone in der
   Linken. Die Furien und der Schatten reden
   nicht, sie singen.

Der Schatten.
O wehe, die Diren!
Schwindet! ach schwindet!
Schreckliche Töchter der Nacht!

Alecto.
Schwinde du!
Sie gehöret uns an!

Tisiphone.
Was rufet dich her?

Der Schatten.
Ihr Grausamen, schwindet!
Ich wollte sie warnen

Im feuchtenden Traum!
Schon brach aus der Stirne
Kalter Todesschweiß.

Alecto.

Zurück, du Todte!
Du warneſt zu ſpät,
Sie gehöret uns an!

Megära.

(Sie wirft ſchwarzen Mohn auf die Schlafende.)
Schlafe! ſchlafe!
Dir ſenden die Diren
Tiefen Schlaf!
Schlafe! ſchlafe
Tiefen Schlaf!
So tiefen, wie dein Gewiſſen ihn ſchläft.

Der Schatten.

O wehe der Armen!

(Der Schatten verſchwindet.)

Die drei Furien.

Wir wecken ſie bald
Aus dem tiefen Schlaf!
So wecken wir einſt
Aus eiſernem Schlaf

Ihr Gewissen! nun starrt es
In eisernem Schlaf.

Alecto.

Noch flattert um's Haupt
Der Schlummernden weilend
Der feuchtende Traum.

Alle.

Schwinde! schwinde, feuchtender Traum!
Sie gehöret uns an!
Sie gehöret uns an!
Schwinde! schwinde
Mit thauendem Fittig,
Warnender Traum!
Du hast ihr mit Mehlthau
Die Wange gebleichet.
Schwinde! schwinde!
Sie gehöret uns an!

Tisiphone
(stellt sich zu Häupten der Schlafenden).

Dir sendet dein Gatte
Aus nächtlichen Schatten
Der schweigenden Tiefe
Freundlichen Gruß!

(Die Schlafende seufzet.)

Megära

(stellt sich zu Häupten der Schlafenden).

Dir sendet die Schwester
Aus nächtlichen Schatten
Der schwingenden Tiefe
Freundlichen Gruß!

(Die Schlafende richtet sich halb auf und fällt
wieder zurück.)

Alecto.

Es zappelt im Netze
Der schnappende Fisch!
Gefangen! gefangen!
In nächtlichen Banden des Schlafes verstrickt.

Alle.

Gefangen! gefangen
Der schnappende Fisch!
Er zappelt im Netze
In nächtlichen Banden des Schlafes verstrickt!

Tisiphone.

(Sie reißet sich eine Schlange aus den Haaren und hält
sie der Schlafenden an's Ohr.)

Lausche! Lausche!
Tochter des Königs!
Ein Würmchen der Hölle

lüstert dir Rath!
Vatermordsrath!

Alecto.

(Sie setzet die Krone der Schlafenden auf's Haupt

Heil dir, Heil!
Königinn, Heil!
Dich krönen die mächtigen Töchter der Nacht!

Alle.

Wir krönen dich einst
Mit Kronen der Hölle!
Dann zischen dir Schlangen
Um's glühende Haupt!

Tisiphone.

Bald trieft von der Krone
Des Vaters Blut!
Wie süß ist die Herrschaft!
Es trieft von der Krone
Der Honigseim!
Des Vaters Blut!

Alle.

Gefangen! gefangen
Das glühende Weib!
Es zappelt im Netze,
In purpurnen Banden der Herrschsuch

Megära.

Mit leisen Rädern
Senkt sich der Wagen
Der Mutter Nacht!
Sie winket den Töchtern!

(Alecto nimmt ihr die Krone vom Haupt und hält ihr
die Fackel vor das Gesicht.)

Alle.

Erwache! erwache!

(Sie fahren in die Tiefe.)

Tullia,
(fährt auf mit einem lauten Schrei).

Tarquinius! Tarquinius! Ach! ach!

Tarquinius,
(kommt eilend herein).

Was schrecket dich, o Weib, in stiller Nacht?

(Man hört es zischen.)

Tullia.

Noch zischen sie, o wehe! Hörest du's?

Tarquinius.

Vielleicht das Zischen einer Fledermaus.

9*

Tullia.

Ich kenne diese Fledermäuse wohl!

(Es zischt lauter.)

Sie zischen wieder! Hör', Tarquinius!

Tarquinius.

Ein Hauch der Nacht, der in der Esse zischt.

Tullia.

Die Diren haben mich im Traum erschreckt,
Und ihrer Schlangen Zischen hörest du!

(Es zischt noch lauter.)

Tarquinius.

Es stocket in den Adern mir das Blut!

Tullia.

Ich habe Tullia im Traum gesehen.

Tarquinius.

Mein Weib und deine Schwester! Wehe uns!

Tullia.

Sie sprach von meinem Vater, und verschwand.

Tarquinius.

Was sagte sie von deinem Vater dir?

Tullia.

nun, was zu der Sache sich gehört.
ie Diren kamen dann und flüsterten
ir zu, es zischten Schlangen mir in's Ohr
d Flammen weckten und ein Schrei mich auf,
wach', erwache! scholl's wie Mordgeschrei.

Tarquinius.

tsetzlich, Tullia! Was ist zu thun?

Tullia.

as längst bei mir zu thun beschlossen war.

Tarquinius.

o achtest du der Diren Warnung nicht?

Tullia.

en niedern Pöbel schreckt des Käuzchens Schrei!
en höhern Pöbel und Tarquinius
er Höllenvögel nächtlicher Besuch.
, die Erzählung seines Weibes schreckt
m großen Thaten schon den Helden ab!
habe meiner Schwester Schatten selbst
sehn, und ihre Stimme selbst gehört;
Diren selbst gehört und selbst gesehn,
öret ihren Todtensang, gehört

Das Zischen ihrer Schlangen in mein Ohr,
Gesehen ihrer Fackeln Höllengluth,
Und bin entschlossen, wie ich gestern war.
(Es zischt wieder.)
Ja zischet, zischet nur, ihr schreckt mich nicht!
Ihr treibt mich, wie des Wagenführers Zung'
Im schnellen Lauf die Rosse mehr entflammt,
Zu großen Thaten! Siebenfältig glüht
Des Thrones Durst in meinem Herzen nun,
Denn, rede selbst Tarquinius! soll ich
Umsonst der Ruh' entsagen? soll umsonst
Von Mord zu Mord getrieben, Fluch auf Fluch
Aufhäufen meiner Scheitel? soll umsonst
Der Lebenden und Todten Scheusal seyn?
Wen schreckt der Ueberwundne, der sich schon
Am Wagen des Triumphs in Banden schmiegt?
Und schmücken nicht die Schatten meinen Sieg?
Geworfen sind die Loose! Todesloos
Dem, den es trifft! Es gilt um einen Thron!
Und hat ihr Wurf die Eulen aufgeschreckt,
Die mich besuchten, ei, was kümmerts mich!
Und nun zur Sache. — Heut versammelt sich
Im Tempel der Fortuna der Senat,
In meiner Göttinn Tempel, die ich mehr
Als Jupiter und Vesta ehre; — wenn
Die Senatoren nun versammelt sind,
So gehe, mit dem Purpur angethan,

mit dem Diadem das Haupt geschmückt,
a Tempel und die Lictorn vor dir her.
Ruthen und die Beile hab' ich lang'
wahret bei dem königlichen Schmuck,
ich zu lange, wie ein Dieb den Raub,
bergen mußte! — Wie er steht und gafft!
, Männchen, fasse Muth! Vertraue mir,
übereile nichts! Hab' ich zu früh
Schwester Gift und meines Mannes Gift
mischet? Nicht zu früh und nicht zu spät!
dieser letzten Stufe gehest du,
mir geleitet, nicht zu früh und nicht
spät; vertraue mir! Die Zaudrung ziemt
Feigen, und die Uebereilung dem,
sich nicht traut, und auf gespanntem Seil,
Furcht des Falls, die letzten Schritte läuft.
hab' ich alles vorbereitet, daß
erste Tag zugleich der beste ist.
Alte wähnt sich sicher, träumet nicht,
meine Hunde vor dem Wildpret stehn,
meines Zeichens harren: Der Senat
noch im Enkel den Tarquinius,
wird, geblendet von der kühnen That,
König grüßen, wenn das Volk dich grüßt,
wie sich Bienen um des Landmanns Haupt
sammeln, wenn sein hohles Erz ertönt,
Purpur und dem Diademe folgt.

Tarquinius.

Ich ehr' und folge deinem weisen Rath.

Tullia.

Die goldne Frucht ist reif, und beuget schon
Den alten Ast, wir wollen pflücken, eh'
Er knackt, und eh' die Frucht im Staube liegt.
Nur Kinder lesen von dem Boden auf!

Servius, Tarquinia, Tertia, hernach Calpurnius und Junius.

Tarquinia.

Ach, Servius, der Morgen athmet kalt
Und neblicht, und du eilest heut so sehr.
Gedenke deines grauen Alters doch
Und deiner Schwäche! Schone dich! du wirst
Mit jedem Jahre schwächer, schonest dich
Mit jedem Jahre minder! Ach, wie lang'
Kann das noch währen! Gegen andre fromm
Und milde, bist du gegen dich nur hart.

Servius.

Du bist ein gutes Weib, und meinst es wohl
Mit mir, und hättest auch vielleicht wohl recht,
Wenn ich nur dir und mir, und nicht dem Volk
Gehörte, das zum Hüter mich erkor,
Den Fremdling, des gefangnen Weibes Sohn,
Der schon zur Dienstbarkeit bestimmet war.

Tarquinia.

Erhalte dich dem Volke, das du liebst!
Ich will nicht sagen mir und Tertia.

Servius.

Auch dir, mein Mütterchen, und Tertia,
Dem guten Kinde, ach, dem einzigen!

Tarquinia.

Ja wohl, dem einzigen! dem Ebenbild
Der ältesten. Ach, meine Tullia,
Du starbst in deiner schönsten Blüthe! Ich
Gab deiner Mörderinn so gut wie dir
Das Leben, nährte sie an dieser Brust,
Wie dich und Tertia, und wußte nicht,
Welch' eine Schlang' an meinem Herzen ich
Erwärmte! weiß vielleicht es noch nicht ganz!

Servius.

Laß das nur gut seyn was der Götter Rath
Geschehen ließ! Uns ward der Freud' auch viel,
Und fristen mir die Götter noch ein Jahr,
Vielleicht noch einige, so wollen wir
Von nun an dieser letzten Jahre Frist
Der Ruhe geben, und ein kleines Feld
Mit unsern Hausgenossen fröhlich bau'n.
So lebte Numa, eh' er König ward,
Und weinend von dem kleinen Heerde schied.
Wir wollen fröhlich diese große Stadt
Verlassen, dieses großen Hauses Lar
Wird günstig auch auf kleinem Heerde seyn,

Und armes Opfer aus der reinen Hand
Ihm werther als der Hekatomben Blut.

Tarquinia.

Du edler Servius, wie weißt du noch
Mein welkes Herz zu stärken, zu erfreun!
Uns Alten ziemt die langentbehrte Ruh'.

Tertia.

Ihr nehmet eure Tertia doch mit?

Servius.

Ja wohl, du liebes Kind! Ich schenke dir
Den schönsten Apfelbaum, dann bringest du
Die ersten rothen Aepfel unserm Lar.

Tertia.

Die andern meiner Mutter, oder dir!
Dann such' ich, eh' die Sonn' am Himmel strahlt,
Die schönsten Blumen, schimmernd noch vom Thau,
Und winde bunte Kränze für den Lar,
Und fleh' ihn für der Aeltern Leben an!
Die Götter hören auch der Kinder Flehn.

Servius.

Da hör' ich endlich meiner Freunde Tritt!
(Calpurnius und Junius treten herein.)
Willkommen, Freunde! nun ist's Zeit zu gehn.

Tertia.

Willkommen Ohm! auch du Calpurnius!

Tarquinia.

Verweilet einen Augenblick, und stärkt
Euch noch mit edlem Wermuthswein, die Luft
Ist kalt, und die Versammlung des Senats
Währt nun viel länger als zuvor, ihr geht
Viel früher hin, und kommt auch später heim.

(Sie geht ab.)

Servius.

Was soll man thun? Im Hause herrscht das Weib.
In ihrem kleinen Kreise sind sie oft
Viel klüger, als in unserm großen wir.

Calpurnius.

Sie mögen wohl an ihrem zarten Seil
Uns leiten, wenn es nur nicht sichtbar wird.

Junius.

Vor allen Dingen nicht so stark, daß wir
Uns leiten lassen, wo wir besser sehn.

Tarquinia

(kommt mit einem Becher, den sie Calpurnius reicht).

Nimm Stärkung, Freund, aus eines Weibes Hand!

Calpurnius.

(Er nimmt den Becher.)

doch, als hätte sie uns zugehört!

(Er trinkt und giebt dem Servius den Becher.)

Wein ist edel, mild und alt wie du!

Servius.

euer Wohl und aller Freunde Rom's!

(Er trinkt und giebt Junius den Becher.)

Junius,

(nachdem er getrunken).

schenkst dem Vaterlande edlen Wein,

lang' in deiner Brust gereifet hat.

Servius.

mt Freunde, laßt uns gehn! ich trage hier

meinem Busen unsern ganzen Plan,

les' ihn dem Senate, dann dem Volk,

kehre freudig dann, mit Freien frei,

kleinen Mahle meines Weibes heim.

Tullia, Ligur, hernach Gallus.

Tullia.

Nun, Ligur, spielen wir das höchste Spiel,
Die letzten Würfel sind in unsrer Hand!
Mit diesem Dolch im Busen laure schlau,
Gelehnt an Mavor's Tempel, und sobald
Aus dem Pallast der Alte tritt, so schleich'
Ihm nach in's Nebengäßchen; eilend bringst
Du mir dann Nachricht, daß der Alte nun
Im unverhofften Bett am Eckstein ruht.
Wir gönnen ihm die Ruh'! Geh'! eile schnell!
Dein harrt in meinem Bette süßer Lohn!

(Er geht, und Gallus tritt herein.)

Den hab' ich abgefertigt. — Setze dich,
Mein Gallus, neben deine Tullia.
Dem höchsten Glück so nahe schlägt mir doch
Das Närrchen unter meiner linken Brust.
Es gilt, o Gallus, heut um einen Thron,
Den ich zu lang entbehrte! Ach, zu kurz
Ist dieses Leben für des Thrones Glück.

Gallus.

), schöne Tullia, wer ihn so jung
Wie du besteigt, sieht eine lange Bahn
Des Ruhmes vor sich und der Herrlichkeit.

Tullia.

Der Zeiten Läng' ist nicht in unsrer Hand,
Mit Thaten sie zu füllen steht bei uns!
Und nach den Thaten schmeckt die süße Ruh',
Und Spiel der Lieb' in meines Gallus Arm.
Den Zepter lassen wir Tarquinius.
Wenn seine Faust der Herrschaft Zeichen trägt,
So führ' ich seine Faust mit meiner Hand!
Er heiße König, mir gehorche Rom!
Du aber theilest deines Königs Bett.
Doch gehe nun und späh' mit leisem Ohr,
Ob kein Geschrei im Volke sich erhebt.
                    (Er geht.)
Auch dieser beißt sich in die Angel fest.
O, zappelte der große Fisch im Netz!
Was schlägst du feiges Herz! Verlässest du
Mich nun? Verräther! triebst nicht du mich an?
Nun wimmerst du wie ein verzognes Kind!
Hab' ich dich nicht mit Blut gesäuget? schriest
Du nicht heißhungernd nach der Speise? wird
Sie dich anekeln, wenn sie vor dir dampft?
Die Pforte rasselt, kehre schnell zurück
rlogne Ruh', erhelle mein Gesicht.

Ligur,
(tritt herein.)

Verzeihe Tullia!

Tullia.
Der Alte lebt?

Ligur.
Der König kam aus dem Pallaste mit
Calpurnius zugleich und Junius.
In ihrer Mitte ging er zum Senat.

Tullia.
Und schlichst nicht hinter ihm? und scheutest mehr
Den Anschein der Gefahr, als meinen Zorn?
Drei Wackelköpfe mehr als Tullia?
Ha, Tiro! Gallus! Strabo! Labia!
Man widerstrebt mir nur ein einzigmal.
(Zwei Sclaven treten herein.)
Mit diesem auf die Folter bis er stirbt!
(Sie führen ihn weg, ein Dritter tritt herein.)
Geh', schirr' dem Wagen schnell die Rosse vor!
(Gallus tritt herein, sie giebt ihm einen Dolch.)
Du, Gallus, tritt mir nicht vor's Angesicht,
Eh' dieser Dolch vom Blut des Alten trieft.

Tarquinia, Secunda, hernach Calpurnius
und Junius.

———

Secunda.

Zwar viel des Leidens, gute Schwester, doch
Auch viel der Freude ward dein Loos! Du hast
Des Guten mehr. Die Götter gaben dir
Den edelsten Gemahl, ein gutes Kind,
Und glücklich preisen dich die Weiber Rom's.

Tarquinia.

Auch dein Gemahl ist edel, edel auch
Dein Sohn, du kennst, wie ich, des Lebens Glück,
Des Lebens Unglück aber kennst du nicht!
Wem starb ein Kind wie meine Tullia?
Wem lebt ein Kind wie jene Tullia?
Die Gute starb! die Schmach des Hauses lebt!
Welch Unglück wäre dem zu gleichen? Doch
War's nicht genug, wenn durch der Bösen Hand
Nicht auch die fromme, sanfte Tochter fiel!
Und meinest du, sie ruhe? wähn' es nicht!

Secunda.

Nun wird sie ruhen, weil sie ruhen muß,
Tarquinius wird ruhen, weil er muß,

Seitdem vor kurzem seines Weibes List
Vereitelt ward, und sein Versuch mißlang.
War's nicht der schönste Tag für Servius,
Als trotzend im Senat Tarquinius
Von ihm den Thron als Erbrecht foderte?
Wie weise sprach der König, und wie sanft!
Dem Spruch des Volkes unterwarf er sich.
Das Volk, deß Väter schon mit lautem Ruf
Ihn ehmals König nannten, nannt' auch jetzt
Ihn König, flammte von gerechtem Zorn,
Daß einer wagen dürfte, diesen Thron
Als Erbe, Numa's und Quirinus Thron,
Der Römer Thron, als Erbe, wie ein Feld
Und wie ein Eigenthum zu fodern! Hoch
Erscholl der Bürger Zorn, und foderte
Das Blut des Stolzen, der sich deß vermaß!
Er floh mit Schmach von dannen, und den Greis
Begleitete des Volkes Freudenruf,
Es nannte Vater und Erhalter ihn.
Mit Thränen trat er in sein Haus, und sprach,
Des Volkes Zuruf freue mehr sein Herz,
Als seine drei Triumphe! ihm sei mehr
Als jeder Sieg, der Römer Liebe werth.
Du weißt, mit welcher Großmuth er verzieh.

Tarquinia.

Und auch vergaß. So schnell verzeihen nicht
Die Stolzen, deren Herz von Tücke schwillt,

m Guten die Verzeihung! Tiefer glüht
e Wunde, welche nicht geheilet ward,
d heimlich unter falscher Bähung schwärt.

Secunda.

e nichtig ist der Menschen Weisheit doch!
e weise schien die That des Servius,
e beiden Enkel unsers Vaters so
sich zu knüpfen durch des Hymen's Band,
ß er die ältste dem ältsten gab,
m jüngsten seine jüngste; dem, der Troß
d Herrschsucht athmete, das gute Kind;
s böse dem, der gut und milde war

Tarquinia.

ehr weise schien der Rath des Servius
en weisesten und besten Männern Rom's;
ir aber, gute Schwester, schien es sehr
ewagt, die Taube zu dem Geier und
as Lamm zur Wölfinn zu gesellen. Ich
ard überstimmet durch der Freunde Rath,
ein Mann beschloß, ich mußte schweigen, schwieg;
erschwieg ihm auch des Hauses Zwietracht lang.
ie oft hat meine fromme Tullia
eweinet in den mütterlichen Schooß!
ie oft hab' ich des guten Aruns Gram
n seinen Blicken und auf seiner Stirn
elesen! Jene lös'ten bald das Band

Der Treue, buhlten um verbotne Frucht,
Und zeugten, im blutschänderischen Bett
Des unerhörten Frevels Zwillingsmord.
Die Diren knüpften ihrer Ehe Band,
Die Schalkheit ihre Eintracht. Diese schreckt
Mich oft, denn schwanger ist mit Missethat
Der Bösen Eintracht. Würden sie sich nicht
Wie Spinnen fressen, wenn nicht naher Raub
Sie in des Trugs Geweben lauern ließ?
Sie hassen beide, fürchten beide sich,
Sie aber ehrt in ihm des Mannes Glanz,
Durch den sie höher noch sich schwingen will;
Er ehrt in ihr die immer wache List
Und ihren größern Muth zur Frevelthat.
Zum Bösen reißet sie ihn schneller fort,
Dem Hunde gleich, der nach der blut'gen Spur
Den schwächern Hund am Riemen mit sich reißt.

Secunda.

Wir Alten haben einen nahen Freund,
Der schon vielleicht an unsern Thüren klopft,
Den Tod. Für unsre Kinder härm' ich mich
In stiller Nacht, für meinen Lucius,
Den feuervollen Jüngling, dem der Geist
In großen Augen flammet, dem das Herz
Hoch schlägt für Freiheit und Gerechtigkeit;
Der seine Nerven in der Tiber stählt
Und im Gefühl der Tugend seinen Geist.

ift als Jüngling schon des Vaters Stolz
Freude, seiner Mutter Freud' und Stolz
r auch, doch fährt mir Schauer durch's Gebein,
nn ich vor mir die nahe Zukunft seh'.
n ehern ist sein Nacken, beugt sich nicht
s Joch, ihm schwillt die Ader vor der Stirn,
nn er den kleinen Bürger unterdrückt
n Trotz des großen sieht, und ungestraft
kleiner Hütten Schutt Palläste stehn.

Tarquinia.
r schlägt der Pforte Ring mit Ungestüm?

Secunda.
eilet ungestüm die Trepp' hinauf?

(Junius und Calpurnius treten herein.)

Junius.
n Servius, der König, wieder heim?

Secunda.
s ist dir?

Tarquinia.
Gingst vor kurzem ja mit ihm
mit Calpurnius von hinnen! Habt
ihn verlassen? Ach, wo ist der Greis?

Junius.

Bei'm Herkulus, ich weiß nicht wo er ist.

Tarquinia.

Ihr Götter waltet über Servius!
Mir zittern die Gebeine! Junius,
Calpurnius, wo ließet ihr den Greis?

Junius.

Ich will den König suchen. Bleibe hier
Calpurnius; verfehl' ich ihn, so trifft
Er einen Freund in seinem Hause doch,
Wenn er zurück kommt. Diese Weiber auch
Bedürfen deines Schutzes, deines Raths.

Calpurnius.

Ich harr' ein wenig, kommt der König nicht,
So such' auch ich ihn allenthalben auf.

(Junius geht.)

Tarquinia.

Bei den Unsterblichen, Calpurnius,
Beschwör' ich dich, wo ließet ihr den Greis?

Calpurnius.

Er lebt, und ging mit uns in den Senat.

Tarquinia.

r lebet? Schwörest du, Calpurnius?

Calpurnius.

er König lebte, als er uns verließ.

Tarquinia.

erließ euch? den Senat? und ging allein?
...d ist nicht hier? Du täuschest mich! du willst
...ich schonen, folterst siebenfältig mich!

Calpurnius.

H will euch sagen, was ich weiß und sah.
er König lebte, als er uns verließ.

Tarquinia.

...arum verließ er euch? das frag' ich dich!

Calpurnius.

u weißt, wir gingen früher zum Senat
...s sonst, und dennoch kamen wir zu spät.
...ls wir Fortuna's Tempel vor uns sahn,
...o sahn wir auf des Tempels Stufen auch
...uf königlichem Thron Tarquinius,
...it königlichen Purpur angethan,
...n Diadem, die Lictorn um ihn her.

Tarquinia.

Ihr Götter, welche neue Frevelthat!
Der auf dem Thron! verschwunden Servius!
Er ward erschlagen! todt ist Servius!

Colpurnius.

Der Greis entfärbte sich. "Du arme Rom!"
Mehr sprach er nicht. Da faßten wir ihn schnell
Bei beiden Armen, flehten, wollten ihn
Dem Volke, das von allen Seiten schon
Zusammenströmte, das wie einen Gott
Ihn ehret, ihn wie einen Vater liebt,
Um Hülfe rufend zeigen, aber er
Schalt unsern Kleinmuth, gürtete sich fest
Und ging des Tempels Stufen kühn hinauf,
Von uns begleitet. Donnernd rief er: "weß
Erkühnst du dich? Herunter von dem Thron!"
Rief des Verräthers Lictorn: "Faßt ihn! ich
Befehl's euch!" — "Faßt ihn!" rief Tarquiniu
Sie aber standen wie versteinert da,
Und Senatoren, o der Schmach für Rom!
Die Söhne derer, die Tarquinius,
Dein Vater, einst zu dieser Würde rief,
Geblendet von des eitlen Namens Glanz,
Ergriffen eilend mich und Junius.
Der Freunde waren wenig im Senat,
Denn jene hatte der Tyrann so früh
Berufen. Muthig riß sich Servius

Hervor, da stieß Tarquinius den Greis
Herab die Marmelstufen, daß sein Blut
Vom eisernen Geländer niedertroff.

Tarquinia.

Ach, er ist todt! ist todt! mein Servius!

Calpurnius.

Nein, edles Weib, er richtete sich auf;
Zween Bürger faßten bei den Armen ihn,
Und führten ihn von dannen. Als er kaum
Gegangen war, da prangte Tullia
Auf hohem Wagen königlich einher,
Durch's Forum eilend, rief: Tarquinius!
Und grüßte zuerst als König ihn.
Er aber, wie vom Pan geschrecket, bleich
Und zitternd, sah mit wildem Blick sie an,
Und rief: was willst du hier? von hinnen! schnell!
Sie rüstete zur Antwort sichtbar sich,
Verstummte, ihre Wangen wurden bleich
Vor Zorn, die blauen Lippen bebten ihr,
Und wilde Flammen schoß ihr Blick. Sie rief
Dem Wagenführer heim zu kehren. Fluch
Des Volkes scholl den schnellen Rädern nach.
Indessen waren unsrer Freunde viel
In den Senat gekommen, hatten uns
Befreit, im Tempel scholl der Zwietracht Lärm,
Des Volkes Stimme scholl noch lauter auf.

Getrennt ward des Senats Versammlung, riß
Sich aus einander wie ein fliehend Heer,
Und, wie vom Thron gestoßen, schlich sich bang
Tarquinius, von feiler Schaar umringt,
Hinaus, im Purpur einem Diebe gleich.
Und lebt der König, o, so hoff' ich noch
Auf euren Schuß, ihr großen Götter Roms!

Tarquinia.

Er starb! er starb! des eignen Kindes Wuth
Hat ihn ermordet! — Schwester, laß uns gehn!
Ich will ihn suchen, seinen letzten Hauch
Vielleicht noch sammeln, sterben noch mit ihm!
Die Kniee wanken mir, ich sinke hin!

ullia, Gallus, hernach Tarquinius.

Gallus.

eil dir, o Königinn! hier ist dein Dolch!
u siehst des hochgekrönten Hirsches Blut
rieft noch vom Pfeil in deines Jägers Hand.
Donis war auch Jäger! Schön bist du
ie Venus, und zugleich wie Pallas kühn,
ie Juno herrschend, hohe Tullia!

Tullia.

u wackrer, kühner Jüngling, bist mein Mars!
h habe schon den Alten liegen sehn.
ar er allein, als deine Hand ihn traf?

Gallus.

wo Bürger führten aus dem Forum ihn
ie enge Gasse längs dem Palatin,
a lief ich hinter sie, und stieß zuerst
er Führer einen um; der Alte war
ir doch gewiß, der andere lief davon,
nd sah sich, als der Alte fiel, nicht um.
ie aber konntest du den Todten sehn?

Tullia.

Du weißt, ich fuhr auf's Forum, um zuerst
Tarquinius mit königlichem Gruß
Zu grüßen. Als er auf dem Wagen mich
Geschmückt wie eine Braut und prangend sah,
Er, welcher zitternd auf dem Throne saß,
Da ward das Männchen zornig, fühlte sich
Verfinstert, auf dem Thron verfinstert, und
Verfinstert durch sein Weib! Er blähte sich
Und rief mir herrschend: "Weiche, Tullia
Von hinnen!" Unerwartet, unverschämt
War dieser Gruß! Ich zähmte meinen Zorn,
Und gab Befehl dem Wagenführer, schnell
Mich heim zu fahren durch den engen Weg,
Dem Blick des Pöbels früher zu entgehn.
Und plötzlich sah ich vor mir deinen Fang;
Mein feiger Führer stutzte, ich befahl,
Und rollte wie im Siegeswagen her.
Da kommt Tarquinius; entferne dich!
(Gallus geht.)
Ich will ihn ängsten für den Uebermuth!
Sein: Tullia von hinnen! schallt mir noch.
Er weiß noch nichts von meiner guten Jagd.
(Sie verbirgt den Dolch. Tarquinius tritt herein.)

Tullia.

Fortuna's Hauch erreget gegen uns
Das Ungewitter, und durch deine Schuld,

reifer Bösewicht! Du wardst bestimmt
im Diebe von der bildenden Natur,
im Diebe, der des Nachbarn Feigen stiehlt,
id kirrend die bekannten Hunde äzt,
id fliehet, eh' die frühen Hähne krähn.

Tarquinius.

las meinest du mit diesem Wolkenbruch
on schnöden Reden, der mich überströmt?

Tullia.

? dein der Purpur, welcher dich umstrozt?
:nnst du die Fabel von dem Thiere, das
ich hüllte in des Löwen gelbes Fell?
id klüger war der Distelfresser doch
s jemand, denn es war der Löwe todt.

Tarquinius.

u meinest wohl, der Alte lebe noch?

Tullia.

o hört er doch, was hie und da geschieht!

Tarquinius.

ch hören? Gab ich etwa nicht Befehl?
vo Männer führten aus dem Forum ihn
nd in das Gäßchen längs dem Palatin,
n schneller, wie sie freundlich logen, mir,

Ihn zu entziehen; gedungen waren fie
Von mir und brachten ihm den letzten Gruß.

Tullia.

Verzeih, Tarquinius! den Todesstich
Gab meiner Sclaven einer, Gallus, den
Ich sandte, der was Königen gebührt
Versteht, und unbegleitet nicht den Greis
Die lange, dunkle Reise gehen ließ.
Er sandte deiner Männer einen mit.

Tarquinius.

Gleichviel! Ich habe weiter noch gesorgt.
Des Herolds Stimme thut dem Volke kund,
Daß, wer die Leiche rührt, des Todes ist.
Die Seinen möchten sonst durch düstern Pomp
Das Volk erregen; stiller werden ihn
Die Hunde von dem nahen Palatin
Bestatten; auch gebeut die Klugheit, ihn
Als einen, der durch Trug' die Kron' erschlich,
Die mein ererbtes Eigenthum doch war,
Zu strafen, und von uns des Frevels Haß
Auf den zu wälzen, der im Staube liegt.

Tullia.

Ich staune! Mit dem Purpur fuhr in dich
Ein Geist der Weisheit und des Heldenmuths!
Der Weisheit und des Heldenmuths bedarf's,

Mit sichrer Hand auf wildem Meer das Steu'r
bei diesem Sturm zu führen. Lieben wird
das Volk uns nicht, ei nun, so fürcht' es uns!
Der feile Fremdling sei des Thrones Schutz
und immer offen unser Späher Blick,
und leiser als der Feinde Rath ihr Ohr.
Wer wahre Klugheit mit dem Muth vereint,
trägt mächtige Penaten in der Brust,
und mag sich größrer Sicherheit erfreun,
Als hätte Terminus vor seinem Heerd
auf ewig mit Fortuna sich vermählt.

Tarquinia, Secunda, Tertia, Calpurnia
hernach
Junius, Servius, Lucius und Valeriu

Ein Greis tritt herein.

Greis.
Im Staube liegt des frommen Königs Haupt!

Tarquinia.
Ihr guten Götter leitet mich zu ihm!
Ich fühle eure Hand, ihr löset schon
Des Lebens schweres Joch, ach, säumet nicht!

(Tertia stürzt sich weinend vor ihrer Mutter nieder u
umfaßt ihre Kniee.)

Calpurnius.
Ihr Götter Numa's! große Götter Rom's! —
Hast du sein graues Haupt im Blut gesehn?

Greis.
Ich sah den König, dich und Junius,
Sah, was du sahest, sah den edlen Greis
Herabgestürzet durch des Eidams Hand!
Ich ging ihm nach, zwo Männer führten ihn,

Durch's enge Gäßchen längs dem Palatin.
Da lief mit Eile Gallus mir vorbei,
Und stieß der Männer einem einen Dolch
Durch Nacken und durch Kehle, daß er fiel.
Der andre lief davon. Mit Grauen stieß
Er dann den König durch den Leib und lief.
Ich wankte an den nahen Eckstein hin;
Entsetzen lähmte mich und bittrer Gram.
Nicht lange starrt' ich sinnlos vor mir hin,
Als Tullia auf hohem Wagen kam;
Sie prangte königlich, ihr Führer sah
Den König liegen und entfärbte sich,
Hielt schnell die Rosse, rief: "O Tullia,
Ein Leichnam!" Wüthend rief die Furie:
"Hinüber!" — "Deines Vaters Leichnam ist's!" —
"Hinüber!" rief sie wüthender, und warf
Ihm, als er zaudernd säumte, auf den Hals
Den Schemel ihrer Füße! Fluchend schwung
Er seine Geißel; scheu und schonend sprang,
Den König nicht berührend, über ihn
Das schnaubende Gespann; der Räder Erz
Zermalmte ihres Vaters Schenkel, sie
Flog von des hohen Sitzes Stoß empor,
Und rief: "Der Weg zum Thron ist dennoch sanft!"

Calpurnius.

Jupiter, wo säumet dein Geschoß!
Ihr heiligen und großen Manen, schont

Des blut'gen, fluchbelad'nen Weibes nicht!
Des blut'gen, fluchbelad'nen Mannes nicht!
Brautführer waren, und Brautführerinn
Des schnöden Paares, böse Lust und Mord,
Und Numa's Thron belohnt des Vaters Mord!
Ihr Diren, waffnet eure Schrecken! Laßt
Ihr Herz von euren Schlangen nagen! Laßt
Die schweren Tropfen der Verzweiflung kalt
Auf ihre Scheitel träufeln, bis zuletzt
Die Rache wie ein Strudel sie ergreift,
Und dürstend seinen Raub der Tartarus
Einschlürfet! Soll die Rache säumen, o,
So hänge sie in schwarzen Wettern doch,
Und sichtbar über ihre Häupter! o,
So nahe schwellend wie die Woge sie!
Oft fleugt die Rache Gottes, oft auch schleicht
Die Rache Gottes; furchtbar, wenn sie fleugt,
Und furchtbar, wenn sie schleichet! hüllet oft
Sich ein in Finsternisse wie die Pest,
Und zücket oft und flammet wie der Blitz.

Tertia.

Erbarmet meiner armen Mutter euch,
Ihr Götter! Mutter, ach, erbarm' dich mein,
Der Vaterlosen! Götter, nehmet mich
Mit meiner armen, armen Mutter hin!
Sie folgt dem Vater bald, ich bleibe dann
Zurück, wo Tullia — ach, nehmet mich

hr Götter, wie ein zartes Milchlamm an! .....
ehmet mich, ihr Manen meines Vaters, an!

Junius, (der hereintritt.)

eid stark, ihr Freunde! Gute Weiber, hemmt
en lauten Strom des Schmerzes, sterbend wird
er König hergetragen, Lucius,
Rein Sohn, und Publius Valerius
rhuben ihn mit frommen Armen schon,
um racheschreiend das bestürzte Volk
u entflammen, wähnten schon den König todt.
r lebte noch, er lebet noch, seid stark
hr Weiber! Seiner Weisheit letztes Wort
ghört dem Vaterlande, trübet nicht
ßen Quell, der schon sich in das Meer ergeußt.

Tertia.

r lebet noch! o Mutter, hörtest du's?

(Lucius und Valerius tragen den König herein, Tarquinia
und Tertia stürzen sich vor ihm hin.)

Tarquinia.

Beliebster, ich soll dich sterben sehn!
s ist im Jammer mir ein süßer Trost,
ie letzten Worte deiner Weisheit noch,
ie letzten Worte deiner Liebe noch,
it meinen Lippen einzuathmen, die

Zu schließen deine Augen und mit dir
Ich fühl' es, höre schon der Götter Ruf,
Zu sterben! ach, Geliebtester, mit dir!

Servius.

In kurzen Worten nimm den heißen Dank,
O edles Weib, für deine Tugend, und
Für deine Liebe! Jammre nicht, o Weib!
Du folgest mir den Weg zu Numa bald.
Dir Junius, zugleich Secunda, dir,
Empfehl' ich meine Tochter, sie ist sanft
Und gut, das Bild von meiner Tullia.
Bring' deinem Vater, gutes Mädchen, noch
Der letzten Kühlung Labsal aus dem Quell.

(Tertia geht.)

Geh', setze dich, Tarquinia, und laß
Die Freunde näher treten um mich her.

(Tarquinia setzet sich in eine Ecke des Zimmers;
nius, Lucius, Valerius und Calpurnius stellen sich
Servius. Nach einem kurzen allgemeinen Stillsch
gen kommt Tertia und überreicht dem Servius e
Becher.)

Servius.

(Er gießt etwas auf die Erde.)

Nehmt dieses letzte Opfer, Götter Rom's,
Vom Sterbenden, und stärkt noch einmal mich!

(Er trinkt.)

a kleine Hebe, nimm den Becher hin!

(Tertia nimmt den Becher und umfaßt wieder die Kniee
ihrer Mutter.)

ie Götter waren mir im Leben hold,
nd hold auch noch in meinem Tode mir!
omm, Lucius, aus meinem Busen zeuch
ies Pergamen! die Götter haben dich
um Hüter Rom's bestimmt, sie öffnen mir
en Blick; verbirg es wie ein Heiligthum.

Secunda.
Ihr Götter, soll der Jüngling König seyn?

Servius.
Nicht König, mehr als König soll er seyn,
Der Freiheit Stifter und der Hüter Rom's!
Nicht itzt. Die Götter, Jüngling, werden selbst
Zu ihrer Zeit dich rufen! Du bist jung,
Mein Sohn, und feurig! zähme deinen Sinn
Und schütte Asche auf den edlen Brand,
Die, seine Glut verbergend, beß'rer Zeit
Sie aufbewahre! Blitze sprähe sie einst
Dem Tyrannen! strahlet mildes Sonnenlicht
Und Sonnenwärme deinem Vaterland!
Dem Enkel und des Enkels Enkel! Lang'
Wird Rom der Götter Sorge seyn, und dir
Entsproßt der letzte, beste Römer einst!
Dich, Junius, verfolgt Tyrannenhaß. —

Tarquinius.

Ich ehr' und folge deinem weisen Rath.

Tullia.

Die goldne Frucht ist reif, und beuget schon
Den alten Ast, wir wollen pflücken, eh'
Er knackt, und eh' die Frucht im Staube liegt.
Nur Kinder lesen von dem Boden auf!

wär' ich, mit Arm und Haupt und Herzen ganz
ı Vaterland, der Freiheit mich zu weihn!
   ein Gedanke soll mich ganz durchglühn,
   wie die reinen Jungfraun Vesta's Gluth
   ꝛachen, wenn die Sonn' am Himmel flammt,
   wenn der Schlaf auf müden Wimpern ruht,
   h' ich mich deiner Gluth, o Freiheit! Sie
   .ich verbergen! will ein blöder Thor
   feige scheinen! Freunde, nennet mich
   ꝛrt den Thoren! Ein Gewölk von Schmach
   .mich umhüllen! feiger soll kein Knecht
   Tod vermeiden, feiger kein Tyrann
   .Tod vermeiden, bis der Götter Wink
   Gewölk zertheilet und dem Blitze winkt!

Junius.

ꞇ Sohn, umarme mich! ich sehe dich
   Ehrfurcht an. Ich helfe dir, ꞏ Sohn, ꞏ
   häufe deine Schmach, um deiner werth
   ꞇyn! Dein Antlitz will ich vor dem Volk
   neiden, dein mich schämen, ob du gleich
   ꞇ Stolz, o Sohn, und meine Wonne bist!
   will dich Brutus nennen, Brutus soll
   Volk dich nennen! dieses Namens Schmach
   in dem freien Volk dereinst dein Ruhm,
   Ruhm des Enkels bei der Nachwelt seyn!

Ihn zu entziehen; gedungen waren sie
Von mir und brachten ihm den letzten Gruß.

Tullia.

Verzeih, Tarquinius! den Todesstich
Gab meiner Sclaven einer, Gallus, den
Ich sandte, der was Königen gebührt
Versteht, und unbegleitet nicht den Greis
Die lange, dunkle Reise gehen ließ.
Er sandte deiner Männer einen mit.

Tarquinius.

Gleichviel! Ich habe weiter noch gesorgt.
Des Herolds Stimme thut dem Volke kund,
Daß, wer die Leiche rührt, des Todes ist.
Die Seinen möchten sonst durch düstern Pomp
Das Volk erregen; stiller werden ihn
Die Hunde von dem nahen Palatin
Bestatten; auch gebeut die Klugheit, ihn
Als einen, der durch Trug' die Kron' erschlich,
Die mein ererbtes Eigenthum doch war,
Zu strafen, und von uns des Frevels Haß
Auf den zu wälzen, der im Staube liegt.

Tullia.

Ich staune! Mit dem Purpur fuhr in dich
Ein Geist der Weisheit und des Heldenmuths!
Der Weisheit und des Heldenmuths bedarf's,

hrer Hand auf wildem Meer das Steu'r
sem Sturm zu führen. Lieben wird
olk uns nicht, ei nun, so fürcht' es uns!
le Fremdling sei des Thrones Schutz
mer offen unser Späher Blick,
ser als der Feinde Rath ihr Ohr.
ahre Klugheit mit dem Muth vereint,
nächtige Penaten in der Brust,
ig sich größrer Sicherheit erfreun,
te Terminus vor seinem Heerd
ig mit Fortuna sich vermählt.

Tarquinia, Secunda, Tertia, Calpurniu
hernach
Junius, Servius, Lucius und Valeriu

Ein Greis tritt herein.

Greis.

Im Staube liegt des frommen Königs Haupt!

Tarquinia.

Ihr guten Götter leitet mich zu ihm!
Ich fühle eure Hand, ihr löset schon
Des Lebens schweres Joch, ach, säumet nicht!

(Tertia stürzt sich weinend vor ihrer Mutter nieder u
umfaßt ihre Kniee.)

Calpurnius.

Ihr Götter Numa's! große Götter Rom's! —
Hast du sein graues Haupt im Blut gesehn?

Greis.

Ich sah den König, dich und Junius,
Sah, was du sahest, sah den edlen Greis
Herabgestürzet durch des Eidams Hand!
Ich ging ihm nach, zwo Männer führten ihn,

Durch's enge Gäßchen längs dem Palatin.
Da lief mit Eile Gallus mir vorbei,
Und stieß der Männer einem einen Dolch
Durch Nacken und durch Kehle, daß er fiel.
Der andre lief davon. Mit Grauen stieß
Er dann den König durch den Leib und lief.
Ich wankte an den nahen Eckstein hin;
Entsetzen lähmte mich und bittrer Gram.
Nicht lange starrt' ich sinnlos vor mir hin,
Als Tullia auf hohem Wagen kam;
Sie prangte königlich, ihr Führer sah
Den König liegen und entfärbte sich,
Hielt schnell die Rosse, rief: "O Tullia,
Ein Leichnam!" Wüthend rief die Furie:
Hinüber!" — "Deines Vaters Leichnam ist's!" —
Hinüber!" rief sie wüthender, und warf
Ihm, als er zaudernd säumte, auf den Hals
Den Schemel ihrer Füße! Fluchend schwung
Er seine Geißel; scheu und schonend sprang,
Den König nicht berührend, über ihn
Das schnaubende Gespann; der Räder Erz
Zermalmte ihres Vaters Schenkel, sie
Flog von des hohen Sitzes Stoß empor,
Und rief: "Der Weg zum Thron ist dennoch sanft!"

Calpurnius.

O Jupiter, wo säumet dein Geschoß!
Ihr heiligen und großen Manen, schont

Des blut'gen, fluchbelad'nen Weibes nicht!
Des blut'gen, fluchbelad'nen Mannes nicht!
Brautführer waren, und Brautführerinn
Des schnöden Paares, böse Lust und Mord,
Und Numa's Thron belohnt des Vaters Mord!
Ihr Diren, waffnet eure Schrecken! Laßt
Ihr Herz von euren Schlangen nagen! Laßt
Die schweren Tropfen der Verzweiflung kalt
Auf ihre Scheitel träufeln, bis zuletzt
Die Rache wie ein Strudel sie ergreift,
Und dürstend seinen Raub der Tartarus
Einschlürfet! Soll die Rache säumen, o,
So hänge sie in schwarzen Wettern doch,
Und sichtbar über ihre Häupter! o,
So nahe schwellend wie die Woge sie!
Oft fleugt die Rache Gottes, oft auch schleicht
Die Rache Gottes; furchtbar, wenn sie fleugt,
Und furchtbar, wenn sie schleichet! hüllet oft
Sich ein in Finsternisse wie die Pest,
Und zücket oft und flammet wie der Blitz.

Tertia.

Erbarmet meiner armen Mutter euch,
Ihr Götter! Mutter, ach, erbarm' dich mein,
Der Vaterlosen! Götter, nehmet mich
Mit meiner armen, armen Mutter hin!
Sie folgt dem Vater bald, ich bleibe dann
Zurück, wo Tullia — ach, nehmet mich

Götter, wie ein zartes Milchlamm an!
ꝛmet mich, ihr Manen meines Vaters, an!

Junius, (der hereintritt.)

ꝛ stark, ihr Freunde! Gute Weiber, hemmt
ꝛ lauten Strom des Schmerzes, sterbend wird
König hergetragen, Lucius,
ꝛn Sohn, und Publius Valerius
ꝛben ihn mit frommen Armen schon,
ꝛrachschreiend das bestürzte Volk
ꝛntflammen, wähnten schon den König todt.
ꝛebte noch, er lebet noch, seid stark
Weiber! Seiner Weisheit letztes Wort
ꝛrt dem Vaterlande, trübet nicht
Quell, der schon sich in das Meer ergeußt.

Tertia.

ꝛebet noch! o Mutter, hörtest du's?

ꝛarius und Valerius tragen den König herein, Tarquinia
und Tertia stürzen sich vor ihm hin.)

Tarquinia.

ꝛebster, ich soll dich sterben sehn!
ꝛist im Jammer mit ein süßer Trost
ꝛ letzten Worte deiner Weisheit noch,
ꝛetzten Worte deiner Liebe noch
meinen Lippen einzuathmen, die

Zu schließen deine Augen und mit dir
Ich fühlt' es, höre schon der Götter Ruf,
Zu sterben! ach, Geliebtester, mit dir!

Servius.

In kurzen Worten nimm den heißen Dank,
O edles Weib, für deine Tugend, und
Für deine Liebe! Jammre nicht, o Weib!
Du folgest mir den Weg zu Numa bald.
Dir Junius, zugleich Secunda, dir,
Empfehl' ich meine Tochter, sie ist sanft
Und gut, das Bild von meiner Tullia.
Bring' deinem Vater, gutes Mädchen, noch
Der letzten Kühlung Labsal aus dem Quell.

(Tertia geht.)

Geh', setze dich, Tarquinia, und laß
Die Freunde näher treten um mich her.

(Tarquinia setzet sich in eine Ecke des Zimmers; Ju=
nius, Lucius, Valerius und Calpurnius stellen sich um
Servius. Nach einem kurzen allgemeinen Stillschwei=
gen kommt Tertia und überreicht dem Servius einen
Becher.)

Servius.
(Er gießt etwas auf die Erde.)

Nehmt dieses letzte Opfer, Götter Rom's,
Vom Sterbenden, und stärkt noch einmal mich!

(Er trinkt.)

Tarquinia, Secunda, hernach Calpurnius
und Junius.

––––––

Secunda.

Zwar viel des Leidens, gute Schwester, doch
Auch viel der Freude ward dein Loos! Du hast
Des Guten mehr. Die Götter gaben dir
Den edelsten Gemahl, ein gutes Kind,
Und glücklich preisen dich die Weiber Rom's.

Tarquinia.

Auch dein Gemahl ist edel, edel auch
Dein Sohn, du kennst, wie ich, des Lebens Glück,
Des Lebens Unglück aber kennst du nicht!
Wem starb ein Kind wie meine Tullia?
Wem lebt ein Kind wie jene Tullia?
Die Gute starb! die Schmach des Hauses lebt!
Welch' Unglück wäre dem zu gleichen? Doch
War's nicht genug, wenn durch der Bösen Hand
Nicht auch die fromme, sanfte Tochter fiel!
Und meinest du, sie ruhe? wähn' es nicht!

Secunda.

Nun wird sie ruhen, weil sie ruhen muß,
Tarquinius wird ruhen, weil er muß,

Auch du bist Vater, mein Calpurnius,
Der Blick in beß're Zeiten tröste dich!
Valerius, die Götter lieben dich,
Die späte Nachwelt segnet dich und nennt
Den Vater deines Vaterlandes dich!
Die Götter winken — Freunde, lebet wohl!

(Er stirbt. Tarquinia drückt ihm die Augen zu, sie und
Tertia umfassen seine Kniee.)

Tarquinia.

Du winkest mir, ich folge bald dir nach.

Valerius.

So schön ist nicht der Tod im Feld des Mars!

Junius.

Des Weisen Tod ist Sonnenuntergang!

Calpurnius.

Und Sonnenaufgang wird dein Sohn uns seyn!

Lucius.

Bei diesem heiligen und theuren Blut,
Das durch den schwärzesten der Frevel floß,
Bei deinen großen Manen, Servius,
Bei'm Kapitol und bei der Vesta Gluth,
Bei euch, Quirinus, Mavors, Jupiter,
Bei allen Göttern und Göttinnen Rom's.

Schwör' ich, mit Arm und Haupt und Herzen ganz
Dem Vaterland, der Freiheit mich zu weihn!
Nur ein Gedanke soll mich ganz durchglühn,
Und wie die reinen Jungfraun Vesta's Gluth
Bewachen, wenn die Sonn' am Himmel flammt,
Und wenn der Schlaf auf müden Wimpern ruht,
Weih' ich mich deiner Gluth, o Freiheit! Sie
Will ich verbergen! will ein blöder Thor
Und feige scheinen! Freunde, nennet mich
Hinfort den Thoren! Ein Gewölk von Schmach
Soll mich umhüllen! feiger soll kein Knecht
Den Tod vermeiden, feiger kein Tyrann
Den Tod vermeiden, bis der Götter Wink
Das Gewölk zertheilet und dem Blitze winkt!

Junius.

Mein Sohn, umarme mich! ich sehe dich
Mit Ehrfurcht an. Ich helfe dir, o Sohn,
Und häufe deine Schmach, um deiner werth
Zu seyn! Dein Antlitz will ich vor dem Volk
Vermeiden, dein mich schämen, ob du gleich
Mein Stolz, o Sohn, und meine Wonne bist!
Ich will dich Brutus nennen, Brutus soll
Das Volk dich nennen! dieses Namens Schmach
Soll in dem freien Volk dereinst dein Ruhm,
Der Ruhm des Enkels bei der Nachwelt seyn!

Der Treue, buhlten um verbotne Frucht,
Und zeugten, im blutschänderischen Bett
Des unerhörten Frevels Zwillingsmord.
Die Diren knüpften ihrer Ehe Band,
Die Schalkheit ihre Eintracht. Diese schreckt
Mich oft, denn schwanger ist mit Missethat
Der Bösen Eintracht. Würden sie sich nicht
Wie Spinnen fressen, wenn nicht naher Raub
Sie in des Trugs Geweben lauern ließ?
Sie hassen beide, fürchten beide sich,
Sie aber ehrt in ihm des Mannes Glanz,
Durch den sie höher noch sich schwingen will;
Er ehrt in ihr die immer wache List
Und ihren größern Muth zur Frevelthat.
Zum Bösen reißet sie ihn schneller fort,
Dem Hunde gleich, der nach der blut'gen Spur
Den schwächern Hund am Riemen mit sich reißt.

Secunda.

Wir Alten haben einen nahen Freund,
Der schon vielleicht an unsern Thüren klopft,
Den Tod. Für unsre Kinder härm' ich mich
In stiller Nacht, für meinen Lucius,
Den feuervollen Jüngling, dem der Geist
In großen Augen flammet, dem das Herz
Hoch schlägt für Freiheit und Gerechtigkeit;
Der seine Nerven in der Tiber stählt
Und im Gefühl der Tugend seinen Geist.

Wir singen in Schlummer
Das gute Kind!

Alle.

Schlummere sanft!
Einst betten wir dich
Auf weicherem Flaum!
Ha, auf dem Lager
Glühender Kohlen!
Daß dich umwallen
Flammen des Erebus.

Tisiphone
(hält der Tullia die Geißel vor).

Wir tragen dir vor
Die blut'gen Fasces,
Herrschendes Weib!

Alecto
(nimmt die Krone vom Tisch).

O, elende Krone
Für's herrliche Weib!
Wir wollen sie schmücken
Mit kränzendem Schmuck!

(Die Furien legen die Geißeln bei Seite. Eine nach
der andern windet eine ihrer Schlangen in die Krone;
während daß eine jede damit beschäftiget ist, singen
jedesmal alle.)

Junius.

Bei'm Herkulus, ich weiß nicht wo er ist.

Tarquinia.

Ihr Götter waltet über Servius!
Mir zittern die Gebeine! Junius,
Calpurnius, wo ließet ihr den Greis?

Junius.

Ich will den König suchen. Bleibe hier
Calpurnius; verfehl' ich ihn, so trifft
Er einen Freund in seinem Hause doch,
Wenn er zurück kommt. Diese Weiber auch
Bedürfen deines Schutzes, deines Raths.

Calpurnius.

Ich harr' ein wenig, kommt der König nicht,
So such' auch ich ihn allenthalben auf.

(Junius geht.)

Tarquinia.

Bei den Unsterblichen, Calpurnius,
Beschwör' ich dich, wo ließet ihr den Greis?

Calpurnius.

Er lebt, und ging mit uns in den Senat.

Megära wirft den Spiegel hin. Die drei Furien halten
die Geißel über Tullia und singen:)

Alle.

Höllenangst, sprenge,
Sprenge die Fesseln
Der Todesangst!
Des starrenden Alps!

Tullia,
(sie springt auf).

Laßt mich! laßt mich!
Entsetzliche Töchter
Der alten Nacht!
Mir welket, mir dorret
Die Seele dahin!

Alecto.

Mörderinn der Schwester!
Mörderinn des Gatten!
Mörderinn des Vaters!
Wisse, deiner Mutter
Bricht das Herz in dieser Nacht!

Tullia.

Was kümmern die Todten
Die Sterbenden mich?

Tarquinia.

Ihr Götter, welche neue Frevelthat!
Der auf dem Thron! verschwunden Servius!
Er ward erschlagen! todt ist Servius!

Calpurnius.

Der Greis entfärbte sich. "Du arme Rom!"
Mehr sprach er nicht. Da faßten wir ihn schnell
Bei beiden Armen, flehten, wollten ihn
Dem Volke, das von allen Seiten schon
Zusammenströmte, das wie einen Gott
Ihn ehret, ihn wie einen Vater liebt,
Um Hülfe rufend zeigen, aber er
Schalt unsern Kleinmuth, gürtete sich fest
Und ging des Tempels Stufen kühn hinauf,
Von uns begleitet. Donnernd rief er: "weß
Erkühnst du dich? Herunter von dem Thron!"
Rief des Verräthers Lictorn: "Faßt ihn! ich
Befehl's euch!" — "Faßt ihn!" rief Tarquinius.
Sie aber standen wie versteinert da,
Und Senatoren, o der Schmach für Rom!
Die Söhne derer, die Tarquinius,
Dein Vater, einst zu dieser Würde rief,
Geblendet von des eitlen Namens Glanz,
Ergriffen eilend mich und Junius.
Der Freunde waren wenig im Senat,
Denn jene hatte der Tyrann so früh
Berufen. Muthig riß sich Servius

Alle.

Gehabe dich wohl!
Wir schwinden hinab
In die nächtliche Tiefe!
Wir lassen dir Hülle
Im Herzen zurück
Wir lassen dich dir!

(Sie reißen der Tullia die Schlangen aus der Krone,
und fahren in die Tiefe, die sich flammend unter ihnen
öffnet.)

Zu schließen deine Augen und mit dir
Ich fühl' es, höre schon der Götter Ruf,
Zu sterben! ach, Geliebtester, mit dir!

Servius.

In kurzen Worten nimm den heißen Dank,
O edles Weib, für deine Tugend, und
Für deine Liebe! Jammre nicht, o Weib!
Du folgest mir den Weg zu Numa bald.
Dir Junius, zugleich Secunda, dir,
Empfehl' ich meine Tochter, sie ist sanft
Und gut, das Bild von meiner Tullia.
Bring' deinem Vater, gutes Mädchen, noch
Der letzten Kühlung Labsal aus dem Quell.
(Tertia geht.)
Geh', setze dich, Tarquinia, und laß
Die Freunde näher treten um mich her.

(Tarquinia setzet sich in eine Ecke des Zimmers; Junius, Lucius, Valerius und Calpurnius stellen sich um Servius. Nach einem kurzen allgemeinen Stillschweigen kommt Tertia und überreicht dem Servius einen Becher.)

Servius.
(Er gießt etwas auf die Erde.)
Nehmt dieses letzte Opfer, Götter Rom's,
Vom Sterbenden, und stärkt noch einmal mich!
(Er trinkt.)

Tullia, Gallus, hernach Tarquinius.

Gallus.

Heil dir, o Königinn! hier ist dein Dolch!
Du siehst des hochgekrönten Hirsches Blut
Trieft noch vom Pfeil in deines Jägers Hand.
Adonis war auch Jäger! Schön bist du
Wie Venus, und zugleich wie Pallas kühn,
Wie Juno herrschend, hohe Tullia!

Tullia.

Du wackrer, kühner Jüngling, bist mein Mars!
Ich habe schon den Alten liegen sehn.
War er allein, als deine Hand ihn traf?

Gallus.

Zwo Bürger führten aus dem Forum ihn
Die enge Gasse längs dem Palatin,
Da lief ich hinter sie, und stieß zuerst
Der Führer einen um; der Alte war
Mir doch gewiß, der andere lief davon,
Und sah sich, als der Alte fiel, nicht um.
Wie aber konntest du den Todten sehn?

Tullia.

Du weißt, ich fuhr auf's Forum, um zuerst
Tarquinius mit königlichem Gruß
Zu grüßen. Als er auf dem Wagen mich
Geschmückt wie eine Braut und prangend sah,
Er, welcher zitternd auf dem Throne saß,
Da ward das Männchen zornig, fühlte sich
Verfinstert, auf dem Thron verfinstert, und
Verfinstert durch sein Weib! Er blähte sich
Und rief mir herrschend: "Weiche, Tullia
Von hinnen!" Unerwartet, unverschämt
War dieser Gruß! Ich zähmte meinen Zorn,
Und gab Befehl dem Wagenführer, schnell
Mich heim zu fahren durch den engen Weg,
Dem Blick des Pöbels früher zu entgehn.
Und plötzlich sah ich vor mir deinen Fang;
Mein feiger Führer stutzte, ich befahl,
Und rollte wie im Siegeswagen her.
Da kommt Tarquinius; entferne dich!

(Gallus geht.)

Ich will ihn ängsten für den Uebermuth!
Sein: Tullia von hinnen! schallt mir noch.
Er weiß noch nichts von meiner guten Jagd.

(Sie verbirgt den Dolch. Tarquinius tritt herein.)

Tullia.

Fortuna's Hauch erreget gegen uns
Das Ungewitter, und durch deine Schuld,

er Bösewicht! Du wardst bestimmt
Diebe von der bildenden Natur,
Diebe, der des Nachbarn Feigen stiehlt,
irrend die bekannten Hunde äzt,
liebet, eh' die frühen Hähne krähn.

Tarquinius.
meinest du mit diesem Wolkenbruch
schnöden Reden, der mich überströmt?

Tullia.
in der Purpur, welcher dich umstrotzt?
t du die Fabel von dem Thier, das
hüllte in des Löwen gelbes Fell?
lüger war der Distelfresser doch
mand, denn es war der Löwe todt.

Tarquinius.
einest wohl, der Alte lebe noch?

Tullia.
rt er doch, was hie und da geschieht!

Tarquinius.
bren? Gab ich etwa nicht Befehl?
Männer führten aus dem Forum ihn
in das Gäßchen längs dem Palatin,
chneller, wie sie freundlich logen, mir

Ihn zu entziehen; gedungen waren sie
Von mir und brachten ihm den letzten Gruß.

Tullia.

Verzeih, Tarquinius! den Todesstich
Gab meiner Sclaven einer, Gallus, den
Ich sandte, der was Königen gebührt
Versteht, und unbegleitet nicht den Greis
Die lange, dunkle Reise gehen ließ.
Er sandte deiner Männer einen mit.

Tarquinius.

Gleichviel! Ich habe weiter noch gesorgt.
Des Herolds Stimme thut dem Volke kund,
Daß, wer die Leiche rührt, des Todes ist.
Die Seinen möchten sonst durch düstern Pomp
Das Volk erregen; stiller werden ihn
Die Hunde von dem nahen Palatin
Bestatten; auch gebeut die Klugheit, ihn
Als einen, der durch Trug' die Kron' erschlich,
Die mein ererbtes Eigenthum doch war,
Zu strafen, und von uns des Frevels Haß
Auf den zu wälzen, der im Staube liegt.

Tullia.

Ich staune! Mit dem Purpur fuhr in dich
Ein Geist der Weisheit und des Heldenmuths!
Der Weisheit und des Heldenmuths bedarf's,

Wir singen in Schlummer
Das gute Kind!

Alle.

Schlummere sanft!
Einst betten wir dich
Auf weicherem Flaum!
Ha, auf dem Lager
Glühender Kohlen!
Daß dich umwallen
Flammen des Erebus.

Tisiphone
(hält der Tullia die Geißel vor).

Wir tragen dir vor
Die blut'gen Fasces,
Herrschendes Weib!

Alecto
(nimmt die Krone vom Tisch).

O, elende Krone
Für's herrliche Weib!
Wir wollen sie schmücken
Mit kränzendem Schmuck!

(Die Furien legen die Geißeln bei Seite. Eine nach
der andern windet eine ihrer Schlangen in die Krone;
während daß eine jede damit beschäftiget ist, singen
jedesmal alle.)

Tarquinia, Secunda, Tertia, Calpurnius,
hernach
Junius, Servius, Lucius und Valerius.

Ein Greis tritt herein.

Greis.

Im Staube liegt des frommen Königs Haupt!

Tarquinia.

Ihr guten Götter leitet mich zu ihm!
Ich fühle eure Hand, ihr löset schon
Des Lebens schweres Joch, ach, säumet nicht!

(Tertia stürzt sich weinend vor ihrer Mutter nieder und
umfaßt ihre Kniee.)

Calpurnius.

Ihr Götter Numa's! große Götter Rom's! —
Hast du sein graues Haupt im Blut gesehn?

Greis.

Ich sah den König, dich und Junius,
Sah, was du sahest, sah den edlen Greis
Herabgestürzet durch des Eidams Hand!
Ich ging ihm nach, zwo Männer führten ihn,

Megära wirft den Spiegel hin. Die drei Furien halten
die Geißel über Tullia und singen:)

Alle.

Höllenangst, sprenge,
Sprenge die Fesseln
Der Todesangst!
Des starrenden Alps!

Tullia,
(sie springt auf).

Laßt mich! laßt mich!
Entsetzliche Töchter
Der alten Nacht!
Mir welket, mir dorret
Die Seele dahin!

Alecto.

Mörderinn der Schwester!
Mörderinn des Gatten!
Mörderinn des Vaters!
Wisse, deiner Mutter
Bricht das Herz in dieser Nacht!

Tullia.

Was kümmern die Todten
Die Sterbenden mich?

Des blut'gen, fluchbelad'nen Weibes nicht!
Des blut'gen, fluchbelad'nen Mannes nicht!
Brautführer waren, und Brautführerinn
Des schnöden Paares, böse Lust und Mord,
Und Numa's Thron belohnt des Vaters Mord!
Ihr Diren, waffnet eure Schrecken! Laßt
Ihr' Herz von euren Schlangen nagen! Laßt
Die schweren Tropfen der Verzweiflung kalt
Auf ihre Scheitel träufeln, bis zuletzt
Die Rache wie ein Strudel sie ergreift,
Und dürstend seinen Raub der Tartarus
Einschlürfet! Soll die Rache säumen, o,
So hänge sie in schwarzen Wettern doch,
Und sichtbar über ihre Häupter! o,
So nahe schwellend wie die Woge sie!
Oft fleugt die Rache Gottes, oft auch schleicht
Die Rache Gottes; furchtbar, wenn sie fleugt,
Und furchtbar, wenn sie schleichet! hüllet oft
Sich ein in Finsternisse wie die Pest,
Und zücket oft und flammet wie der Blitz.

Tertia.

Erbarmet meiner armen Mutter euch,
Ihr Götter! Mutter, ach, erbarm' dich mein,
Der Vaterlosen! Götter, nehmet mich
Mit meiner armen, armen Mutter hin!
Sie folgt dem Vater bald, ich bleibe dann
Zurück, wo Tullia — ach, nehmet mich

Alle.

Gehabe dich wohl!
Wir schwinden hinab
In die nächtliche Tiefe!
Wir lassen dir Hülle
Im Herzen zurück
Wir lassen dich dir!

(Sie reißen der Tullia die Schlangen aus der Krone,
und fahren in die Tiefe, die sich flammend unter ihnen
öffnet.)

Zu schließen deine Augen und mit dir
Ich fühl' es, höre schon der Götter Ruf,
Zu sterben! ach, Geliebtester, mit dir!

Servius.

In kurzen Worten nimm den heißen Dank,
O edles Weib, für deine Tugend, und
Für deine Liebe! Jammre nicht, o Weib!
Du folgest mir den Weg zu Numa bald.
Dir Junius, zugleich Secunda, dir,
Empfehl' ich meine Tochter, sie ist sanft
Und gut, das Bild von meiner Tullia.
Bring' deinem Vater, gutes Mädchen, noch
Der letzten Kühlung Labsal aus dem Quell.

(Tertia geht.)

Geh', setze dich, Tarquinia, und laß
Die Freunde näher treten um mich her.

(Tarquinia setzet sich in eine Ecke des Zimmers; nius, Lucius, Valerius und Calpurnius stellen sich Servius. Nach einem kurzen allgemeinen Stillsch gen kommt Tertia und überreicht dem Servius e Becher.)

Servius.

(Er gießt etwas auf die Erde.)

Nehmt dieses letzte Opfer, Götter Rom's,
Vom Sterbenden, und stärkt noch einmal mich!

(Er trinkt.)

nmerkungen.

Auch du bist Vater, mein Calpurnius,
Der Blick in beß're Zeiten tröste dich!
Valerius, die Götter lieben dich,
Die späte Nachwelt segnet dich und nennt
Den Vater deines Vaterlandes dich!
Die Götter winken — Freunde, lebet wohl!

(Er stirbt. Tarquinia drückt ihm die Augen zu, sie
Tertia umfassen seine Kniee.)

Tarquinia.
Du winkest mir, ich folge bald dir nach.

Valerius.
So schön ist nicht der Tod im Feld des Mars!

Junius.
Des Weisen Tod ist Sonnenuntergang!

Calpurnius.
Und Sonnenaufgang wird dein Sohn uns seyn!

Lucius.
Bei diesem heiligen und theuren Blut,
Das durch den schwärzesten der Frevel floß,
Bei deinen großen Manen, Servius,
Bei'm Kapitol und bei der Vesta Gluth,
Bei euch, Quirinus, Mavors, Jupiter,
Bei allen Göttern und Göttinnen Rom's

Anmerkungen zum Timoleon.

***

Seite 5. Zeile 6.

Der Tag, der ihm die Freiheit nimmt, u. s. w.

Ἥμισυ γάρ τ᾽ ἀρετῆς ἀποαίνυται εὐρύοπα Ζεὺς
Ἀνέρος, εὖτ᾽ ἄν μιν κατὰ δούλιον ἦμαρ ἕλῃσιν.

Homer.

ıs allwaltender Rath nimmt schon die Hälfte der
Tugend
iem Manne, sobald er die heilige Freiheit verlieret.

Vossens Uebers. der Odyssee.

Seite 5. Zeile 14.

Sie gaben uns die Freiheit, Hella's Kränz,

Hellas: Mit diesem Namen, welcher ursprünglich
e Stadt in Thessalien bezeichnete, nennt Homer das
dliche Griechenland, und die folgenden Zeiten nann-
ganz Griechenland so.

Seite 5. Zeile 16.

. . . . . des großen Königs Arm

Den König von Persien nannten die Griechen: den
ßen König.

Seite 6. Zeile 13.
Es kamen zu Poseidon's Feier nie

Poseidon, auch Poseidaon, der griechische Name des Neptunus.

Seite 6. Zeile 19. 20.
Es werden Karer und Joner bald
Und Kappadozier das heil'ge Fest

Die Joner nahmen oft Sold von den Königen der Perser. Die Karer waren so wenig geachtet, daß man im Sprichwort einen schlechten Menschen einen Karer nannte.

Selber nicht frei lernten die Kappadozier nie begreifen, wie man eines Königes entbehren könne.

Seite 7. Zeile 11.
Ihr der Heroen, ihr der Götter Blut!

Heroen, vergötterte Helden, wie Herkules, Theseus, Jason.

Seite 9. Zeile 13.
Der Eumeniden blasse Schaar, ...

Eumeniden, die Erinnen, Furien. Sie erhielten den Namen Eumeniden (die Wohlgesinnten), weil sie sich durch Pallas bewegen ließen, von ihrem Grimm gegen den Orestes abzulassen. (S. die Eumeniden von Aeschylos.) Sie waren Töchter der Nacht.

Seite 9. Zeile 22.
. . . . es strahlte Pallas Aegis hell

Aegis, der Schild des Zeus, dessen Pallas sich oft bediente.

Wir singen in Schlummer
Das gute Kind!

Alle.

Schlummere sanft!
Einst betten wir dich
Auf weicherem Flaum!
Ha, auf dem Lager
Glühender Kohlen!
Daß dich umwallen
Flammen des Erebus.

Tisiphone
(hält der Tullia die Geißel vor).

Wir tragen dir vor
Die blut'gen Fasces,
Herrschendes Weib!

Alecto
(nimmt die Krone vom Tisch).

O, elende Krone
Für's herrliche Weib!
Wir wollen sie schmücken
Mit kränzendem Schmuck!

(Die Furien legen die Geißeln bei Seite. Eine nach
der andern windet eine ihrer Schlangen in die Krone;
während daß eine jede damit beschäftiget ist, singen
iedesmal alle.)

Seite 23. Zeile 8. 9.

Und Unsterbliche kämpften
Um die herrliche Sonnenstadt!

Die Korinther behaupteten, Poseidon und Apollon haben gezankt um die Ehre, Schutzgott von Korinth zu seyn; Zeus aber habe ihnen den Giganten Briareus gesandt, nach dessen Vermittelung sei das Gestade bei der Meere dem Poseidon, das Gebirge dem Apollon zugefallen.

Seite 25. Zeile 4.

Küste Kolchis! Sie schreckt weder des Bosporos

Kolchis. Dieses Land ist berühmt durch seine giftigen und zur Zauberei dienenden Kräuter, das goldne Vließ, und durch die Medea. Der Bosporos (wörtlich übersetzt: Rindsfurt), ist die Meerenge bei der Halbinsel Krim. Sie hatte ihren Namen von der in eine Kuh verwandelten Jo, welche, verfolgt vom Schatten des Argos und von einer Bremse, nach vielem Irren auch durch diese Meerenge ging. (S. den Aeschylos im gebundenen Prometheus.)

Seite 25. Zeile 5. 6.

. . . . noch Scylla,
Noch Charibdis, die Schlürfende!

Diese beiden, ehedem so fürchterlichen Meerstrudel, sind jedem Leser des Homers bekannt. (S. die Odyssee im 12ten Gesange.) Durch verschiedene Erderschütterungen sind die Felsen, welche sie verursachten, immer kleiner geworden, und im letzten großen Erdbeben verschwunden.

[Megära wirft den Spiegel hin. Die drei Furien halten
die Geißel über Tullia und singen:)

Alle.

Höllenangst, sprenge,
Sprenge die Fesseln
Der Todesangst!
Des starrenden Alps!

Tullia,
(sie springt auf).

Laßt mich! laßt mich!
Entsetzliche Töchter
Der alten Nacht!
Mir welket, mir dorret
Die Seele dahin!

Alecto.

Mörderinn der Schwester!
Mörderinn des Gatten!
Mörderinn des Vaters!
Wisse, deiner Mutter
Bricht das Herz in dieser Nacht!

Tullia.

Was kümmern die Todten
Die Sterbenden mich?

Seite 39. Zeile 23.

Schmäht seine Leiche nicht, ich lieb' ihn stets,

Der Leiche eines Tyrannen ward gewöhnlich kein
Grab zugestanden.

Seite 42. Zeile 8.

Im Schall des frohen Päans führte.

Päan, eigentlich Hymnus an Apollon, auch Siegs-
gesang.

Seite 46. Zeile 4. 5.

Für mich zu lang! o, daß Apollon's Pfeil
Mich träfe! grausam schonte Ares mein!

Die Griechen sagten von einem, der plötzlichen Todes
starb: Apollon's Pfeile haben ihn getroffen. Die
Pfeile der Artemis (Diana) tödteten die Weiber, die
an der Geburt starben. Von Apollon's milden Pfeilen
getroffen werden, hieß: vor Alter sterben. (Siehe Homer.)

Ares, Mars.

Seite 50. Zeile 2.

Des Hades Götter sandten sie, ...

Hades, der Tartaros, die Wohnung der Schatten.

Seite 55. Zeile 1.

Die schöne Syrakusa,

Syrakus ist eine Kolonie von Korinth. Korinth
ward auch Sonnenstadt genannt.

Anmerkungen zu Apollon's Hain.

.... schon lang der Auerhahn
Der Buhlschaft Blindheit ausgekollert hat.

Der Auerhahn ist sehr scheu, die Zeit der Buhlschaft ausgenommen. Alsdann sitzt er auf hohen Bäumen, lockt die Weibchen mit seinem Geschrei, und merkt nicht den nahenden Feind. Diesen Zustand nennen die Jäger das Kollern des Hahns. Man sagt daher im Sprichworte von einem Jünglinge, welchem, so zu sagen, Hören und Sehen in der Leidenschaft vergeht, er sei verliebt, wie ein Auerhahn.

.... zu des Dionysos Fest,

Dionysos, Bakchos, (Bacchus) der Weingott. Schweine und Ziegen wurden ihm geopfert, weil diese Thiere den Reben vorzüglich schädlich sind.

Den sandte Hermes! ....

Hermes, Merkur. Jeder glückliche, zufällige Fund ward als eine Gabe dieses Gottes angesehen.

Daher er auch der sehr nützliche (ἐριούνιος) genannt ward. Als Schutzgott ward er vorzüglich verehrt von Künstlern, Kaufleuten und — Dieben.

Seite 66. Zeile 24.

Der Pythia, den Ruhm, der meiner harrt,

Pythia, Pythias, die wahrsagende Priesterinn des Apollon's in Delphos.

Seite 67. Zeile 17.

An zween Pfaden einst Alkmena's Sohn;

Alkmene, Mutter des Herakles (Herkules).

Seite 68. Zeile 13.

Und ihr Dryaden dieses Haines, u. s. w.

Dryaden, Hamadryaden, Waldnymphen; **Oreaden,** Bergnymphen; **Najaden,** Wassernymphen.

Seite 70. Zeile 22.

Den Lichas, dich zehntausend Parasangen,

Aus Wuth schleuderte Herakles den **Lichas,** welcher ihm in unwissender Unschuld das mit des Centauren Nessos Blut benetzte giftige Gewand gebracht hatte, gegen eine Klippe des Meers. (S. Sophokles in den Trachinerinnen.)

Parasange, eine persische Meile, ohngefähr so groß, als eine französische Lieue.

Seite 71. Zeile 1. 2.

Daß über dir Jrion's Wirbelrad
Erstrudle, Cerberus begeifre dich!

eil Ixion der keuschen Here (Juno) nachgestellet
warp er nach dem Tode verdammt, auf ein hori-
liegendes, beständig kreisendes Rad gebunden zu
.

lvitur Ixion, et se sequiturque fugitque
Ovidius.

icht seine That, seine Absicht verdiente diese Strafe.
Göttinn suchte Schutz bei ihrem Gemahle Zeus,
dieser bildete eine Wolke in Gestalt der Here.
umarmte diese Wolke und zeugte mit ihr die
uren.

erberus, eigentlich Kerberos, der dreiköpfige
hund.

Seite 71. Zeile 12.

Er sieht den Wald vor lauter Bäumen nicht.

o wahr als schön sagt Wieland von einer gewiß
auch unter uns nicht seltnen Art von Philosophen:
e Herren dieser Art blend't oft zu vieles Licht,
e sehn den Wald vor lauter Bäumen nicht.

Seite 78. Zeile 14.

Mit leisen Füßen hüpften die Horen mit

oren, die Göttinnen der Jahrs- und Tags-

Seite 85. Zeile 8.

Kühl' in Lüften des Lethe,

Lethe (eigentlich Láthä), der Vergessenheit Strom. Aus ihm tranken die Seelen nach dem Tode, um alle Mühseligkeiten des irdischen Lebens zu vergessen.

Seite 88. Zeile 3.

Der aus der Erde Nabel mir erscholl.

Den Mittelpunkt der Erde zu erforschen, ließ Zeus in einem Augenblick zween Adler, den einen vom östlichen Ende der Erde ausfliegen, den andern vom westlichen. Sie begegneten einander über Delphos, daher auch Sophokles diesen Ort den Nabel der Erde nennet.

Seite 88. Zeile 5.

Daß du von Delphos kommst, verräth dein Kranz.

Aus der ersten Scene des Plutos im Aristophanes sehen wir, daß diejenigen, welche ein Orakel befragt hatten, einen Kranz auf der Rückreise trugen.

Seite 88. Zeile 24.

Wie Phaethon, ergreifen; ....

Phaeton, Sohn des Sonnengotts und der Klymene. Sich und andre von seinem göttlichen Ursprung zu überzeugen, erhielt er durch vieles Flehen die Erlaubniß, des Vaters Rosse einen Tag zu lenken, aber sie liefen durch mit ihm. Als sie nahe an den himmlischen Skorpion kamen, ließ der erschrockne Jüngling die Zügel fallen. Die Rosse kamen der Erde so nahe, daß sie wäre verbrennet worden, wenn Zeus nicht sie

en Blitz geschleudert hätte, welcher den Jüngling
tödtete·und den Wagen zerbrach. Ovidius hat diese Fa:
bel mit dem Reichthum und der Originalität, welche
ihn so sehr von allen andern römischen Dichtern unter:
scheiden, im 2ten Buch der Verwandlungen erzählt.
Nach Art der Römer verwechselt er den Sonnengott
(Helios) mit Apollon.

Seite 89. Zeile 1. 2.

.... wie die kühne Sterbliche
Des Zeus Umarmung! ....

Semele, war Tochter des Kadmos. Zeus liebte
sie; von ihm empfing sie den Bacchus. Als sie schwan:
ger war, kam Here zu ihr in Gestalt ihrer Amme, er:
regte Zweifel über die Person des Gottes, und beredete
sie, von ihm, als ein Pfand der Gottheit, zu fodern, daß
er sie, wie er sich Here zu nahen pflegte, mit seinen
Blitzen gewaffnet, umarmen mögte. Die bethörte Se:
mele ließ sich vom Zeus die Erfüllung ihrer Bitte durch
einen Eid verheißen, bat, und erbat sich vom trauern:
den Liebhaber den Tod, ohne zu wissen, mit welcher
Gefahr die Erhörung ihres Wunsches verknüpft wäre.

.... corpus mortale tumultus
Non tulit aetherios — sagt Ovidius.

Zeus nähete den kleinen Bacchus in eine seiner Len:
den ein, bis er die Zeit der Geburt erreichte.

Seite 92. Zeile 4.

Arachne hängt ihr luftiges Gespinnst

Arachne rühmte sich, feiner als Pallas zu weben,
und ward von der erzürnten Göttinn in eine Spinne
verwandelt.

Seite 92. Zeile 14.

Prometheus Püppchen lebt, der eitle Mensch.

Zeus wollte, als er den alten Kronos (Saturn) hinab in's Unterreich gestoßen hatte, die Menschen vertilgen. Der Titan Prometheus nahm sich ihrer an. Nicht damit zufrieden, sie dem Untergang entrissen zu haben, erhub er sie über ihren vorigen Zustand. Er nahm ihnen den Blick in die Zukunft, welcher ihnen nur schädlich war, dadurch, daß er ihnen, wie der Dichter sagt, die blinden Hoffnungen gab. Aus dem Himmel raubte er das Feuer und gab es ihnen; auch lehrte er sie Künste und Wissenschaften. (S. den gebundenen Prometheus des Aeschylos, eins der schönsten Schauspiele dieses erhabnen und kühnen Dichters.) Nach andern Dichtern soll Prometheus sogar den Menschen gebildet haben. Horaz spielet sehr schön hierauf an:

Fertur Prometheus addere principi
Limo coactus particulam undique
Defectam, et insani Leonis
Vim stomacho apposuisse nostro.

Seite. 102 Zeile 13.

Tief in Nektar getaucht, leise wie Eros Pfeil,

Eros, Amor.

Seite 103. Zeile 11. 12.

Auf Herakles Geschoß trotzte der mächtige Philoktetes;....

Ehe Herakles (Herkules) sich auf dem Berge Oeta verbrannte, schenkte er seinen Köcher mit den vom Blut der Hydra giftigen Pfeilen, seinem Freunde Philoktetes.

Seite 10. Zeile 1.

Genährt in Aetna's Thalen, blendend weiß

Die sicilischen Pferde waren auch bei den Alten
berühmt. Sophokles läßt die Ismene auf einem Rosse
vom Aetna reiten.

Seite 17. Zeile 17.

Deo bedeckte . . . .

Deo, Demeter, Ceres.

Seite 18. Zeile 19.

Als die Rebe noch weinte

Man sagt, die Reben weinen, wenn im Frühling
der steigende Saft des Weinstocks an den beschnittnen
Stellen hervorbringt, und in hellen Tropfen hangen
bleibt.

Seite 18. Zeile 21.

Denn wo Pyrene . . . .

Pyrene, eine Quelle bei Korinth. Einige halten
sie für die berühmte Hyppokrene, welche das Roß Pegasos durch einen Schlag mit dem Huf hervorbrachte.

Seite 21. Zeile 13.

Die edlen Spiele sind euch wohl bekannt,

Die Isthmischen Spiele sind sehr bekannt. Ihr
Ursprung wird verschieden erzählt. Plutarch sagt, The-
seus habe sie gestiftet. (S. Plutarch im Leben des
Theseus.)

12*

Contorsit, non ille faces, nec fumea taedae
Lumina, praecipitemque immani turbine adegit.
Virg. Aen. VI. 587 — 94.

Seite 105. Zeile 16. 17.

Wer vermißt sich, dir zu gleichen? Nicht der kühn
Ikaros,

Dädalos war ein großer Künstler in Athen, Schüler des Hermes (Merkurs). Nach einer begangene
Mordthat flüchtete er nach Kreta, zum weisen König
Minos, und bauete ihm vor drei und dreißig Jahrhu
derten das berühmte Labyrinth, nach dem Muster jen
älteren egyptischen, dessen Ueberbleibsel noch jetzt d
Erstaunen der Reisenden erregen. Er selbst ward dar
eingesperrt mit seinem Sohne Ikaros, machte sich u
dem Knaben wächserne Flügel und flog übers Mee
Ikaros Flügel schmolzen, weil er der Sonne zu na
kam. Dädalos rettete sich hinüber nach Italien, wi
mete Apollon seine Flügel, und bauete ihm einen Tem
pel. Diesen schmückte er mit seiner Geschichte au
Er wollte auch das Schicksal seines Sohnes darauf a
bringen, aber ihm sanken, wie der Dichter sagt, d
väterlichen Hände.

Bis conatus erat casus effingere in auro.
Bis patriae cecidere manus.
Virg. Aen. VI. 32. 33.

Seite 105. Zeile 18. 19.

Noch der Held, den jäher Schwindel stürzte von de
Pegasos!

Bellerophon. Einen Theil seiner Geschichte e
zählet des Helden Enkel im sechsten Ges. der Ilia

Seite 25. Zeile 7. 8.

Drachen schrecken uns nicht aus dem Hesperischen
Thal! mit wirbelndem Sand schreckt uns die Syrtis
nicht!

Die Hesperischen Gärten, deren goldene Aepfel
ein Drache bewahrte, werden von einigen nach Spanien
versetzt, von mehreren nach Italien.

Syrtis. Die Alten gedenken oft der Sandbank,
oder vielmehr der zwei Sandbänke dieses Namens, im
Mittelländischen Meer, an der Küste von Afrika, unfern von Karthago.

Seite 25. Zeile 9.

In die Säulen Herakles

Dem Herakles (Herkules) verdankten die Alten den
eröffneten Eingang in den Ocean, aus dem mittelländischen Meer. Sie fabelten, der Held habe das Gebirge, welches dieses Meer an der westlichen Seite ein-
schloß, mit Gewalt durchbrochen. Daher nannten sie
die beyden höchsten Berge der beiden Ufer, deren einer,
der Kalpe, in Europa ist, und der Abyla, in Africa,
die Säulen des Herakles.

Seite 35. Zeile 2.

Ich folgte bis zum Thurm des Sisyphos

Sisyphos, der nach dem Tode verdammt ward,
einen ungeheuren Stein, der ihm immer wieder entrollte,
auf den Gipfel eines hohen Berges zu wälzen, ist
jedem Leser der Odyssee bekannt. Er hatte in Korinth
geherrscht.

Anmerkungen zum Servius Tullius.

Titus Livius und Dionysios, der Halikarnasser, sind die Quellen, aus welchen ich geschöpft habe. In den Hauptsachen stimmen diese beiden trefflichen Schriftsteller mit einander überein; in Erzählung der Nebenumstände bin ich bald dem Römer, bald dem Griechen gefolgt.

Als Tarquinius der Erste die Lateiner bekriegte und die Stadt Cornicalum einnahm, fiel im Treffen ein Mann vor dieser Stadt, der königlichen Geblüts war, mit Namen Tullus. Sein schönes und tugendhaftes Weib Ocrisia ward schwanger nach Rom geführt, und gebar in der Dienstbarkeit einen Sohn, welcher vom lateinischen Worte servire (dienen) den Vornamen Servius erhielt. Bald nach der Geburt dieses Knaben gab Tanaquil, die Königinn, der Ocrisia die Freiheit, nahm sie in ihr Haus und liebte sie. Der junge Servius zeichnete sich als Knabe vor andern seines Alters aus, und noch mehr als Jüngling. Um von einem weisen Könige und einer edelgesinnten Fürstinn geliebt zu werden, bedurfte es wohl für den jungen Servius keines Wunders. Aber, so wie die Dichter den Ursprung

ßer Ströme mit Erzählungen ausschmücken, und ver-
te Mädchen und weinende Mutter in Quellen ver-
wdeln; so pflegten auch die alten Geschichtschreiber den
prung und die Kindheit der größten Männer in Fa-
i einzuhüllen. Eine plötzliche Flamme soll das Haupt
schlafenden Knaben umgeben haben. Eine Magd
lte löschen, Tanaquil wehrte ihr, rief ihren Gemahl,
) weissagte des Kindes künftige Größe. Wohl mochte
eine Größe weissagen, welche zum Theil ihr Werk
r. Servius ward der Eidam des Königs. Groß
r sein Ansehn in Rom, als Tarquinius auf Anstiften
Söhne des vorigen Königs Ancus Martius ermor-
ward. Tanaquil verbarg einige Tage den Tod ihres
mahls, und rief dem Volke durchs Fenster zu: der
lnig wäre leicht verwundet, werde bald wieder erschei-
n, und befehle unterdessen, dem Servius zu gehorchen.
o gewann Servius Zeit, sich auf dem Thron zu be-
tigen. Er übernahm die Regierung als Vormund der
lben Enkel des Tarquinius, Arnus und Lucius; aber
s Volk übertrug bald ihm selbst die königliche Würde,
vanzig Jahre lang führte er gegen die hetrurischen
ölker glückliche Kriege und zog dreimal triumphirend
Rom ein. Der Held liebte den Frieden. Er tilgte
: Schulden der armen Bürger, die er selbst bezahlte.
: gab zuerst das Gesetz, in welchem es erlaubt ward,
klaven frei zu sprechen; er nahm zuerst die Freige-
senen unter die Zahl der Bürger auf. Er erweiterte
: Stadt durch Einschließung zweier Hügel. Von sei-
r Zeit an ist das herrliche Rom die Stadt der sieben
gel.

Voll großer Absichten und bekannt mit der Versamm-
ig der Amphiktyonen in Griechenland, mit den Wet-

bündungen der dorischen Städte unter sich, und mit dem
Ruhm des Tempels der Diana zu Ephesus, wo die
Städte Joniens gemeinschaftliche Opfer brachten, stiftete
er ein ähnliches Bündniß zwischen den Römern, Lati-
nern und Sabinern, bewog diese Völker, der Diana
einen gemeinschaftlichen Tempel in Rom zu erbauen,
knüpfte sie dadurch mit heiligen Banden aneinander und
gewann zweien tapferen Völkern ein schweigendes Geständniß ab, daß die jüngere Rom eine Schiedsrichterin
unter ihren Schwestern sei.

Seine weise Eintheilung des Volkes in Klassen und
Centurien, würde mich, wenn ich sie entwickelte, über
die Gränzen einer Anmerkung hinausführen; doch darf
ich sie wegen ihrer Wichtigkeit nicht ganz unberührt lassen.

Nach dieser Einrichtung war das Volk in sechs
Klassen eingetheilt, und jede Klasse in Centurien. Da
die Bürger nach ihrem Vermögen geordnet wurden, die
vielen Centurien der ersten Klassen aus wenig Bürgern,
die wenigern ungeheuren Centurien der letzten Klassen
aber aus sehr vielen Bürgern bestanden, und jede Cen-
turie ihre Stimme gab, welche durch die Mehrheit der
einzelnen Stimmen bestimmt ward, so erhielten dadurch
die Vornehmen und Reichen in der That mehr Einfluß,
als die weit größere Zahl der übrigen, dennoch klagten
diese nicht, theils weil doch jeder Bürger in seiner Cen-
turie mit sprach, theils weil die Bürger der untern
Klassen sehr wenig und die Mitglieder der letzten Klasse
gar keine Abgaben erlegten. Endlich blieben auch Gele-
legenheiten übrig, wo das Volk nach Zünften (tribus)
versammelt ward. Diese Versammlungen waren ganz
demokratisch, und gaben in der Folge der römischen Verfassung ein weislich ersonnenes, sehr glückliches Gegen-

Seite 71. Zeile 1. 2.

Daß über dir Irion's Wirbelrad
Erstrudle, Cerberus begeifre dich!

Weil Ixion der keuschen Here (Juno) nachgestellet
hatte, ward er nach dem Tode verdammt, auf ein hori-
zontal liegendes, beständig kreisendes Rad gebunden zu
werden.

Volvitur Ixion, et se sequiturque fugitque
sagt Ovidius.

Nicht seine That, seine Absicht verdiente diese Strafe.
Die Göttinn suchte Schutz bei ihrem Gemahle Zeus,
und dieser bildete eine Wolke in Gestalt der Here.
Ixion umarmte diese Wolke und zeugte mit ihr die
Centauren.

Cerberus, eigentlich Kerberos, der dreiköpfige
Höllenhund.

Seite 71. Zeile 12.

Er sieht den Wald vor lauter Bäumen nicht.

So wahr als schön sagt Wieland von einer gewissen, auch unter uns nicht seltnen Art von Philosophen:

Die Herren dieser Art blend't oft zu vieles Licht,
Sie sehn den Wald vor lauter Bäumen nicht.

Seite 78. Zeile 14.

Mit leisen Füßen hüpften die Horen mit

Horen, die Göttinnen der Jahrs- und Tags-
zeiten.

Seite 85. Zeile 8.

Kühl' in Lüften des Lethe,

Lethe (eigentlich Láthä), der Vergessenheit Strom.
Aus ihm tranken die Seelen nach dem Tode, um die
Mühseligkeiten des irdischen Lebens zu vergessen.

Seite 88. Zeile 3.

Der aus der Erde Nabel mir erscholl.

Den Mittelpunkt der Erde zu erforschen, ließ Zeus
in einem Augenblick zween Adler, den einen vom östlichen Ende der Erde ausfliegen, den andern vom westlichen. Sie begegneten einander über Delphos, daher
auch Sophokles diesen Ort den Nabel der Erde
nennet.

Seite 88. Zeile 5.

Daß du von Delphos kommst, verräth dein Kranz.

Aus der ersten Scene des Plutos im Aristophanes
sehen wir, daß diejenigen, welche ein Orakel befragt
hatten, einen Kranz auf der Rückreise trugen.

Seite 88. Zeile 24.

Wie Phaethon, ergreifen; ....

Phaeton, Sohn des Sonnengotts und der Klymene. Sich und andre von seinem göttlichen Ursprung
zu überzeugen, erhielt er durch vieles Flehen die Erlaubniß, des Vaters Rosse einen Tag zu lenken, aber
sie liefen durch mit ihm. Als sie nahe an den himmlischen Skorpion kamen, ließ der erschrockne Jüngling
die Zügel fallen. Die Rosse kamen der Erde so nahe,
daß sie wäre verbrennet worden, wenn Zeus nicht sie

en Blitz geschleudert hätte, welcher den Jüngling
tödtet und den Wagen zerbrach. Ovidius hat diese Fabel mit dem Reichthum und der Originalität, welche
ihn so sehr von allen andern römischen Dichtern unterscheiden, im 2ten Buch der Verwandlungen erzählt.
Nach Art der Römer verwechselt er den Sonnengott
Helios) mit Apollon.

Seite 89. Zeile 1. 2.

.... wie die kühne Sterbliche
Des Zeus Umarmung! ....

Semele, war Tochter des Kadmos. Zeus liebte
sie, von ihm empfing sie den Bacchus. Als sie schwanger war, kam Here zu ihr in Gestalt ihrer Amme, erregte Zweifel über die Person des Gottes, und beredete
von ihm, als ein Pfand der Gottheit, zu fodern, daß
sie, wie er sich Here zu nahen pflegte, mit seinen
Blitzen gewaffnet, umarmen mögte. Die bethörte Se-
le ließ sich vom Zeus die Erfüllung ihrer Bitte durch
en Eid verheißen, bat, und erbat sich vom trauern-
n Liebhaber den Tod, ohne zu wissen, mit welcher
efahr die Erhörung ihres Wunsches verknüpft wäre.

.... corpus mortale tumultus
Non tulit aetherios — sagt Ovidius.

Zeus nähete den kleinen Bacchus in eine seiner Len-
den ein, bis er die Zeit der Geburt erreichte.

Seite 92. Zeile 4.
Arachne hängt ihr luftiges Gespinnst

Arachne rühmte sich, feiner als Pallas zu weben,
und ward von der erzürnten Göttinn in eine Spinne
verwandelt.

Seite 92. Zeile 14.

Prometheus Püppchen lebt, der eitle Mensch.

Zeus wollte, als er den alten Kronos (Saturn) hinab in's Unterreich gestoßen hatte, die Menschen vertilgen. Der Titan Prometheus nahm sich ihrer an. Nicht damit zufrieden, sie dem Untergang entrissen zu haben, erhub er sie über ihren vorigen Zustand. Er nahm ihnen den Blick in die Zukunft, welcher ihnen nur schädlich war, dadurch, daß er ihnen, wie der Dichter sagt, die blinden Hoffnungen gab. Aus dem Himmel raubte er das Feuer und gab es ihnen; auch lehrte er sie Künste und Wissenschaften. (S. den gebundenen Prometheus des Aeschylos, eins der schönsten Schauspiele dieses erhabnen und kühnen Dichters.) Nach andern Dichtern soll Prometheus sogar den Menschen gebildet haben. Horaz spielet sehr schön hierauf an:

Fertur Prometheus addere principi
Limo coactus particulam undique
Defectam, et insani Leonis
Vim stomacho apposuisse nostro.

Seite. 102 Zeile 13.

Tief in Nektar getaucht, leise wie Eros Pfeil,

Eros, Amor.

Seite 103. Zeile 11. 12.

Auf Herakles Geschoß trotzte der mächtige Philoktetes; . . . .

Ehe Herakles (Herkules) sich auf dem Berge Oeta verbrannte, schenkte er seinen Köcher mit den vom Blut der Hydra giftigen Pfeilen, seinem Freunde Philoktetes.

Mit diesem Geschoß begleitete Philoktetes die Helden auf ihrem Zuge gen Troja. Aus Unvorsicht ließ er einen der Pfeile in seinen Fuß fallen, mußte in Lemnos zurückgelassen werden, und litt zehn Jahre lang wüthende Schmerzen auf dieser einsamen Insel. Seines Jammers Gemälde, wie Odysseus und Neoptolemos, Achilleus Sohn, ihn besuchten, und weil ein Götterspruch entschieden hatte, daß ohne die göttlichen Waffen des Herakles Troja nicht erobert werden sollte, ihn bald berauben, bald ihnen zu folgen bereden wollten; wie ihm endlich Herakles erschien, gen Troja zu reisen hieß, Hülfe durch den Asklepias (Aeskulap) und den Ruhm Troja zu zerstören verhieß, erzählt uns Sophokles in seinem herzerschütternden Trauerspiel Philoktetes. Wie schön ihm der sanftfühlende Fenelon in seinem Telemaque, dem Meisterstück der französischen Poesie, nacherzählt habe, wird jedem gefühlvollen Leser in dankbarem Andenken seyn.

Seite 104. Zeile 17:

Kronion's Rache traf den Salmoneus,

Salmoneus, König des fabelvollen Thessaliens. Im Zeus Donner nachzuahmen fuhr er auf einer ehernen Brücke im vierspännigen Wagen und schwang eine Fackel. Zeus tödtete ihn mit dem Blitz in dem Augenblick, da er fuhr.

Quatuor hic invectus equis, et lampada quassans,
Per Grajum populos, mediaeque per Elidis urbem,
bat ovans, divumque sibi poscebat honorem.
Demens! qui nimbos et non imitabile fulmen
tere et cornipedum pulsu simularat equorum.
At pater omnipotens densa inter nubila telum

Contorsit, non ille faces, nec fumea taedae
Lumina, praecipitemque immani turbine adegit.

Virg. Aen. VI. 587 — 94.

Seite 105. Zeile 16. 17.

Wer vermißt sich, dir zu gleichen? Nicht der kühne
Ikaros,

Dädalos war ein großer Künstler in Athen, Schüler des Hermes (Merkurs). Nach einer begangenen
Mordthat flüchtete er nach Kreta, zum weisen Könige
Minos, und bauete ihm vor drei und dreißig Jahrhunderten das berühmte Labyrinth, nach dem Muster jenes
älteren egyptischen, dessen Ueberbleibsel noch jetzt das
Erstaunen der Reisenden erregen. Er selbst ward darin
eingesperrt mit seinem Sohne Ikaros, machte sich und
dem Knaben wächserne Flügel und flog übers Meer.
Ikaros Flügel schmolzen, weil er der Sonne zu nahe
kam. Dädalos rettete sich hinüber nach Italien, widmete Apollon seine Flügel, und bauete ihm einen Tempel. Diesen schmückte er mit seiner Geschichte aus.
Er wollte auch das Schicksal seines Sohnes darauf anbringen, aber ihm sanken, wie der Dichter sagt, die
väterlichen Hände.

Bis conatus erat casus effingere in auro.
Bis patriae cecidere manus.

Virg. Aen. VI. 32. 33.

Seite 105. Zeile 18. 19.

Noch der Held, den jäher Schwindel stürzte von dem
Pegasos!

Bellerophon. Einen Theil seiner Geschichte erzählet des Helden Enkel im sechsten Ges. der Ilias.

Er vertilgte die Amazonen; das geflügelte Roß Pegasos
reitend, bekämpfte er die Chimära, dieses fürchterliche
Ungeheuer. Zuletzt wollte er sich auf dem Pegasos gen
Himmel erheben, und stürzte herab. Kühnheit, Edel-
muth, Keuschheit und Verschwiegenheit bezeichnen den
Charakter dieses Helden.

Seite 107. Zeile 2.

Wilder Tritonen, den Hechten zum Schmaus.

Tritonen, eine Art Meergötter.

Seite 109. Zeile 8.

Der bunte Psittich

Psittich, das eigentliche deutsche Wort für Papagoy.

Anmerkungen zum Servius Tullius.

Titus Livius und Dionysios, der Halikarnasser, sind die Quellen, aus welchen ich geschöpft habe. In den Hauptsachen stimmen diese beiden trefflichen Schriftsteller mit einander überein; in Erzählung der Nebenumstände bin ich bald dem Römer, bald dem Griechen gefolgt.

Als Tarquinius der Erste die Lateiner bekriegte und die Stadt Cornikulum einnahm, fiel im Treffen ein Mann vor dieser Stadt, der königlichen Geblüts war, mit Namen Tullius. Sein schönes und tugendhaftes Weib Ocrisia ward schwanger nach Rom geführt, und gebar in der Dienstbarkeit einen Sohn; welcher vom lateinischen Worte servire (dienen) den Vornamen Servius erhielt. Bald nach der Geburt dieses Knaben gab Tanaquil, die Königinn, der Ocrisia die Freiheit, nahm sie in ihr Haus und liebte sie. Der junge Servius zeichnete sich als Knabe vor andern seines Alters aus, und noch mehr als Jüngling. Um von einem weisen Könige und einer edelgesinnten Fürstinn geliebt zu werden, bedurfte es wohl für den jungen Servius keines Wunders. Aber, so wie die Dichter den Ursprung

großer Ströme mit Erzählungen ausschmücken, und ver=
folgte Mädchen und weinende Mutter in Quellen ver=
wandeln; so pflegten auch die alten Geschichtschreiber den
Ursprung und die Kindheit der größten Männer in Fa=
beln einzuhüllen. Eine plötzliche Flamme soll das Haupt
des schlafenden Knaben umgeben haben. Eine Magd
wollte löschen, Tanaquil wehrte ihr, rief ihren Gemahl,
und weissagte des Kindes künftige Größe. Wohl mochte
sie eine Größe weissagen, welche zum Theil ihr Werk
war. Servius ward der Eidam des Königs. Groß
war sein Ansehn in Rom, als Tarquinius auf Anstiften
der Söhne des vorigen Königs Ancus Martius ermor=
det ward. Tanaquil verbarg einige Tage den Tod ihres
Gemahls, und rief dem Volke durchs Fenster zu: der
König wäre leicht verwundet, werde bald wieder erschei=
nen, und befehle unterdessen, dem Servius zu gehorchen.
So gewann Servius Zeit, sich auf dem Thron zu be=
festigen. Er übernahm die Regierung als Vormund der
beiden Enkel des Tarquinius, Arnus und Lucius; aber
das Volk übertrug bald ihm selbst die königliche Würde.
Zwanzig Jahre lang führte er gegen die hetrurischen
Völker glückliche Kriege und zog dreimal triumphirend
in Rom ein. Der Held liebte den Frieden. Er tilgte
die Schulden der armen Bürger, die er selbst bezahlte.
Er gab zuerst das Gesetz, in welchem es erlaubt ward,
Sklaven frei zu sprechen; er nahm zuerst die Freige=
lassenen unter die Zahl der Bürger auf. Er erweiterte
die Stadt durch Einschließung zweier Hügel. Von sei=
ner Zeit an ist das herrliche Rom die Stadt der sieben
Hügel.

Voll großer Absichten und bekannt mit der Versamm=
lung der Amphiktyonen in Griechenland, mit den Wet=

bündungen der dorischen Städte unter sich, und mit dem
Ruhm des Tempels der Diana zu Ephesus, wo die
Städte Joniens gemeinschaftliche Opfer brachten, stiftete
er ein ähnliches Bündniß zwischen den Römern, Latei-
nern und Sabinern, bewog diese Völker, der Diana
einen gemeinschaftlichen Tempel in Rom zu erbauen,
knüpfte sie dadurch mit heiligen Banden aneinander und
gewann zweien tapferen Völkern ein schweigendes Geständniß ab, daß die jüngere Rom eine Schiedsrichterinn
unter ihren Schwestern sei.

Seine weise Eintheilung des Volkes in Klassen und
Centurien, würde mich, wenn ich sie entwickelte, über
die Gränzen einer Anmerkung hinausführen; doch darf
ich sie wegen ihrer Wichtigkeit nicht ganz unberührt lassen.

Nach dieser Einrichtung war das Volk in sechs
Klassen eingetheilt, und jede Klasse in Centurien. Da
die Bürger nach ihrem Vermögen geordnet wurden, die
vielen Centurien der ersten Klassen aus wenig Bürgern,
die wenigern ungeheuren Centurien der letzten Klassen
aber aus sehr vielen Bürgern bestanden, und jede Cen-
turie ihre Stimme gab, welche durch die Mehrheit der
einzelnen Stimmen bestimmt ward, so erhielten dadurch
die Vornehmen und Reichen in der That mehr Einfluß,
als die weit größere Zahl der übrigen, dennoch klagten
diese nicht, theils weil doch jeder Bürger in seiner Cen-
turie mit sprach, theils weil die Bürger der untern
Klassen sehr wenig und die Mitglieder der letzten Klasse
gar keine Abgaben erlegten. Endlich blieben auch Gele-
legenheiten übrig, wo das Volk nach Zünften (tribus)
versammelt ward. Diese Versammlungen waren ganz
demokratisch, und gaben in der Folge der römischen Verfassung ein weislich ersonnenes, sehr glückliches Gegen-

gewicht, wenn die Parthei der Vornehmen zu mächtig zu
werden drohte. Siehe Dionysios pag. 221 — 26.
Edit. Lips. 1691.. und Titus Livius Lib. I. cap.
XLIII, wie auch Vertot in seinen Revolutions de
la république romaine. Diese letzte Stelle kann
man auch in Rollin's Histoire romaine finden.

Zu Servius Zeit bestand die Anzahl der Bürger,
welche die Waffen tragen konnten, aus etlichen und acht=
zig tausend Mann: Livius setzt die Zahl auf 80,000;
Dionysios auf 84,700.

So eingeschränkt auch die königliche Gewalt in Rom
war, setzte ihr dennoch dieser weise und gerechte König
engere Schranken. Da vorher die Könige in allen
Sachen als Richter gesprochen hatten, übergab er die
Erkenntniß aller Angelegenheiten der Privatpersonen be=
sondern Richtern, und sprach bloß über öffentliche Ver=
brechen. Dionysios pag. 228, 29.

Die Doppelheirath seiner Töchter mit den beiden
Enkeln des vorigen Königs, die Vergiftungen des Aruns
und der ältesten Tullia durch ihre Ehegatten, die Hei=
rath des Mörders mit der Mörderinn, der erste miß=
lungene Versuch des Tarquinius, seinen Schwäher vom
Thron zu stürzen, die Ermordung des Königs und die
Wuth der Tullia sind Thatsachen, die ich aus der Ge=
schichte geschöpft habe.

Daß viele geglaubt haben, Servius würde der kö=
niglichen Würde, wofern er länger gelebt hätte, entsagt
und einen Freistaat gestiftet haben, bezeugen Dionysios
und Titus Livius. Dionysios pag. 243.

Die Worte des Römers verdienen angeführt zu
werden:

"Id ipsum, tam mite ac tam moderatum imperium
tamen, quia unius esset, deponere eum in
animo habuisse quidam auctores sunt, ni scelus
intestinum liberandae patriae consilia agitante in-
tervenisset."

Tit. Liv. Libr. I. cap. XLVIII.

"Einige versichern, er würde selbst diese milde und
gemäßigte Herrschaft niedergelegt haben, weil es die
Herrschaft eines Einzigen wär, wenn nicht der
Frevel der Seinigen ihn zu einer Zeit überfallen hätte,
als er damit umging, sein Vaterland zu befreien."

Wenn indessen nicht bewiesen ist, daß er, wie Theseus, den edelmüthigen Vorsatz gehabt habe, selbst der
Herrschaft zu entsagen (wiewohl man den höchsten Grad
des Edelmuths von einem Könige erwarten konnte, der
schon seine eigene Gewalt eingeschränkt hätte), so leidet
doch das keinen Zweifel, daß er den Plan zur freien
Verfassung der Römer selbst entworfen habe. Livius
sagt ausdrücklich (am Ende des ersten Buchs), daß,
nach Vertreibung der Tarquinier das Volk in versammelten Centurien, nach dem schriftlichen Entwurf
des Servius Tullius, die ersten Consuln erwählt
habe.

Seite 117. Zeile 20. 21.

.... wie Deukalion
Aus Steinen Menschen ....

Nach Erzählung der Griechen und Römer ließ Jupiter eine große Wasserfluth über die Erde kommen, um

das menschliche Geschlecht zu strafen. Nur Deukalion
und Pyrrha, das einzige gerechte Paar, entrannen. The=
mis befahl ihnen, die Gebeine der großen Mutter hin=
ter sich zu werfen. Sie verstanden des Orakels gehei=
nen Sinn, und warfen Steine hinter sich, aus welchen
ein neues Menschengeschlecht hervorwuchs. Die histo=
rische Wahrheit, welche die Griechen durch Ueberlieferung
erhalten, und nach ihrer Art in Fabel gehüllt hatten,
ist uns allen aus der heiligen Geschichte bekannt.

Seite 118. Zeile 2.

Wie Diomedes, Thraciens Tyrann, u. s. w.

Diese Geschichte erzählt Diodor von Sicilien. Aehn=
liches wird von Glaukos, dem Sohn des Sisyphos be=
richtet. Diese Wüthriche müssen nicht mit den gleich=
namigen homerischen Helden verwechselt werden.

Seite 118. Zeile 6.

Dein großer Ahnherr, Numa, ...

Plutarch sagt, einige Schriftsteller hätten behauptet,
Numa habe vier Söhne hinterlassen, Pomponius, den
Stammvater des Geschlechts der Pomponier, Calpus,
von welchem die Calpurnier ihren Ursprung herleiten,
Pinus und Mamerkus (oder wohl richtiger Marcus,
wie Dacier anmerket), von welchen die Pinarier und
Marcier entsprossen waren. Wahrscheinlicher ist, daß er
nur eine Tochter von seiner zweiten Frau, Lucretia,
achließ; nemlich Pampilia; welche Mutter des Ancus
Martius ward.

Seite 118. Zeile 23.

Die Weisheit, welche mit Pythagoras,

Dionyſios, der Halikarnaſſer, beſtreitet die gewöhn=
liche Meinung, als habe Pythagoras zu Numa's Zeit
gelebt. Er beweiſet, daß dieſer Weiſe erſt vier Men=
ſchenalter nachher, alſo zu Tarquinius des ältern oder
zu Servius Zeit nach Italien gekommen ſei. Dieſes iſt
ſo viel gewiſſer, da wir wiſſen, daß Pythagoras ein
Zeitgenoſſe des Thales von Milet, des Salon, des Ty=
rannen Polykrates ꝛc. war.

Seite 120. Zeile 21.

. . . . aber macht der Backenſtreich,

Es war Sitte, daß man einem Knecht, indem man
ihn frei machte, einen Backenſtreich gab, nach welchem
er ſich rund um drehen mußte.

. . . . una Quiritem
Vertigo facit . . . .

Persius.

"Ein Schwindel macht den Knecht zum Bürger Roms."

Dionyſios ſagt, die Römer hätten in den guten Zei=
ten der Republik große Sorge getragen, nur wohler=
zogne Kriegsgefangene oder Knechte von guten Sitten,
durch Freilaſſung unter die Zahl der Bürger aufzuneh=
men. Nach und nach aber ſeien ganze Schaaren zuge=
laſſen worden, und zum Theil Nichtswürdige. Zur
Zeit der Cäſarn, da die Würde der Quiriten durch Ver=
luſt der bürgerlichen Freiheit gänzlich geſunken war,
hatte dieſer Mißbrauch keine Gränzen, bedurfte ihrer
auch wohl nicht.

Seite 121. Zeile 13.

Ist jedes Römers angebornes Recht.

"On sera peut-être etonné que dans un état gou-
verné par un roi, et assisté du sénat, les loix, les
ordonnances, et le résultat de toutes les delibéra-
ions, se fissent toujours au nom du peuple, sans
faire mention du prince qui règnoit; mais on doit
se souvenir que ce peuple généreux s'etoit reservé
la meilleure part dans le gouvernement. Il ne se
prenoit aucune résolution, soit pour la guerre ou
pour la paix, que dans ses assemblées. C'est là
qu'on creoit les rois, qu'on élisoit les magistrats et
les prétres, qu'on faisoit les loix et qu'on admini-
troit la justice."

Vertót Révolutions de la république romaine. Livre I.

Seite 126. Zeile 11.
O wehe, die Diren!

Diren, dirae, (die Grausamen, Entsetzlichen); so
nannten oft die Römer die Furien. Sowohl Römer
als Griechen hüllten ernste Wahrheit in diese Fabel und
erstanden unter den Furien oft die Bisse des Gewissens.
Sie waren Töchter der Nacht. Sie trieben zur Wuth
und straften die Bösen nach dem Tode. Aeschylos
sagt sehr schön:

$$\ldots\ldots \mu\epsilon\lambda\alpha\nu\alpha\iota\gamma\iota\varsigma\ \dot{\epsilon}\nu$$
$$\text{Bius } \delta\acute{o}\mu\upsilon\varsigma\ \text{'E}\rho\iota\nu\nu\dot{\upsilon}\varsigma,\ \dot{\epsilon}\kappa\ \chi\epsilon\rho\tilde{\omega}\nu\ \dot{o}\tau\alpha\nu}$$
$$\Theta\epsilon\omega\dot{\iota}\ \vartheta\upsilon\sigma\dot{\iota}\alpha\varsigma\ \delta\dot{\iota}\chi\omega\nu\tau\alpha\iota.$$

'Αισχ. Επτα επι Θηβ. 699—701.

"Gehüllt in schwarzen Wettern wallet nicht
Die Erinnys in des frommen Mannes Haus,
Deß Opfer angenehm den Göttern ist."

Die Griechen nannten sie Erinnen (ἐριννύες), auch
die Günstigen (εὐμενίδες), nicht aus Ironie, sondern sie
erhielten diesen Namen, als sie auf Fürbitte der Pallas aufhörten, den Orestes zu verfolgen und Athen segneten. Sie wurden mit Fackeln und Geißeln in den Händen, mit zischenden Schlangen in den Haaren vorgestellt.

Seite 131. Zeile 2. 3.
Senkt sich der Wagen
Der Mutter Nacht!
Die Nacht fuhr in einem zweispännigen Wagen.
— nox atra polum bigis subvecta tenebat.
Virg. Aen. V.

Seite 137. Zeile 6.
Gedenke deines grauen Alters . . . .
Servius war 74 Jahr alt, als er starb.

Seite 138. Zeile 24.
. . . . dieses großen Hauses Lar
Lar, ein Hausgott, Laren, Hausgötter. Auch die
Städte hatten ihre öffentlichen Laren.

Seite 139. Zeile 1.
Und armes Opfer aus der reinen Hand
Horaz sagt an die ländliche Phidyle:
Immunis aram si tetigit manus,
Non sumptuosa blandior hostia
Mollibit aversos penates
Farre pio et saliente mica.
Hor. Carm. L. III. Od. 23. v. 17 — 20
"Wenn du dem Heerde nahest mit reiner Hand
Und frommes Mehl mit knisterndem Salze streu'st,
So sühnest du schmeichelnder des Hausgotts
Zorn, als des Reichen erles'nes Opfer."

Seite 139. Zeile 19.

Die Götter hören auch der Kinder Flehn.

Pythagoras sagte, das Alter der Kindheit sei Gott das angenehmste. Und mehr als menschliche Weisheit war es, die uns lehrte, daß wir werden müßten wie die Kinder, um Gott angenehm zu seyn.

S. La vie de Pythagore.
par Mr. Dacier, pag. XXVII.

Seite 14·. Zeile 6.

Gelehnt an Mavors Tempel . . . .

Mavors, Mars. Den Namen Mavors leitet Cicero von magna vertere her, weil der Krieg viele Dinge umkehrt.

Cic. de Nat. Deor. II. 26.

Seite 145. Zeile 1.

Secunda.

Ich habe ihr diesen Namen gegeben, um sie von ihrer Schwester zu unterscheiden. Tarquinius der Erste, oder wie die Römer sagen, der Aeltere (priscus), gab seine eine Tochter dem Servius zur Gemahlinn, und die andere dem Marcus Junius.

Seite 146. Zeile 4 u. folgende.

Als trotzend im Senat Tarquinius . . . .

Diese Erzählung ist aus dem Dionysios.

Seite 152. Zeile 21.

Die Söhne derer, die Tarquinius,

Tarquinius der Aeltere hatte hundert neue Senatoren zu den vorigen hinzugethan.

Seite 152. Zeile 25.

Der Freunde waren wenig im Senat,

Dionysios sagt ausdrücklich, Servius habe sich von den Freunden des Tarquinius umringt, von den seinigen entblößt gesehen.

Seite 153. Zeile 3.

Vom eisernen Geländer niedertroff.

Siehe Dionysios und Livius.

Seite 153. Zeile 14.

Er aber, wie vom Pan geschrecket,

Plötzliche Schrecken wurden dem Pan zugeschrieben. Daher der Ausdruck: ein panisches Schrecken (terror panicus, une terreur panique).

Seite 155. Zeile 3.

Heil dir, o Königinn! hier ist dein Dolch!

Dionysios und Livius meynen, Tarquinius habe auf den Rath der Tullia den König ermorden lassen.

Seite 158. Zeile 13.

Daß, wer die Leiche rührt, des Todes ist.

Dionysios sagt, Tarquinius habe verboten Servius öffentlich, Livius überhaupt ihn begraben zu lassen. Letzterer erzählt, er habe hinzugefügt: auch Romulus sei nicht begraben worden.

Seite 159. Zeile 4.

Der feile Fremdling sei des Thrones Schutz

Tarquinius ließ sich, sobald er König ward, von
einer Leibwache umringen, die ihn nie verließ. Dionysios nennt sie einen Haufen verwegner Trabanten, welcher theils aus Fremdlingen, theils aus Einheimischen
bestand.

Seite 159. Zeile 8.

Trägt mächtige Penaten in der Brust,

Penaten (penates) Laren, Hausgötter.

Seite 159. Zeile 10.

Als hätte Terminus . . . .

Terminus, der Gott der Gränzen. Numa lehrte
die Römer diesen Gott mit Darbringung lebloser Opfer
zu verehren. Der friedliche Weise wollte dadurch andeuten, daß man sich hüten müsse, die Gränzen mit
Blut zu beflecken. Als Tarquinius der Aeltere auf
dem Kapitol den Tempel des Jupiters zu bauen anfing, so räumten alle andere Götter, welche Altäre auf
diesem Hügel hatten, dem obersten Gotte den Platz,
nur Terminus und die Göttinn der Jugend (Juventas)
wichen dem Jupiter nicht, daher ihre Altäre auch innerhalb der Mauren des Tempels mit eingeschlossen
wurden.

Dionysios p. 202.

Seite 160. Zeile 17.

Ich sah den König, dich und Junius,

Siehe Tit. Liv. libr. I. cap. XLVIII. und Dionysios pag. 241-42.

Seite 261. Zeile 27.

Ihr heiligen und großen Manen, ...

Die Manen (Manes) abgeschiedene Geister der Todten; jeder Todte hatte die seinigen in mehrerer Zahl. Ein unbestimmter schwankender Begriff. Sie wurden als Götter verehrt. (Dii manes.)

Sunt aliquid manes, letum non omnia finit,
Lucidaque evictos effugit umbra rogos.

Propertius.

Ganz verzehret uns nicht der Scheiterhaufen, die
Manen
Bleiben, ein Schatten entfleucht siegend und schimmernd
der Gluth.

Ein griechischer Dichter würde sich des doppelten Ideenspiels eines siegenden, fliehenden, schimmernden Schattens enthalten haben.

Seite 162. Zeile 11.

Und dürstend seinen Raub der Tartarus . . . .

Tartarus, der Ort, wo die Bösen nach dem Tode gestraft wurden.

Seite 163. Zeile 5. 6.

**. . . . sterbend wird
Der König hergetragen, ...**

Der Geschichte nach starb Servius auf der Stelle, wo ihn die gesandten Mörder antrafen, nemlich in der cyprischen Gasse, welche nach der wüthenden That der Tochter, die über ihres Vaters Leiche gefahren war, die verfluchte Gasse (sacer vicus) genannt ward.

hör', Jahrgenosse! erh.... dich; feuriger
und reger stets erglühe dein Traubenblut,
   Erst Enkels-Enkel schlürf' aus deiner
     Flasche den duftenden Götterbalsam.

So ich! es wallt mir immer und immerdar
für meinen Pollux höher noch, flammender
   Die Kastorbrust! Der Jahre Neige
     Ebbet, doch freier und freier schwingt sich

Der Liebe Fittig, höhnet die schmählige,
Des Raumes Fessel! — Doch, o was netzet mir
   Die Wange, hemmt des Sanges Flug? ist's,
     Was mir die Saiten umschleicht, ist's Wehmuth?

In deinen Schleier hüll' ich, Sophia, mich,
Verzeih den Zähren, die ich an deinem Fest
   Verbannte — Ach, sie schaut das Sonnen-
     Auge, sie rinnen der Sterne Reigen!

Erstumme heut', o Klage! Des Wiedersehns,
Des oft erneuten Bilder, umschwebet mich!
   Wenn nun der Wonne Stunde hertanzt,
     Wir in die offenen Arm' uns stürzen.

In der nächstfolgenden Nacht starb sie. Ob aus Gram,
oder durch einen neuen Mord ihrer Tochter, ist ungewiß.

Lucius.

Dieser Lucius Junius, Sohn des Marcus Junius,
war es, welcher 24 Jahre nachher den an der keuschen
Lucretia verübten Frevel rächte und die Tarquinier aus
Rom stieß. Montesquieu bemerkt sehr wahr, daß der
Tod der Lucretia nicht die Ursache, sondern die Gele-
genheit zur Vertreibung der Tarquinier ward.

Lucius ging seit vielen Jahren damit um, sein Vaterland zu befreien, und stellte sich, um desto sicherer
den reifen Augenblick zu finden und allem Argwohn zu
entgehen, so blödsinnig, daß er den Zunamen Brutus
(der Dumme, der Fühllose) erhielt. Als Tarquinius
seine Söhne nach Delphos sandte, nahmen die Prinzen diesen ihren Vetter zur Kurzweil mit sich. Welche
Stärke der Seele gehörte dazu, so viele Jahre solchen
Muth, solchen Verstand, solches Gefühl des Unrechts
in die Larve des Blödsinns zu hüllen und freiwillig
das Gelächter der Prinzen und ihres Gesindels zu wenden. — Ob Marcus Junius Brutus von ihm abstamme, ist zweifelhaft. Der letzte Befreier der Röm-
bedurfte der Ehre nicht, sein Geschlecht vom ersten herzuleiten. Die Geschichtsschreiber sind hierüber streitig.
Einige erzählen, der erste Brutus habe außer seinen
beiden Söhnen, die er als Consul, weil sie an einer
Verschwörung für die Tarquinier nebst andern Ver-
rätern Antheil genommen hatten, hinrichten ließ, noch

einen Sohn gehabt, von welchem Marcus sollte ent=
sproſſen ſeyn. Es iſt aber nicht wahrſcheinlich, denn
man findet unter den Patriziern in der ganzen Zwiſchen=
reihe von Jahrhunderten nicht einen Junius.

Den erſten Brutus kennen wir aus einzelnen gro=
ßen Thaten, die unſere Bewunderung verdienen, aus
einzelnen leuchtenden Punkten, welche, gleich Geſtirnen,
die Nacht des Alterthums durchdringen.

Das Leben des Marcus liegt vor uns im hellen
Tage einer Zeit, welche mehr als irgend ein Jahrhun=
dert gekannt wird. Wenn wir im Plutarch ſein Leben
leſen, ſo erheben wir uns zum Umgange eines Man=
nes, deſſen Liebenswürdigkeit unſer Herz gewinnt, in=
dem wir die Größe ſeiner Seele bewundern. Seine
entarteten Zeitgenoſſen, wiewohl vom Lichte, das ſie
erwärmen ſollte, geblendet, gaben ihm einſtimmig den
Namen des Letzten der Römer.

Zwar nannten die ſklaviſchen Anhänger des Auguſtus
ſeine größte That einen Meuchelmord, aber ſelbſt ſie
ließen ſeinen Abſichten Gerechtigkeit wiederfahren. Kein
niedriger Lobredner der Tyrannen, kein die Dichtkunſt
entehrender Schmeichler hat zur Zeit der Caeſarn ge=
wagt, Cato, noch Brutus zu verläſtern.

Der ſchlaue Auguſtus hielt es für rathſam, ſein An=
denken zu ehren. Als er in Mailand die Bildſäule des
Letzten der Römer fand, und Schmeichler ihm riethen,
ſie umreißen zu laſſen, willigte er nicht in ihren Rath.
Der Beſte und Größte unter den Nachfolgern des Au=
guſtus, Marcus Aurelius Antonius, der Philoſoph,
rechnete es zu den Wohlthaten der Götter, und dankte
es ſeinem Bruder Servius, daß er ihn mit den großen
Männern der Vorzeit, mit Dion, Cato, Brutus,

Thrasea und Helvidius bekannt gemacht hätte. Es urtheilte der weiseste Regent, welcher je einen Thron geziert hat. Was sollen wir von neuen Schriftstellern sagen, die mehr aus Ungefühl für alles, was dem Menschen heilig und werth ist, als aus Unkunde der Geschichte diesen Mann verlästern? Sie gleichen den Fliegen, welche des Altars nicht schonen, und die Bildsäulen der großen Männer beflecken.

Seite 169. Zeile 10.

Flammen des Erebus.

Erebus (ἔρεβος, Erebus) der Tartarus, die Hölle.

Seite 169. Zeile 14.

Die blut'gen Fasces,

Die Könige von Rom und nachher die Consuln, ließen zum Zeichen ihrer richterlichen Gewalt Bündel von Ruthen (Fasces), aus deren Mitte ein Beil hervorragte, vor sich hertragen. Die Träger, deren jeder ein solches Bündel trug, hießen Lictores (vom Wort ligare, binden). Die Könige ließen 24 Lictoren vor sich her gehen; die Consuln nur 12. Beide Consuln hatten die Ehre, Lictoren vor sich her gehen zu lassen, nie zugleich, sondern wechselten monatlich damit um. Der Dictator, eine Würde, die selten Statt fand, und nur immer auf sehr kurze Zeit, höchstens auf 6 Monate, öfter auf einige Tage, hatte gleich den Königen 24 Lictoren; die Prätoren 10. Die Feldherren, so lange sie im Lager waren, hatten auch Lictoren.— Zur Zeit der Freiheit mußten die Lictoren ihre Bündel in

Gegenwart des Senats und des versammelten Volks unterwärts halten, zum Zeichen, daß die Häupter der Republik den Senat und das Volk als die Quelle einer Gewalt ansahen, deren Verweser sie nicht ohne Einschränkung waren, und auf kurze Zeit.

Seite 172. Zeile 14.

Dem Weib Agamemnon's!

Klytämnestra, Tochter des Tindaros, Gemahlinn des Agamemnon, lebte im verbotnen Umgang mit Aigisthos, unterdessen daß Agamemnon das Heer der Griechen gegen Troja anführte. Als er zurück kam, tödtete sie ihn im Bade. Ihr Sohn Orestes tödtete sie, um seinen Vater zu rächen.

Seite 172. Zeile 15.

Des Danaus Töchter,

Danaus, König von Argos, hatte 50 Töchter, welche die 50 Söhne des Aegyptos heiratheten. Weil Danaus fürchtete, dereinst von einem Enkel vom Thron gestoßen zu werden, befahl er seinen Töchtern, ihre Männer in der Brautnacht zu ermorden. Nur eine, Hypermnestra, rettete ihren Gemahl.

> Una de multis face nuptiali
> Digna, perjurum fuit in parentem
> Splendide mendax, et in omne virgo
> Nobilis aevum.

Hor.

Eine war vor allen der Hochzeitfackel
Werth, von allen Eine! des Vater Tücke
Täuschte edellügend die Jungfrau, würdig
Ewiges Lob!

Die andern tödteten ihre Männer alle in ein
Nacht und mußten dafür nach dem Tode mit bode
losen Fässern schöpfen.

Meinem Bruder

gewidmet.

Seite 152. Zeile 25.

Der Freunde waren wenig im Senat,

Dionysios sagt ausdrücklich, Servius habe sich von den Freunden des Tarquinius umringt, von den seinigen entblößt gesehen.

Seite 153. Zeile 3.

Vom eisernen Geländer niedertroff.

Siehe Dionysios und Livius.

Seite 153. Zeile 14.

Er aber, wie vom Pan geschrecket,

Plötzliche Schrecken wurden dem Pan zugeschrieben. Daher der Ausdruck: ein panisches Schrecken (terror panicus, une terreur panique).

Seite 155. Zeile 3.

Heil dir, o Königinn! hier ist dein Dolch!

Dionysios und Livius meynen, Tarquinius habe auf den Rath der Tullia den König ermorden lassen.

Seite 158. Zeile 13.

Daß, wer die Leiche rührt, des Todes ist.

Dionysios sagt, Tarquinius habe verboten Servius öffentlich, Livius überhaupt ihn begraben zu lassen. Letzterer erzählt, er habe hinzugefügt: auch Romulus sei nicht begraben worden.

Seite 159. Zeile 4.

Der feile Frembling sei des Thrones Schutz

Tarquinius ließ sich, sobald er König ward, von
einer Leibwache umringen, die ihn nie verließ. Dionysios nennt sie einen Haufen verwegner Trabanten, welcher theils aus Fremdlingen, theils aus Einheimischen
bestand.

Seite 159. Zeile 8.

Trägt mächtige Penaten in der Brust,

Penaten (penates) Laren, Hausgötter.

Seite 159. Zeile 10.

Als hätte Terminus . . . .

Terminus, der Gott der Gränzen. Numa lehrte
die Römer diesen Gott mit Darbringung lebloser Opfer
zu verehren. Der friedliche Weise wollte dadurch andeuten, daß man sich hüten müsse, die Gränzen mit
Blut zu beflecken. Als Tarquinius der Aeltere auf
dem Kapitol den Tempel des Jupiters zu bauen anfing, so räumten alle andere Götter, welche Altäre auf
diesem Hügel hatten, dem obersten Gotte den Platz,
nur Terminus und die Göttinn der Jugend (Juventas)
wichen dem Jupiter nicht, daher ihre Altäre auch innerhalb der Mauren des Tempels mit eingeschlossen
wurden.   Dionysios p. 202.

Seite 160. Zeile 17.

Ich sah den König, dich und Junius,

Siehe Tit. Liv. libr. I. cap. XLVIII. und Dionysios pag. 241-42.

Seite 261. Zeile 27.

Ihr heiligen und großen Manen, ...

Die Manen (Manes) abgeschiedene Geister der Todten; jeder Todte hatte die seinigen in mehrerer Zahl. Ein unbestimmter schwankender Begriff. Sie wurden als Götter verehrt. (Dii manes.)

Sunt aliquid manes, letum non omnia finit,
Lucidaque evictos effugit umbra rogos.

Propertius.

Ganz verzehret uns nicht der Scheiterhaufen, die
Manen
Bleiben, ein Schatten entfleucht siegend und schimmernd
der Gluth.

Ein griechischer Dichter würde sich des doppelten Ideenspiels eines siegenden, fliehenden, schimmernden Schattens enthalten haben.

Seite 162. Zeile 11.

Und dürstend seinen Raub der Tartarus . . . .

Tartarus, der Ort, wo die Bösen nach dem Tode gestraft wurden.

Seite 163. Zeile 5. 6.

. . . . sterbend wird
Der König hergetragen, ...

Der Geschichte nach starb Servius auf der Stelle, wo ihn die gesandten Mörder antrafen, nemlich in der cyprischen Gasse, welche nach der wüthenden That der Tochter, die über ihres Vaters Leiche gefahren war, die verfluchte Gasse (sacer vicus) genannt ward.

Seite 164. Zeile 23.

(Er gießt etwas auf die Erde.)

Es war gewöhnlich, vor dem Trinken etwas den Göttern zur Ehre auf den Boden zu schütten.

Seite 165. Zeile 1.

Du kleine Hebe, nimm den Becher hin!

Hebe, (griechisch ΗΒΗ) die Göttinn der Jugend bei den Griechen. Sie schenkte den Göttern des Olympus den Nektar ein, und ward zum Zeichen der Aussöhnung dem Herkules von der Juno zum Weibe gegeben. Es war natürlich den Gott der Stärke mit der Jugendgöttinn zu vermählen.

Seite 165. Zeile 26.

Dich, Junius, verfolgt Tyrannenhaß. —

Marcus Junius ward auf Befehl des Thrannen Tarquinius getödtet.

Seite 166. Zeile 3.

Valerius, die Götter lieben dich, ...

Publius Valerius, welcher nachmals den ehrenvollen Namen: Freund des Volks (Publicola), erhielt.

Seite 166. Zeile 10.

Du winkest mir, ich folge bald dir nach.

Tarquinia begrub ihren Gemahl, von einigen Freunden begleitet, in der ersten Nacht nach seinem Tode.

In der nächstfolgenden Nacht starb sie. Ob aus Gram, oder durch einen neuen Mord ihrer Tochter, ist ungewiß.

Seite 166. Zeile 17.

Lucius

Dieser Lucius Junius, Sohn des Marcus Junius, war es, welcher 24 Jahre nachher den an der keuschen Lucretia verübten Frevel rächte und die Tarquinier aus Rom ließ. Montesquieu bemerkt sehr wahr, daß der Tod der Lucretia nicht die Ursache, sondern die Gelegenheit zur Vertreibung der Tarquinier ward.

Lucius ging seit vielen Jahren damit um, sein Vaterland zu befreien, und stellte sich, um desto sicherer den reifen Augenblick zu finden und allem Argwohn zu entgehen, so blödsinnig, daß er den Zunamen Brutus (der Dumme, der Fühllose) erhielt: Als Tarquinius seine Söhne nach Delphos sandte, nahmen die Prinzen diesen ihren Vetter zur Kurzweil mit sich. Welche Stärke der Seele gehörte dazu, so viele Jahre solchen Muth, solchen Verstand, solches Gefühl des Unrechts in die Larve des Blödsinns zu hüllen und freiwillig das Gelächter der Prinzen und ihres Gesindels zu wenden. — Ob Marcus Junius Brutus von ihm abstamme ist zweifelhaft. Der letzte Befreier der Römer bedurfte der Ehre nicht, sein Geschlecht vom ersten herzuleiten. Die Geschichtsschreiber sind hierüber streitig. Einige erzählen, der erste Brutus habe außer seinen beiden Söhnen, die er als Consul, weil sie an einer Verschwörung für die Tarquinier nebst andern Verräthern Antheil genommen hatten, hinrichten ließ, noch

inen Sohn gehabt, von welchem Marcus sollte ent=
sprossen seyn. Es ist aber nicht wahrscheinlich, denn
man findet unter den Patriziern in der ganzen Zwischen=
reihe von Jahrhunderten nicht einen Junius.

Den ersten Brutus kennen wir aus einzelnen gro=
ßen Thaten, die unsere Bewunderung verdienen, aus
einzelnen leuchtenden Punkten, welche, gleich Gestirnen,
die Nacht des Alterthums durchdringen.

Das Leben des Marcus liegt vor uns im hellen
Tage einer Zeit, welche mehr als irgend ein Jahrhun=
dert gekannt wird. Wenn wir im Plutarch sein Leben
lesen, so erheben wir uns zum Umgange eines Man=
nes, dessen Liebenswürdigkeit unser Herz gewinnt, in=
dem wir die Größe seiner Seele bewundern. Seine
entarteten Zeitgenossen, wiewohl vom Lichte, das sie
erwärmen sollte, geblendet, gaben ihm einstimmig den
Namen des Letzten der Römer.

Zwar nannten die sklavischen Anhänger des Augustus
seine größte That einen Meuchelmord, aber selbst sie
ließen seinen Absichten Gerechtigkeit wiederfahren. Kein
niedriger Lobredner der Tyrannen, kein die Dichtkunst
entehrender Schmeichler hat zur Zeit der Caesarn ge=
sagt, Cato, noch Brutus zu verlästern.

Der schlaue Augustus hielt es für rathsam, sein An=
denken zu ehren. Als er in Mailand die Bildsäule des
Letzten der Römer fand, und Schmeichler ihm riethen,
sie umreißen zu lassen, willigte er nicht in ihren Rath.
Der Beste und Größte unter den Nachfolgern des Au=
gustus, Marcus Aurelius Antonius, der Philosoph,
rechnete es zu den Wohlthaten der Götter, und dankte
es seinem Bruder Servius, daß er ihn mit den großen
Männern der Vorzeit, mit Dion, Cato, Brutus,

Thrasea und Helvidius bekannt gemacht hätte. So urtheilte der weiseste Regent, welcher je einen Thron geziert hat. Was sollen wir von neuen Schriftstellern sagen, die mehr aus Ungefühl für alles, was den Menschen heilig und werth ist, als aus Unkunde der Geschichte diesen Mann verlästern? Sie gleichen den Fliegen, welche des Altars nicht schonen, und die Bildsäulen der großen Männer beflecken.

Seite 169. Zeile 10.

Flammen des Erebus.

Erebus (ἔρεβος, Erebus) der Tartarus, die **Hölle.**

Seite 169. Zeile 14.

Die blut'gen Fasces,

Die Könige von Rom und nachher die Consuln, ließen zum Zeichen ihrer richterlichen Gewalt Bündel von Ruthen (Fasces), aus deren Mitte ein Beil hervorragte, vor sich hertragen. Die Träger, deren jeder ein solches Bündel trug, hießen Lictores (vom Worte ligare, binden). Die Könige ließen 24 Lictoren vor sich her gehen; die Consuln nur 12. Beide Consuln hatten die Ehre, Lictoren vor sich her gehen zu lassen, nie zugleich, sondern wechselten monatlich damit um. Der Dictator, eine Würde, die selten Statt fand, und nur immer auf sehr kurze Zeit, höchstens auf 6 Monate, öfter auf einige Tage, hatte gleich den Königen 24 Lictoren; die Prätoren 10. Die Feldherren, so lange sie im Lager waren, hatten auch Lictoren. Zur Zeit der Freiheit mußten die Lictoren ihre Bündel b

Gegenwart des Senats und des versammelten Volks
unterwärts halten, zum Zeichen, daß die Häupter der
Republik den Senat und das Volk als die Quelle einer Gewalt ansahen, deren Verweser sie nicht ohne
Einschränkung waren, und auf kurze Zeit.

Seite 172. Zeile 14.

Dem Weib Agamemnon's!

Klytämnestra, Tochter des Tindaros, Gemählinn des
Agamemnon, lebte im verbotnen Umgang mit Aigisthos,
unterdessen daß Agamemnon das Heer der Griechen gegen Troja anführte. Als er zurück kam, tödtete sie ihn
im Bade. Ihr Sohn Orestes tödtete sie, um seinen
Vater zu rächen.

Seite 172. Zeile 15.

Des Danaus Töchter,

Danaus, König von Argos, hatte 50 Töchter,
welche die 50 Söhne des Aegyptos heiratheten. Weil
Danaus fürchtete, dereinst von einem Enkel vom Thron
gestoßen zu werden, befahl er seinen Töchtern, ihre
Männer in der Brautnacht zu ermorden. Nur eine,
Hypermnestra, rettete ihren Gemahl.

> Una de multis face nuptiali
> Digna, perjurum fuit in parentem
> Splendide mendax, et in omne virgo
> Nobilis aevum.

Hor.

meister von Borgstorff daran gezweifelt, sie sei ihm darauf selbst begegnet, habe ihn hart ange- redet und ihn von der Treppe geworfen.

Im Jahr 1667 habe sie, den bevorstehenden Tod der Churfürstinn Luise Henriette anzudeuten, in dem Schlafzimmer und auf dem Sessel dieser Fürstinn sitzend, als ob sie schreibe, sich setzen las- sen, als die Fürstinn selbst gekommen sei, habe sich die weiße Frau verneigt und sei verschwunden.

Der Tod des großen Churfürsten sei auch von ihr angezeigt worden, es habe nämlich der Hofprediger Brunsenius, als er eben Sonntag um zu predigen, auf's Schloß gegangen sei, die weiße Frau im Schlosse gehend erblickt, er habe Tag und Stunde bemerkt und Ein Jahr darauf sei der Churfürst gestorben.

So lauten die geschichtlichen Zeugnisse, der man leicht noch mehrere hätte anführen können.

un lebe wohl, mein Büchlein, mache Du

troſt Dich auf den Weg, es ſteht die Welt

r offen, wage Dich, ſo lange ſchon

. Pultes Schooß verſteckt, in's Freie nun.

var wird auf Deiner Wandrung links und rechts

ich mancher ſcheele Blick beſchielen, manch'

n Schüttelkopf ſich abwärts drehn von Dir,

, großes Aergerniß wird geben Dein

ſpenſter=Name, jener Zwitterbrut

s Epicurs und Sadduc's Schülerzunft,

e mit gezuckter Feder Schildwach ſteht,

rt am Fünf=Sinnen Gränzſtein, aufgeſchreckt

rch jedes Wörtlein, das hinaus ſich wagt,

jedem Späherblick, der in's Gebiet

nſeit der Scheidewand, die morgen, die

ohl heute ſchon für uns in Trümmer ſtürzt,

dringen ſtrebt, Gefahren wittert, raſch

Sturmgeläut' am Glöckchen keichend zieht —

it Gunſt, Herr Glöckner! Spart Euch eure Müh',

:ruhigt Euch durch jener Antwort Troſt,

te Hamlet, als dem König auch, wie Euch,

n ſolcher Floh im Ohre ſaß, ihm gab:

Seid unbeſorgt, Herr König, nichts als Scherz,

armloſer Spaß iſt's, Dichterphantaſei,

as hier ſich regt, ſind Traumgebilde nur,

ıb wer, wie Eure Majeſtät, ein rein

ie weiße Frau.

Ein Gedicht in sieben Balladen.

Erste Ballade.

1.

Ein alter, weiser Spruch uns lehrt,
   Der erste Schritt nur koste;
Von leisem Odem angezehrt,
   Des Stahles Spiegel roste;
Wohl Tibur's Leyersänger spricht:
Des Färbers Schmink' erstatte nicht
   Verblich'ner Wolkenflocke
   Den Schnee der Lämmchenlocke.

Ihr Herr'n und Frau'n mit warmem Blut
Und leichtem Sinn, auf eurer Hut!

Hervor! was säumst du? Auf! du Gebanneter,
Nun fünfundsechzig Herbste, du Lebenshauch,
    In schwachen Scherben, doch selbst dieser
    Saugt aus dem Gaste sich Kraft und Wärme.

Wißt, heut' ist Feier! Kränzet das Heiligthum
Der frommen Freude, zündet ihr Flämmchen, schließt
    Der Halle Thore, nur das Pförtchen
    Oeffne sich leise den Auserkohrnen.

Heil, Bruder, Heil Dir! — Fülle des Segens —
Du ruhst an seiner Quelle! — beströme Dich!
    Empor aus hochgehobnem Kelchglas'
    Athmet das Opfer der Herzenswünsche.

Klinget an, Ihr Söhn' und Töchter und Eidame,
Mit Jedem leer' ich's! Enkel und Enkelinn,
    Und's Hännschen dort im Keller! — Ha! zur
    Schanz ist erwachsen der Hochgefeirte!

Auch meine Bäueis bringet ihr Schärflein dar,
Im Fingerhütchen, klinget ertönend an
    Ein Tröpfchen, traun Gutedel, köstlich
    Mehr als Kleopatra's stolzer Perlprunk.

Otto der Jüngere, Graf von Orlamünde, heirathete eine Nichte oder Base seiner Mutter, jene, ihrer vorzüglichen Schönheit wegen berühmte Agnes, herzogliche Prinzessinn von Meran, deren Lebensereignisse und Schicksale, um dadurch der Dichtung nicht vorzugreifen, die ohnehin mit möglichster Treue der Geschichte folget, man sich, wohl mit Fug, enthält hier erzählen zu wollen.

Es pfleget insgemein dem Dichter zu schmeicheln, wenn es ihm gelingt, für die Gebilde seiner Phantasie wenigstens so viel des historischen Glaubens zu erwecken, um bei seinen Hörern und Lesern die vorgefaßte Erwartung einer grundlosen Fabel, wär's auch nur für die Stunde des Genusses, zum Wanken zu bringen.

Vergönnt möge es mir daher seyn, gleich als ob ich eine geschichtliche Thatsache zu erörtern hätte, einige Beweisstellen anführen zu dürfen, die wenigstens in so fern nicht verwerflich scheinen werden, als sie, wie aus Einem Munde, dafür zeugen, daß der Glaube an die wirklich stattgefundenen Erscheinungen der sogenannten weißen Frau, ein Glaube, den Friedrich der Große für genugsam bedeutend hielt, um selbst als Kämpfer wider ihn in seinen Mémoires de Brandebourg aufzutreten, ohnstreitig mehrere Jahrhunderte hindurch als ein allgemeiner Volks-, ja wohl National-Glaube, geherrschet habe.

Johann Mathias Groß erzählet in seiner Burg- und Markgräflich-Brandenburgischen Landes- und Regenten-Historie: daß die nachmaßlige weiße Frau schon im Leben den Wunsch geheget, auch solchen ihren Verwandten geäußert habe, nach ihrem Tode erscheinen zu dürfen.

Der Brandenburgische Historiograph Pauli sagt in seiner Brandenburgischen Geschichte: daß die weiße Frau sich zuerst in Franken und zwar zu Baireuth und auf der Festung Plaßenburg habe sehen lassen.

Johann Bergius, Hofprediger des Churfürst Johann Siegesmund von Brandenburg, hat die von ihm auf diesen Fürsten gehaltene Leichenpredigt gedruckt herausgegeben und trägt unter andern darinnen vor:

"Es habe sich die weiße Frau in leidtragender Gestalt auf dem Churfürstlichen Schlosse (in Berlin) zu verschiedenen Malen und von Personen allerhand Standes und Alters sehen lassen, daß also an ihrer Erscheinung nicht mehr zu zweifeln sei."

Vorbericht.

Die weiße Frau, diese ächt vaterländische, aus der grauen Ritterzeit ihren Ursprung schöpfende, fast zu einem geschichtlichen Gegenstande gediehene, allgemeine Sage, schien mir um so viel mehr sich zu einer dichterischen Behandlung zu eignen, weil solche, in Hinsicht ihrer angeblichen Heldinn, eine gedoppelte Wahl zwischen einer Böhmischen Gräfinn Perchta, oder Bertha von Rosenberg und der Gräfinn Agnes von Orlamünde gestattend, in der Mordischen That der letzteren mit einem wahrhaft tragischen, selbst von dem Kothurn nicht zu verschmähenden Stoffe darbot.

Am Ende des dreizehnten und im Beginn des vierzehnten Jahrhunderts, blüheten zwei edle Häuser, die Grafen von Andechs und Tyrol, Herzoge von Meran, und die Grafen von Orlamünde. Beide genossen einen gleich glänzenden Zeitpunkt.

meister von Borgstorff daran gezweifelt, sie sei ihm darauf selbst begegnet, habe ihn hart angeredet und ihm von der Treppe geworfen.

Im Jahre 1667 habe sie, den bevorstehenden Tod der Churfürstinn Luise Henriette anzudeuten, in dem Schlafzimmer und auf dem Sessel dieser Fürstinn sitzend, als, ob sie schreibe, sich sehen lassen, als die Fürstinn selbst gekommen sei, habe sich die weiße Frau verneigt und sei verschwunden.

Der Tod des großen Churfürsten sei auch von ihr angezeigt worden, es habe nämlich der Hofprediger Brunsenius, als er eben Sonntags um zu predigen, auf's Schloß gegangen sei, die weiße Frau im Schlosse gehend erblickt, er habe Tag und Stunde bemerkt und Ein Jahr darauf sei der Churfürst gestorben.

So lauten die geschichtlichen Zeugnisse, deren man leicht noch mehrere hätte anführen können.

Nun lebe wohl, mein Büchlein, mache Du
Getrost Dich auf den Weg, es steht die Welt
Dir offen, wage Dich, so lange schon
In Pultes Schooß versteckt, in's Freie nun.
Zwar wird auf Deiner Wandrung links und rechts
Dich mancher scheele Blick beschielen, manch'
Ein Schüttelkopf sich abwärts drehn von Dir,
Ja, großes Aergerniß wird geben Dein
Gespenster=Name, jener Zwitterbrut
Aus Epicurs und Sadduc's Schülerzunft,
Die mit gezuckter Feder Schildwach steht,
Dort am Fünf=Sinnen Gränzstein, aufgeschreckt
Durch jedes Wörtlein, das hinaus sich wagt,
In jedem Späherblick, der in's Gebiet
Jenseit der Scheidewand, die morgen, die
Wohl heute schon für uns in Trümmer stürzt,
Zu dringen strebt, Gefahren wittert, rasch
Zu Sturmgeläut' am Glöckchen keichend zieht —
Mit Gunst, Herr Glöckner! Spart Euch eure Müh',
Beruhigt Euch durch jener Antwort Trost,
Die Hamlet, als dem König auch, wie Euch,
Ein solcher Floh im Ohre saß, ihm gab:
»Seid unbesorgt, Herr König, nichts als Scherz,
Harmloser Spaß ist's, Dichterphantasei,
Was hier sich regt, sind Traumgebilde nur,
Und wer, wie Eure Majestät, ein rein

Die weiße Frau.

―――――

Ein Gedicht in sieben Balladen.

Statt der Zueignung nachstehende Geburts

Die weiße Frau.

Ein Gedicht in sieben Balladen.

15*

Hervor! was säumst du? Auf! du Gebanneter,
Nun fünfundsechzig Herbste, du Lebenshauch,
   In schwachen Scherben, doch selbst dieser
    Saugt, aus dem Gaste sich Kraft und Wärme.

Wißt, heut' ist Feier! Kränzet das Heiligthum
Der frommen Freude, zündet ihr Flämmchen, schlie
   Der Halle Thore, nur das Pförtchen
    Oeffne sich leise den Auserkohrnen.

Heil, Bruder, Heil Dir! Fülle des Segens —
Du ruhst an seiner Quelle! — beströme Dich!
   Empor aus hochgehobnem Kelchglas'
    Athmet das Opfer der Herzenswünsche.

Klinget an, Ihr Söhn' und Töchter und Eidame,
Mit Jedem leer' ich's! Enkel und Enkelinn,
   Und's Hännschen dort im Keller! — Ha! zur
    Schanz' ist erwachsen der Hochgefeirte!

Auch meine Baucis bringet ihr Schärflein dar,
Im Fingerhütchen, klinget ertönend an
   Ein Tröpfchen, traun Gutedel, köstlich
    Mehr als Kleopatra's stolzer Perlprunk.

Erste Ballade.

————

1.

Ein alter, weiser Spruch uns lehrt,
    Der erste Schritt nur koste;
Von leisem Odem angezehrt,
    Des Stahles Spiegel roste;
Wohl Tibur's Leyersänger spricht:
Des Färbers Schmink' erstatte nicht
    Verblich'ner Wolkenflocke
    Den Schnee der Lämmchenlocke.

Ihr Herr'n und Frau'n mit warmem Blut
Und leichtem Sinn, auf eurer Hut!

Die Leyer schwieg. Da säuselt' es, zunkelt' es
Auf zarten Zehen nahte mir, flüsterte:
"Grüß' Seine zuneigt ein Köpfchen — Hohe
Muse, von deinem Camönen-Mädchen."

4.

Graf Otto schwang sich auf sein Thier
Und sprach zu seinen Rittern:
Wir ziehn umher, ich trachte mir
Ein Weibchen zu erwittern;
Es hab' in Stadt, Gebirg' und Thal
Das Forscherauge freie Wahl,
  Nicht eh' bis ich sie finde
  Geht's heute nach Orlamünde.

  Halsbrechend ist, o Graf, dein Ritt,
  Nimm weislich Freundes Warnung mit!

5.

Vom Elbstrom bis zum schwarzen Wald,
  Vom Bodensee zum Brocken,
Blieb statt sein Puls, sein Herz ihm kalt
  Für Busen, Aug' und Locken;
Das anmuthsvollste Fräuleinchor
War ihm ein bunter Tulpenflor,
  Kein Wuchs gab ihm Genüge,
  Kein Köpfchen mied die Rüge.

  Des Sängers Finger: Wanna! winkt,
  Die Strafe folgt, so schwer sie hinkt.

Söhne und Töchter des Meranischen Geschlecht
stifteten die ehrenvollsten Verbindungen; es fa
die Fürstinn Agnes, Gemahlinn des Königes Ph
lippus Augustus auf dem Französischen Thron.

Die Grafen von Orlamünde hatten neben if
rer väterlichen Grafschaft das Weimarsche Gebie
erworben, ja es wurde dem Grafen Albrecht, be
die Grafschaft Holstein und die Stadt Hambur
besaß, auch seine Herrschaft über einen Wandische
Strich Landes ausdehnte, die Benennung ein
Grafen von Nord-Albingien von einigen Schrift
stellern beigelegt.

Zwischen diesen beiden Geschlechtern hatte
wechselseitige Vermählungen das Band der Sipp
schaft geknüpft und bei erfolgter Erlöschung eine
Hauptzweiges des Meranischen Stammes, fiele
beträchtliche, ein Eigenthum desselben gewese
Fränkische Besitzungen, als Erbtheil der Herzogin
Beatrix, ihrem Gemahle, dem ältern Grafen Ot
von Orlamünde, zu, wodurch besonders Culmbach
das feste Schloß, die Plaßenburg am Main, un
das Kloster Himmelskron, nachheriges Erbbegräb
niß der Markgrafen von Brandenburg, in di
Botmäßigkeit der Grafen von Orlamünde übe
gingen.

8.

Hoch feir't der Feste Prunk nach Brauch
   Die Ankunft unsers Grafen;
Schon weht der Wechselliebe Hauch
   Sein Schifflein in den Hafen,
Und Freuden, wie an Perlenschnur,
Gereiht, entsprießen Beider Spur,
    Bis sie des Ehstands-Kette
    Umschlingt im Hochzeitbette.

    Ein Hafen, dem's an Klippen nicht
    Und Strudeln, wie bekannt, gebricht!

9.

Durch Priesterspruch und Gattenkuß
   Gestempelt zur Vermählten,
Zog, über Berg und Feld und Fluß
   Sie mit dem Auserwählten
Zur Heimath, die aus Sala's Thal
Schon ragt empor im Abendstrahl,
   Land, Stadt und Schloßgesinde
   Jauchzt laut in Orlamünde.

    Wohl herrlich ist das Einzugsfest,
    Glück ist ein Vogel, halt' ihn fest!

aufzutreten, ohnstreitig mehrere Jahrhunderte hindurch als ein allgemeiner Volks-, ja wohl National-Glaube; geherrschet habe.

Johann Mathias Groß erzählet in seiner Burg- und Markgräflich-Brandenburgischen Landes- und Regenten-Historie: daß die nachmaßlige weiße Frau schon im Leben den Wunsch geheget, auch solchen ihren Verwandten geäußert habe, nach ihrem Tode erscheinen zu dürfen.

Der Brandenburgische Historiograph Pauli, sagt in seiner Brandenburgischen Geschichte: daß die weiße Frau sich zuerst in Franken und zwar zu Baireuth und auf der Festung Plaßenburg habe sehen lassen.

Johann Bergius, Hofprediger des Churfürsten Johann Siegesmund von Brandenburg, hat die von ihm auf diesen Fürsten gehaltene Leichenpredigt gedruckt herausgegeben und trägt unter andern darinnen vor:

"Es habe sich die weiße Frau in leidtragender Gestalt auf dem Churfürstlichen Schlosse (in Berlin) zu verschiedenen Malen und von Personen allerhand Standes und Alters sehen lassen, daß also an ihrer Erscheinung nicht mehr zu zweifeln sei."

12.

Bald lud nach Nürnberg zum Turnier
    Sie Burggraf Albrecht beide — —
"Behagt's dir, Liebchen?" — "Schatz, mit dir
    Zög' ich zum Styr mit Freude."
Gesattelt und gezäumt zum Ritt!
Flugs unter ihm sein Renner schritt,
    Ihr Zelter spielt zur Seite,
    Von fern folgt ihr Geleite.

Zum Styr? Dein Tanz auf Blüthenbahn
Gleicht nicht dem Schritt in Charon's Kahn!

13.

Graf Albrecht Zollern trug die Burg
    Des Kaisers dort zur Lehne,
Er, Deutschland und Burgund hindurch
    Mit Fug benannt der Schöne.
Für Phidias und für Apell'
Der Männerschönheit Kunstmodell,
    Von Sohle bis zu Scheitel
    War Rüg' und Tadel eitel.

Die schöne Tyndaride sah
Den schönen Paris. Was geschah?

meiſter von Borgstorff daran gezweifelt, ſie f
ihm darauf ſelbſt begegnet, habe ihn hart ang
redet und ihn von der Treppe geworfen.

Im Jahre 1667 habe ſie, den bevorſtehend
Tod der Churfürſtinn Luiſe Henriette anzubeuten
in dem Schlafzimmer und auf dem Seſſel dieſ
Fürſtinn ſitzend, als ob ſie ſchreibe, ſich ſetzen la
ſen, als die Fürſtinn ſelbſt gekommen ſei, hal
ſich die weiße Frau verneigt und ſei verſchwunde

Der Tod des großen Churfürſten ſei au
von ihr angezeigt worden, es habe nämlich d
Hofprediger Brunſenius, als er eben Sonntag
um zu predigen, auf's Schloß gegangen ſei, d
weiße Frau im Schloſſe gehend erblickt, er hab
Tag und Stunde bemerkt und Ein Jahr dara
ſei der Churfürſt geſtorben.

So lauten die geſchichtlichen Zeugniſſe, der
man leicht noch mehrere hätte anführen können.

Zweite Ballade.

———

1.

Ein Morgenlands-Eroberungsherr
   Einst prangt' im Wagenseffel,
Ihn zogen kaiserlich einher
   Vier König' in der Feffel,
Der Ein' in Purpur angeschirrt,
Von Gold und Kettenschmuck umklirrt,
   Blickt, unter Schweiß und Keichen,
   Stets rücklings nach den Speichen.

Was treibst du? frägt Sesostris ihn,
Erwiedernd sagt er kalt und kühn:

Gewissen hegt in freier Brust, der läßt
Nicht schrecken sich durch leichtes Musenspiel!"

    Dir, Büchlein, runz'le solches Alles nicht
Die Stirne! — Gelt, ein kleines Häuflein nimmt
Mit freundlich hellem Blick Dich auf und beut
Die Freundeshand zum biedern Druck Dir dar.

    Du bist gegürtet, nimm den Stab und geh',
Zum Abschiedsangebinde schreib' ich Dir
In's Täfelchen ein Sprüchlein, halt' es werth,
Des ächten Meistersängers goldnes Wort:

    Einst glänzt' auf Roma's Bühne, so erzählt
Uns Freund Horaz, ein schönes, junges Weib,
Thalia's Schooßkind, doch ihr zartes Spiel
Erweckt' ihr nicht der großen Menge Gunst,
Die immer ja, wie jener Meister singt,
Ein reißend Thier mit tausend Köpfen ist,
Der Edlen Beifall scholl Ihr laut empor.
Doch lauter zischt' und scharrt' und pfiff das Volk.
Da schaut' umher mit hohem, stolzen Blick
Die Mima, ruhig sagend: "Mir genügt
Des Ritters Lob, das preisend mit ertönt."

Windebay im Herzogthum Schleswig 1812.

4.

Auf Söllern und auf Bühnen prangt
  Die Blüthe edler Frauen,
Schon sehnend Jeder Herz verlangt
  Ihn, dem es klopft, zu schauen.
Es öffnet sich der Schranken Thor,
Die Kämpfer paarweis ziehn hervor!
  Die stolzen Lanzen neigen
  Sich vor der Schönen Reigen.

Wohl Manche sitzt so spröd' und kalt,
Der's unterm Busenkoller wallt.

5.

Der Thaten herrlichste vollbringt
  Das Häuflein Ritterhelden.
Doch vorwärts mein Gesang sich schwingt,
  Die Chronik mag sie melden.
Auf jenen Purpurerker hin
Geheftet, späht mein Aug' und Sinn,
  Ob, was das Herzchen lüst're,
  Ein Feuerblick mir flüst're.

Färbt sich die Wange? Rosenschein
Des Vorhangs mag der Büßer seyn.

8.

Bei Fackelgluth und Kerzenglanz,
　In hochgewölbter Halle,
Feirt Freud' ihr Fest im Walzertanz,
　Bei Geig' und Hörnerschalle;
In Sphärenschwung kreis't her und hin
Der Sieger mit der Siegerinn —
　Ihr streift an Scheiterklippe!
　Ach, nur nicht Lipp' an Lippe!

Dort, wo euch barg der Säule Fuß,
Was saß, was hört' ich? war's ein Kuß!

9.

Ein Baum, uralt, entwuchs dem Kern,
　Verboten Frucht und Blüthen,
Wohl sproßt er nah', wohl sproßt er fern,
　Schwer ist's die Luft zu hüten;
Die Dryas, vor der Stirn gelockt,
Im Nacken kahl, umschwebend, lockt
　Und wer im Flug sie haschet,
　Die Honigäpfel haschet.

Dem Baume fern blüht, zart und hold,
Das Unschuldspflänzchen Minnesold!

10.

Er, uns in inn'rer Brust gespannt,
  Ein Prüfer, Warner, Richter,
Der Aderpuls, ihr starrend stand,
  Umwachsen dicht und dichter.
Sie schüchtern erst die Blüthen hascht,
Dann mählig auch ein Früchtchen nascht,
  Bis sie die Zweige schüttelt
  Und voll ihr Körbchen rüttelt.

Gleich Ihm, jung, ehlos, Steger, o,
Du Schöner, warst kein Scipio!

11.

Schon längst auf Aller Angesicht,
  Ihr Herren und ihr Damen,
Les' ich die Frage: Kennst du nicht
  Des schönen Weibes Namen? —
Ach, nicht vermag ich zu entweihn
Den Namen, der so engelrein,
  In Lieb' und Sehnsuchtsschmerzen,
  Lebt heilig mir im Herzen!

Dein Name soll entweiht nicht seyn,
  O Schwester, Psyche-Agnes, nein!

Dritte Ballade.

1.

Wie singt mein alter Freund? — Natur
   Giebt Jedem was ihm diene,
Dem Roß den Huf, Gehörn dem Ur
   Und ihren Dolch der Biene,
Dem Manne giebt sie klugen Sinn,
Und was des Mann's Gebieterinn?
   Die Schönheit, der, besieget,
   Der Weis' und Held erlieget.

Verschwieg der Greis, daß Weiberlist
Des Venusgürtels Brämung ist?

16 *

6.

Mit Mißmuthsfurchen sich bezog
  Des ekeln Wählers Stirne,
Die Hoffnung sie zu sehn entflog,
  Sie seines Traumbilds Dirne.
Frisch auf! zu meiner Sippschaft hin
Ziehn wir, dort zwischen Etsch und Inn,
  Wo meiner Laune Grillen
  Mir Ohm und Muhmen stillen.

  Du arme Stirne, die sich furcht,
  Doch Aerg'res dräut dir unsre Furcht!

7.

Willkommen! drängt sich's um sein Roß,
  Herr Vetter, Neffe, Pathe!
Und Aller Jubel grüßt im Schloß
  Den Sohn der Frau Beate.
Die schöne Tochter an der Hand,
Macht Fürst Meran ihm sie bekannt.
  Schnell kam von Amors Bogen
  Ein Pfeil ihm angeflogen.

  Ach, was dich stach, wenn's nur nicht war
  Ein Würmchen aus Alecto's Haar!

4.

Die Horen flogen, schon erscholl
    Des Abschieds dumpfe Stunde,
Ach ihr, den Pfeil im Busen, quoll
    Die bittersüße Wunde!
Ihm von des Eifers Gluth verzehrt,
Das Blut in allen Adern gährt,
    So ziehn zum neuen Neste
    Sie hin nach Culmbach's Veste.

    Wohl mir, daß nicht als Dritter ich,
    Unseelig Paar, geleite dich!

5.

Wie Sumpfes Qualm von Rosenduft,
    Wie Strahl entfernt von Schatten,
So zwischen Itzt und Einst die Kluft
    Klafft gähnend unsern Gatten.
Der Graf, gelähmt an Sinn und Arm,
Schwand mählig hin durch stummen Harm,
    Starr', wie des Grames Bildniß,
    Saß er in öder Wildniß.

    Ein Tröpfchen Gift, wär' ich Gemahl,
    Wie dankt' ich dir die kürz're Quaal!

6.

Ihm brach das Herz! — Im Wittwenflor
  Forscht sie des Spiegels Launen
Und künstelnd leihet sie das Ohr
  Dem Rath, den Zofen raunen.
Graf Otto, mit Gepräng' und Pracht,
In's Grabgewölbe wird gebracht,
  Im weißen Nonnenschleier,
  Schaut sie die Leichenfeier.

  Das Zwillingspäärchen, schwarz geschmückt,
  So hold aus Himmelsaugen blickt!

7.

Die Jo's Bremf' einst summt' und schwirrt'
  Und stach und stach und summte,
Daß rastlos Berg und Thal durchirrt'
  Entflammt, die Schlauvermummte.
Ihr Stachel ist noch heut gewetzt,
Sie schwirrt und sticht und summt und hetzt,
  Und weißt du, wo sie brüte?
  Im lüsternen Gemüthe.

  Doch giebt's, die Circe's Stab nicht schreckt,
  Und die nicht Jo's Bremse neckt!

8.

Umsummt, umschwirrt lag Morgens sie,
  Da seufzt' die Lieblingszofe:
"Gestrenge Frau, beim Burggraf, wie
  War's herrlich dort bei Hofe!
Soll ich, ihr seid so jung, so schön,
Im Wittwenbett verblühn euch sehn!
  Was meint ihr, wenn er käme,
  Platz hier zur Seit' euch nähme?"

Du Natter! in des Sprichworts Sinn,
Trägst du zum Quell das Wasser hin!

9.

"Hör', Trutchen, schleiche du dich fort,
  Sei dienstbar mir im Stillen,
Laß fallen manches kluge Wort,
  Schlau fördernd meinen Willen!"
Sie flink bei Frühmett-Glockenschall,
Zieht Bursch' und Klepper aus dem Stall,
  Strebt rasch mit feinen Ränken
  Ihr Werk zum Ziel zu lenken.

Wirf nur den Angelhacken aus,
Doch wird der Fisch dir auch zum Schmaus?

Zweite Ballade.

1.

Ein Morgenlands = Eroberungsherr
  Einst prangt' im Wagensessel,
Ihn zogen kaiserlich einher
  Vier König' in der Fessel,
Der Ein' in Purpur angeschirrt,
Von Gold und Kettenschmuck umklirrt,
  Blickt, unter Schweiß und Keichen,
  Stets rücklings nach den Speichen.

Was treibst du? frägt Sesostris ihn,
Erwiedernd sagt er kalt und kühn:

2.

Schau, Herrscher, wie des Rades Rand
  In Wirbelkreisen schwebet,
Wie, was itzt birgt des Gleises Sand
  Empor sich wieder hebet,
So schwingt sich auch des Glückes Ball,
Erhöhung sinkt, es steiget Fall,
  Wohl diese Tröstung schenkten
  Die Götter dem Gekränkten.

Sesostris spannt betroffen aus,
Vier Gästen öffnet er sein Haus.

3.

Verschmäht die Warnung Beide nicht,
  Mann mit dem schönen Weibe!
Noch strahlt auf euch ihr Zauberlicht
  Fortuna's helle Scheibe.
Sie wendet sich! — Mit festem Sinn
Springt auf vom Schooß der Buhlerinn,
  Eh', was itzt glänzend funkelt,
  In Nacht sich euch verdunkelt! —

Der Herold ruft uns zum Turnier,
Schon harrt die Menge, folget mir!

4.

Auf Söllern und auf Bühnen prangt
　　Die Blüthe edler Frauen,
Schon sehnend Jeder Herz verlangt
　　Ihn, dem es klopft, zu schauen.
Es öffnet sich der Schranken Thor,
Die Kämpfer paarweis ziehn hervor!
　　Die stolzen Lanzen neigen
　　Sich vor der Schönen Reigen.

Wohl Manche sitzt so spröd' und kalt,
Der's unterm Busenkoller wallt.

5.

Der Thaten herrlichste vollbringt
　　Das Häuflein Ritterhelden.
Doch vorwärts mein Gesang sich schwingt,
　　Die Chronik mag sie melden.
Auf jenen Purpurerker hin
Geheftet, späht mein Aug' und Sinn,
　　Ob, was das Herzchen lüst're,
　　Ein Feuerblick mir flüst're.

Färbt sich die Wange? Rosenschein
Des Vorhangs mag der Büßer seyn.

6.

In Feierprunk, auf Barbenhengst,
  Graf Zollern strahlt vor Allen,
Ach, guter Orlamünde, längst
  Ist dir dein Loos gefallen!
Entgegen sprengen Beid' in Hast,
Doch Albrecht, ehrend seinen Gast,
  Beugt aus, senkt ihm die Spitze,
  Schaut auf nach ihrem Sitze.

Als Beider Speer gefällt, ersah
Sein Ziel, wie war dir, Gräfinn, da?

7.

Sie, nach Gebühr erwählet, kränzt
  Den Sieg im Ritterkreise,
Sie tritt vor Albrecht, o wie glänzt
  Ihr Blick bei'm ersten Preise,
Als ihr gelöst'tes Busenband
Zur Schleif' um seinen Arm sie wand,
  Er dankend sich ihr bückte,
  Die Hand ihr küssend drückte!

Schwebt schon dir, wie mir Argwohn singt,
Ein Schleiflein vor, das Liebe schlingt?

8.

Bei Fackelgluth und Kerzenglanz,
   In hochgewölbter Halle,
Feirt Freud' ihr Fest im Walzertanz
   Bei Geig' und Hörnerschalle;
In Sphärenschwung kreis't her und hin
Der Sieger mit der Siegerinn —
   Ihr streift an Scheiterklippe!
   Ach, nur nicht Lipp' an Lippe!

Dort, wo euch barg der Säule Fuß,
Was saß, was hört' ich? war's ein Kuß?

9.

Ein Baum, uralt, entwuchs dem Kern,
   Verboten Frucht und Blüthen;
Wohl sproßt er nah', wohl sproßt er fern,
   Schwer ist's die Lust zu hüten;
Die Dryas, vor der Stirn gelockt,
Im Nacken kahl, umschwebend, lockt
   Und wer im Flug sie haschet,
   Die Honigäpfel haschet:

Dem Baume fern blüht, zart und hold,
Das Unschuldspflänzchen Minnesold!

10.

Er, uns in inn'rer Brust gespannt,
   Ein Prüfer, Warner, Richter,
Der Aderpuls, ihr starrend stand,
   Umwachsen dicht und dichter.
Sie schüchtern erst die Blüthen hascht,
Dann mählig auch ein Früchtchen nascht,
   Bis sie die Zweige schüttelt
   Und voll ihr Körbchen rüttelt.

Gleich Ihm, jung, ehlos, Steger, o,
Du Schöner, warst kein Scipio!

11.

Schon längst auf Aller Angesicht,
   Ihr Herren und ihr Damen,
Les' ich die Frage: Kennst du nicht
   Des schönen Weibes Namen? —
Ach, nicht vermag ich zu entweihn
Den Namen, der so engelrein,
   In Lieb' und Sehnsuchtsschmerzen,
   Lebt heilig mir im Herzen!

Dein Name soll entweiht nicht seyn,
O Schwester, Psyche-Agnes, nein!

Dritte Ballade.

1.

Wie singt mein alter Freund? — Natur
Giebt Jedem was ihm diene,
Dem Roß den Huf, Gehörn dem Ur
Und ihren Dolch der Biene,
Dem Manne giebt sie klugen Sinn,
Und was des Mann's Gebieterinn?
Die Schönheit, der, besieget,
Der Weis' und Held erlieget.

Verschwieg der Greis, daß Weiberlist
Des Venusgürtels Brämung ist?

2.

Sie reichlich ausgestattet war
  Mit solchem Angebinde,
Lockt wo ein Ziel, sie wußt' auf's Haar,
  Wie krumm ihr Pfad sich winde.
Ihr Otto, erst wohl barsch und wild,
Wird bald durch Rosen sanft und mild;
  Was Herzchen nur ersinnet,
  Die List ihr schlau erspinnet.

    Ihr, die des Zaubers Gurt umschmiegt,
    Ihr Schönen! schönen Sieg nur siegt!

3.

"Ach, Orlamünde liegt so fern,
  Ziehn dort wir hin, ich sterbe!
Und huldigt meinem Eheherrn,
  Als mütterliches Erbe,
Nicht Culmbach, das vom Main umkränzt,
An Albrecht's Rebenhügel gränzt?
  Dort soll ein herrlich Leben
  Mir Lieb' und Freude weben!"

    In nächster Nacht, bei Kuß und Spiel
    Erreichte schon ihr Wunsch sein Ziel,

4.

Die Horen flogen, schon erscholl
    Des Abschieds dumpfe Stunde;
Ach ihr, den Pfeil im Busen, quoll
    Die bittersüße Wunde!
Ihm von des Eifers Gluth verzehrt,
Das Blut in allen Adern gährt,
    So ziehn zum neuen Neste
    Sie hin nach Culmbach's Veste.

    Wohl mir, daß nicht als Dritter ich,
    Unseelig Paar, geleite dich!

5.

Wie Sumpfes Qualm von Rosenduft,
    Wie Strahl entfernt von Schatten,
So zwischen Itzt und Einst die Kluft
    Klafft gähnend unsern Gatten.
Der Graf, gelähmt an Sinn und Arm,
Schwand mählig hin durch stummen Harm,
    Starr', wie des Grames Bildniß,
    Saß er in öder Wildniß.

    Ein Tröpfchen Gift, wär' ich Gemahl,
    Wie dankt' ich dir die kürz're Quaal!

6.

Ihm brach das Herz! — Im Wittwenflor
  Forscht sie des Spiegels Launen
Und künstelnd leihet sie das Ohr
  Dem Rath, den Zofen raunen.
Graf Otto, mit Gepräng' und Pracht,
In's Grabgewölbe wird gebracht,
  Im weißen Nonnenschleier,
  Schaut sie die Leichenfeier.

  Das Zwillingspäärchen, schwarz geschmückt,
  So hold aus Himmelsaugen blickt!

7.

Die Jo's Bremf' einst summt' und schwirrt'
  Und stach und stach und summte,
Daß rastlos Berg und Thal durchirrt'
  Entflammt, die Schlauvermummte.
Ihr Stachel ist noch heut gewetzt,
Sie schwirrt und sticht und summt und hetzt,
  Und weißt du, wo sie brüte?
  Im lüsternen Gemüthe.

  Doch giebt's, die Circe's Stab nicht schreckt,
  Und die nicht Jo's Bremse neckt!

8.

Umsummt, umschwirrt lag Morgens sie,
    Da seufzt' die Lieblingszofe:
"Gestrenge Frau, beim Burggraf, wie
    War's herrlich dort bei Hofe!
Soll ich, ihr seid so jung, so schön,
Im Wittwenbett verblühn euch sehn!
    Was meint ihr, wenn er käme,
    Platz hier zur Seit' euch nähme?"

Du Natter! in des Sprichworts Sinn,
    Trägst du zum Quell das Wasser hin!

9.

"Hör', Trutchen, schleiche du dich fort,
    Sei dienstbar mir im Stillen,
Laß fallen manches kluge Wort,
    Schlau fördernd meinen Willen!"
Sie flink bei Frühmett-Glockenschall,
Zieht Bursch' und Klepper aus dem Stall,
    Strebt rasch mit feinen Ränken
    Ihr Werk zum Ziel zu lenken.

Wirf nur den Angelhacken aus,
    Doch wird der Fisch dir auch zum Schmaus?

10.

Den Burggraf wurmt nun manche Jagd
   In fremdem Lustgehege,
Vergeltend dräuend sein Verdacht
   Weckt Ahnungssorg' ihm rege.
Er spricht: "Der Gräfinn Orlamünd'
Ist Hinderniß ihr Zwillingskind,
   Von ihrem Traualtare
   Ziehn mich zwei Augenpaare."

   Dich leitet Klugheit, doch mich schreckt
   Der Vorwandsschleier, der sie deckt.

11.

Ein Blitz bei Gertrud's Botschaft schlägt
   Der Wittwe durch die Glieder,
Erröthend und erbleichend frägt
   Sie stotternd, frägt, und wieder. —
Ihr guter Geist, der längst schon strebt
Umsonst, nun weggewandt, erbebt,
   Vermag's nicht länger, hebet
   Den Fittig und entschwebet.

   Kennt ihr ein Wetterglas, hervor
   Tritt, wenn die Jungfrau weicht, der Mohr?

12.

Das Zwillingspaar auf jungem Klee
   Im Schatten lächelnd spielet,
Und sanft bestreut im Blüthenschnee
   Mit Händchen, Füßchen wühlet;
Schon keimt's in ihrem Sinn empor
Und Herzensblümchen sprießen vor,
   O seht, wie's Schmeichelbübchen
   Umhalst sein Schwesterliebchen!

   Das Vög'lein singt im Morgenthau
   Und Abends würgt's des Sperbers Klau!

13.

Sie geht vorbei auf raschem Fuß,
   Den Lieblichen, die Mutter,
Sie lall'n und werfen Kuß auf Kuß
   Holdselig hin der Mutter;
Doch, was giebt ihnen sie zurück?
O, fragt nicht, ihr Medea-Blick
   Zeigt sattsam, was sie brüte
   Im mörd'rischen Gemüthe.

   Es haspelt schaudervoll dein Knäul
   Sich ab, in Gräul verwebt sich Gräul!

14.

Schon ist durch Mutterhand vollbracht
  Der Frevelthaten Fülle!
Den Jammeranblick, Mitternacht,
  Deck' ihn mit schwarzer Hülle!
Und du? — Umsonst die Linke reibt
Die Rechte, unvertilgbar bleibt
  Gesprenkelt rothes Leben
  An deinen Fingern kleben!

Das Weltmeer, könnt' es Bad dir seyn,
Es wüsche nicht die Flecken rein!

15.

O seht, wie hold das Engelpaar,
  Zum Sarge ward die Wiege,
Zum Siegsgewand der Grabtalar,
  In Himmelsträumen liege!
Die Todeswund' ist wohl versteckt,
Ein unschuldweißes Häubchen deckt,
  Dem Knäblein und dem Mädel
  Ach den durchstochnen Schädel!

Geprägt, in Todeszügen steht
Ach, für die Mutter ein Gebet!

16.

Auf volkbeſä'ter Straße zieht
  Der Leichenzug der Kleinen,
Wehklage jammert, Andacht glüht
  Und aller Augen weinen.
Willſt du in tiefer Kloſtergruft,
Beſchirmet treu vor Zeit und Luft,
  Die Zwillingsſärge ſehen?
  In Himmelskron ſie ſtehen.

Da flammten, wohl manch' hundert Jahr,
Zwei Lämpchen ihnen am Altar.

17.

Unſichtbar ſchwebt und ſinkt und ſteigt
  Die ernſte Rächerwaage,
Umher von Mund zu Ohr ſchon ſchleicht
  Die ſchaudervolle Sage.
Die edlen Häupter des Geſchlechts
Berathen ſich, ihr Spruch des Rechts
  Schließt in des Kerkers Enge
  Sie ein auf Lebens Länge.

Im Wonnebett der Liebesrauſch
Und Züchtlingsſchragen, welch' ein Tauſch!

Vierte Ballade.

1.

Umschwebt von Graungestalten, schloß
Sich meine Wimper, sträubend,
Ich sah den Mord, die Wunde floß,
Und sie, die Hände reibend,
Starrt hin, — ihr selbstgewetzter Pfriem
Zuckt ihr entgegen — starrt nach ihm,
Sie bebt, erbleichet, lauschet —
Ist's Rabenflug, der rauschet?

Horch auf! wohl einst umsausen mag
Dich ernster jener Fittigschlag!

6.

Bei'm Mittagsglöckchen schiebt sich ein
   Mit Fastenspeis' ein Keller,
Durch schmalen Spalt, es perlt ihr Wein
   Im Quell und nicht im Keller.
Ach, und der Trost, den uns gewährt
Des Menschen Aug', ist ihr verwehrt,
   Kein Laut aus Menschenkehle
   Naht ihrer Jammerhöhle.

Sie muß den Todtenkopf auf zween
   Gekreuzten Knochen vor sich sehn!

7.

Erschöpft und zagend liegt die Frau,
   Den Odem angstvoll ziehend,
Vom Jammerruf die Stimme rauh,
   Ihr Auge starr und glühend,
Das Haar, das einst sich sanft ergoß,
Ihr um die Liljenhüften floß,
   Verworren, wild, empöret,
   Den Schauderanblick mehret.

Wie anders, als sich ringelnd wand
Der Locken Füll' um Albrechts Hand!

8.

So stets in grausem Wechsel kreis't,
    Nun sinkend, nun gehoben,
Erschlaffung, die ihr lähmt den Geist
    Und ungestümes Toben.
Doch zürnt sie, täuscht mich nicht ihr Blick,
Nicht sich, nein ihrem Mißgeschick,
    Gepanzert ihr Gewissen
    Bleibt ächten Vorwurfsbissen.

Verschmähter Liebe Schlangenbiß,
Der ist's, der ihr das Herz zerriß!

9.

Als sie, die Jungfrau floh, verscheucht
    Vom frevelnden Geschlechte,
Die Wange bleich, das Auge feucht,
    Die Unschuld, die Gerechte,
Da wuchs, ach, daß des Menschen Herz
Erweich', ermürb' in frommen Schmerz,
    Daß büßend sich erneue
    Sein Sinn, das Pflänzchen Reue.

Ihr Kern stammt nicht aus Himmelsland,
Doch sä't ihn eine Himmelshand.

14.

Schon ist durch Mutterhand vollbracht
  Der Frevelthaten Fülle!
Den Jammeranblick, Mitternacht,
  Deck', ihn mit schwarzer Hülle!
Und du? — Umsonst die Linke reibt
Die Rechte, unvertilgbar bleibt
  Gesprenkelt rothes Leben
  An deinen Fingern kleben!

Das Weltmeer, könnt' es Bad dir seyn,
Es wüsche nicht die Flecken rein!

15.

O seht, wie hold das Engelpaar,
  Zum Sarge ward die Wiege,
Zum Siegsgewand der Grabtalar,
  In Himmelsträumen liege!
Die Todeswund' ist wohl versteckt,
Ein unschuldweißes Häubchen deckt,
  Dem Knäblein und dem Mädel
  Ach den durchstochnen Schädel!

Geprägt, in Todeszügen steht
Ach, für die Mutter ein Gebet!

16.

Auf volkbesä'ter Straße zieht
　　Der Leichenzug der Kleinen,
Wehklage jammert, Andacht glüht
　　Und aller Augen weinen.
Willst du in tiefer Klostergruft,
Beschirmet treu vor Zeit und Luft,
　　Die Zwillingssärge sehen?
　　In Himmelskron sie stehen.

　Da flammten, wohl manch' hundert Jahr,
　Zwei Lämpchen ihnen am Altar.

17.

Unsichtbar schwebt und sinkt und steigt
　　Die ernste Rächerwaage,
Umher von Mund zu Ohr schon schleicht
　　Die schaudervolle Sage.
Die edlen Häupter des Geschlechts
Berathen sich, ihr Spruch des Rechts
　　Schließt in des Kerkers Enge
　　Sie ein auf Lebens Länge.

Im Wonnebett der Liebesrausch
　Und Züchtlingsschragen, welch' ein Täusch!

Vierte Ballade.

1.

Umschwebt von Graungestalten schloß
Sich meine Wimper, sträubend,
Ich sah den Mord, die Wunde floß,
Und sie, die Hände reibend,
Starrt hin, — ihr selbstgewetzter Pfriem
Zuckt ihr entgegen — starrt nach ihm,
Sie bebt, erbleichet, lauschet —
Ist's Rabenflug, der rauschet?

Horch auf! wohl einst umsausen mag
Dich ernster jener Fittigschlag!

2.

Des Schlummers Mohn bethaute kaum
  Der Augen müde Lieder,
Da gaukelt um mich her ein Traum
  Auf Zephyr's Hauchgefieder.
Wo pflückt, das jenen Himmelsort
Euch singt, die Muse selbst das Wort,
  Mir in Entzückungswonne
  Schwand Erd' und Mond und Sonne.

Ein süßer Schauerblick mich ließ
Einschaun in's Geisterparadies.

3.

Sanft athmet Lebensfüll' und Ruh'
  Aus Hain und Duftgefilde,
Ich staun' — es schweben auf mich zu
  Zwei holde Lichtgebilde,
Ihr lieblich Engelangesicht
Fragt lächelnd: Kennst du uns denn nicht?
  Da wallt's, da strahlt's, Gesänge
  Schall'n aus der Chöre Menge.

Im Reigen mit der Chöre Schaar
Schwebt seelig hin das Zwillingspaar.

4.

Entflohn sind sie, entflohn wohin?
Die himmlischen Gesichte!
Erwachend sonnte sich mein Sinn
Entzückt in ihrem Lichte.
Ach, Lethe's Nymphe tränkte mich
Und Bild und Schall und Duft entwich,
Nicht Echo sang mir wieder
Die Paradieseslieder!

Herab aus Aetherslüften sinkt
Mein Lied, der dumpfe Kerker winkt.

5.

Hof heißt die Stadt im Frankenland,
Da starr'n des Zwingers Zinnen,
Die enggewölbte Felsenwand
Umschließt das Räumchen drinnen.
Durch's Gitter blinzt des Tages Spur,
Es pflastern Kieselchen die Flur,
Nur Bank und Tisch und Schragen
Sind Hörer ihrer Klagen.

Die hohlgetret'ne Kieselflur
Trägt stürmender Verzweiflung Spur.

6.

Bei'm Mittagsglöckchen schiebt sich ein
   Mit Fastenspeis' ein Teller
Durch schmalen Spalt, es perlt ihr Wein
   Im Quell und nicht im Keller.
Ach, und der Trost, den uns gewährt
Des Menschen Aug', ist ihr verwehrt,
   Kein Laut aus Menschenkehle
   Naht ihrer Jammerhöhle.

Sie muß den Todtenkopf auf zween
Gekreuzten Knochen von sich sehn.

7.

Erschöpft und zagend liegt die Frau,
   Den Odem angstvoll ziehend,
Vom Jammerruf die Stimme rauh,
   Ihr Auge starr und glühend,
Das Haar, das einst sich sanft ergoß,
Ihr um die Lilienhüften floß,
   Verworren, wild, empöret
   Den Schaueranblick mehret.

Wie anders, als sich ringelnd wand
Der Locken Füll' um Albrechts Hand!

8.

So stets in grausem Wechsel kreis't,
    Nun sinkend, nun gehoben,
Erschlaffung, die ihr lähmt den Geist
    Und ungestümes Toben.
Doch zürnt sie, täuscht mich nicht ihr Blick,
Nicht sich, nein ihrem Mißgeschick,
    Gepanzert ihr Gewissen
    Bleibt ächten Vorwurfsbissen.

Verschmähter Liebe Schlangenbiß,
    Der ist's, der ihr das Herz zerriß!

9.

Als sie, die Jungfrau floh, verscheucht
    Vom frevelnden Geschlechte,
Die Wange bleich, das Auge feucht,
    Die Unschuld, die Gerechte,
Da wuchs, ach, daß des Menschen Herz
Erweich', ermürb' in frommen Schmerz,
    Daß büßend sich erneue
    Sein Sinn, das Pflänzchen Reue.

Ihr Kern stammt nicht aus Himmelsland,
    Doch sä't' ihn eine Himmelshand.

10.

Nur Seelen edler, hoher Art,
   Daß dort sie wohlgedeihe,
Ein Aeuglein eingeimpfet ward
   Der Segenspflanze Reue.
Die Heilende! Vergebens sproßt
Sie da, wo kalter Selbstsucht Rost,
   Wo Dünkelswurm die Keime
   Benagt im innern Heime.

Du Arme! Nicht dein Gartenbeet
Ist's, wo bethaut, erwärmt sie steht.

11.

Es steigen rastlos Sonnen auf,
   Es sinken Sonnen nieder,
Und wechselnd kehrt der Stundenlauf
   In Lenz und Winter wieder.
Unseelig Weib! Es rächt Natur
An dir sich, Nacht und Winter nur
   Umgiebt Dich, keine Schonung
   Blickt mild in deine Wohnung.

Dem Jammerflehn der Richter Ohr
Bleibt eisern wie dein Kerkerthor.

12.

Doch mählig, mählig wirkt der Zeit
    Geheimer Zauber, schleichend
Wirkt Kerkerquaal und Einsamkeit,
    Das Felsenherz erweichend;
In seinen Abgrund dringt ihr Blick,
Erbebend schaudert sie zurück,
    Stets gräßlicher entfalten
    Sich ihr die Gräulgestalten.

Des Steines Kieselschooß, berührt
Vom Stahl, den Funken so gebiert.

13.

Jedoch ihr lodert nicht in Gluth,
    In laut'rer Flamm' ihr Funken,
Sie zagt und in Verzweiflungswuth
    Liegt trostlos sie versunken;
In ihrer Brust gewidmet war
Euch nimmer noch ein Weihaltar,
    Euch beiden Himmelstöchtern
    Des reinen Flämmchens Wächtern.

Ach, Glaub' und Lieb', aus eurer Hand
Ward ihr noch nie ein Himmelspfand.

14.

O, hättest du als Sünderinn,
  In Staub und Asche büßend,
Zermalmt das Herz, zerknirscht den Sinn,
  Gefleht, in Zähren fließend,
Dann hätten Glaub' und Lieb', erweicht,
Den Tröstungsbecher dir gereicht,
  Dann hätt' ein Blick von Oben
  Das welke Herz gehoben.

Das Segenspflänzchen perlenfeucht,
Von Früchten schwer die Sprossen beugt.

15.

So stieg von seinem Königsthron
  In schwerer Leiden Fülle,
Der Edle, warf hinweg die Kron'
  Und weg die Purpurhülle,
Im Sack, bestreut mit Staub das Haar,
Bringt er des Flehens Opfer dar,
  Und seiner Buße Zähren
  Den Strafekacher leeren.

O Majestät von Ninive,
Du wärst der Mann für unser Weh!'

16.

Es steigen rastlos Sonnen auf,
  Es sinken Sonnen nieder,
Und wechselnd kehrt der Stunden Lauf
  In Lenz und Winter wieder.
Kein Schlummer tagt, sie trostlos liegt,
Des Jammerlebens Quell versiegt,
  Der schwache Puls nur schläget
  Von Todesgraun erreget.

  Kein Labetröpfchen lindernd kühlt
  Die Gluth, die ihr im Busen wühlt.

17.

Dem Ruhegeber, der befreit
  Vom Joch den Lebensmatten,
Ihn bettet nach des Frohnes Zeit
  In kühlen Grabesschatten,
Dem Leidenlöser, der nur reicht
Die Freundeshand, der selbst schon leicht
  Geschürzt sich fühlt zu dringen:
  Empor auf freien Schwingen.

  So wie er sproßt, im Neste schon,
  Den Fittig prüft des Adlers Sohn.

Vierte Ballade.

1.

Umschwebt von Graungestalten schloß
  Sich meine Wimper, staubend,
Ich sah den Mord, die Wunde floß,
  Und sie, die Hände reibend,
Starrt hin, — ihr selbstgewetztes Pfriem
Zuckt ihr entgegen — starrt nach ihm,
  Sie bebt, erbleichet, lauschet —
  Ist's Rabenflug, der rauschet?

Horch auf! wohl einst umsausen mag
Dich ernster jener Fittigschlag!

10.

Den Burggraf wurmt nun manche Jagd
　　In fremdem Lustgehege,
Vergeltend dräuend sein Verdacht
　　Weckt Ahnungssorg' ihm rege.
Er spricht: "Der Gräfinn Orlamünd'
Ist Hinderniß ihr Zwillingskind,
　　Von ihrem Traualtare
　　Ziehn mich zwei Augenpaare."

　　Dich leitet Klugheit, doch mich schreckt
　　Der Vorwandsschleier, der sie deckt.

11.

Ein Blitz bei Gertrud's Botschaft schlägt
　　Der Wittwe durch die Glieder,
Erröthend und erbleichend frägt
　　Sie stotternd, frägt, und wieder. —
Ihr guter Geist, der längst schon strebt
Umsonst, nun weggewandt, erbebt,
　　Vermag's nicht länger, hebet
　　Den Fittig und entschwebet.

　　Kennt ihr ein Wetterglas, hervor
　　Tritt, wenn die Jungfrau weicht, der Mohr?

4.

Entflohn sind sie, entflohn wohin?
　　Die himmlischen Gesichte!
Erwachend sonnte sich mein Sinn
　　Entzückt in ihrem Lichte.
Ach, Lethe's Nymphe tränkte mich
Und Bild und Schall und Duft entwich,
　　Nicht Echo sang mir wieder
　　Die Paradiesesliederf.

Herab aus Aetherslüften sinkt
Mein Lied, der dumpfe Kerker winkt.

5.

Hof heißt die Stadt im Frankenland,
　　Da starr'n des Zwingers Zinnen,
Die enggewölbte Felsenwand
　　Umschließt das Räumchen drinnen.
Durch's Gitter blinzt des Tages Spur,
Es pflastern Kieselchen die Flur,
　　Nur Bank und Tisch und Schragen
　　Sind Hörer ihrer Klagen.

Die hohlgetret'ne Kieselflur
Trägt stürmender Verzweiflung Spur.

14.

Schon ist durch Mutterhand vollbracht
Der Frevelthaten Fülle!
Den Jammeranblick, Mitternacht,
Deck', ihn mit schwarzer Hülle!
Und du? — Umsonst die Linke reibt
Die Rechte, unvertilgbar bleibt
Gesprenkelt rothes Leben
An deinen Fingern kleben!

Das Weltmeer, könnt' es Bad dir seyn,
Es wüsche nicht die Flecken rein!

15.

O seht, wie hold das Engelpaar,
Zum Sarge ward die Wiege,
Zum Siegsgewand der Grabtalar,
In Himmelsträumen liege!
Die Todeswund' ist wohl versteckt,
Ein unschuldweißes Häubchen deckt,
Dem Knäblein und dem Mädel
Ach den durchstochnen Schädel!

Geprägt, in Todeszügen steht
Ach, für die Mutter ein Gebet!

8.

So stets in grausem Wechsel kreis't,
Nun sinkend, nun gehoben,
Erschlaffung, die ihr lähmt den Geist
Und ungestümes Toben.
Doch zürnt sie, täuscht mich nicht ihr Blick,
Nicht sich, nein ihrem Mißgeschick,
Gepanzert ihr Gewissen
Bleibt ächten Vorwurfsbissen.

Verschmähter Liebe Schlangenbiß,
Der ist's, der ihr das Herz zerriß!

9.

Als sie, die Jungfrau floh, verscheucht
Vom frevelnden Geschlechte,
Die Wange bleich, das Auge feucht,
Die Unschuld, die Gerechte,
Da wuchs, ach, daß des Menschen Herz
Erweich', ermürb' in frommen Schmerz,
Daß büßend sich erneue
Sein Sinn, das Pflänzchen Reue.

Ihr Kern stammt nicht aus Himmelsland,
Doch sä't ihn eine Himmelshand.

10.

Nur Seelen edler, hoher Art,
 Daß dort sie wohlgedeihe,
Ein Aeuglein eingeimpfet ward
 Der Segenspflanze Reue.
Die Heilende! Vergebens sproßt
Sie da, wo kalter Selbstsucht Rost,
 Wo Dünkelswurm die Keime
 Benagt im innern Heime.

Du Arme! Nicht dein Gartenbeet
Ist's, wo bethaut, erwärmt sie steht.

11.

Es steigen rastlos Sonnen auf,
 Es sinken Sonnen nieder,
Und wechselnd kehrt der Stundenlauf
 In Lenz und Winter wieder.
Unseelig Weib! Es rächt Natur
An dir sich, Nacht und Winter nur
 Umgiebt Dich, keine Schonung
 Blickt mild in deine Wohnung.

Dem Jammerflehn der Richter Ohr
Bleibt eisern wie dein Kerkerthor.

12.

Doch mählig, mählig wirkt der Zeit
   Geheimer Zauber, schleichend
Wirkt Kerkerquaal und Einsamkeit,
   Das Felsenherz erweichend;
In seinen Abgrund dringt ihr Blick,
Erbebend schaudert sie zurück,
   Stets gräßlicher entfalten
   Sich ihr die Gräulgestalten.

Des Steines Kieselschooß, berührt
Vom Stahl, den Funken so gebiert.

13.

Jedoch ihr lodert nicht in Gluth,
   In laut'rer Flamm' ihr Funken,
Sie zagt und in Verzweiflungswuth
   Liegt trostlos sie versunken;
In ihrer Brust gewidmet war
Euch nimmer noch ein Weihaltar,
   Euch beiden Himmelstöchtern
   Des reinen Flämmchens Wächtern.

Ach, Glaub' und Lieb', aus eurer Hand
Ward ihr noch nie ein Himmelspfand.

17*

14.

O, hätteſt du als Sünderinn,
  In Staub und Aſche büßend,
Zermalmt das Herz, zerknirſcht den Sinn,
  Gefleht, in Zähren fließend,
Dann hätten Glaub' und Lieb', erweicht,
Den Tröſtungsbecher dir gereicht,
  Dann hätt' ein Blick von Oben
  Das welke Herz gehoben.

Das Segenspflänzchen perlenfeucht,
Von Früchten ſchwer die Sproſſen beugt.

15.

So ſtieg von ſeinem Königsthron
  In ſchwerer Leiden Fülle,
Der Edle, warf hinweg die Kron'
  Und weg die Purpurhülle,
Im Sack, beſtreut mit Staub das Haar,
Bringt er des Flehens Opfer dar,
  Und ſeiner Buße Zähren
  Den Strafekocher leeren.

O Majeſtät von Ninive,
Du wärſt der Mann für unſer Weh!

16.

Es steigen rastlos Sonnen auf,
  Es sinken Sonnen nieder,
Und wechselnd kehrt der Stunden Lauf
  In Lenz und Winter wieder.
Kein Schlummer tagt, sie trostlos liegt,
Des Jammerlebens Quell versiegt,
  Der schwache Puls nur schläget
  Von Todesgraun erreget.

  Kein Labetröpfchen lindernd kühlt
  Die Gluth, die ihr im Busen wühlt.

17.

Dem Ruhegeber, der befreit
  Vom Joch den Lebensmatten,
Ihn bettet nach des Frohnes Zeit
  In kühlen Grabesschatten,
Dem Leidenlöser, der nur reicht
Die Freundeshand, der selbst schon leicht
  Geschürzt sich fühlt zu dringen
  Empor auf freien Schwingen.

  So wie er sproßt, im Neste schon,
  Den Fittig prüft des Adlers Sohn.

18.

Gebrochnen Auges, wild sie starrt,
Die letzten Kräfte sinken,
Sie röchelnd, zuckend, angstvoll harrt — — —
Er naht, sie schaut sein Winken.
Der Knochenmann, der schreckt sie nicht,
Sie schreckt das ernste Strafgericht,
Der Richterwaage Neigen,
Ach, ihrer Schaale Steigen!

Wär' unser Auge schuppenlos
Wir schauten unsrer Schaale Loos.

19.

Der Odem stockt, ihr Stündlein schlägt,
Ihr Faden ist zerschnitten,
Das schönste Weib liegt unbewegt,
Liegt bleich, — hat ausgelitten! —
Werft euch auf's Antlitz, fleht für sie
Erbarmung! Ach, des Tages Müh'
Und Last hat, wohlverschuldet,
Im Leben sie erduldet!

Allvater wältet! Und Sein Herz
Ist größer als ein Menschenherz!

Fünfte Ballade.

***

1.

O, jene Warnungsstimme! — rauscht
   Ihr Nachhall noch in Klüften,
Auf Höhen wo? Vergebens lauscht
   Mein Ohr den Säuselllüften —
O, jene Warnungsstimm', erschöll'
Auch mir sie, die einst ihm so hell,
   Wenn schmachtend er sich sehnte
   Nach Wahrheit, ihm ertönte!

Vermeß'ner! Was? Zu Sokrates
   Erhebst du dich, erkühnst dich deß?

2.

Das Schärflein, das mir ward, o rauht
    Mir's nicht! Wie ich, wer neiget
Wohl tiefer ein entblößtes Haupt
    Wo Gottes Hauch sich zeiget?
Heil ihm, dem hochgeweihten Mann,
Ihn weh'te Segensodem an!
    Ich, träum, nicht werth mich finde,
    Daß ich die Sohl' ihm binde.

Der Menschen Weisester, so lehrt
Der Götterspruch uns, der ihn ehrt.

3.

Nicht weil empor zur Schwindelhöh'
    Sein Lehrgebäud' er führte,
Nein, weil er, wie das heiße Reh,
    Der Quelle Trost erspürte,
Weil er der Weisheit Perle fand,
Es sei der Menschen Wissen Tand,
    Weil, was als Schimmer blinkte,
    Ihm Rauches Schatten dünkte.

Weil demuthsvoll und stolzester
Von Oben fleht' Erleuchtung er.

4.

Ach, ungeleitet, bebend itzt
   An ernster Schwell' ich stehe
Des dunkeln Geisterthums, mir blitzt
   Kein Schimmer aus der Höhe;
Nur seltnen Auserkohrnen hub,
Eh' sie der Urne Schooß begrub,
   Ein Zipfel sich, daß freier
   Sie schauten durch den Schleier.

Der undurchdringbar, dicht gewebt,
Den Staubessöhnen nicht sich hebt.

5.

Doch wenn der Dichter liegt entzückt
   An seiner Muse Brüsten,
Dann schwinden, seinem Aug' entrückt,
   Des Erdenballes Küsten,
In hoher Schäferstunde Weih'
Entwölkt sein Seherblick und frei,
   In's Heiligthum sich waget
   Und hehre Nacht ihm taget.

Wie Orpheus Leyer auf sich schloß
Das eh'rne Thor des Tartaros.

6.

Gelöset war, es war entspanat,
  Berührt von Todeshippe,
Des mystischen Gewebes Band,
  Dem Grübler Scheiterklippe,
Das Band, das an den Erdenthron
Gefesselt hält den Himmelssohn,
  In seines Bannes Höhle
  Entwürdigt schier zur Seele.

Gelähmt, ach, Psyche's Fittig starrt,
Sie duldet, büßet, schmachtet, harrt!

7.

O, dreimal seelig, dem schon hier,
  Durch Wachen, Kämpfen, Ringen,
Durch Flehn und strebende Begier,
  Durch Wollen und Vollbringen,
Sich lüftet, lockert, löf't das Band,
Das sich um Psyche's Fittig wand,
  Dem durch des Kerkers Ritzen
  Schon Morgenschimmer blitzen!

Eh' noch dem Meer die Sonn' entstrahlt,
Aurora Wolk' und Gipfel malt.

8.

Ihm, wenn die Hülle berstet, wallt
　　Von Iris Schmuck gewebet,
Die freie Schwinge, Jubel hallt
　　Sein Flug, der heimwärts strebet.
O, seelig er'! Doch ach, nur klein
Ist deren Zahl, die heilig, rein,
　　Entgarnt von Sinnesbanden,
　　Im Tode jenseits landen!

　　So durch des Aethers Ocean
　　Hinschwebt des Neumonds Silberkahn.

9.

Zurück! Von jener Kluft zurück,
　　Von ihres Rachens Grauen
Gewandt den schaudervollen Blick,
　　Der's wagt hinab zu schauen!
Verstockter Frevel findet dort
In eigner Hölle seinen Ort,
　　Des Greuellebens Spuhle
　　Führt ihn den Weg zum Pfuhle.

　　Zum Pfuhl, wo Quaal und Folter wohnt,
　　Und wo Verzweiflung herrschend thront.

10.

Wohl zwischen solcher Doppelbahn
    Ein Mittelraum sich dehnet,
Rechts schwingt der Flug sich himmelan
    Und links der Abgrund gähnet;
Dort flattert, zahllos wie der Tanz
Des Mückenheers im Abendglanz,
    Unreif für Höll' und Himmel,
    Ein dämmernd Seelgewimmel.

Sie, leichter, schwerer, wie sich noch
Anschmiegt des Raupenstandes Joch.

11.

Getrost! Der gute Hirte lebt,
    Er, dessen Pflege weidet,
Was hoch in Wonnelüften schwebt
    Und was noch büßend leidet;
Er, der wie Lämmer führt einher
Auf Himmelstrift sein Sonnenheer,
    Weiß wohl, wo er im Pferche
    Irrschäfchen sicher berge.

Und Schäfchen weiß, der Hürde Zaun
Gedeih' ihm mehr als Wiesenau'n.

12.

So zahllos und so mannigfalt
    Wie reger Blätter Fülle,
Wenn Lenz erwacht, Gefild' und Wald
    Lockt aus der Knospen Hülle,
So mannigfalt, so schrankenlos
Fällt jeder Seel' ihr eignes Loos,
    Und stets aus Ursachsquelle
    Fließt Wirkung Well' auf Welle.

Den Saamen, den wir lebend sä'n,
Deß Erntegarben dort wir mäh'n!

13.

In Säub'rungsfluthen eingetaucht,
    Durchglüht im Läut'rungstiegel,
Zerrinnt in Meer, in Gluth verraucht,
    Der Urentartung Siegel.
Der Stolz verdampft, die Lust, besiegt
Von reiner Flamm', in Luft verfliegt;
    So wie einst Pytho's Drache,
    Verdünsten Geiz und Rache.

Dem Tiegel einst, so hell, so rein,
Entstrahlt des Silberblickes Schein!

14.

Selbstsucht und oder Kaltsinn, Eu'r
   Erstarrter Gletscher fodert
Des Schmelzerofens Gluthenfeu'r
   Bis eure Schlacke lodert. — — — — —
Gesichte! — — — Ach, sie nah'n! Ein Chor
Der bleichen Schatten schwebt mir vor
   Und ihre Loos' entfalten
   Sich mir in Traumgestalten.

   Wie Morgennebel wallt und zieht,
   So Bild auf Bild erscheint und flieht.

15.

Täuscht mich mein Auge? Sehnend strebt
   Wohl manches Schattens Wille,
Von Sinnenbanden noch umwebt,
   Nach gröb'rer Leibeshülle,
Durch Richterspruch, durch Wunsches Wahl,
Gebiert ein Weib ihn abermal,
   Daß neue Prüfungsreise
   Ihn leit' auf besserm Gleise.

   Geht euren Pfad, der Dornen viel
   Umwachsen ihn, doch schaut auf's Ziel!

16.

Und sie? — Einst lebend, engumschränkt
  In nied'rer Sinnessphäre,
Tief in ihr graunvoll Ich versenkt
  Bei Geist's und Herzens Leere — — —
Ach sie! — Des Weibes Schatten schwebt,
Von trüber Zagheit Schau'r umbebt,
  Und reg' in ihr noch walten
  Des Lebens Schreckgestalten.

   Des Baumes Stamm, so wie er stand
  So liegt er da, gestreckt auf's Land.

17.

Es fiel ihr Loos, ihr Spruch erscholl:
  In wohlgewohntem Kreise
Sie büßend, Ruh' entbehrend soll
  Nach Nachtgespenster Weise,
Erscheinend gehn umher, im Graun
Der Geisterstunde, so sie schaun,
  Sie hören, bangverwundert
  Soll angstvoll manch' Jahrhundert!

   So schauderstiftend; schaudervoll
  Sie selbst, ihr Schemen spucken soll!

Sechste Ballade.

1.

Vor Jahren einst, bei frischem Hauch
　Schwebt ich in Schiffspallaste,
Hoch flattert, über'm Segelbauch
　Des Wimpels Schweif am Maste,
Der Kiel durchpflügt' ein Wogenmeer,
Des Schaumes Wolke sprüht' umher,
　Vor unserm nassen Pfade
　Floh schwindend das Gestade.

Mit Burg und Thürnen strahlt' uns an
Die Königsstadt, das Ziel der Bahn.

6.

Bei'm Mittagsglöckchen schiebt sich ein
   Mit Fastenspeis' ins Keller,
Durch schmalen Spalt, es perlt ihr Wein
   Im Quell und nicht im Keller.
Ach, und der Trost, den uns gewährt
Des Menschen Aug', ist ihr verwehrt,
   Kein Laut aus Menschenkehle
   Naht ihrer Jammerhöhle.

   Sie muß den Todtenkopf auf zween
   Gekreuzten Knochen von sich sehn.

7.

Erschöpft und zagend liegt die Frau,
   Den Odem angstvoll ziehend,
Vom Jammerruf die Stimme rauh,
   Ihr Auge starr und glühend,
Das Haar, das einst sich sanft ergoß,
Ihr um die Lilienhüften floß,
   Verworren, wild, empöret,
   Den Schauderanblick mehret.

   Wie anders, als sich ringelnd wand
   Der Locken Füll' um Albrechts Hand!

4.

Hier Scylla, dort Charybdis! — grad'
  Entlang, mit festem Steuer,
Nicht links, nicht rechts gebeugt den Pfad
  Durch's Zwillingsungeheuer! —
So steurt der Weise, wissend wohl
Der Dinge viel von Pol zu Pol,
  Dem Menschensinn verhülle
  Die heil'ge Isishülle.

  Er steu'rt von beiden Strudeln fern,
  Geführt vom hohen Angelstern.

5.

Was lehrt uns Clio's Täflein? — geht,
  Prüft ihres Griffels Züge!
Wer treu der Forschung Kampf besteht,
  Ersicht der Wahrheit Siege.
Doch von dem Dichter heischet nicht,
Dem fittigschwingenden, die Pflicht
  Daß Prüfstein, Senkblei, Waage,
  Im Flug' er mit sich trage.

  Er schwebt im hohen Aether, da
  Lehrt strahlend ihn Urania! —

10.

Nur Seelen edler, hoher Art,
  Daß dort sie wohlgedeihe,
Ein Aeuglein eingeimpfet ward
  Der Segenspflanze Reue.
Die Heilende! Vergebens sproßt
Sie da, wo kalter Selbstsucht Rost,
  Wo Dünkelswurm die Keime
  Benagt im innern Heime.

Du Arme! Nicht dein Gartenbeet
Ist's, wo bethaut, erwärmt sie steht.

11.

Es steigen rastlos Sonnen auf,
  Es sinken Sonnen nieder,
Und wechselnd kehrt der Stundenlauf
  In Lenz und Winter wieder.
Unseelig Weib! Es rächt Natur
An dir sich, Nacht und Winter nur
  Umgiebt Dich, keine Schonung
  Blickt mild in deine Wohnung.

Dem Jammerflehn der Richter Ohr
Bleibt eisern wie dein Kerkerthor.

8.

Und nahte wo, aus solchem Kern
    Entsproßt, dem Lebensziele,
Sei's Herr, sei's Herrinn, o, nicht fern
    Stand sie dem Schmerzenspfühle,
Erscheinend dort, doch oftmal war
Sie sichtbar nur der Höflingsschaar,
    Durch Angst und kalte Schauer
    Verkündend nahe Trauer.

Die Muse blättert, prüft und wählt,
Was sie mir raunt, mein Lied erzählt.

9.

Erles'ner Schützen Palme, du,
    Fürst Siegmund, wardst die Beute
Des größern Schützen, ein zur Ruh'
    Sang dich das Grabgeläute.
Sie — von der Kanzel hört ihn an —
Sie — Bergius, der Hofkaplan,
    Bezeugt's — zu Aller Grauen
    Ließ damal oft sich schauen.

Gedruckt, vertheilt, der Leich-Sermon
Spricht, schwarz auf weiß, dem Zweifler Hohn.

14.

O, hätteſt du als Sünderinn,
   In Staub und Aſche büßend,
Zermalmt das Herz, zerknirſcht den Sinn,
   Gefleht, in Zähren fließend,
Dann hätten Glaub' und Lieb', erweicht,
Den Tröſtungsbecher dir gereicht,
   Dann hätt' ein Blick von Oben
   Das welke Herz gehoben.

Das Segenspflänzchen perlenfeucht,
Von Früchten ſchwer die Sproſſen beugt.

15.

So ſtieg von seinem Königsthron
   In ſchwerer Leiden Fülle,
Der Edle, warf hinweg die Kron'
   Und weg die Purpurhülle,
Im Sack, beſtreut mit Staub das Haar,
Bringt er des Flehens Opfer dar,
   Und seiner Buße Zähren
   Den Strafekocher leeren.

O Majeſtät von Ninive,
Du wärſt der Mann für unſer Weh!'

12.

In jener Fehde Zeitenlauf,
   Sie einst im Sterngefunkel,
Stand, lang' erhebend himmelauf
   Ihr Auge feucht und dunkel;
Sie endlich rief, daß manches Ohr
Es laut vernahm, sie rief empor:
   "Komm, richte, Herr, was lebet
   Und was als Schatten schwebet!"

Die Chronik lehrt, daß schaudervoll
Ihr Ruf in Roma's Zung' erscholl.

13.

Der Weisheit Jüngerinn, sie stand
   Am finstern Thal, die nimmer
Geblendet war vom Irrlichtstand
   Des Throns, vom Kronenschimmer,
Sie steurt' empor im Zuversicht
Empor wo Wahrheit ist und Licht — — —
   Des Trostes gab nicht wenig
   Ihr Leichenprunk dem König.

Doch Leibniz ihre Urn' umwand
Mit Immergrün und Amarant.

14.

Selbstsucht und öder Kaltsinn, Eu'r
   Erstarrter Gletscher fodert
Des Schmelzerofens Gluthenfeu'r
   Bis eure Schlacke lodert. — — — —
Gesichte! — — — Ach, sie nah'n! Ein Chor
Der bleichen Schatten schwebt mir vor
   Und ihre Loos' entfalten
   Sich mir in Traumgestalten.

Wie Morgennebel wallt und zieht,
So Bild auf Bild erscheint und flieht.

15.

Täuscht mich mein Auge? Sehnend strebt
   Wohl manches Schattens Wille,
Von Sinnenbanden noch umwebt,
   Nach gröb'rer Leibeshülle,
Durch Richterspruch, durch Wunsches Wahl,
Gebiert ein Weib ihn abermal,
   Daß neue Prüfungsreise
   Ihn leit' auf besserm Gleise.

Geht euren Pfad, der Dornen viel
Umwachsen ihn, doch schaut auf's Ziel!

16.

Und sie? — Einst lebend, engumschränkt
  In nied'rer Sinnessphäre,
Tief in ihr graunvoll Ich versenkt
  Bei Geist's und Herzens Leere — — —
Ach sie! — Des Weibes Schatten schwebt,
Von trüber Zagheit Schau'r umbebt,
  Und reg' in ihr noch walten
  Des Lebens Schreckgestalten.

  Des Baumes Stamm, so wie er stand
  So liegt er da, gestreckt auf's Land.

17.

Es fiel ihr Loos, ihr Spruch erscholl:
  In wohlgewohntem Kreise
Sie büßend, Ruh' entbehrend soll
  Nach Nachtgespenster Weise,
Erscheinend gehn umher, im Graun
Der Geisterstunde, so sie schaun,
  Sie hören, bangverwundert
  Soll angstvoll manch' Jahrhundert!

  So schauderstiftend, schaudervoll
  Sie selbst, ihr Schemen spucken soll!

Sechste Ballade.

1.

Vor Jahren einst, bei frischem Hauch
   Schwebt ich in Schiffspallaste,
Hoch flattert, über'm Segelbauch
   Des Wimpels Schweif am Maste,
Der Kiel durchpflügt' ein Wogenmeer,
Des Schaumes Wolke sprüht' umher,
   Vor unserm nassen Pfade
   Floh schwindend das Gestade.

Mit Berg und Thürnen strahlt' uns an
Die Königsstadt, das Ziel der Bahn.

6.

Gelöset war, es war entspannt,
  Berührt von Todeshippe,
Des mystischen Gewebes Band,
  Dem Grübler Scheiterklippe,
Das Band, das an den Erdenthron
Gefesselt hält den Himmelssohn,
  In seines Bannes Höhle
  Entwürdigt schier zur Seele.

Gelähmt, ach, Psyche's Fittig starrt,
Sie duldet, büßet, schmachtet, harrt!

7.

O, dreimal seelig, dem schon hier,
  Durch Wachen, Kämpfen, Ringen,
Durch Flehn und strebende Begier,
  Durch Wollen und Vollbringen,
Sich lüftet, lockert, löst das Band,
Das sich um Psyche's Fittig wand,
  Dem durch des Kerkers Ritzen
  Schon Morgenschimmer blitzen!

Eh' noch dem Meer die Sonn' entstrahlt,
Aurora Wolk' und Gipfel malt.

4.

Hier Scylla, dort Charybdis! — grad'
   Entlang, mit festem Steuer,
Nicht links, nicht rechts gebeugt den Pfad
   Durch's Zwillingsungeheuer! —
So steurt der Weise, wissend wohl
Der Dinge viel von Pol zu Pol,
   Dem Menschensinn verhülle
   Die heil'ge Isishülle.

Er steu'rt von beiden Strudeln fern,
Geführt vom hohen Angelstern.

5.

Was lehrt uns Clio's Täflein? — geht,
   Prüft ihres Griffels Züge!
Wer treu der Forschung Kampf besteht,
   Ersicht der Wahrheit Siege.
Doch von dem Dichter heischet nicht,
Dem fittigschwingenden, die Pflicht
   Daß Prüfstein, Senkblei, Waage,
   Im Flug' er mit sich trage.

Er schwebt im hohen Aether, da
Lehrt strahlend ihn Uránia! —

10.

Wohl zwischen solcher Doppelbahn
Ein Mittelraum sich dehnet,
Rechts schwingt der Flug sich himmelan
Und links der Abgrund gähnet;
Dort flattert, zahllos wie der Tanz
Des Mückenheers im Abendglanz,
Unreif für Höll' und Himmel,
Ein dämmernd Seelgewimmel.

Sie, leichter, schwerer, wie sich noch
Anschmiegt des Raupenstandes Joch.

11.

Getrost! Der gute Hirte lebt,
Er, dessen Pflege weidet,
Was hoch in Wonnelüften schwebt
Und was noch büßend leidet;
Er, der wie Lämmer führt einher
Auf Himmelstrift sein Sonnenheer,
Weiß wohl, wo er im Pferche
Irrschäfchen sicher berge.

Und Schäfchen weiß, der Hürde Zaun
Gedeih' ihm mehr als Wiesenau'n.

8.

Und nahte wo, aus solchem Kern
　　Entsproßt, dem Lebensziele,
Sei's Herr, sei's Herrinn, o, nicht fern
　　Stand sie dem Schmerzenspfühle,
Erscheinend dort, doch oftmal war
Sie sichtbar nur der Höflingsschaar,
　　Durch Angst und kalte Schauer
　　Verkündend nahe Trauer.

　Die Muse blättert, prüft und wählt,
　Was sie mir raunt, mein Lied erzählt.

9.

Erles'ner Schützen Palme, du,
　　Fürst Siegmund, wardst die Beute
Des größern Schützen, ein zur Ruh'
　　Sang dich das Grabgeläute.
Sie — von der Kanzel hört ihn an —
Sie — Bergius, der Hofkaplan,
　　Bezeugt's — zu Aller Grauen
　　Ließ damal oft sich schauen.

Gedruckt, vertheilt, der Leich-Sermon
Spricht, schwarz auf weiß, dem Zweifler Hohn.

10.

Einst strafte sie des Dünkels Blähn:
   Herr Marschalk Borgstorff strotzend
In starrem Sinn, blieb vor ihr stehn,
   Des Leugners Larv' ertrotzend;
Im Huy geschnellt vom Wendelsteig
Stürzt bebend er hinab und bleich,
   Auf harten Marmelfließen
   Muß Kreuz und Ribbe büßen.

   "Selbst fühl' ich's nicht," so spricht Herr Klug,
Drum, mein Herr Marschalk, war's Betrug."

11.

Bellona's Fackel flammte wild
   Im Deutschen Vaterlande,
Stumm Braut und Mutter lag gehüllt
   In öde Trau'rgewande,
Jedoch gesetzt zum Ziele war
Dem Schwert das dreimal zehnte Jahr.
   Es tagt — — — und Jubel schallen
   Aus Münsters Friedenshallen.

   Suchst du den Oelzweig? Heim ist er
Gegangen, find'st ihn hier nicht mehr!

12.

In jener Fehde Zeitenlauf,
　　Sie einst im Sterngefunkel,
Stand, lang' erhebend himmelauf
　　Ihr Auge feucht und dunkel;
Sie endlich rief, daß manches Ohr
Es laut vernahm, sie rief empor:
　　"Komm, richte, Herr, was lebet
　　Und was als Schatten schwebet!"

Die Chronik lehrt, daß schaudervoll
Ihr Ruf in Roma's Zung' erscholl.

13.

Der Weisheit Jüngerinn, sie stand
　　Am finstern Thal, die nimmer
Geblendet war vom Irrlichtstand
　　Des Throns, vom Kronenschimmer,
Sie steurt' empor in Zuversicht
Empor wo Wahrheit ist und Licht — — —
　　Des Trostes gab nicht wenig
　　Ihr Leichenprunk dem König.

Doch Leibniz ihre Urn' umwand
Mit Immergrün und Amaränt.

14.

Wohl euch! Den späten Siegstriumph
   Der Afterweisheit schauet
Ihr nicht, schaut nicht auf Modersumpf
   Die Babel=Thürn' erbauet.
Arachne's Dunstgespinnst, es siegt
Und Pallas Götterkraft erliegt!
   Nun, Spinnen gleich, Sophisten
   In allen Winkeln nisten!

Da, als Sophia's Hüll' erblich,
   Erschien die Weiße? — — Elia, sprich!

15.

Sie schweigt und schwieg, da fragend ich
   Nach jener forscht', ob zeigte
Sie sich, als Friedrichs Wang' erblich,
   Als sein Gestirn sich neigte,
Ob sie, die einst er höhnte, da
Die weiße Frau, ob ahnend sah
   Der fernen Wolke Wetter
   Her drohn, der große Spötter?

O, hättest du verschmäht, zu klein
   Für dich, Voltaire's Spöttelei'n!

16.

Ward, eh' ihn bettete der Sarg,
  Entrollt dem grauen Sieger
Der Zukunft Vorhang, der ihm barg
  Das Schicksal seiner Krieger?
Ach! jenen Unstern, sah er ihn
Herauf mit Flammenschweife ziehn? —
  Er nahte, schwand, und wieder
  Schall'n Preußens Siegeslieder!

Der Phönix, herrlicher verjüngt,
  Aus Flamm' und Asch' empor sich schwingt!

Sechste Ballade.

1.

Vor Jahren einst, bei frischem Hauch
    Schwebt ich in Schiffspallaste,
Hoch flattert, über'm Segelbauch
    Des Wimpels Schweif am Maste,
Der Kiel durchpflügt' ein Wogenmeer,
Des Schaumes Wolke sprüht' umher,
    Vor unserm nassen Pfade
    Floh schwindend das Gestade.

Mit Burg und Thürnen strahlt' uns an
Die Königsstadt, das Ziel der Bahn.

6.

Und sie? — Des schönen Weibes Geist,
    Gebannt in enge Sphäre,
Irrt unstätt, ruhlos und verwais't
    Umher in öder Leere.
Der alte Sehnsuchtstrieb nicht ruht,
An Albrechts Stamm, an Zollerns Blut —
    So Drang und Zwang sich gatten —
    Geheftet bleibt ihr Schatten.

    Wohin des Burggrafs Sippschaft reicht,
    Des Weiber Schemen dort sich zeigt.

7.

Gehüllt in weiße Wittwentracht,
    Im weißen Nonnenschleier,
So schreitet sie um Mitternacht
    Durch Burg= und Schloß=Gemäuer,
Die bleichen Händ' in's Kreuz gelegt
Auf flachem Busen, unbewegt
    Den Blick gesenkt zur Erde,
    Mit starrer Leichgeberde.

    Die weiße Frau! Sie, allbekannt,
    Zuerst gesehn in Frankenland.

4.

Hier Scylla, dort Charybdis! — grab'
  Entlang, mit festem Steuer,
Nicht links, nicht rechts gebeugt den Pfad
  Durch's Zwillingsungeheuer! —
So steurt der Weise, wissend wohl
Der Dinge viel von Pol zu Pol,
  Dem Menschensinn verhülle
  Die heil'ge Isishülle.

Er steu'rt von beiden Strudeln fern,
Geführt vom hohen Angelstern.

5.

Was lehrt uns Clio's Täflein? — geht,
  Prüft ihres Griffels Züge!
Wer treu der Forschung Kampf besteht,
  Ersicht der Wahrheit Siege.
Doch von dem Dichter heischet nicht,
Dem fittigschwingenden, die Pflicht
  Daß Prüfstein, Senkblei, Waage,
  Im Flug' er mit sich trage.

Er schwebt im hohen Aether, da
Lehrt strahlend ihn Uránia! —

6.

Und sie? — Des schönen Weibes Geist,
   Gebannt in enge Sphäre,
Irrt unstätt, ruhlos und verwais't
   Umher in öder Leere.
Der alte Sehnsuchtstrieb nicht ruht,
An Albrechts Stamm, an Zollerns Blut —
   So Drang und Zwang sich gatten —
   Geheftet bleibt ihr Schatten.

Wohin des Burggrafs Sippschaft reicht,
Des Weiber Schemen dort sich zeigt.

7.

Gehüllt in weiße Wittwentracht,
   Im weißen Nonnenschleier,
So schreitet sie um Mitternacht
   Durch Burg= und Schloß=Gemäuer,
Die bleichen Händ' in's Kreuz gelegt
Auf flachem Busen, unbewegt
   Den Blick gesenkt zur Erde,
   Mit starrer Leichgeberde.

Die weiße Frau! Sie, allbekannt,
Zuerst gesehn in Frankenland.

8.

Und nahte wo, aus solchem Kern
　　Entsproßt, dem Lebensziele,
Sei's Herr, sei's Herrinn, o, nicht fern
　　Stand sie dem Schmerzenspfühle,
Erscheinend dort, doch oftmal war
Sie sichtbar nur der Höflingsschaar,
　　Durch Angst und kalte Schauer
　　Verkündend nahe Trauer.

　Die Muse blättert, prüft und wählt,
　Was sie mir raunt, mein Lied erzählt.

9.

Erles'ner Schützen Palme, du,
　　Fürst Siegmund, wardst die Beute
Des größern Schützen, ein zur Ruh'
　　Sang dich das Grabgeläute.
Sie — von der Kanzel hört ihn an —
Sie — Bergius, der Hofkaplan,
　　Bezeugt's — zu Aller Grauen
　　Ließ damal oft sich schauen.

Gedruckt, vertheilt, der Leich-Sermon
Spricht, schwarz auf weiß, dem Zweifler Hohn.

10.

Einst strafte sie des Dünkels Blähn:
  Herr Marschalk Borgstorff strotzend
In starrem Sinn, blieb vor ihr stehn,
  Des Leugners Larv' ertrotzend;
Im Huy geschnellt vom Wendelsteig
Stürzt bebend er hinab und bleich,
  Auf harten Marmelfließen
  Muß Kreuz und Ribbe büßen.

"Selbst fühlt' ich's nicht," so spricht Herr Klug,
Drum, mein Herr Marschalk, war's Betrug."

11.

Bellona's Fackel flammte wild
  Im Deutschen Vaterlande,
Stumm Braut und Mutter lag gehüllt
  In öde Trau'rgewande,
Jedoch gesetzt zum Ziele war
Dem Schwert das dreimal zehnte Jahr.
  Es tagt — — — und Jubel schallen
  Aus Münsters Friedenshallen.

Suchst du den Oelzweig? Heim ist er
Gegangen, find'st ihn hier nicht mehr!

12.

In jener Fehde Zeitenlauf,
 Sie einst im Sterngefunkel,
Stand, lang' erhebend himmelauf
 Ihr Auge feucht und dunkel;
Sie endlich rief, daß manches Ohr
Es laut vernahm, sie rief empor:
 "Komm, richte, Herr, was lebet
 Und was als Schatten schwebet!"

 Die Chronik lehrt, daß schaudervoll
 Ihr Ruf in Roma's Zung' erscholl.

13.

Der Weisheit Jüngerinn, sie stand
 Am finstern Thal, die nimmer
Geblendet war vom Irrlichtstand
 Des Throns, vom Kronenschimmer,
Sie steurt' empor in Zuversicht
Empor wo Wahrheit ist und Licht — — —
 Des Trostes gab nicht wenig
 Ihr Leichenprunk dem König.

 Doch Leibniz ihre Urn' umwand
 Mit Immergrün und Amarant.

16.

Ward, eh' ihn bettete der Sarg,
  Entrollt dem grauen Sieger
Der Zukunft Vorhang, der ihm barg
  Das Schicksal seiner Krieger?
Ach! jenen Unstern, sah er ihn
Herauf mit Flammenschweife ziehn? —
  Er nahte, schwand, und wieder
  Schall'n Preußens Siegeslieder!

  Der Phönix, herrlicher verjüngt,
  Aus Flamm' und Asch' empor sich schwingt!

2.

Ich stand, und Freud' und Wehmuth quoll
   Mir aus Erinnrungs Schatze,
Da pflanzt der Schiffer dünkelsvoll
   Sich nah an meinem Platze:
"Sieht dort der Herr?" — Er zeigt, ich schau —
"Der Doppelthürme neuen Bau,
   Dort, wo die goldnen Spitzen
   Im Morgenlichte blitzen?"

Sprach's und sein Hohngelächter bricht
   Hervor aus Stimm' und Angesicht.

3.

"Was doch der Aberglaube thut,
   Ja selbst in unsern Tagen!
Geht nicht die Sag' — es kocht mein Blut —
   Die Zacken, die dort ragen,
Die soll'n dem Blitze bieten Trutz,
Soll'n seyn des Pulverthurmes Schutz.
   Ach, selber kluge Leute
   Sind solcher Possen Beute!"

Unglaub' und Aberglaub', ein Paar,
   Das Blindheits Schooß zugleich gebar!

Siebente Ballade.

1.

Ich sang's, als schon mein Stufenjahr
  Der ernsten Neunmal Sieben.
Verstäubt im Schlund der Vorzeit war,
  Wo Tag und Jahr verstieben.
Schon, Narb' an Narbe, du mein Herbst,
Des Lebens Frohnstock mir bekerbst,
  Schon wintert's, Reif und Flocke
  Besilbern mir die Locke.

Wohl manche Stimme raunt mir zu:
Süß, nach der Arbeit, schmeckt die Ruh'!

6.

Und sie? — Des schönen Weibes Geist,
　　Gebannt in enge Sphäre,
Irrt unstätt, ruhlos und verwais't
　　Umher in öder Leere.
Der alte Sehnsuchtstrieb nicht ruht,
An Albrechts Stamm, an Zollerns Blut —
　　So Drang und Zwang sich gatten —
　　Geheftet bleibt ihr Schatten.

Wohin des Burggrafs Sippschaft reicht,
Des Weiber Schemen dort sich zeigt.

7.

Gehüllt in weiße Wittwentracht,
　　Im weißen Nonnenschleier,
So schreitet sie um Mitternacht
　　Durch Burg= und Schloß=Gemäuer,
Die bleichen Händ' in's Kreuz gelegt
Auf flachem Busen, unbewegt
　　Den Blick gesenkt zur Erde,
　　Mit starrer Leichgeberde.

Die weiße Frau! Sie, allbekannt,
Zuerst gesehn in Frankenland.

4.

Stets spann und spann der Schwestern Hand
    Am furchtbar'n Schicksalsrocken,
Geheftet ist auf Sprea's Strand
    Ihr Aug' itzt starr und trocken.
Schon Wetterwolken ziehn, bedrohn
Den heerumringten Königsthron,
    Am Grab der Heldenahnen
    Rauscht's in ersiegten Fahnen.

Ein Ahnungsschau'r durch Friedrichs Schwert
Auf Friedrichs Sarge zuckend fährt.

5.

Aus Feuerschlünden Donner rollt
    In beiden Streiterheeren,
Doch beide stehn in Eines Sold,
    Des Rathschluß beide lehren.
Er spendet Frieden, winkt dem Krieg,
Gebietet Flucht und schenket Sieg,
    Oft Er zur Geißel rüstet
    Ihn, der als Mars sich brüstet.

Er führt uns unerforschte Bahn
Durch Fluth, Erdbeben und Orkan!

6.

Gereih't zur Schlacht stand Preußens Heer
 Das Feldgeschrei erhebend,
Da wallet hin, da wallet her,
 Halb schreitend und halb schwebend,
Die weiße Frau! — Zwar Alle schaun
Sie nicht, doch schleicht ein bebend Gram
 Durch Aller Mark und Sehnen
 Den wackern Kriegessöhnen.

Der Stärkste, herrscht der Seuche Keim
In schwüler Luft, haucht so ihn ein.

7.

Die Warnende! — Doch wen bedroht
 Von Zellerns Sippschaftsstamme,
In Treffens Wuth der Ehrentod
 Durch Schwert und ferne Flamme?
Nein, solchem Opfer winket nicht
Vor Aller Blick das Warngesicht,
 Die ernste Waage schwebet,
 Sie schwebt, und aufwärts bebet —

Ach, Preußens Schaal'! — Und bleicher stand
Die weiße Frau an Sala's Strand!

8.

Wenn ach! zu Wehe, zu Gericht
    Herabgesandt der Rächer
Einhertritt, o dann säumet nicht
    Sein schärfster Pfeil im Köcher!
Der Bogen klang — — — das Mordgeschoß
Wie flog's! — — Ein Augenpaar sich schloß,
    Der Völker Trauerhülle
    Deckt Gram's und Jammer's Fülle.

    Luise liegt! Sie schlummert hin,
    Die allgefeierte Königinn!

9.

Wie blühte sie im Zauberkranz
    Der Grazien, wie strahlte
Ihr Auge, das des Himmels Glanz,
    Ihn spiegelnd, schöner malte!
Die Edle! Harm und Seelenschmerz
Brach ihr das warme, hohe Herz.
    Das Weh' im Vaterlande
    Sprengt' ihres Lebens Bande.

    Einst sah' ich sie, so hold, so schön,
    Bei'm Nymphentanz als Göttinn stehn!

14.

Wohl euch! Den späten Siegstriumph
    Der Afterweisheit schauet
Ihr nicht, schaut nicht auf Modersumpf
    Die Babel = Thürn' erbauet.
Arachne's Dunstgespinnst, es siegt
Und Pallas Götterkraft erliegt!
    Nun, Spinnen gleich, Sophisten
    In allen Winkeln nisten!

    Da, als Sophia's Hüll' erblich,
    Erschien die Weiße? — — Elia, sprich!

15.

Sie schweigt und schwieg, da fragend ich
    Nach jener forscht', ob zeigte
Sie sich, als Friedrichs Wang' erblich,
    Als sein Gestirn sich neigte,
Ob sie, die einst er höhnte, da
Die weiße Frau, ob ahnend sah
    Der fernen Wolke Wetter
    Her drohn, der große Spötter?

    O, hättest du verschmäht, zu klein
    Für dich, Voltaire's Spöttelei'n!

12.

Wie abendlich durch Blüthenduft
  Die Schwalb' auf Zephyrs Flügel,
Verheißend feuchte Labsalluft,
  Streift über Teiches Spiegel;
Die Muse so, als unverwandt
Ich sinnend, trüb' und grübelnd stand,
  Umschwebt' in engen Ringen
  Mein Haupt auf Psyche's Schwingen.

  Sie schwebet her, sie schwebet hin
  Und heller tagt's in meinem Sinn.

13.

Ist ihr der Jammerstunde Sand,
  Wie schleichend ach! verronnen?
Hat ihr, nach schwerem Büßungsstand'
  Ein weich'rer Pfad begonnen? — — —
Ist's Ahnungsschau'r? Bist's, Muse, du?
Mir raunt ein leises Flüstern zu:
  Daß nun in milder Sphäre
  Den Läut'rungskelch sie leere.

  Viel sind der Stufen, diese steigt
  Empor, hinab sich jene neigt.

Epilog.

Im Beginn des Jahres 1814.

Zum Ausflug·längst gerüstet und geschmückt,
Mein gutes Büchlein, harmlos, sonder Schuld
Und Arglist, mußte schmachten, aufgehäuft
Im Winkel des Gewölb's, mit Tausenden
Zu Kerker's Nacht verdammt — Noch dehnte weit
Verfinsternd ihre Eulenfittige
Vandalen=Barbarei, die treue Magd
Von Alters her, wie männiglich bekannt,
Der Tyrannei, die auf erschlich'nem Thron
Vor jedem Schimmer, den des Volkes Aug'
Erhasche, bebt von Fuß zu Diadem;
Und, gleich verpönter fremder Waare — wohl
Euch drüben fremd! — der Muse lieblich Spiel,
Ein Dorn in jedem Schalksaug' je und je,
Mit Acht und Scheitergluth zu tilgen strebt.

19*

Verschwunden die Gewitterwolk'! und, o,
Zersplittert nun das Joch! — Es athmete
Vom schönen, blauen Himmel sanft herab
Ein Weh'n, ein Wall'n, ein heil'ger Segenshauch,
Ein Gottesodem! Alles lebt und webt
In Lenzes Blüth' und Kraft. — Wie glüht's, wie
stürmt's
In jeder Ader, zuckt's in jedem Arm!
Wie wiehrt's, wie stäubt's, und vor dem Deutschen
Heer
Wie stürzt in Fluchtgetümmel hin der Feind! —

Wo weht's, wo wallt's, wo flammt es herrlicher
Als dort in dir, du Zollerns Heldenvolk,
Du, Eines Herzens Alle, Eines Geist's,
Von Thron zu Hütt'? — Auf Adlerschwingen fleugt
Von Sieg zu Sieg! Es schwebt des Danks Gewölk'
Euch nach, entzündet auf des Vaterlands
Altar und jedes Deutschen Opferheerd. —

O, schaute Sie's von ihrer Himmelshöh',
Sie, der in edlem Jammer brach das Herz! —
Getrost! Sie segnend blickt, der Wonne Zähr'
Im Aug', auf dich, du hohe Kriegerschaar,
Ihn schirmend, Ihn, der, wo's entflammter tobt,
Voran in's Schlachtgewimmel stürzend, schwingt
Der Klinge Blitz, gehärtet Schwert und Arm,
Auf tausendjähr'gem Amboß seines Stamms —

Stamms, ha! gegen den ein Irrlichtsstrahl
gst zuckte. — Schöpft aus allen Quell'n des
Spotts!
lan! der vollen Eimer Bogenguß!
) wack'rer Traufe schalle laut umher
Lache Hohn, von Echo nachbegrüßt! —
Eiche steht! hebt in der Zukunft Wolk'
or der Wipfel Haupt, so hoch, als tief
Wurzel, Alfred's Kern und Wittekind's
Carl's entkeimt, im Schooß der Urzeit rankt.

6.

Gereiht zur Schlacht stand Preußens Heer
   Das Feldgeschrei erhebend,
Da wallet hin, da wallet her,
   Halb schreitend und halb schwebend,
Die weiße Frau! — Zwar Alle schaun
Sie nicht, doch schleicht ein bebend Graun
   Durch Aller Mark und Sehnen
   Den wackern Kriegessöhnen.

   Der Stärkste, herrscht der Seuche Keim
   In schwüler Luft, haucht so ihn ein.

7.

Die Warnende! — Doch wen bedroht
   Von Zellerns Sippschaftsstamme,
In Treffens Wuth der Ehrentod
   Durch Schwert und ferne Flamme?
Nein, solchem Opfer winket nicht
Vor Aller Blick das Warngesicht,
   Die ernste Waage schwebet,
   Sie schwebt, und aufwärts bebet —

   Ach, Preußens Schaal'! — Und bleicher stand
   Die weiße Frau an Sala's Strand!

4.

Stets spann und spann der Schwestern Hand
　　Am furchtbar'n Schicksalsrocken,
Geheftet ist auf Sprea's Strand
　　Ihr Aug' itzt starr und trocken.
Schon Wetterwolken ziehn, bedrohn
Den heerumringten Königsthron;
　　Am Grab der Heldenahnen
　　Rauscht's in erfiegten Fahnen.

Ein Ahnungsschau'r durch Friedrichs Schwert
Auf Friedrichs Sarge zuckend fährt.

5.

Aus Feuerschlünden Donner rollt
　　In beiden Streiterheeren,
Doch beide stehn in Eines Sold,
　　Des Rathschluß beide lehren.
Er spendet Frieden, winkt dem Krieg,
Gebietet Flucht und schenket Sieg,
　　Oft Er zur Geißel rüstet
　　Ihn, der als Mars sich brüstet.

Er führt uns unerforschte Bahn
Durch Fluth, Erdbeben und Orkan!

10.

Wo schritt einher sie warnend da,
    Um Sorg' und Angst zu wecken,
Weß Ohr vernahm, weß Auge sah
    Die Spenderinn der Schrecken?
Wo, dort in Schlosses Hallen stand
Die Weiße, wankte, schwebte, schwand?
    Durch's Graun der Nacht wo dröhnte
    Die Klage, die sie stöhnte?

Ihr Wächter, Hüter, ruft und du,
O Mitternacht, mir Kunde zu!

11.

Umsonst! Die öde Still' erstummt,
    Schweigt jeder Forscherfrage,
Kein Lispel haucht, kein Flüstern summt,
    Nichts raunt Erscheinungssage — — —
Aus Brennus Heldenstamme sie
Die schönste Blüthensprosse — — — — sie
    Welkt und kein Warnungszeichen
    Verkündet ihr Erbleichen?

Verkünderinn des Jammers, wo
Erschienst, erschollst du warnend, wo?

8.

Wenn ach! zu Wehe, zu Gericht
   Herabgesandt der Rächer
Einhertritt, o dann säumet nicht
   Sein schärfster Pfeil im Köcher!
Der Bogen klang — — — das Mordgeschoß
Wie flog's! — — Ein Augenpaar sich schloß,
   Der Völker Trauerhülle
   Deckt Gram's und Jammer's Fülle.

Luise liegt! Sie schlummert hin,
Die allgefeierte Königinn!

9.

Wie blühte sie im Zauberkranz
   Der Grazien, wie strahlte
Ihr Auge, das des Himmels Glanz,
   Ihn spiegelnd, schöner malte!
Die Edle! Harm und Seelenschmerz
Brach ihr das warme, hohe Herz.
   Das Weh' im Vaterlande
   Sprengt' ihres Lebens Bande.

Einst sah' ich sie, so hold, so schön,
Bei'm Nymphentanz als Göttinn stehn!

14.

Hinweg aus unsers Blick's Gefild'
  Ist ihr Gespenst geschieden,
Doch uns ein dichter Schleier hüllt
  Das Loos, das ihr beschieden — — —
Einst schallt ein Ruf — — dann schwebt empor,
Nicht büßend mehr, ein Geisterchor,
  Im glänzenden Gewimmel
  Auch sie zum Sternenhimmel!

Allvater waltet und Sein Herz
Ist größer als ein Menschenherz!

12.

Wie abendlich durch Blüthenduft
  Die Schwalb' auf Zephyrs Flügel,
Verheißend feuchte Labsalluft,
  Streift über Teiches Spiegel;
Die Muse so, als unverwandt
Ich sinnend, trüb' und grübelnd stand,
  Umschwebt' in engen Ringen
  Mein Haupt auf Psyche's Schwingen.

  Sie schwebet her, sie schwebet hin
  Und heller tagt's in meinem Sinn.

13.

Ist ihr der Jammerstunde Sand,
  Wie schleichend ach! verronnen?
Hat ihr, nach schwerem Büßungsstand'
  Ein weich'rer Pfad begonnen? — — —
Ist's Ahnungsschau'r? Bist's, Muse, du?
Mir raunt ein leises Flüstern zu:
  Daß nun in milder Sphäre
  Den Läut'rungskelch sie leere.

  Viel sind der Stufen, diese steigt
  Empor, hinab sich jene neigt.

Verschwunden die Gewitterwolk'! und, o,
Zersplittert nun das Joch! — Es athmete
Vom schönen, blauen Himmel sanft herab
Ein Weh'n, ein Wall'n, ein heil'ger Segenshauch,
Ein Gottesodem! Alles lebt und webt
In Lenzes Blüth' und Kraft. — Wie glüht's, wie
                                    stürmt's
In jeder Ader, zuckt's in jedem Arm!
Wie wiehrt's, wie stäubt's, und vor dem Deutschen
                                    Heer
Wie stürzt in Fluchtgetümmel hin der Feind! —

Wo weht's, wo wallt's, wo flammt es herrlicher
Als dort in dir, du Zollerns Heldenvolk,
Du, Eines Herzens Alle, Eines Geist's,
Von Thron zu Hütt'? — Auf Adlerschwingen fleugt
Von Sieg zu Sieg! Es schwebt des Danks Gewölk
Euch nach, entzündet auf des Vaterlands
Altar und jedes Deutschen Opferheerd. —

O, schaute Sie's von ihrer Himmelshöh',
Sie, der in edlem Jammer brach das Herz! —
Getrost! Sie segnend blickt, der Wonne Zähr'
Im Aug', auf dich, du hohe Kriegerschaar,
Ihn schirmend, Ihn, der, wo's entflammter tobt,
Voran in's Schlachtgewimmel stürzend, schwingt
Der Klinge Blitz, gehärtet Schwert und Arm,
Auf tausendjähr'gem Amboß seines Stamms —

Des Stamms, ha! gegen den ein Irrlichtsstrahl
Jüngst zuckte. — Schöpft aus allen Quell'n des
Spotts!
Wohlan! der vollen Eimer Bogenguß!
Nach wack'rer Traufe schalle laut umher
Der Lache Hohn, von Echo nachbegrüßt! —
Die Eiche steht! hebt in der Zukunft Wolk'
Empor der Wipfel Haupt, so hoch, als tief
Die Wurzel, Alfred's Kern und Wittekind's
Und Carl's entkeimt, im Schooß der Urzeit rankt.

Verschwunden die Gewitterwolk'! und, o,
Zersplittert nun das Joch! — Es athmete
Vom schönen, blauen Himmel sanft herab
Ein Weh'n, ein Wall'n, ein heil'ger Segenshauch,
Ein Gottesodem! Alles lebt und webt
In Lenzes Blüth' und Kraft. — Wie glüht's, wie
stürmt's
In jeder Ader, zuckt's in jedem Arm!
Wie wiehrt's, wie stäubt's, und vor dem Deutschen
Heer
Wie stürzt in Fluchtgetümmel hin der Feind! —

Wo weht's, wo wallt's, wo flammt es herrlicher
Als dort in dir, du Zollerns Heldenvolk,
Du, Eines Herzens Alle, Eines Geist's,
Von Thron zu Hütt'? — Auf Adlerschwingen fleugt
Von Sieg zu Sieg! Es schwebt des Danks Gewölk'
Euch nach, entzündet auf des Vaterlands
Altar und jedes Deutschen Opferheerd. —

O, schaute Sie's von ihrer Himmelshöh',
Sie, der in edlem Jammer brach das Herz! —
Getrost! Sie segnend blickt, der Wonne Zähr'
Im Aug', auf dich, du hohe Kriegerschaar,
Ihn schirmend, Ihn, der, wo's entflammter tobt,
Voran in's Schlachtgewimmel stürzend, schwingt
Der Klinge Blitz, gehärtet Schwert und Arm,
Auf tausendjähr'gem Amboß seines Stamms —

Des Stamms, ha! gegen den ein Irrlichtsstrahl
Jüngst zuckte. — Schöpft aus allen Quell'n des
Spotts!
Wohlan! der vollen Eimer Bogenguß!
Nach wack'rer Traufe schalle laut umher
Der Lache Hohn, von Echo nachbegrüßt! —
Die Eiche steht! hebt in der Zukunft Wolk'
Empor der Wipfel Haupt, so hoch, als tief
Die Wurzel, Alfred's Kern und Wittekind's
Und Carl's entkeimt, im Schooß der Urzeit rankt.

Vorbericht, 7te Seite. Zeile 10.

Aus Epicur's und Sabdoc's Schülerzunft,

Sabdoc, der Stifter der Sadducäer, die da sagen,
es sei keine Auferstehung, noch Engel, noch Geist.

Apost. Gesch. XXIII. 8.

Vorbericht, 7te Seite. Zeile 21, 22.

Die Hamlet, als den König auch, wie Euch
Ein solcher Floh im Ohre saß, ihm gab.

S. Shakespear's Hamlet Act. III. Sc. VI

Vorbericht, 8te Seite. Zeile 16.

Ein reißend Thier mit tausend Köpfen ist.

Bellua multorum capitum.

Horat. Lib. I. Epist I. 76.

Vorbericht, 8te Seite. Zeile 20. 21.

. . . . "Mir genügt
Des Ritters Lob, das preisend mir ertönt."

. . . . Satis est equitem mihi plaudere, ut audax,
Contemtis aliis, explosa Arbuscula dixit.

Horat. Lib. I. Sat. X. 76, 77.

Seite 229. Strophe 1. Zeile 5.

Wohl Tibur's Leyersänger spricht.

.... Neque amissos colores
Lana refert medicata fuco.

Horat. L. III. Od. V. 27. 28.

Nie wieder zeigt verlorne Farben,
Ward sie in Schminke getaucht, die Wolle.

Seite 231. Str. 5. Zeile 9.

Des Sängers Finger: Wanne! winkt.

Wanne! Ein Ausruf der Bewunderung oder
Schlimmes ahnender Warnung. Wanne, Wanne, we
will dy dat bekamen!. S. das Idioticon Hamburgense,
von Richey. Ausgabe von 1755. Seite 213. Es
hängt mit den Wörtern Wahn, Wan, Won zusammen, bei
welchen Haltaus' in seinem Glossario germ. med. aevi
ed. 1758. pag. 2018 anmerkt, daß es laut Braunschweig-
schen Gesetzen verboten gewesen sei, Jemanden bi Wäne,
wegen bloßer Vermuthung, Meinung oder wegen eines
bloßen Gerüchtes bei'm Fehmgericht zu verklagen, und er
verweiset auf Pistor Amoenit. Jurid. P. IV. S. 865. —
Schilter erklärt wanen vereri befürchten, besorgen,
und belegt diese Bedeutung durch Stellen aus Notker's
Uebersetzung der Psalmen. Vergl. auch Wachter's
Glossar. germ. Lp. 1737. S. 1819 unter den Wörtern Wan, Won und wenen.

Seite 232. Str. 7. Zeile 4.

Den Sohn der Frau Beate.

Beate, oder Beatrix, Fürstinn von Meran. Siehe
den Vorbericht.

Seite 235. Str. 13. Zeile 9.

Die schöne Tyndaride sah . . . .

Die schöne Helena wird nach dem Lacedämonischen
Könige Tyndarus, Gemahl ihrer Mutter Leda, also
genannt; daher ihre Brüder, die Dioskuren Pollux
und Kastor, die beide das Zwillingsgestirn bilden, nachdem das Gebet des Pollux auch seinem Bruder den
Himmel erworben hatte, auch Tyndariden heißen.

Jamque tibi coelum, Pollux, sublime patebat,
  Cum, mea, dixisti, percipe verba, pater,
Quod mihi das uni, coelum partire duobus,
  Dimidium toto munere majus erit.

Ovid. Fast. V. 715 — 718.

Schon stand offen für dich der hohe Himmel, o Pollux,
  Als du ruftest: Vernimm, Vater, mein flehendes
Wort,
Theile, den du mir bietest, den Himmel unter uns
Beiden,
  Mehr wird die Hälfte mir dann seyn als das ganze
Geschenk.

Seite 237. Str. 1. Zeile 9.

Was treibst du? frägt Sesostris ihn.

Diese Thatsache, die zwar den frevelnden Stolz,
doch aber auch die Größe jenes egyptischen Königes
beweiset, der sogleich in sich zu gehen und Genug-
thuung zu geben vermochte, wird von glaubwürdigen
Geschichtschreibern erzählt.

Seite 241. Str. 9. Zeile 5.

Die Dryas, vor der Stirn gelockt,

Die Dryas des verbotenen Baumes, hier die Gelegenheit. Die Göttinn Occasio wurde mit fliegenden Locken vor der Stirne, und kahl im Nacken abgebildet. Die weisen Alten hatten ihr die Göttinn Μετανοια, die Reue, als Gefährtinn zugesellt.

Sum Dea quae facti, non factique exigo poenas,
Nempe ut poeniteat sic Metanoea vocor.

Ausonius.

Ich als Göttinn räche die That, auch ihre Versäumniß;
Buße gebiet' ich und drum nennen die Reue sie
mich.

Seite 242. Str. 10. Zeile 10.

Du Schöner, warst kein Scipio!

Anspielend auf jenen edlen Zug im Leben des ersten Scipio Africanus, als er die Schönste der Gefangenen, deren blendende Reitz?, da man sie ihm, dem Feldherrn, zuführte, das gesammte Heer bewunderte, heilig bewahrt, ihrem Bräutigam, dem jungen spanischen Fürsten Allucius zurückgab.

Livius XXVI. 50.

Eine tugendliche Enthaltsamkeit, die um so mehr Bewunderung verdient, da Scipio jung, ehlos und Sieger war.

. . . . et juvenis et coelebs et victor . . . .

Valer. Max. IV. 3.

Seite 242. Str. 11. Zeile 10.
O Schwester, Psyche-Agnes, ...

Die hohe Dichtung einer Psyche, die so mannigfal=
tige, vielumfassende, erhabene und rührende Vorstellun=
gen in uns erreget, deutet auch, durch die Schmetter=
lingsflügel, die jenem zarten, zwischen Himmel und Erde
schwebenden Wesen, gegeben sind, auf die Unsterblichkeit
der Seele, deren Sinnbild das verwandelte Sommer=
vögelchen war, welches, zugleich mit Leben und Seele,
durch das griechische Wort ψυχή benennet wird.

Sie, der jeder liebliche Name gebührt, und deren
Eigener vor Entweihung geschützet werden mußte, o,
wie erweckte Sie schon hier die rege Empfindung, daß
Sie sei — um in Dante's Worten zu reden —

Nata per formar l'angelica Farfalla!

Seite 243. Str. 1. Zeile 1.
Wie singt mein alter Freund?

Eine freie Uebersetzung von Anacreons Ode: Φύσις
κέρατα ταύροις.

Siehe eine wörtliche in den Uebersetzungen Griechi=
scher Gedichte.

Seite 243. Str. 1. Zeile 9. 10.
Verschwieg der Greis, daß Weiberlist
Des Venusgürtels Brämung ist?

Den Venusgürtel oder Cestus, beschreibt Ho=
mer, als Venus, auf Juno's schlaue Bitte, dieser ihn
leihend gab:
Lösend unter den Brüsten den Gürtel, der Grazien
Kunstwerk,
Zierlich gestickt, der die Fülle der Zauberreize vereinigt,

Verschwunden die Gewitterwolk'! und, o,
Zersplittert nun das Joch! — Es athmete
Vom schönen, blauen Himmel sanft herab
Ein Weh'n, ein Wall'n, ein heil'ger Segenshauch,
Ein Gottesodem! Alles lebt und webt
In Lenzes Blüth' und Kraft. — Wie glüht's, wie
                                        stürmt's
In jeder Ader, zuckt's in jedem Arm!
Wie wiehrt's, wie stäubt's, und vor dem Deutschen
                                        Heer
Wie stürzt in Fluchtgetümmel hin der Feind! —

Wo weht's, wo wallt's, wo flammt es herrlicher
Als dort in dir, du Zollerns Heldenvolk,
Du, Eines Herzens Alle, Eines Geist's,
Von Thron zu Hütt'? — Auf Adlerschwingen fleugt
Von Sieg zu Sieg! Es schwebt des Danks Gewölk'
Euch nach, entzündet auf des Vaterlands
Altar und jedes Deutschen Opferheerd. —

O, schaute Sie's von ihrer Himmelshöh',
Sie, der in edlem Jammer brach das Herz! —
Getrost! Sie segnend blickt, der Wonne Zähr'
Im Aug', auf dich, du hohe Kriegerschaar,
Ihn schirmend, Ihn, der, wo's entflammter tobt,
Voran in's Schlachtgewimmel stürzend, schwingt
Der Klinge Blitz, gehärtet Schwert und Arm,
Auf tausendjähr'gem Amboß seines Stamms —

ändlich und geistlos, hätte gelebt in der Buhlerinn
Frohndienst,
bezaubert zum Hunde, zur Unflaths-Freundinn der
Mastsau.
Horaz. Briefe B. I. 1. 23 — 26.

Seite 248. Str. 10. Zeile 5. 6.

Er spricht: "Der Gräfinn Orlamünd'
Ist Hinderniß ihr Zwillingskind, u. s. w.

Im "Brandenburgischen Cedernhain, aus denen Ar-
en zusammengetragen durch J. M. Rentsch, Hoch-
lich-Brandenburgischen Hofprediger. Bareuth 1682.
317." heißt es wörtlich:
"-Die schöne Gestalt und hohe Meriten dieses Herrn,
s Burggrafen Albrecht) sein aber einer jungen, hitzi-
Dame zum Gift worden, denn nachdem Graf Otto
Orlamünde gar jung verstorben, warf die hinter-
ene Wittwe, die zu Plaßenburg wohnte, ihre Liebe
diesen schönen Burggrafen Albrecht..
Man brachte ihr aber vor, es habe der Burggraf
vernehmen lassen:
"Die Gräfinn von Orlamünd
Hindern Vier Augen und Zwei Kind."
rauf sie ihren beiden kleinen Kindern eine große Na-
auf den Kopf, durch die Hirnschale gestoßen, also
e Anzeichen einer Wunde getödtet. Doch hat end-
göttliche Rache den Mord an den Tag gebracht,
sein die beiden Kinder in das Kloster Himmels-
n begraben, die Kindermörderin aber zum Hof in
ge Gefangenschaft verurtheilt worden. Deren Kin-
Grab wird noch in Himmelscron fremden Leuten
gezeiget."

Hofmann in seinen Bambergischen Annalen
§. 81. behauptet: daß zu seiner Zeit, nach drittehalb
hundert Jahren, die Köpfe der beiden Kinder noch un-
versehet gewesen wären.

Seite 260. Str, 14. Zeile 9.
O Majestät von Ninive,

Wollten meine Leser und Leserinnen die Schilderung
der ernsten, den angedrohten Untergang von Ninive ab-
wendenden Buße des Königes und des Volkes jener
großen Stadt, im Propheten Jonas nachlesen, so
würde gewiß auch ihnen manche nahe liegende Anwen-
dung den Seufzer erpressen:
O, Majestät von Ninive,
Du wärst der Mann für unser Weh'!

Seite 262. Str. 19. Zeile 9. 10.
Allvater waltet! Und Sein Herz
Ist größer als ein Menschen Herz!
Siehe 1. Epistel Johannis III. 20.

Seite 263. Str. 1. Zeile 1.
O, jene Warnungsstimme! . . . .
Socrates deutet wiederholt auf einen — um in seinen eigenen Worten zu reden — ihn, von seiner Kindheit an, durch göttliche Fügung begleitenden Dämon,
den er eine geistige, göttliche Stimme nennet, die ihn
oftmals warnend abhalte, ihn aber nie zu etwas antreibe.
So äußerte er sich ruhig und bestimmt vor seinen
Richtern, auch nach seiner Verurtheilung, kurz vor seinem Tode.

Die Weifen des Alterthum, denen der Glaube an
1 begleitenden Genius, es fei ein Schußgeist, oder,
das, dem Brutus erfcheinende Gefpenft (fiehe
:ns Lib. IV. und Plutarch in Brutus und in Cä:
: Leben) fich felbft nannte, ein böfer Dämon, über:
:t nicht fremd war, nahmen es auf fein Wort an,
ie gleich von ihren Deutungen von einander abwei:
. So Xenophon, Cicero, Plutarch und andere mehr.
Ziehe vorzüglich Plato's Theages und Apologie, in
auch hierüber mit lehrreichen Erläuterungen ver:
len Ueberfeßungen des Grafen Fr. L. zu Stolberg.

Seite 269. Str. 13. Zeile 7.

So wie einft Pytho's Drache,

bos traf ihn und Nacht umhüllt die Augen des
Drachen;

er verwef'te, vom heiligen Strahl der Sonne ge:
troffen;

:dem heißet Pytho der Drache und Pythios nennen
ig Phöbus:Apollon die Völker, weil dort von dem
fcharfen,

chtigen Strahle der Sonne das Ungeheur verwef'te.
Homer's Hymnus an Apollon 370—374.

Seite 269. Str. 13. Zeile 10.

Entftrahlt des Silberblicks Schein!

Jener leuchtende Glanz des gefchmolzenen Silbers,
nach Verfchlackung des unedlen Metalls, in dem
enblick der völlig geläuterten Oberfläche, wie ein
: hervorftrahlt, heißt in der Bergmannsfprache
erblick.

Seite 270. Str. 15. Zeile 1—4.

.... Sehnend strebt
Wohl manches Schattens Wille,
Von Sinnenbanden noch umwebt,
Nach gröb'rer Leibeshülle,

Die, von uralten Zeiten her in Egypten (Herodot
Euterpe 123.) und im Morgenlande, ja noch jetzt von
allen Völkerstämmen Indiens geglaubte Lehre der See=
lenwanderung, hatte sich durch Pythagoras auch in Eu=
ropa verbreitet. Pindar läßt diejenigen geprüften See=
len, die dreimal auf Erden und dreimal im Todtenreiche
unsträflich geblieben waren, hin wallen —

Hin zum Wonnegestad', hin zu der Seligen
Inseln, da wo des Meers säuselnder Zephyrhauch
Sanft anathmet der Blüthen
Goldne Füll' in dem Schattenhain.

Wo, von Quellen gesäugt, Blumen, und Blumen auf
Flurgefilden ernährt, blühn und mit duftenden
Festgewinden bekränzen
Haupt und Arme der Seligen
Nach Pindar's 2ter Olympischen Hymne.

Seite 273. Str. 1. Zeile 1.

Vor Jahren einst, bei frischem Hauch, u. s. w.

Was der Dichter hier erzählt, ist ihm selbst auf der
Rhede von Kopenhagen wörtlich so wiederfahren.

Seite 275. Str. 4. Zeile 8.
Die heil'ge Isishülle.

Der Tempel der Egyptischen Göttinn Isis, unter
deren Bilde die allnährende Natur verehrt wurde, hatte

lgende Inſchrift: Ich bin Alles da was war, iſt und
yn wird, keiner der Sterblichen hat meinen Schleier
ufgedeckt.

Plutarch, in ſeine Abhandlung über Iſis und Oſiris.

Seite 276. Str. 7. Zeile 9. 10.
Die weiße Frau! Sie, allbekannt,
Zuerſt geſehn in Frankenland.
Siehe den Vorbericht.

Seite 277. Str. 9. Zeile 1.
Erleſ'ner Schützen Palme, du,

Der Churfürſt Johann Stegesmund von Branden-
rg war ein ſo trefflicher Schütze, daß er einſt aus ſei-
m Wagen eine hoch über ihm ſchwebende weiße Lerche
it der Piſtole ſchoß, welches der, eben damals bei
m Churfürſten im Wagen ſitzende, bekannte Taubmann,
einem Lattiniſchen Epigramm beſungen hat. Eine
eiße Lerche iſt übrigens keine Fabel, unter der Vögel-
mmlung zu Chantilli befindet ſich eine ſolche. —
Siehe auch den Vorbericht.

Seite 278. Str. 10. Zeile 1.
Einſt ſtrafte ſie des Dünkels Blähn u. ſ. w.
Siehe den Vorbericht.

Seite 279. Str. 13. Zeile 1.
Der Weisheit Jüngerinn

Sophia Charlotte, Prinzeſſinn von Braun-
hweig-Hannover, Gemahlinn des erſten Königes von

20*

Seite 229. Strophe 1. Zeile 5.

Wohl Tibur's Leyersänger spricht.

. . . . Neque amissos colores
Lana refert medicata fuco.

Horat. L. III. Od. V. 27. 28.

Nie wieder zeigt verlorne Farben,
Ward sie in Schminke getaucht, die Wolle.

Seite 231. Str. 5. Zeile 9.

Des Sängers Finger: Wanne! winkt.

Wanne! Ein Ausruf der Bewunderung oder
Schlimmes ahnender Warnung. Wanne, Wanne, we
will dy dat bekamen!. S. das Idioticon Hamburgense,
von Richey. Ausgabe von 1755. Seite 213. Es
hängt mit den Wörtern Wahn, Wan, Won zusammen, bei
welchen Haltaus in seinem Glossario germ. med. aevi
ed. 1758. pag. 2018 anmerkt, daß es laut Braunschweig-
schen Gesetzen verboten gewesen sei, Jemanden bi Wäne,
wegen bloßer Vermuthung, Meinung oder wegen eines
bloßen Gerüchtes bei'm Fehmgericht zu verklagen, und er
verweiset auf Pistor Amoenit. Jurid. P. IV. S. 865. —
Schilter erklärt wanen vereri befürchten, besorgen,
und belegt diese Bedeutung durch Stellen aus Notker's
Uebersetzung der Psalmen. Vergl. auch Wachter's
Glossar. germ. Lp. 1737. S. 1819 unter den Wörtern Wan, Won und wenen.

Seite 232. Str. 7. Zeile 4.

Den Sohn der Frau Beate.

Beate, oder Beatrix, Fürstinn von Meran. Siehe
den Vorbericht.

Seite 235. Str. 13. Zeile 9.

Die schöne Tyndaride sah . . . .

Die schöne Helena wird nach dem Lacedämonischen
Könige Tyndarus, Gemahl ihrer Mutter Leda, also
genannt; daher ihre Brüder, die Dioskuren Pollux
und Kastor, die beide das Zwillingsgestirn bilden, nachdem das Gebet des Pollux auch seinem Bruder den
Himmel erworben hatte, auch Tyndariden heißen.

Jamque tibi coelum, Pollux, sublime patebat,
   Cum, mea, dixisti, percipe verba, pater,
Quod mihi das uni, coelum partire duobus,
   Dimidium toto munere majus erit.

Ovid. Fast. V. 715 — 718.

Schon stand offen für dich der hohe Himmel, o Pollux,
   Als du ruftest: Vernimm, Vater, mein flehendes
      Wort,
Theile, den du mir bietest, den Himmel unter uns
      Beiden,
  Mehr wird die Hälfte mir dann seyn als das ganze
      Geschenk.

Seite 237. Str. 1. Zeile 9.

Was treibst du? frägt Sesostris ihn.

Diese Thatsache, die zwar den frevelnden Stolz,
doch aber auch die Größe jenes egyptischen Königes
beweiset, der sogleich in sich zu gehen und Genug-
thuung zu geben vermochte, wird von glaubwürdigen
Geschichtschreibern erzählt.

Seite 241. Str. 9. Zeile 5.

Die Dryas, vor der Stirn gelockt,

Die Dryas des verbotenen Baumes, hier die Ge=
legenheit. Die Göttinn Occasio wurde mit fliegenden
Locken vor der Stirne, und kahl im Nacken abgebildet.
Die weisen Alten hatten ihr die Göttinn Μετανοια, die
Reue, als Gefährtinn zugesellt.

Sum Dea quae facti, non factique exigo poenas,
Nempe ut poeniteat sic Metanoea vocor.

                                        Ausonius.

Ich als Göttinn räche die That, auch ihre Versäumniß;
    Buße gebiet' ich und drum nennen die Reue sie
                        mich.

Seite 242. Str. 10. Zeile 10.

Du Schöner, warst kein Scipio!

Anspielend auf jenen edlen Zug im Leben des ersten
Scipio Africanus, als er die Schönste der Gefangenen,
deren blendende Reitz?, da man sie ihm, dem Feld=
herrn, zuführte, das gesammte Heer bewunderte, heilig
bewahrt, ihrem Bräutigam, dem jungen spanischen
Fürsten Allucius zurückgab.

                            Livius XXVI. 50.

Eine tugendliche Enthaltsamkeit, die um so mehr
Bewunderung verdient, da Scipio jung, ehlos und
Sieger war.

.... et juvenis et coelebs et victor ....
                        Valer. Max. IV. 5.

Seite 242. Str. 11. Zeile 10.

O Schwester, Psyche=Agnes, ...

Die hohe Dichtung einer Psyche, die so mannigfal=
tige, vielumfassende, erhabene und rührende Vorstellun=
gen in uns erreget, deutet auch, durch die Schmetter=
ingsflügel, die jenem zarten, zwischen Himmel und Erde
chwebenden Wesen, gegeben sind, auf die Unsterblichkeit
er -Seele, deren Sinnbild das verwandelte Sommer=
ögelchen war, welches, zugleich mit Leben und Seele,
urch das griechische Wort ψυχη benennet wird.

Sie, der jeder liebliche Name gebührt, und deren
Eigener vor Entweihung geschützet werden mußte, o,
die erweckte Sie schon hier die rege Empfindung, daß
Sie sei — um in Dante's Worten zu reden —

Nata per formar l'angelica Farfalla!

Seite 243. Str. 1. Zeile 1.

Wie singt mein alter Freund?

Eine freie Uebersetzung von Anacreons Ode: Φύσις
ίκατα τάυξοις.

Siehe eine wörtliche in den Uebersetzungen Griechi=
her Gedichte.

Seite 243. Str. 1. Zeile 9. 10.

Verschwieg der Greis, daß Weiberlist
Des Venusgürtels Brämung ist?

Den Venusgürtel oder Cestus, beschreibt Ho=
er, als Venus, auf Juno's schlaue Bitte, dieser ihn
hend gab:

sfend unter den Brüsten den Gürtel, der Grazien
                                        Kunstwerk,
ierlich gestickt, der die Fülle der Zauberreize vereinigt,

Verschwunden die Gewitterwolk'! und, o,
Zersplittert nun das Joch! — Es athmete
Vom schönen, blauen Himmel sanft herab
Ein Weh'n, ein Wall'n, ein heil'ger Segenshauch,
Ein Gottesodem! Alles lebt und webt
In Lenzes Blüth' und Kraft. — Wie glüht's, wie
                                                stürmt's
In jeder Ader, zuckt's in jedem Arm!
Wie wiehrt's, wie stäubt's, und vor dem Deutschen
                                                Heer
Wie stürzt in Fluchtgetümmel hin der Feind! —

        Wo weht's, wo wallt's, wo flammt es herrlicher
Als dort in dir, du Zollerns Heldenvolk,
Du, Eines Herzens Alle, Eines Geist's,
Von Thron zu Hütt'? — Auf Adlerschwingen fleugt
Von Sieg zu Sieg! Es schwebt des Danks Gewölk'
Euch nach, entzündet auf des Vaterlands
Altar und jedes Deutschen Opferheerd. —

        O, schaute Sie's von ihrer Himmelshöh',
Sie, der in edlem Jammer brach das Herz! —
Getrost! Sie segnend blickt, der Wonne Zähr'
Im Aug', auf dich, du hohe Kriegerschaar,
Ihn schirmend, Ihn, der, wo's entflammter tobt,
Voran in's Schlachtgewimmel stürzend, schwingt
Der Klinge Blitz, gehärtet Schwert und Arm,
Auf tausendjähr'gem Amboß seines Stamms —

Des Stamms, ha! gegen den ein Irrlichtsstrahl
Jüngst zuckte. — Schöpft aus allen Quell'n des
Spotts!
Wohlan! der vollen Eimer Bogenguß!
Nach wack'rer Traufe schalle laut umher
Der Lache Hohn, von Echo nachbegrüßt! —
Die Eiche steht! hebt in der Zukunft Wolk'
Empor der Wipfel Haupt, so hoch, als tief
Die Wurzel, Alfred's Kern und Wittekind's
Und Carl's entkeimt, im Schooß der Urzeit rankt.

Anmerkungen.

Vorbericht, 7te Seite. Zeile 10.

Aus Epicur's und Sadduc's Schülerzunft,

Sadduc, der Stifter der Sadducäer, die da sagen,
es sei keine Auferstehung, noch Engel, noch Geist.
Apost. Gesch. XXIII. 8.

Vorbericht, 7te Seite. Zeile 21, 22.

Die Hamlet, als den König auch, wie Euch
Ein solcher Floh im Ohre saß, ihm gab.

S. Shakespear's Hamlet Act. III. Sc. VI.

Vorbericht, 8te Seite. Zeile 16.

Ein reißend Thier mit tausend Köpfen ist.

Bellua multorum capitum.
Horat. Lib. I. Epist I. 76.

Vorbericht, 8te Seite. Zeile 20. 21.

. . . . "Mir genügt
Des Ritters Lob, das preisend mir ertönt."

. . . . Satis est equitem mihi plaudere, ut audax,
Contemtis aliis, explosa Arbuscula dixit.
Horat. Lib. I. Sat. X. 76, 77.

Preußen, hat durch ihre Freundschaft für Leibniz und
in ihren Briefen an ihn, sich selbst ein Denkmaal er;
richtet. Sie starb in sanfter Ruhe, eine weinende
Freundinn tröstend, und dort Oben wahre Erleuchtung
erwartend.

Frédéric I. se consola par la cérémonie de cette
pompe funèbre de la perte d'une épouse qu'il
n'auroit jamais assez pu regretter.

Mémoires de Brandebourg.

Seite 280. Str 15.

Siehe den Vorbericht.

Seite 284. Str. 2. Zeile 7. 8.

.... Mit Albrecht's Ahnen
Weh'n Stolberg's Wappenfahnen.

Der Vater des Burggrafen Albrecht des Schönen
ist des Dichters dreizehnter Vorfahr, hinauf zu Thassilo,
ersten Grafen von Zollern, Albrechts funfzehnten Ahn;
herrn, haben beide also gemeinschaftliche Voreltern;
so wie sich gleichfalls ihre beiderseitigen Ahnen, theils
in Otto, dem ersten Herzoge zu Braunschweig, Enkel
Heinrich des Löwen, vereinigen, und so bis zu der Alt;
Sachsen Herzog Wittekind, Albrechts zwanzigsten Ahn;
herrn, empor steigen, theils auch in Albert den Weisen,
Grafen zu Habsburg, zusammen treffen, der, durch
seine Tochter Clementia, des Burggrafen vierter, so
wie durch seinen großen Sohn, Kaiser Rudolph, des
Dichters siebzehnter Ahnherr ist.

Seite 287. Str, 8. Zeile 9. 10.

Luise liegt! Sie schlummert hin
Die allgefei'rte Königinn!

Die, von Mutter Natur mit der seltenen Gabe des
Schönen zum Guten so reichlich ausgestattete Königinn
von Preußen, starb im Juli-Monat 1810.

———

Epilog, Seite 293. Zeile 1. 2.

Des Stamms, ha! gegen den ein Irrlichtsstrahl
Jüngst zuckte. —

La maison de Hohenzollern a cessé de régner.

Epilog, Seite 293. Zeile 8. 9. 10.

.... so hoch, als tief
Die Wurzel, Alfred's Kern und Wittekind's
Und Carl's entkeimt, im Schooß der Urzeit rankt.

Carl der Große, Alfred der Große und Wittekind,
der Alt-Sachsen Herzog, sind Altväter des Königs von
Preußen. Wird jede der dreifachen Geschlechtsfolgen
durch Otto, ersten Herzog zu Braunschweig, Heinrich
des Löwen Enkel, geleitet, so ist Alfred des Königs
vier und dreißigsten Ahnherr, Carl der fünf und dreißigste
und Wittekind der sechs und dreißigste.

tismus gab, den Kriegsstand ordnete, den Durst nach
Wissenschaften erweckte, und mit so vielem Erfolge
für die Befriedigung dieses edlen Durstes wirkte; der
mit gleichem Eifer die herzerwärmende und geisterhel-
lende Fackel wahrer Aufklärung in die hohen Schulen
und in die kleinen Landschulen hineintrug.

Seit verschiedenen Jahren ist dieser erleuchtete
und fromme Domherr nicht mehr Minister. Desto
edler, vielleicht auch desto freier, wirket der wohlthätige Einfluß des Mannes, der nun ganz auf eigner
Größe beruhet.

Die Fürstinn Gallizin wird die Schriften des
weisen Hemsterhuys herausgeben. So wie der Philosoph dieser Diotima, als er lebte, seine Schriften
zur Prüfung unterwarf, *) hinterließ er ihr auch seine
Handschrift, mit der ausgedehnten Vollmacht, welche
des Geistes und des Herzens beider werth war.

Wir blieben dritthalb Tage im Hause der Fürstinn
Gallizin. Bei ihr lernten wir den Professor Oberberg
kennen, diesen rechtschaffenen Geistlichen, dessen Weisheit und Milde sich mit glühendem Eifer vereinigen.

Er ist einer der ersten Aufseher der höhern
Schulen, und giebt aus Liebe wöchentlich einige Pri-

---

*) In einigen seiner Schriften nennet er die Fürstinn
Gallizin Diotima, nach jener von den Göttern begei-
sterten Diotima, welcher Socrates in Platons Gast-
mahl hohe Weisheit zuschreibt, und von ihr gelernt
zu haben sagt.

Gedruckt bei Johann Georg Langhoff's Wittwe.

Gesammelte Werke

der Brüder

Christian und Friedrich Leopold

Grafen zu Stolberg.

Sechster Band.

Hamburg,
bei Friedrich Perthes.
1827.

Reife

in Deutſchland, der Schweiz, Italien und Sicilien.

———

Erſter Band.

Sechſter Theil.

— — Natura volse
Mostrar qua giù quanto la sù potea.

Petrarca.

Hienieden wollte die Natur uns zeigen
Wie viel dort oben sie vermag.

Erster Brief.

Pempelfort bei Düsseldorf, den 16ten Juli 1791.

Ich kann dir nicht helfen, der Rhein macht auch
diesmal einen tiefern Eindruck auf mich, als die Elbe
bei Hamburg, wiewohl seine Ufer hier nicht vorzüglich schön sind, und jene dort ohngefähr eine Meile,
dieser, wofern mich das Augenmaaß nicht täuschet,
hier etwa fünfhundert Schritte breit seyn mag. Ist
doch der Character der Größe auch bei sinnlichen Gegenständen, so oft ganz verschieden vom Charakter
der Großheit, so sehr verschieden, daß diese nicht selten durch Uebermaaß den Eindruck schwächt, welchen
sie der Meinung nach hervorbringen müßte. Am Gestade des Meeres, von hangenden Buchen umschattet,
verliert sich gern mein Blick, und im Blicke mein
Geist, in die gränzenlose Fläche. Wo das Auge nur
Gränzen des Horizonts findet, da bricht der Geist
durch den luftigen Vorhang. Die Idee des Unend-

1*

lichen erhebt immer den für die Ewigkeit Geschaffnen
auf wohlthätigen Flügeln. Ihm würde minder wohl
zu Muth seyn, wenn er noch jenseit des Sehbaren
eine Küste vermuthen müßte.

Ganz anders ward mir wohl um's Herz, wenn
ich von dem nördlichen Gestade von Seeland in's
Nordmeer hineinschaute, als wenn ich vom östlichen
Ufer in die Ostsee sah. Zwar hanget auch diese mit
dem Ocean zusammen, doch dieser Gedanke genüget
der Empfindung nicht. Hat einmal die Phantasie ihre
Segel aufgespannt, so ist ihr die Pforte des Sundes
zu eng. Aber ein andres ist das Meer, und ein
Fluß ein andres. Hingerissen von seinem Laufe folgen
wir ihm mit dem Geiste in das Meer nach; dann
ruhen wir gern wieder mit dem Blick auf seinen beiden Ufern. Eine zu große Breite gewähret uns keinen Ersatz, wofern sie uns im größern Gedanken seines Fortstrebens stört. Homer gab seinen Helden
übermenschliche Kraft und menschliche Größe. Titanen
zu dichten war nicht schwer, und gelang manchem,
nur er vermochte den Achilles darzustellen.

Doch ließen wir den Schönheiten der Elbe Gerechtigkeit widerfahren, als ich am 2ten dieses mit
meiner Frau, meinem ältesten achtjährigen Sohne und
unserm Nicolovius, bei günstigem Winde in einer
Stunde von Altona hinüber nach Harburg segelte,
nachdem wir in einem Garten vor Hamburg, in welchem Klopstock schon einige Sommer gelebt hat, von

Seite 287. Str, 8. Zeile 9. 10.

Luise liegt! Sie schlummert hin
Die allgefei'rte Königinn!

Die, von Mutter Natur mit der seltenen Gabe des
Schönen zum Guten so reichlich ausgestattete Königinn
von Preußen, starb im Juli-Monat 1810.

———

Epilog, Seite 293. Zeile 1. 2.

Des Stamms, ha! gegen den ein Irrlichtsstrahl
Jüngst zuckte. —

La maison de Hohenzollern a cessé de régner.

Epilog, Seite 293. Zeile 8. 9. 10.

. . . . so hoch, als tief
Die Wurzel, Alfred's Kern und Wittekind's
Und Carl's entkeimt, im Schooß der Urzeit rankt.

Carl der Große, Alfred der Große und Wittekind,
der Alt-Sachsen Herzog, sind Altväter des Königs von
Preußen. Wird jede der dreifachen Geschlechtsfolgen
durch Otto, ersten Herzog zu Braunschweig, Heinrich
des Löwen Enkel, geleitet, so ist Alfred des Königs
vier und dreißigsten Ahnherr, Carl der fünf und dreißigste
und Wittekind der sechs und dreißigste.

tismus gab, den Kriegsstand ordnete, den Durst nach
Wissenschaften erweckte, und mit so vielem Erfolge
für die Befriedigung dieses edlen Durstes wirkte; der
mit gleichem Eifer die herzerwärmende und geisterhel-
lende Fackel wahrer Aufklärung in die hohen Schulen
und in die kleinen Landschulen hineintrug.

Seit verschiedenen Jahren ist dieser erleuchtete
und fromme Domherr nicht mehr Minister. Desto
edler, vielleicht auch desto freier, wirket der wohlthätige Einfluß des Mannes, der nun ganz auf eigner
Größe beruhet.

Die Fürstinn Gallizin wird die Schriften des
weisen Hemsterhuys herausgeben. So wie der Philosoph dieser Diotima, als er lebte, seine Schriften
zur Prüfung unterwarf, *) hinterließ er ihr auch seine
Handschrift, mit der ausgedehnten Vollmacht, welche
des Geistes und des Herzens beider werth war.

Wir blieben drittehalb Tage im Hause der Fürstinn
Gallizin. Bei ihr lernten wir den Professor Overberg
kennen, diesen rechtschaffenen Geistlichen, dessen Weisheit und Milde sich mit glühendem Eifer vereinigen.

Er ist einer der ersten Aufseher der höhern
Schulen, und giebt aus Liebe wöchentlich einige Vor-

---

*) In einigen seiner Schriften nennet er die Fürstinn
Gallizin Diotima, nach jener von den Göttern begei-
sterten Diotima, welcher Socrates in Platons Gast-
mahl hohe Weisheit zuschreibt, und von ihr gelernt
zu haben sagt.

Gedruckt bei Johann Georg Langhoff's Wittwe.

am 10ten. Am folgenden Morgen kamen wir nach
Mühlheim an der Ruhr. Nach einer Reise von zwei
und vierzig Meilen sahen wir hier die erste schöne Gegend. An beiden Seiten des Thales, durch welches,
seinen Windungen folgend, die reißende Ruhr strömt,
erheben sich Felsen, die mit hangendem Gesträuch bekleidet sind. Ueber den Felsen waldbedeckte Berge,
mit Thälern von verschiedener Höhe, alle geschmückt
mit Fülle mannigfaltiger Fruchtbarkeit. Aus dicken
Wolken ergoß sich über uns ein starker Regen, desto
schöner ward das jenseitige Ufer von einem goldnen
Sonnenblick beleuchtet. Um zwei Uhr Nachmittags
kamen wir an in Pempelfort. Ich fühlte mich gleich
wie daheim bei unserm lieben Jacobi, den ich doch
zum erstenmal sah. Ich sehe von hier deine gespannte
Aufmerksamkeit, und — schließe diesen Brief. Lebe
wohl, und gedulde dich.

Gesammelte Werke

der Brüder

Christian und Friedrich Leopold

Grafen zu Stolberg.

———

Sechster Band.

———

Hamburg,
bei Friedrich Perthes.
1827.

Der schalkhafte Maler hat sein Weib hingemalt, und gewiß nicht es ernsthaft meinend, sie als albern idealisirt. Welcher Ausdruck mannigfaltiger Albernheit zeigt sich auf diesen Menschengesichtern! Wie steht der Philosoph als Mensch allein unter ihnen da! Die originelle Satyre des Diogenes begeisterte den Maler. Gewiß hatte er schon jenen gemalt, und malend sich tief in seinen Geist hineingedacht, eh' er mit treffendem Pinsel uns in den Kindern auf dem Gemälde angeerbte Albernheit mit dieser Wahrheit darzustellen vermochte. Indem er uns nur die Handlung eines Augenblicks zeigen kann, läßt er uns einen Blick in eine folgende Generation werfen.

O Rubens, hättest du doch Diderot gesehen, als er, vor diesem Gemälde stehend, sich zum Helden des Stücks machte, und zu dem Manne, der ihn hingeführt hatte, sagte: c'est Diderot en Hollande! Du hättest des eitlen Mannes selbstgefällige Miene auf deiner Leinwand verewiget, und Diogenes würde auch vor ihm seine Laterne nicht ausgelöscht, vielleicht ihn aber eines besondern Blicks des Hohnes gewürdiget haben.

Hätte Rubens Miltons verlornes Paradies erlebt, so würde der Maler auf Flügeln des Dichters sich höher erhoben, mit mehr Würde den Fall der herabgestürzten Engel dargestellt, manchen Einfall zu muthwilliger Laune dem Ernste des Gegenstandes

Reise

in Deutschland, der Schweiz, Italien und Sicilien.

———

Erster Band.

Sechster Theil.

tiefe Betrachtung, ist es nicht vielmehr siegender
Kampf mit innerer Anfechtung, welcher die Züge der
edelsten männlichen Schöne in diese nicht so tiefen
als bestimmten Falten legt? Er blüht in der schönsten Jahrszeit des Lebens, in welcher noch Blume
der Jugend schimmert, indeß schon vielverheißende
Frucht der Mannheit ansetzt. Er ist, wie Aeschylos
von einem seiner Helden so schön sagt, ἀνδρόπαις ἀνήρ
(ein Jünglingmann).

Ich nannte die Gestalt tadellos, doch wirft man
dem einen Beine verfehltes Ebenmaaß in der Verkürzung vor: Ich möchte mich zu einem Tadel andrer
Art erkühnen. Würden wir mit Gewißheit den
großen Täufer erkennen, wenn das liegende Kreuz,
sein gewöhnliches nicht wahres Symbol, ihn nicht
bezeichnete?

Die Geschichte dieses Gemäldes ist sonderbar.
Ein Aufseher der Gallerie putzte an einer beschädigten
Landschaft von Wasserfarbe, welche nicht ohne Verdienst war. Wo er bloße Leinwand vermuthete, entdeckte er einen Grund von Oelfarbe. Aus Neugierde
enthüllte er mehr, und ein Theil des schönen Leibes
sprang hervor. Er erkennet Meisterhand, wischt die
Wasserfarbe ab, und stellt die große Schöpfung, welche
so lang in Nacht verhüllet gewesen, mit allem ihrem
Leben wieder her.

Mariens Himmelfahrt von Guido Reni ist eine
der schönsten Zierden der Gallerie. Demuth, Wonne,

himmlische Liebe beseelen die erhabnen Lieblichkei-
ten der Auffahrenden, scheinen sie dem in Strahlen
sich ihr öffnenden, verwandten Himmel entgegen zu
tragen.

Ich sah nicht die heilige Familie von Rafael.
Sie ist jetzt nicht in der Gallerie, sondern einem Künstler geliehen, der sie in Kupfer sticht.

Den Dante hat Rubens wohl gewiß gelesen!
Dante's erhabner aber launiger Genius entflammte
seinen Pinsel, als er das jüngste Gericht malte. Aber
er blieb unter Dante. Unter ihm in der seligen, unter ihm in der verdammten Seelen Vorstellung. Die
Wuth von diesen, die Wonne jener, wußte der floren-
tinische Genius lebendiger zu zeigen.

Die Gestalt des Weltrichters ist unter aller
Kritik. Ein Seliger im Vordergrunde ist herrlich,
und wie dankt man dem guten Maler für die frohe
Miene des auferstandnen Negers! Sehr groß, dan-
tisch und miltonisch, ist die Idee der sich anstrengen-
den, noch mit Fleisch nicht bekleideten Gerippe. Sie
kontrastiren mit den ganz Auferstandnen, wie mit
schon vollgrünenden Buchen die Esche, in deren
Knospe der Saft zu schwellen beginnt. Dennoch
hätte ich mehr Abstufungen gewünscht, hätte gern
halbgebildete Menschen gesehen, wie Milton in des
Engels Erzählung von der Schöpfung uns halbgebildete Thiere zeigt:

The grassy clods now calv'd, now half appear'd
The tawny Lion, pawing to get free
His hinder parts, then springs at broke from bonds,
And rampant shakes his brinded mane; —

Par. Lost, VII. 463 - 66.

Der Rasen kalbte nun, und halb erschien
Der falbe Löwe, schlug mit Vorderklauen
Den Boden, springt empor, als fesselfrei,
Streckt sich und schüttelt die gefleckte Mähne.

Nicht allein die auffallende Täuschung der bren=
nenden Lampen, und des auf den Boden gefallnen
glimmenden Tochtes, auch die belebte Charakteristik
der weisen und thörichten Jungfrauen von Schalken,
macht dieses Stück zu einem der vorzüglichsten in der
Gallerie.

Sehr schön ist eine Anbetung der Hirten von
Rubens. Von oben schaut seitwärts ein Engel, mit
über die Brust gefalteten Händen hinab, ein Engel,
als hätte Rafael ihn gemalt!

Maria Medicis von Rubens fiel uns auf, wegen
der großen Aehnlichkeit mit unsrer Freundinn. — Hier
müßte ein Physiognomist entwickeln, welche Züge eine
Maria von Medicis, mit der edlen, heitern, sanften,
poetischen — in Gemeinschaft haben dürfe?

So werth des Gegenstandes als ein Gemälde
es seyn kann, scheint mir Christus im Tempel als
zwölfjähriger Knabe, von van der Werft.

Ich liebte sonst diesen Maler nicht sehr, seine Manier schien mir kleinlich. Aber wie hat dieses Stück mich mit seinem Genius ausgesöhnt! Schöne der Jugend und himmlische Holdseligkeit, Gnade und Weisheit bezeichnen den göttlichen Knaben. Greise, unter welchen du glauben würdest Nicodemus und Gamaliel zu erkennen, horchen seiner Rede.

An Gemälden von Rubens ist keine Sammlung so reich wie diese. Aber ich höre, daß man seine Meisterstücke in den brabantischen Städten aufsuchen müsse. An Werken der Italiener ist die Gallerie arm, und kann daher nicht die Vergleichung mit der in Dresden aushalten. Auch ist die Düsseldorfsche arm an Landschaften.

Auf der Akademie in Düsseldorf sind schöne Gypsformen von antiken Statuen. Sie ist auch an Kupferstichen reich. Wäre sie das aber auch nicht, sie wäre immer reicher als manche Gemäldesammlung, denn sie besitzt Handzeichnungen von Rafael! Einige leicht hingespielte Ideen seiner so schönen unerschöpflichen Phantasie. Einige nur hingefaselt, aber auch im Fa=seln ist Rafael schaffendes Genie! Und diese Spiele des transcendenten Genies, welches ohne Rücksicht auf das tief unter ihm stehende Publikum, nur sich selbst ergötzen, nur ihm selber genügen will, haben diese nicht ihren eignen Charakter eines freieren Er=kühnens, einer unbefangnen Schönheit? Ich sehe sie noch vor mir, diese Zeichnung von Engelköpfen.

Welche Fülle! welche Reinheit! welches aus wenig hingeworfnen Linien strömende Leben! Die Mittel so gering, so unscheinbar, man darf nicht sagen so dürftig, denn das Resultat verſetzt uns in Staunen. Verwundert sieht man sich an, freut sich, und "preiſet Gott, der solche Macht den Menschen gegeben hat!"

Dritter Brief.

Pempelfort im Juli 1791.

Die Ankündigung eines Floßes bewog uns gestern Nachmittag nach Düsseldorf zu gehen. Wir bestiegen einen Nachen, und ließen uns den Rhein hinauf dem Floß entgegen rudern. Von fern sahen wir den Schaum vor den Rudern aufsteigen, dann erblickten wir das schwimmende Dorf. Dieses Ansehen geben dem Floße die hölzernen Baraken. Alle Sommer gehen vier Flöße von Andernach nach Holland. Jeder ist ohngefähr tausend Fuß lang, und hundert und dreißig Fuß breit. Das Schiffvolk besteht aus vierhundert und funfzig Mann. Der reißende Strom, die Größe und Unbeholfenheit des Fahrzeugs, machen diese Schiffahrt gefährlich. Ist sie glücklich, so dauert sie nur sechs bis sieben Tage. Manchmal so viele Wochen. Bald ist das Wasser nicht hoch genug, bald der Wind widrig, oder zu stark.

Es gehören viele Anker dazu, um den Floß fest zu halten, und des Nachts muß er vor Anker liegen. Alle Abend werden sehr viele Anker auf Nachen an die Küste gebracht, und der forteilende Floß schleifet viele nach sich, bis nach und nach sein Lauf gehemmet wird, und er zuletzt still steht. Man berechnete den Werth des Holzes, aus welchem der Floß bestand, zu fünfmal hunderttausend Gulden. Der Eigenthümer muß starke Zölle entrichten. In Düsseldorf betrug der Zoll für diesen Floß hundert und sechzehn Pistolen, und in Kaiserswerth, einer gleichfalls pfälzischen Stadt, achtzig Pistolen. Die preußischen Zölle sollen noch ansehnlicher seyn. Die tägliche Ausgabe für den Unterhalt des Schiffvolks wird über hundert Rthlr. berechnet. Der Lohn eines Matrosen beträgt für die ganze Reise nur fünf Rthlr. Wenn sie in den Ort der Bestimmung kommen, pflegen die Leute je sieben und sieben ihren Lohn zusammen zu schießen und darum zu losen. Die leer ausgehenden betteln dann wohl dürftigen Unterhalt für die Heimkehr zu Lande zusammen.

Die gute Kost, welche ihnen auf dem Floße gereicht wird, reizet an, und erhält sie wohlgemuth bei harter Arbeit. Wir sahen fette Ochsen auf dem Floß, und erfuhren, daß täglich einer geschlachtet würde. Das Zimmer des Patrons ist wohl so geräumig als das Zimmer des Kapitains eines Kriegsschiffs von achtzig Kanonen. Die Waare des Floßes ist das Zimmerholz, aus welchem er besteht.

Vierter Brief.

Pempelfort, den 29sten Juli 1791.

Gestern vor acht Tagen wurden wir sehr froh über=
rascht durch den Besuch der Fürstinn Gallizin, ihrer
beiden Kinder, des Freiherrn von Fürstenberg und
des Herrn Overberg. Diese edlen Freunde blieben
drei Tage hier, drei unvergeßliche Tage!

Nach ihrer Abreise lud Jacobi uns ein zu einer
Lustfahrt nach Elberfelde. Diese Stadt liegt in einem
schmalen Thal an der Wupper, einer von den zahllo=
sen Nymphen, welche sich mit dem gewaltigen Rhein
vermählen. Die besondre Eigenschaft ihrer Wasser
nährt vier wohlhabende Städte, welche hauptsächlich
von der Garnbleiche leben. Das Thal ist ohngefähr
zwei Stunden lang. Es ist tief, die Höhen an beiden
Seiten sind mit Buchen und Hainbuchen beschattet.
Am Fuße dieser Berge wechseln Aecker, Wiesen, Trif=
ten und Gärten, in mannigfaltiger und reicher Frucht=
barkeit. Die Wupper durchströmt die vier Städte
Rittershausen, Wupperfelde, Gemark (oder Barmen)
und Elberfelde, welches am tiefsten liegt. Barmen ist
eine Pflanzstadt von Elberfelde, und wetteifert im

2*

Fleiße, daher auch im Wohlstande mit der Mutter.
Dieser Wohlstand erhellt aus den schönen Häusern,
aus den Gärten und aus dem Ansehen der Einwoh=
ner, deren fromme Redlichkeit gerühmt wird.

Der Anblick dieses auf verschiedne Art angebaueten
und unglaublich bewohnten Thales, mit seinen Win=
dungen, welche der Fluß bald in gemäßigtem Laufe,
bald rauschend wässert; mit kühn vorstehenden oder
gehöhlten Felsen; mit schattenden, den Horizont krän=
zenden Wäldern; und der Gedanke, daß seltner Wohl=
stand mit seltner Redlichkeit verbunden ein zahlreiches
Völkchen beglücket, dessen bald in Städten vereinigte,
bald einzelne reinliche Wohnungen die Gegend zieren;
dieser Anblick giebt dem Auge und dem Herzen einen
tiefgefühlten Genuß. Er erinnerte mich an einige Ge=
genden des Erzgebürgs; das freundliche Laubholz er=
setzet hier, was dort die höhern mit Nadelholz bedeck=
ten Berge, und die vielen reißenden Bäche gewähren.
Auch im Erzgebürge bewundert ein Reisender den
Kunstfleiß; aber dort nährt er oft nur dürftig die
Einwohner, hier mit Ueberfluß.

Am folgenden Tage sahen wir, in einem engen
Thale, ein Schauspiel größerer Natur. Auf dem
Rückwege von Elberfelde stiegen wir aus in Metman,
einem Flecken, welcher vier Stunden von hier liegt.
Durch Kornfelder, auf welchen geerntet ward, gingen
wir in ein Buchenholz, und sahen plötzlich eine unge=
heure, wilde Felsenmasse uns entgegenstarren. Durch

eine weite Oeffnung gingen wir dann in eine sich
krümmende Felsenhalle, deren zweite Oeffnung, ehe
wir sie sahen, durch hineinleuchtende Helllung verrathen
ward. Auf einmal sahen wir einen tiefen Abgrund
vor uns, und gegen uns über hohe Felsen, welche,
gleich dem in dessen Höhle wir standen, mit Wald
gekrönt, und an der Seite mit Gebüsch und Epheu
bekleidet waren. Unten rauschet die Düssel. Die
Höhle heißet die Leuchtenburg. Wir gingen zurück,
und ein schmaler Fußpfad brachte uns auf eine über-
hangende Klippe, wo, um besser in den Abgrund
hinabzusehen, einer nach dem andern sich legte, und
von den andern gehalten ward. Diese Klippe, welche
der Rabenstein heißet, scheinet mir nicht minder schön,
als unsre liebe vaterländische Roßtrappe im Harz.
Von da wurden wir in eine kleine Grotte geführt,
welche die Engelskammer heißt, und jenseits klaffte
uns der schwarze Schlund einer Kluft entgegen. Das
Volk nennet sie die Teufelskammer.

Ein halbes Stündchen von hier liegt ein Kloster
von der strengen Regel de la Trappe. Das einzige
in Deutschland, so wie auch in Frankreich nur eins,
und eins in Italien gestiftet ward. Die Mönche dieses Ordens haben auf den Gebrauch der Sprache
Verzicht gethan. Nur der Prälat ist, unter gewissen
Einschränkungen, von diesem Zwang befreiet. Vor
einigen Jahren besuchte eine Fürstin dieses Kloster,
und erhielt nach langem Bitten vom Prälaten, daß er

zwei von den Mönchen kommen ließ, und sie auf
einen Augenblick von der Verbindlichkeit des Still-
schweigens löf'te. Aber beide gaben durch Zeichen zu
erkennen, daß sie sich nicht berechtigt glaubten, ihre
ewige Stille zu unterbrechen.

Jacobi führte mich und Nicolovius eines Abends
dorthin. Der Layenbruder Thürhüter ließ uns in den
Garten, sagte aber, daß die Mönche sich schon zur
Ruhe begeben hätten. Gleichwohl begegneten wir
einem, welcher mit leise bewegten Lippen sein Gebet
verrichtete. Endlich erschien auch der Prälat, aber er
zeigte keine Luft, uns das Innere des Klosters sehen
zu lassen. Eine landesherrliche geistliche Commission
ist jetzt beschäftiget, die Einrichtung des Klosters zu
ändern; ein Geheimniß scheint über ihrer Absicht zu
schweben, doch ist wohl der Verdacht, als sollte das
Kloster aufgehoben werden, nicht gegründet. Dazu
würde man nicht geistliche Commissarien gewählt
haben.

Ich habe dir noch nichts von Pempelfort gesagt.
Ein großer kurfürstlicher Garten trennet diesen Ort von
der Stadt Düsseldorf. Jacobi's Haus ist geräumig
und bequem, für den wahren Genuß eines Weisen
eingerichtet, welcher durch Unbequemlichkeit nicht ge-
stört werden, durch Prunk nicht glänzen will. Den
schönen Garten im englischen Geschmack hat er mit
eigner Empfindung angelegt. Bäume, bald einzeln, bald in Gruppen, stehen auf frischem Rasen.

Mitten durch schlängelt sich die Düssel, und bildet einen rauschenden Wasserfall.

Hohe Pappeln, ein Ulmenhain, ein Teich mit schönen Thränenweiden geziert, viele fremde Gewächse, die sich an unsern Himmel gewöhnen, und eine gewählte Orangerie, welche vor den Zimmern duftet, geben diesem Garten die anmuthigste Mannigfaltigkeit.

Hier heitert sich die glühende Stirne des tiefen Denkers zur liebenswürdigsten Geselligkeit auf. Hier dachte, hier schrieb er, zum Theil unter Bäumen, die er pflegte, seinen Woldemar, seinen Allwill, wenn die dichterische Muse freundlich ihn besuchte. Hier lebte er so glücklich mit seiner Betty, hier beweinte er sie! Ihre reine himmlische Seele — o, wer könnnte daran zweifeln — umschwebet ihn hier, und segnet seine guten Schwestern, deren Geist und Herz ihm Quellen des Trostes öffnete, deren Umgang ihm so wohlthätig, so unentbehrlich ist. Hier sang sein Bruder, der zartempfindenden Muse Liebling, einige seiner herrlichsten Lieder.

Morgen reisen wir von hier, wo wir Anfangs acht Tage bleiben wollten, wo wir neunzehn Tage blieben. Wir trennen uns nicht ganz von Pempelforts Bewohnern, Jacobi gewährte unsern Bitten die Gesellschaft eines Sohnes, welcher uns die schöne Reise noch angenehmer machen wird.

Fünfter Brief.

Wir hatten nur eine kleine halbe Tagereise von Pempelfort bis Kölln, und kamen durch fruchtbare, sehr wohl angebauete Gegenden. Das Herzogthum Berg scheinet mir seiner guten, auf vernünftigen Constitutions = Verträgen mit dem Churfürsten von Pfalz=Baiern beruhenden Verfassung, und dem Fleiße seiner Einwohner, noch mehr als der Güte des Bodens, welcher hauptsächlich durch guten Anbau so ergiebig wird, zu verdanken. Schwer kann dieser Boden nicht seyn, da nur ein Pferd vor den Pflug gespannt wird. Die Pferde und Rinder dieses Landes sind groß und wohlgenährt.

Bei Mühlheim am Rhein besuchten wir das Grab des edlen Thomas Wizenmann. Er starb jung in den Armen geliebter Freunde, und Jacobi hat ihm eine schöne Grabschrift gesetzt. Sein Andenken wird lange vielen heilig seyn, wenn sie sein vortrefliches Buch über den Evangelisten Matthäus lesen, aus welchem mancher redliche Zweifler Beruhigung schöpfen wird. Der Tod verhinderte ihn an der Vollen-

dung dieses Werks. Seine Resultate der Mendels=
sohnschen und Jacobischen Philosophie hatten ihn schon
als einen reinen und tiefen Denker gezeigt.

Bei Mühlheim am Rhein gingen wir über diesen
Fluß, und kamen bald nach Köln. Diese alte, freie
Reichsstadt ist nach altväterischer Art gebauet, mit
hohen Häusern in engen Gassen. Der gothische Dom
ist schön in seiner Art, und würde einer der größten
in Europa seyn, wäre das ungeheure Werk nicht mit=
ten in der Ausführung unterbrochen, und auf die
jetzige, immer noch sehr ansehnliche Größe der Kirche
eingeschränkt worden. Der unvollendete Theil giebt
einen malerischen Anblick von gothischen Trümmern.

In der Peterskirche sahen wir ein herrliches Ge=
mälde von Rubens, welches er dieser seiner Vater=
stadt geschenket hat. Es stellet Petrus vor, indem er
gekreuziget wird.

Du kennest die Erzählung, nach welcher dieser
Apostel aus Demuth soll verlangt haben, mit nieder=
hangendem Haupte verkehrt an's Kreuz geschlagen zu
werden. Sie gab dem großen Maler Stoff zu einer
lebendigen Vorstellung des Fürchterlich=Schönen. In
geschwollnen Adern dränget sich das Blut nach dem
Haupte. Da der Leib nicht als ausgereckt vorgestellt
wird, so zeigt sich der Unterleib in einer Verkürzung,
an welcher Rubens seine ganze Kraft gezeigt hat.
Der Mund des Duldenden öffnet sich im Schmerz,
mit einer Wahrheit, welche den höchsten Grad der

Täuschung hervorbringt.. In verschiednen Stellungen sind Kreuziger um ihn beschäftigt. Mit höllischer Miene schlägt einer einen Nagel durch den Fuß, welchen ein römischer Soldat mit ruhiger Aemsigkeit fest hält. Sein Gesicht würde für ihn einnehmen, wenn nicht eben diese Ruhe bei einer so schrecklichen Beschäftigung fürchterlich wäre. Nur römischer Kriegsdienst konnte dieses Gesicht zu einer solchen eisernen Gleichgültigkeit abhärten. Im Engel, welcher mit der Palme über dem großen Märtyrer schwebt, vermißt man, meiner Empfindung nach, lebendigen Antheil und himmlischen Adel.

In dem Hause eines köllnischen Patriciers, Herrn Jebbach, sahen wir ein schönes Gemälde von Le Brün. Es stellt einen der Vorfahren des Eigenthümers mit seiner Familie vor. Durch gegenseitige Gastfreundschaft mit ihm verbunden, ließ ihm der Maler dieses schöne Andenken. Ein eignes Zimmer ist ihm gewidmet. Es wird den Fremden immer geöffnet.

Einfalt und Adel bezeichnen die schönen Gestalten, über welche der fühlende Maler den vollen Ausdruck sanfter häuslicher Eintracht verbreitet hat.

Waren unsre Voreltern, durch eitlen Tand weniger zerstreut, würklich einer tiefern Ruhe fähiger als wir? oder empfanden die Maler jener Zeiten richtiger als die unsrigen? Wer wußte wie sie der höchsten Leidenschaft Leben mit dem historischen Pinsel darzustellen? Aber ihre häuslichen Gemälde athmen stille

Ruhe. Jene Maler scheinen mir ein reines Ideal der Menschheit erfaßt zu haben, denn wer weiß nicht, daß eben diese stillen, ernsten oder sanften Charaktere zur höchsten Leidenschaft entbrennen?

Finden wir nicht in den Denkmaalen griechischer Kunst eben diese Extreme der tiefsten Ruhe und der entflammtesten Leidenschaft? Auch in alten Dichtern. Dem verzärtelten Leser scheinen oft die Dialogen der alten Tragiker kalt, weil sie mit Einfalt reden lassen. Und die Flamme der Leidenschaft, wie lodert sie in eben diesen Tragödien! Welche tiefe Ruhe athmet oft aus Homer und Ossian! Welche sanfte Einfalt! Und welche Gluth entströmet diesen gewaltigen Dichtern!

In anmuthiger Gegend reiset man von Kölln nach Bonn, aber von Bonn aus veredelt sich die Natur bis zur höchsten Schönheit.

Anfangs sieht man die sieben Berge, deren Gip= fel wir schon jenseit Düsseldorf am Horizont gesehen hatten, näher und näher kommen. Noch fährt man auf der fruchtbaren Ebne, wo Weingärten mit reichen Saaten abwechseln. Diese sind mit großen Obstbäu= men geschmückt. Gebirge kränzen die Aussicht rund umher. Dann sieht man den herrlichen Rhein, und fährt auf hohem Ufer; höhere Berge erheben sich zur Seite, und die Felsengipfel der sieben Berge starren gegenüber empor. Bald füllt der Rhein das verengte Thal, bald erweitert sich dieses, mit Getreide pran= gend, mit Apfel=, Birn= und Wallnuß=Bäumen, oder

mit Wein. Dießseits, das heißt an des Rheines lin=
ken Ufer, sind die Berge mehrentheils ganz mit Re=
ben oder Gebüsch bekleidet, einige mit schattenden
Eichen, Buchen und Hainbuchen. Jenseits mit reifen=
den Trauben am Fuß der sieben Berge; seltner Epheu
windet sich die jähe Felsenwand hinan. Einige der
Gipfel tragen Trümmer alter Schlösser, andre zackt
die kühne Hand der Natur aus. Länger als jene
trotzten sie der verwandelnden Zeit. Am größten ist
der Anblick des letzten der sieben Berge, welcher der
Drachenstein genannt wird.

Als wir dicht an den Rhein kamen, schien er
uns viel schmäler, als wir ihn vorher gesehen hatten.
Wir vermutheten ein tieferes Felsenbett; aber auf ein=
mal sahen wir, daß die Bäume jenseits dieses schma=
len Flusses einer Insel gehörten, hinter welcher eine
zweite Insel aus dem Wasser sich erhob. Nun sahen
wir den mächtigen Rhein, vertheilt in drei Ströme,
sechs Ufer netzen und segnen. Auf der nächsten Insel
steht mitten in einem elysischen Lustwäldchen ein Non=
nenkloster, genannt Nonnenwerth. Füge zu allen die=
sen Schönheiten die malerischen Wirkungen des Lichts
und des Schattens der hier dämmernden, dort nächt=
lichen Vertiefungen der Thäler zwischen strahlenden
Gipfeln hinzu. Füge auch hinzu das freudige Volk,
wo Knaben, Volkslieder singend, dich begleiten; wo
kleine Mädchen in reinlichen Näpfen Birnen uns in
den Wagen reichten und gefüllte Nelken; wo hier in

einem Hause das Getöse tanzender Jugend erscholl,
und dort ein Dorfvirtuose mit einem hölzernen Beine
zum Spiel der Mandoline ein Lied sang und am
Ende jedes Verses künstlich seinen Triller pfiff.

Als wir nahe an das Städtchen Remagen kamen,
begegnete uns auf hohem, schmalen Ufer, am Fuß
höherer Berge, ein feierlicher Umgang, welcher zur
Ehre des heiligen Apollinarius gehalten ward. Die
ganze Schaar folgte singend dem Priester und der
rothen Heiligenfahne. Unten im Strom glitten Nachen,
deren jeder mit einer Fahne prangte, und aus welchen
derselbige Gesang erscholl. Wir lächelten, als wir er=
fuhren, daß diese guten Leute zu den Gebeinen des
Heiligen, welche auf einem Berge begraben seyn sol=
len, wallfahrteten, denn vor etwa vierzehn Tagen hat=
ten wir eben dieses Heiligen Ueberbleibsel in einer
zierlichen Lade, begleitet von feierlichem Umgang, in
Düsseldorf tragen gesehen. Mögen doch wohl die bei=
den Gemeinen sich besser um die Ehre, den Heiligen
zu besitzen, vertragen, als neulich zwei Municipalitäten
in Frankreich, welche blutigen Krieg um Voltaire's
Ueberbleibsel würden geführt haben, wenn nicht die
eine seinen Leib, die andre sein Herz — Voltaire's
Herz! — davon getragen hätte. O ihr, die ihr hohn=
lachen würdet über die Einfalt der rheinischen Land=
leute, wenn sie mit geselliger Andacht Lieder zum An=
denken eines frommen Mannes sungen, ihr versiehet
es Mücken zu seigen und Kameele zu verschlucken,

wenn ihr nur der mißleiteten Andacht spottet, und keine Hohnlache für den Fanatismus des Köhlerunglaubens habt, keine für die Versammlung von Gesetzgebern, welche den Mann durch ein Decret, durch eine Stelle im neuen Tempel aller Götter apotheosirt, den, als er lebte, ein Land nach dem andern ausspie, dem weder Religion noch Sitte heilig war, der im Candide die Vorsehung Gottes lästerte, dem jede Tugend ein Gespött war!

Zwischen Remagen und Andernach fuhren wir an Krümmungen des Rheines, die uns weite Aussichten auf seinen Lauf gewährten, bis sich, schon weit hinter uns, der Blick in die nächtlichste Vertiefung der Thäler zwischen den sieben Bergen verlor. Uns zur Seite lagen, im hellesten Sonnenlicht, große Inseln, geschmückt mit Getreide, hohen Bäumen und Wein; vor uns sahen wir die alte Stadt Andernach mit ihren gothischen Mauern und Thürmen. Es wäre leicht gewesen noch bei Tage Koblenz zu erreichen, aber wir wollten mit Ruhe genießen. Alte Thracier suchten Ehre darinnen, den vollen Becher, ohne zu schlucken, in den offnen Schlund zu stürzen. Die Barbaren! Wer den Wonnebecher der Natur mit beschleunigter Eile leeren kann, der ist weder deines Weines, o Rhein, noch deines Stromes werth! Wir beschlossen die Nacht in Andernach zu bleiben, gingen an das Ufer, stiegen in einen Nachen, und segelten den Strom hinauf, zwischen minder hohen mit Weinreben behangenen

ergen. Die Hitze war groß gewesen, nun segneten
ir die Lüfte des Flußes:

> Der seiner heißen Berge Füße
> Sorgsam mit grünlicher Woge kühlte.

S. Klopstock's Oden.

Zu Tausenden sahen wir weiße Hafte (Epheme-
n) in der Abendluft flattern, zu Tausenden sie ihr
rzes Leben im Strom endigen. Wir segelten bis
r hohen Pappelallee vor Neuwied. Da uns auf
r Rückfahrt der Wind zuwider war, kreuzten wir
n und her von einem Ufer zum andern bis nach
idernach, und veränderten daher jeden Augenblick
n Gesichtspunkt, auf einer Fahrt, welche so reich an
annigfaltiger Schönheit ist.

Am folgenden Morgen führte unser Weg uns
ngefähr so weit als wir den Abend geschifft waren
n Rhein entlang. Dann fuhren wir zwar durch
muthige Gegenden weiter, würden uns aber nach
m allbelebenden Rhein gesehnet haben, wenn wir
ht gewußt hätten, daß wir ihn bald wieder und in
uer Herrlichkeit sehen würden.

Eine halbe Stunde vor Koblenz fuhren wir das
hloß Schönbornlust vorbei, wo sich jetzt beide Brü-
r des Königs von Frankreich als Flüchtlinge auf-
lten. Welches Schicksal mag wohl ihm selber be-
rstehen, diesem guten Könige, der mit den reinsten
sichten, durch freiwillige Berufung der Stände des
eiches, den ehrenvollesten Namen, den je ein König

trug, den Namen des Wiederherstellers der Freiheit
erhielt?

Koblenz ist in diesem Augenblick voll von flüchtigen Franzosen, oder vielmehr die Stadt scheinet voll
von ihnen zu seyn, denn sie kräuseln sich mit so vielem Getöse umher, laufen, fahren, reiten so oft durch
die Gassen, daß sie statt achthundert achttausend zu
seyn scheinen. Es wimmelt von Ludwigskreuzen.
Viele haben Pferde gekauft. Schon unterhalten sie
sich eifrig mit ritterlichen Uebungen, schon freuen sie
sich der gehofften Früchte ihrer Unternehmung gegen
die Nationalversammlung. Es ist, wie diese Zeit in
ein so helles Licht gesetzt hat, es ist nicht im Chatakter
des Franzosen, etwas von der Zeit zu erwarten. Er
schwimmt lieber, mit leichtem Kork gegürtet, gegen die
tobende Fluth, als daß er die Ebbe erwarten möchte,
die ihn trocknes Fußes zum Ziel führen würde.

Als die schreckliche Hitze des Tages etwas nach-
ließ, gingen wir an den Rhein, und fuhren auf einem
Nachen umher, wo vor der Stadt und vor dem schön
gebauten, mit ionischen Säulen gezierten churfürstli-
chem Schlosse der Rhein in voller Schönheit fließt.
Die schöne, breite Mosel ergeußt sich hier in die schönere,
breitere Fluth des Rheins. Jenseits thürmet sich auf
Felsen das alte Schloß Ehrenbreitstein, höhere Berge
kränzen die weitern Ufer, ferne Gebürge den Horizont.

Wir setzten unsre Reise weiter fort, und fuhren
lange einen steilen Berg hinan. Allmählich öffnete

sich hinter uns die paradiesische Gegend, welche wir
verlassen hatten. Wir sahen dem Lauf des Rheines
in mancher Krümmung zwischen hohen Ufern nach.
Oben vom Gipfel des Berges sahen wir vor uns Berge,
die mit Wald beschattet waren, und tiefe von Frucht=
barkeit triefende Thäler. Zwischen den Bergschatten
öffnen sich hie und da breitere Ebnen, welche sich, je
länger man sie mit dem Auge verfolgt, immer mehr
erweitern. Die Nacht der engen Thäler und die
dunkle Seite der Berge erhöhete den goldnen Sonnen=
strahl des Abends, welcher die Ebnen beleuchtete.

Auf dem Wege zwischen Koblenz und Naßau liegt
in einem tiefen, engen Thale, welches es noch dazu
mit dem schönen Fluß der Lane theilen muß, das
Städtchen Ems, bei seinem berühmten Gesundbrunnen.

Zur Seite von Koblenz beut das fruchtbare, von
waldbedeckten Bergen beschattete Thal, und zur an=
dern Seite hoher Bäume Schatten am Ufer der Lane,
den Brunnengästen die lieblichsten Spazirgänge an.
Längs diesem Flusse läuft zwischen Gebürgen der Weg
bis Naßau. Dieses Städtchen liegt in einem frucht=
baren Thale, zwischen Felsen. Auf einem der Berg=
gipfel stehen die uralten, noch ansehnlichen Trümmer
des Schloßes Naßau, Stammhauses dieses berühmten
Geschlechts. Auf eben diesem Berge, aber niedriger,
stehen Ueberbleibsel eines andern Schloßes, welches
das Stammhaus des Geschlechts von Stein ist. Diese
alten Ritter, deren Nachkommen noch Güter dort be=

ſitzen, müſſen in gutem Vernehmen mit dem mächti=
gen Nachbar geſtanden, oder wachſame Hut gehalten,
und ſich durch Bündniſſe, es ſei mit oder gegen
ihn, geſichert haben. Vielleicht theilten ſie mit ihm
ritterlicher Unternehmungen Ruhm und Siegsraub;
aber wer konnte ihnen für gebührenden Antheil der
Beute in dieſer Löwenverbindung bürgen?

Schwalbach und Wisbaden, beides Geſundbrun=
nen, liegen in Thälern, umringt von Bergen. Von
dieſen überſchaut man fruchtreiche Ebnen. Eine gute
Stunde von Wisbaden öffnet ſich zwiſchen Bergen
eine ſehr ſchöne Ausſicht. Man ſieht einen großen
Theil vom Lauf des Rheines, die ganze Stadt Mainz,
und die anmuthigen Rheininſeln, welche die Lage von
Mainz verherrlichen. Mainz liegt zwei ſtarke Stun=
den von Wisbaden, man genießt beſtändig der großen
Ausſicht auf den Rhein, und fährt zwiſchen Wein=
gärten und Aeckern, welche mit vielen und ſehr großen
Obſtbäumen, die zum Theil wegen Menge der Früchte
geſtützt waren, geziert ſind.

Ueber eine große Schiffbrücke fährt man ein in
die alte und ſchöne Stadt Mainz. Wiewohl ſeinem
Urſprung näher, iſt der Rhein doch bei Mainz breiter
als bei Düſſeldorf. Ich habe ſeine Breite auf der
Brücke gemeſſen; und ſiebenhundert und vierzig
Schritte gezählt. An ſeinem Ufer ſteht das Luſtſchloß
des Churfürſten, die Favorite, mit ſeinem großen Gar=
ten. An dieſen ſtieß ehmals das alte Karthäuſer=

Kloster. Es ist nebst zwei Nonnenklöstern aufgehoben worden. Die Einkünfte dieser Klöster wurden der Universität geschenkt, welche den vertriebnen Mönchen und Nonnen jährlichen Unterhalt reichet. Von der Universität, welche gegen vier Millionen Gulden an Vermögen besitzet, kaufte der Churfürst das verlaßne Karthäuserkloster, und legte einen großen englischen Garten an, welcher seiner Lage am Rhein, in den sich dort gegenüber der Main ergießt, eine Schönheit verdanket, die man nur aus den Händen einer solchen Natur empfangen kann. Als den Karthäusern der Befehl, ihren Wohnsitz zu räumen, gegeben ward, starb ein alter Mönch vor Gram. Des deutschen Reichs erster Erzbischof gab diesen Befehl.

Wir lernten in Mainz den Grafen von Stadion kennen, eine jungen Domherrn, der schon jetzt viele der Erwartungen gerechtfertiget hat, welche sein Geist so früh veranlaßte.

Ein Kapitel, welches Dalberg zum Coadjutor wählte, welches schon lange gewohnt ist mit Muth sich dem Einflusse der ersten Mächte Deutschlands zu widersetzen, verdienet unsre Hochachtung, und wird auch die Erwartung nicht täuschen, deren Erfüllung wir als Patrioten hoffen.

An einem schönen Abend ließen wir uns an die Ingelheimer-Au rudern. Ich besuchte diese Insel aus Dankbarkeit für einige angenehme Stunden, die ich vor sechszehn Jahren, in meines Bruders, Gö-

the's, Haugwitzens und Klinger's Gesellschaft dort zu=
brachte.

Näher der Stadt liegt dem Schloſſe Biberich ge=
genüber eine andre Inſel, die Churfürſten=Au, welche,
mit vielen Bäumen bepflanzt, uns, indem wir vorbei
ruderten, noch ſchöner zu ſeyn ſchien als jene.

Wir ſchifften hinüber nach dem äußerſten Ende
der Rheinallee, welche den Strom entlang vor nicht
langer Zeit gepflanzet ward. Sie beſteht aus zwei
Reihen Linden in der Mitte, und zwei äußeren Rei=
hen Pappeln. Sehr große Bäume wurden hierzu
genommen, und müſſen mit vieler Geſchicklichkeit ſeyn
verpflanzet worden, da ihre ſchöne Bildung zeigt, daß
die Art an ihren Aeſten nicht gewüthet hat. Die größ=
ten Bäume ſtehen noch an der Stadt.

Nah' am äußerſten Ende dieſer Allee, welche eine
halbe Stunde lang iſt, haben verſchiedene Domherren
den Anbau eines vordem unfruchtbaren Flugſandes
mit Eifer unternommen, und mit vielen Unkoſten be=
trieben, indem ſie weither viele gute Erde herbeifah=
ren ließen. Der Erfolg ſoll ſchon jetzt die ausgelegten
Summen für einige reichlich verzinſen. *)

Die ganze, mit Feldfrüchten, Obſt und Wein
prangende Gegend von Mainz, verdanket vielleicht

*) Gegen das Ende des Jahres 1792 haben die Franzo=
ſen, als ihre Horden unſre Granzen überſchwemmten
und Mainz einnahmen, dieſe ſchönen Anlagen verwüſtet.

mehr dem Fleiße der Anbauer als dem Boden, wel=
cher leicht, ja sandig ist.

Die Gegenden von Frankfurt scheinen mir in
eben diesem Falle zu seyn. Sie werden durch den
Main verschönert und belebt; ohne diesen Strom wür=
den sie den Freund der Natur gleichgültig lassen.

Zum Theil ist Frankfurt schön gebauet, besonders
die große Straße, welche die Zeile heißet.

Die zahlreiche Judenschaft muß in einer Gasse
wohnen, welche sehr lang, krumm und eng ist. Die
beiden äußeren Seiten ihrer Häuser sind durch eine
hohe Mauer, welche weit über das erste Stockwerk
reichet, von der übrigen Bürgerschaft abgesondert.
Des Abends, nach zehn oder eilf Uhr, wird die Straße
von beiden Seiten geschlossen, und während des christ=
lichen Gottesdienstes darf auch ohne besondre Erlaub=
niß kein Jude diesen engen Bezirk verlassen.

Intolerante Härte hat in vorigen Zeiten diese
Verfügung für rathsam gehalten. Jetzt würde man
sie aufheben, wenn nicht die reichen Juden, welche bei
Vermiethung ihrer Häuser an ihre armen Brüder
ihre Rechnung dabei finden, dringende Vorstellungen
gegen eine Veränderung machten, die doch eben dieser
Ursache wegen wohlthätig seyn würde.

Die Katholiken haben freie Religionsübung. Der
lutherische Magistrat hat aber erst seit einigen Jahren,
auf Kaiser Joseph's Fürsprache, den Reformirten Bet=
häuser zugestanden. Diese haben deren zwei erbauet,

oder am Meerweibe, durch deren Organe diese Wasser=
künste hervorsprützen. Dem lebendigen Strom gehe
ich gern bis zur Quelle nach, und labe mich da in
der Felsenumschattung an der Kühle, die er wohlthä=
tig und stärkend um sich her verbreitet. O Klopstock!
Klopstock! du Rhein unter den Geistern des Vater=
landes und des Jahrhunderts, wie oft stärkte, labte,
entflammte mich dein Umgang! Deine dem Meere
der Unsterblichkeit zuströmenden Gesänge erschöpften
nicht die Tiefe deiner innern Fülle!

Du wirst dir meine Freude Schloffer, und bei
ihm den Dichter Jacobi zu sehen, nach dessen Be=
kanntschaft ich mich seit zwanzig Jahren sehnte, leicht
vorstellen. Dieser ist Professor in Freiburg im Breis=
gau, und bringt hier die Zeit der Ferien zu. Sich
so gleich an heißer Liebe für das Wahre und Schöne,
sind sie dennoch so verschieden. Der unbefangne, freie
Philosoph, der bald mit der Fackel des Geistes die
Blendlaternen der Philosophaster zerschmeißt, bald mit
eben dieser Fackel ihnen in ihre Schlupfwinkelchen
nachgeht, und mit attischer Jronie ihre Gaukeleien
beleuchtet; der biedre Mann, welcher als Bürger sei=
nen Gang gerade fort geht, und die gordischen Kno=
ten verstrickender Verhältnisse mit dem Schwerte zu
lösen weiß; dieser Mann und der zartempfindende
liebliche Dichter, dessen Originalgeist im Umgang
mit der jüngsten, freundlichsten und jungfräulichsten
Muse, seiner ihm eigenthümlichen Muse, so früh ge=

Sechster Brief.

Karlsruhe, den 11ten August 1791.

Die sandige Gegend zwischen Frankfurt und Darm=
stadt machte uns die große Hitze noch fühlbarer, als
sie es ohnedem schon gewesen wäre. Wir erfrischten
uns unterwegs mit jährigem Landwein. Eh' die
Jahre ihn mildern, hat er freilich viel Säure, aber
selbst diese Säure hatte das Verdienst, den Durst
besser als mancher edlere Wein zu stillen. Des ách=
ten Rheinweins Gewächs ist auf einen Bezirk von
etwa vier bis fünf Meilen um Mainz herum ein=
geschränkt, jenes Rheinweins, von dem Klopstock so
schön singet:

> Du bist es würdig, daß du des Deutschen Geist
> Nachahmst, bist feurig, nicht aufflammend,
> Taumellos, stark, und von eitlem Schaum leer!

Andre Arten sind zum Theil angenehm und
wohlthätig, aber jenem weder an mildem Feuer gleich,
noch an Duft.

In Darmstadt besuchten wir noch in der Abend=
dämmerung den schönen englischen Garten. Wegen

der Menge seiner großen Bäume, insonderheit der
Pappeln, schien er uns sehr angenehm.

Vom ungeheuren Exercierhause hast du gehört.
Es war schon geschlossen, als wir hinein wollten.
Man rühmt des Baumeisters Kunst, welcher, ohne
Stützen zu brauchen, das Dach darauf setzte. Zur
Zeit des vorigen Landgrafen, der sehr frostig war,
ward das Haus von sechszehn Oefen gewärmt. Er
stand mehrentheils in der Mitte. Soldaten, welche
nah' an den Oefen standen, sollen manchmal in Ohn-
macht gefallen seyn. Der jetzige Landgraf hat die
Oefen wegnehmen lassen.

Am 8ten durchreis'ten wir die berühmte Bergstraße von Darmstadt nach Heidelberg. Sie ist eine
der angenehmsten und interessantesten in Deutschland.
Sie ist sieben Meilen lang und wird immer schöner,
je näher man Heidelberg kommt. Auf der linken
Seite läuft eine hohe Gebürgkette ununterbrochen fort.
Ueber den andern Höhen erhebt der Melibocus sein
Haupt, dessen Scheitel der vorige Landgraf mit einem
weißen Wartthurm gezieret hat. Diesen haben wir
schon einige Meilen vor Mainz gesehen; man soll ihn
auch von Pirmasenz an der lothringischen Gränze, wo
dieser Fürst sich oft aufhielt, sehen können. Viele
der andern Berge tragen auf ihren Gipfeln Trümmer alter Schlösser aus den Zeiten des Faustrechts.
Die höchsten Berge sind mit Laubholz bedeckt, die
andern mit Reben bis zur Spize. Zwischen den Ber-

gen und dem Wege ist ein fruchtbarer Landstrich von
verschiedner Breite, welcher viele Flecken und Dörfer,
die am Fuß oder am Abhang der Berge gebauet
sind, ernähret.

Eben so groß ist die Fruchtbarkeit des Thales an
der rechten Seite, wo sich bald der Blick bis zu fer=
nen Gebürgen jenseits der breiten Ebne erstreckt, bald
von Waldungen unterbrochen wird, deren blaue Hü=
gelgipfel emporragen. Diese Ebne wird, gleich dem
Thal am Fuße der Bergkette, belebt durch viele große
Wallnuß=, Apfel=, Birn= und Pflaumenbäume, von
einer Höhe und Schönheit, welche diese Bäume in
den Gärten des nördlichen Deutschlands nicht erreichen.
Auch ächte Kastanien= und Mandelbäume wachsen
hier, doch selten. Aber an hohen Bäumen reifen
Aprikosen. Unter dieser Fruchtbäume befreundenden
Schatten gedeihet in diesem sanften Himmelsstrich
mannigfaltige Fruchtbarkeit. Wir sahen diese Gefilde
nicht in ihrer ganzen Schönheit, da das Winterkorn
schon überall eingeerntet, und der Acker schon zur
Herbstsaat gepflüget war. Außer den uns bekannten
Getreidearten bauen die hiesigen Landleute Spelt und
Dinkel, dieses eine feine Art von Rocken, jener dem
Geschlecht des Waizens verwandt. Zwischen den
Reihen der Reben wird Spargel, Laktuk, und andres
Gemüse gebauet. Jede Art des Gemüses wechselt
hier ab mit den Kornarten, mit Klee, Lucern, Hanf,
Mohn, Tabak, mit Pflanzungen von Maulbeerbäu=

men und mit Mais, welches wir auch türkisches, die
Pfälzer aber welsches Korn nennen. Dieses brauchen
die Aermeren zur Grütze, doch wird es häufig zur
Mästung des Federviehes und der Schweine ange=
wandt. Das Laub, welches ohne Schaden der Kolben
abgeblattet wird, geben sie dem Hornvieh. Dieses
wird mehrentheils im Stall gefüttert, doch ist die
Stallfütterung nicht so allgemein, daß man nicht auch
große Rinderheerden weiden sähe, die nur des Abends
von Hirten heimgeführet werden. Die schmalsten
Reine zwischen den Aeckern oder an der Landstraße,
werden emsig wie in Sachsen benutzt. Des Abends
im Thau schneiden Mädchen das Gras mit der
Sichel. Auch bei der Ernte ist der Gebrauch der
Sichel allgemein.

Ich habe Haber, der im Halm nicht stärker war
als der unsrige, mühsam schneiden gesehen. Ohne so
schwere Mühe und mit geringerem Verlust an Zeit
und Stroh, würde man ihn besser mit der Sense
gemähet haben.

Der Wein dieser Gegend heißt Bergsträßler. Er
ist kühlend, ähnelt den geringsten Arten des Rhein=
weins, oder den besten sächsischen. Die Hitze war
sehr groß. Zwischen Weinheim und Heidelberg hiel=
ten wir still vor einem Wirthshause. Es ward Kirch=
weihe gefeiert und getanzt. Die Volksfreunde ergriff,
mit dem Lärm eines Hackbretts und dem Geschwirre
einiger Geigen, unsern Postillion, wie mit Oberon's

Horn. Heiß, wie er vom dampfenden Gaul abgestie=
gen war, schwang er im walzenden deutschen Tanz
eine vollwangige Dirne aus dem Reigen mit sich
herum.

Selten schmeckte mir etwas so, wie ein Glas des
Landweins unter diesen frohen Leuten, und ein Schnitt
ihres Kirchweihkuchens.

Heidelberg liegt verborgen hinter einem Berge.
Man fährt um ihn herum, und sieht nun plötzlich
den schönen Neckar vor sich, und an seinem Strome
die Stadt. Jenseits liegen Berge. Die Stadt theilet
mit dem Neckar ein schmales Thal, und ist zum Theil
auf den untern Abhang eines Berges gebaut, auf
welchem viel höher, doch tief unter dem Gipfel, das
alte Schloß steht.

Ich erinnerte mich lebhaft der schönen Aussicht
vom Schlosse, die ich vor sechszehn Jahren gesehen
hatte. In großer Hitze erstiegen wir die Höhe. Groß
und schön sind des Schlosses Trümmer.

In Vertiefungen zwischen den Fenstern stehen in
Stein gehauen die alten Pfalzgrafen und Kurfürsten
nach altdeutscher Art und Kunst. Weit schöner, wie
es sich denn auch geziemet, steht in einer Nische der
Hauptfaçade eine steinerne Statue, die unter dem ge=
wöhnlichen Bilde eines Weibes mit zwei kleinen Kin=
dern in den Armen, die christliche Liebe vorstellt. Das
Gesicht des Weibes hat einen charakteristischen Aus=
druck von hohem Adel und Schönheit.

Um das Schloß herum läuft ein tiefer Zwinger
mit Bäumen bepflanzt. Von einem ungeheuren run=
den Thurm ist ein großes Stück herabgestürzt, und
liegt malerisch auf des Zwingers Abhang.

Auf dem Schloßberge liegt ein Garten, wo in
verwahrlosetem aber freudigem Wuchs, Bäume man=
cherlei Art grünen, unter andern ein großer Seven=
baum (Juniperus Sabina).

In diesem Garten ist eine Terrasse, die auf einer
senkrechten im Abhang des Berges gegründeten Mauer
steht. Von hier sieht man eine der schönsten Aus=
sichten Deutschlands. Rechts fließt zwischen waldigen
Bergen der Neckar hervor, badet die Stadt, verliert
sich in der Ebne zwischen Bäumen, zeigt sich dann,
verliert sich wieder. Die fruchtbare Ebne ist hie und
da mit großen Bäumen, hie und da mit Wäldern
geziert. Ferne Gebürge kränzen den Horizont. Hin=
ter diesen Gebürgen ging die Sonne umwölkt unter.
Wir verloren einen herrlichen Anblick, doch hatte auch
dieser umwölkte Sonnenuntergang seine eigne Schön=
heit. Durch einen dünnen Nebelschleier fielen einige
Strahlen auf entfernte Berge, und bedeckten sie mit
einem Dunst von mattem Golde, den das Blau der
übrigen Gebürge noch erhob.

Wir verweilten auf dieser Terrasse, hofften noch,
daß die Sonne das Gewölk durchbrechen würde; aber
die Dämmerung sank ein, es donnerte fernher, Blitze

zückten hervor hinter dem Berge, der gegen uns über stand, der Himmel umzog sich je mehr und mehr.

Säumend verließen wir diesen Ort, und zu spät, um noch das berühmte Heidelberger Faß zu sehen, von welchem mein kleiner Ernst schon lange geschwatzt hatte. Die Leute, welche es zu zeigen pflegen, hatten sich schon hinunter in ihre Wohnung begeben.

In der Stadt fiel uns ein steinernes Marienbild mit dem Jesuskinde in die Augen. Es standen erz= katholische lateinische Inschriften darauf, aber uns ge= fiel der deutsche Reim auf der einen Seite:

Noch Stein, noch Bild, noch Säulen hier,
Das Kind und Mutter ehren wir.

Am folgenden Morgen setzten wir unsre Reise fort über Bruchsal und Durlach, und kamen den Nach= mittag hier an. Mit Recht hört der Name der Bergstraße bei Heidelberg mit der ununterbrochenen hohen Bergreihe auf. Doch behält dieser Weg noch immer den Hauptcharakter der Bergstraße. Kleinere, mehrentheils mit Reben bedeckte Berge liegen links. An beiden Seiten ist die Fruchtbarkeit groß. Rechts erweitert sich oft das Thal, und wird bald durch Waldungen von Eichen und Buchen unterbrochen, bald von ihnen umgränzt. Hie und da erheben sich hinter den Wäldern ferne Gebürge von Lothringen.

Bruchsal ist artig gebauet. In einem schönen Schlosse residirt dort der Bischof von Speier. Hinter der Stadt liegt ein großes Salzwerk.

the's, Haugwitzens und Klinger's Gesellschaft dort zubrachte.

Näher der Stadt liegt dem Schlosse Biberich gegenüber eine andre Insel, die Churfürsten-Au, welche,
mit vielen Bäumen bepflanzt, uns, indem wir vorbei
ruderten, noch schöner zu seyn schien als jene.

Wir schifften hinüber nach dem äußersten Ende
der Rheinallee, welche den Strom entlang vor nicht
langer Zeit gepflanzet ward. Sie besteht aus zwei
Reihen Linden in der Mitte, und zwei äußeren Reihen Pappeln. Sehr große Bäume wurden hierzu
genommen, und müssen mit vieler Geschicklichkeit seyn
verpflanzet worden, da ihre schöne Bildung zeigt, daß
die Art an ihren Aesten nicht gewüthet hat. Die größten Bäume stehen noch an der Stadt.

Nah' am äußersten Ende dieser Allee, welche eine
halbe Stunde lang ist, haben verschiedene Domherren
den Anbau eines vordem unfruchtbaren Flugsandes
mit Eifer unternommen, und mit vielen Unkosten be-
trieben, indem sie weither viele gute Erde herbeifah-
ren ließen. Der Erfolg soll schon jetzt die ausgelegten
Summen für einige reichlich verzinsen. *)

Die ganze, mit Feldfrüchten, Obst und Wein
prangende Gegend von Mainz, verdanket vielleicht

---

*) Gegen das Ende des Jahres 1792 haben die Franzo-
sen, als ihre Horden unsre Granzen überschwemmten
und Mainz einnahmen, diese schönen Anlagen verwüstet.

mehr dem Fleiße der Anbauer als dem Boden, wel=
cher leicht, ja sandig ist.

Die Gegenden von Frankfurt scheinen mir in
eben diesem Falle zu seyn. Sie werden durch den
Main verschönert und belebt; ohne diesen Strom wür=
den sie den Freund der Natur gleichgültig lassen.

Zum Theil ist Frankfurt schön gebauet, besonders
die große Straße, welche die Zeile heißet.

Die zahlreiche Judenschaft muß in einer Gasse
wohnen, welche sehr lang, krumm und eng ist. Die
beiden äußeren Seiten ihrer Häuser sind durch eine
hohe Mauer, welche weit über das erste Stockwerk
reichet, von der übrigen Bürgerschaft abgesondert.
Des Abends, nach zehn oder eilf Uhr, wird die Straße
von beiden Seiten geschlossen, und während des christ=
lichen Gottesdienstes darf auch ohne besondre Erlaub=
niß kein Jude diesen engen Bezirk verlassen.

Intolerante Härte hat in vorigen Zeiten diese
Verfügung für rathsam gehalten. Jetzt würde man
sie aufheben, wenn nicht die reichen Juden, welche bei
Vermiethung ihrer Häuser an ihre armen Brüder
ihre Rechnung dabei finden, dringende Vorstellungen
gegen eine Veränderung machten, die doch eben dieser
Ursache wegen wohlthätig seyn würde.

Die Katholiken haben freie Religionsübung. Der
lutherische Magistrat hat aber erst seit einigen Jahren,
auf Kaiser Joseph's Fürsprache, den Reformirten Bet=
häuser zugestanden. Diese haben deren zwei erbauet,

oder am Meerweibe, durch deren Organe diese Wasser-
künste hervorsprützen. Dem lebendigen Strom gehe
ich gern bis zur Quelle nach, und labe mich da in
der Felsenumschattung an der Kühle, die er wohlthätig und stärkend um sich her verbreitet. O Klopstock!
Klopstock! du Rhein unter den Geistern des Vaterlandes und des Jahrhunderts, wie oft stärkte, labte,
entflammte mich dein Umgang! Deine dem Meere
der Unsterblichkeit zuströmenden Gesänge erschöpften
nicht die Tiefe deiner innern Fülle!

Du wirst dir meine Freude Schlosser, und bei
ihm den Dichter Jacobi zu sehen, nach dessen Bekanntschaft ich mich seit zwanzig Jahren sehnte, leicht
vorstellen. Dieser ist Professor in Freiburg im Breis-
gau, und bringt hier die Zeit der Ferien zu. Sich
so gleich an heißer Liebe für das Wahre und Schöne,
sind sie dennoch so verschieden. Der unbefangne, freie
Philosoph, der bald mit der Fackel des Geistes die
Blendlaternen der Philosophaster zerschmeißt, bald mit
eben dieser Fackel ihnen in ihre Schlupfwinkelchen
nachgeht, und mit attischer Ironie ihre Gaukeleien
beleuchtet; der biedre Mann, welcher als Bürger seinen Gang gerade fort geht, und die gordischen Kno-
ten verstrickender Verhältnisse mit dem Schwerte zu
lösen weiß; dieser Mann und der zartempfindende
liebliche Dichter, dessen Originalgeist im Umgang
mit der jüngsten, freundlichsten und jungfräulichsten
Muse, seiner ihm eigenthümlichen Muse, so früh ge-

Sechster Brief.

Karlsruhe, den 11ten August 1791.

Die sandige Gegend zwischen Frankfurt und Darmstadt machte uns die große Hitze noch fühlbarer, als sie es ohnedem schon gewesen wäre. Wir erfrischten uns unterwegs mit jährigem Landwein. Eh' die Jahre ihn mildern, hat er freilich viel Säure, aber selbst diese Säure hatte das Verdienst, den Durst besser als mancher edlere Wein zu stillen. Des ächten Rheinweins Gewächs ist auf einen Bezirk von etwa vier bis fünf Meilen um Mainz herum eingeschränkt, jenes Rheinweins, von dem Klopstock so schön singet:

Du bist es würdig, daß du des Deutschen Geist
Nachahmst, bist feurig, nicht aufflammend,
Taumellos, stark, und von eitlem Schaum leer!

Andre Arten sind zum Theil angenehm und wohlthätig, aber jenem weder an mildem Feuer gleich, noch an Duft.

In Darmstadt besuchten wir noch in der Abenddämmerung den schönen englischen Garten. Wegen der Menge seiner großen Bäume, insonderheit der Pappeln, schien er uns sehr angenehm.

Vom ungeheuren Exercierhause hast du gehört. Es war schon geschlossen, als wir hinein wollten. Man rühmt des Baumeisters Kunst, welcher, ohne Stützen zu brauchen, das Dach darauf setzte. Zur Zeit des vorigen Landgrafen, der sehr frostig war, ward das Haus von sechszehn Oefen gewärmt. Er stand mehrentheils in der Mitte. Soldaten, welche nah' an den Oefen standen, sollen manchmal in Ohnmacht gefallen seyn. Der jetzige Landgraf hat die Oefen wegnehmen lassen.

Am 8ten durchreis'ten wir die berühmte Bergstraße von Darmstadt nach Heidelberg. Sie ist eine der angenehmsten und interessantesten in Deutschland. Sie ist sieben Meilen lang und wird immer schöner, je näher man Heidelberg kommt. Auf der linken Seite läuft eine hohe Gebürgkette ununterbrochen fort. Ueber den andern Höhen erhebt der Melibocus sein Haupt, dessen Scheitel der vorige Landgraf mit einem weißen Wartthurm gezieret hat. Diesen haben wir schon einige Meilen vor Mainz gesehen; man soll ihn auch von Pirmasenz an der lothringischen Gränze, wo dieser Fürst sich oft aufhielt, sehen können. Viele der andern Berge tragen auf ihren Gipfeln Trümmer alter Schlösser aus den Zeiten des Faustrechts. Die höchsten Berge sind mit Laubholz bedeckt, die andern mit Reben bis zur Spitze. Zwischen den Ber-

gen und dem Wege ist ein fruchtbarer Landstrich von
verschiedner Breite, welcher viele Flecken und Dörfer,
die am Fuß oder am Abhang der Berge gebauet
sind, ernähret.

Eben so groß ist die Fruchtbarkeit des Thales an
der rechten Seite, wo sich bald der Blick bis zu fer=
nen Gebürgen jenseits der breiten Ebne erstreckt, bald
von Waldungen unterbrochen wird, deren blaue Hü=
gelgipfel emporragen. Diese Ebne wird, gleich dem
Thal am Fuße der Bergkette, belebt durch viele große
Wallnuß=, Apfel=, Birn= und Pflaumenbäume, von
einer Höhe und Schönheit, welche diese Bäume in
den Gärten des nördlichen Deutschlands nicht erreichen.
Auch ächte Kastanien= und Mandelbäume wachsen
hier, doch selten. Aber an hohen Bäumen reifen
Aprikosen. Unter dieser Fruchtbäume befreundenden
Schatten gedeihet in diesem sanften Himmelsstrich
mannigfaltige Fruchtbarkeit. Wir sahen diese Gefilde
nicht in ihrer ganzen Schönheit, da das Winterkorn
schon überall eingeerntet, und der Acker schon zur
Herbstsaat gepflüget war. Außer den uns bekannten
Getreidearten bauen die hiesigen Landleute Spelt und
Dinkel, dieses eine feine Art von Rocken, jener dem
Geschlecht des Waizens verwandt. Zwischen den
Reihen der Reben wird Spargel, Laktuk, und andres
Gemüse gebauet. Jede Art des Gemüses wechselt
hier ab mit den Kornarten, mit Klee, Lucern, Hanf,
Mohn, Tabak, mit Pflanzungen von Maulbeerbäu=

ward aber noch zurückgewiesen. Im elften mußte
ihm der Lehrer wenigstens bewilligen, daß er bei der
Unterweisung der übrigen Schüler, in einer Ecke
sitzend, gegenwärtig seyn durfte. In kurzer Zeit
übertraf er alle Mitschüler, und mußte oft dem
Schulmeister Exempel, die diesem zu schwer schienen,
vorher berechnen. Sein Vater wollte ihn zu einem
Barbier in die Lehre geben, aber dazu hatte der
Jüngling keine Luft."

"Endlich ward er von seinem Pfarrer zum seeligen
Pfarrer Hahn nach Kornwestheim bei Ludwigsburg
empfohlen, der, sich seiner treulich annehmend, in ihm
einen so dankbaren als geschickten Schüler zog. Nachher ließ er sich nieder in der kleinen würtembergischen
Stadt Vaisingen, heirathete dort, und lebte, seiner
Talente und seiner Sitten wegen, sehr hochgeschätzt.
Er las in seinen Erholungsstunden Schriften, welche
seinen Geist und sein Herz bildeten. Vorzüglich liebte
er Werke, aus welchen er eine nähere Kenntniß des
gestirnten Himmels schöpfen konnte. Er verfertigte
sich eine Mittagslinie, machte sich selbst die nothwen-
digsten astronomischen Werkzeuge, und fing nun an
mit Eifer die Bewegungen der Himmelskörper zu
beobachten. Er entwarf sich sinnreiche Plane zu ein-
fachen astronomischen Uhren und zu ganzen Welt-
systemen."

Ich habe desto weniger angestanden, dir diese
Nachrichten von dem Leben eines jetztlebenden gebor-

nen Mechanikers abzuschreiben, da es wahrscheinlich
ist, daß dieser junge Mann, welcher schon so viel ge=
leistet hat, sich durch schätzbare Erfindungen noch
berühmter als er jetzt seyn kann, machen werde.

Unter vielen schönen Instrumenten zeigte Herr
Böckmann uns auch einen Wedgewoodischen Pyrometer,
welcher mittelst einer Scala beinah parallellaufender
Leisten von Messing, deren Entfernung oben nur um
eine englische Linie enger als unten ist, und welche in
hundert und zwanzig Theile getheilt sind, bis auf
den hundert und zwanzigsten Theil einer Linie (deren
zwölf auf einen Zoll gehen) das Einschrumpfen einge=
schobner Cylinder von Thon, die in der Hitze sich zu=
sammenziehen, anzeiget; und also in der feinsten Ab=
stufung, bis zur höchsten Schmelzgluth, den Grad
der Hitze bestimmt, welchen man diesen Cylindern
zur Prüfung der Glashütten oder Metallöfen mitge=
theilt hat. Eine Erfindung, deren Nutzen so groß als
augenscheinlich ist.

Wir besuchten auch den berühmten Botanisten
Herrn Kölreuter, dem es gelungen ist, durch künst=
liche Befruchtungen neue Arten von Gewächsen her=
vorzubringen, welche zwar durch den Saamen sich
nicht fortpflanzen, durch Ableger aber erhalten wer=
den können. Merkwürdig ist es, daß diese neuher=
vorgebrachten Arten an Stärke des Wuchses die na=
türlichen übertreffen sollen, vermuthlich deswegen,
weil die Organe der Befruchtung bei diesen einen

großen Theil des Aufwandes der Säfte erfordern. Herr Kölreuter hat auch, durch wiederholte künstliche Befruchtungen der durch Kunst hervorgebrachten Arten, diese wieder zu einer von den beiden ursprünglichen Arten zurückgeführt. Die auf solche Art verwandelten Pflanzen kamen wieder nach und nach in den vollen Besitz ihrer ursprünglichen Zeugungskraft, oder ihres ursprünglichen Empfängnißvermögens. Denn einige hatte er in die mütterliche, andre in die väterliche Art zurück verwandelt.

.... Tiresias ward blind, weil ihm ein kühner Blick in die Geheimnisse der Venus vergönnt worden. Scheint nicht noch jetzt eine Nemesis diejenigen Männer zu verfolgen, welche mit außerordentlicher Kunde und mit entflammter Liebe dem verhüllenden Schleier der Natur sich nahen? Dieser so bescheidne als kühne Forscher, welcher die Bienen auf ihrer Kunst beschlich; durch eine an das Honigbehältniß der Blumen angesetzte Glasröhre, den Pflanzen ihren Nektar stahl, und Honig hervorbrachte; dieser merkwürdige Mann hat kein Plätzchen Erde, welches ihm zu Gebot stünde. Keiner von den Großen unsers Vaterlandes hat sich die Ehre und die Freude gönnen wollen, einem der genügsamsten und erfindungsreichsten Gelehrten dieser Art ein Gärtchen anzuvertrauen!

Der hiesige Schloßgarten ist groß, angenehm und reich an ausländischen Gewächsen, unter denen einige seyn sollen, die man vergebens im Linneischen System aufsuchen würde. Diese sind in einem gedruckten Verzeichnisse mit einem Stern bezeichnet worden.

Karlsruhe ist regelmäßig gebauet. Diese Stadt nimmt ohngefähr den dritten Theil des großen Cirkels ein, dessen Mittelpunkt das Schloß ist. Ihre Gassen, welche, gleichwie die schnurgeraden Gänge des Gartens und des Waldes, gleichweit von einander entfernt sind, bilden mit diesen Gängen die Halbmesser eines Cirkels, welcher daher einem Spinnegewebe ähnlich ist.

Achter Brief.

Am 16ten reisten wir aus Karlsruhe. Unser Weg führte uns wieder durch Durlach, dann durch herrliche Wiesen nach Pforzheim. Die Leute waren mit der zweiten Heuernte beschäftigt. In diesen fruchtbaren Gegenden wird das Gras dreimal gemähet. Es müssen nicht nur die Wiesen sehr ergiebig, sondern auch die Kräuter vorzüglich kräftig seyn, denn des Heues Duft war stärker als im nördlichen Deutschland; er erinnerte mich an die Heuernten in der Schweiz.

Pforzheim liegt in einem sehr anmuthigen Thale an der Enz. Fruchtbarkeit des Bodens und Arbeitsamkeit der Menschen scheinen im Badenschen mit einander zu wetteifern. Nicht völlig so ergiebig, aber eben so gut angebaut, schien mir das Würtembergische. Die Gegenden dieses Landes bis Stuttgart sind lange nicht so schön als die Badenschen. Wir kamen vor der Festung Hohenasperg vorbei, in welcher der Herzog den armen Schubart, ohne daß man weiß warum, zehn Jahr gefangen hielt, wiewohl die=

ser, als man ihn aus Ulm lockte, in dieser freien
Reichsstadt angesessen war, und ein geborner Bürger
der freien Reichsstadt Aalen ist.

In Stuttgart besuchten wir die Militairakademie.
Kaiser Joseph der Zweite verlieh ihr die Rechte einer
Universität. Es werden in den obern Klassen alle
Wissenschaften der vier Fakultäten gelehrt. An Voll-
ständigkeit des Unterrichts; an Menge der Lehrer,
deren hundert und drei und vierzig sind; an allen
zu wünschenden Hülfsmitteln der gelehrten Studien
und ritterlichen Uebungen, mögen wenig Akademien
mit dieser zu vergleichen seyn. Ob ein edler Geist
das Ganze beseele? Ob wahre Humanität in den
Lehrsälen und Wohnzimmern aus- und eingehe? Ob
militairisches Kommando nicht manchen Keim ersticke?
Das sind Fragen, welche jedem, der die Akademie
besucht, einfallen müssen. Sehr verderblich scheint mir
die Sitte, den Zöglingen für jedes Versehen einen
Zettel zu geben, den sie verwahren, und dem Herzoge,
wenn er hinkommt, vorzeigen müssen, damit ihnen
alsdann von ihm die Strafe dictirt werde; desto ver-
derblicher, da die kleinern Versehen zusammen sum-
mirt, und oft, nachdem ein Jüngling Wochen lang
das schriftliche Andenken seiner Schuld mit sich her-
umgetragen, strenge bestraft werden. Kann ihn das
nicht, je nachdem seine Gemüthsart ist, erbittern, oder
schüchtern machen? oder melancholisch? oder gar unverschämt?

Wir sahen zweihundert und fünf und siebzig
Knaben und Jünglinge in einem schönen Saale essen.
Warum sind die Adlichen von den Bürgerlichen durch
die Tische getrennt? Es ist nicht weise die Jugend
auf Ungleichheit der Stände aufmerksam zu machen,
ehe sie einsehen lernet, daß eben aus dieser Ungleichheit eine Harmonie des Ganzen, zum Vortheil Aller,
entspringt. Der auf solche Art ausgezeichnete Junker
geräth leicht auf die böse Vorstellung, daß er besser
sei als andre, weil er vornehmer ist.

Vier Prinzchen aßen an einem besondern Tische.
Acht Knaben, welche ihrer guten Aufführung und ihres Fleißes wegen belohnt werden sollten, aßen, ohne
Unterschied des Standes, an einem besondern Tisch.
Muß nicht sowohl diese Ausnahme als die Regel in
den Adlichen den Geburtsstolz nähren? Nährt sie
nicht in den Bürgerlichen diese Abneigung, diese Erbitterung gegen den Adel, welche gewiß die Herzen
nicht weniger verderbt als jener Geburtsstolz? Und
dann die Orden, welche die acht Ausgezeichneten trugen! Wehe der Erziehung, welche das als verlangens-
würdig vorstellt, was wahre Philosophie und Edelmuth gering schätzen lehren!

Die Anzahl der Schüler beläuft sich gegen fünfhundert, wenn man diejenigen, welche nicht im Hause
wohnen, mitrechnet.

Im Hause wohnen ohngefähr dreihundert. Ueber
ein Drittel, ja beinah die Hälfte, wird vom Herzoge

frei, gehalten. Für die andern wird wenig bezahlt.
Zweihundert Gulden für achtjährige Knaben, fünfhundert für Knaben von funfzehn Jahren und darüber,
und nach Maaßgabe ihres Alters für Knaben zwischen
acht und funfzehn Jahren.

Sie wohnen gut, sehen wohl genährt aus, und
werden gut gekleidet. Sie tragen blaue Uniform mit
schwarzen Aufschlägen. Zum Baden werden sie täglich angehalten, im Winter in einem großen häuslichen Bade, des Sommers im Garten. Dieser ist
groß und schattig. Jeder hat sein eignes Gartenbeet
zum Vergnügen. Das Naturalienkabinet ist schön.
Nicht nur in Wissenschaften, auch in Künsten werden diejenigen, welche es verlangen, von geschickten Meistern unterrichtet. Es sollen schon verschiedne
gute Maler und Kupferstecher dort seyn gebildet
worden.

Wir fuhren nach der Solitüde, einem Landsitze,
welchen der Herzog angelegt hat. Der Weg dahin
ist anmuthig. Man fährt Anfangs einen ziemlich steilen Berg hinan, und läßt die Stadt tief im Thal
zwischen Weinbergen und Fruchtbäumen liegen. Dann
führt der Weg durch schöne Waldung, wo Hirsche
zahm und stolz weiden.

Das Schloß und der Garten sind hoch in einer
ehmals ganz wilden Gegend angelegt worden. In
das Schloß werden Reisende nicht geführt; doch öffnet man, wenn ihnen daran gelegen ist, die Glas-

thüre jedes Zimmers im untern Stockwerk, breitet einen alten Teppich einer Elle breit innerhalb der Thür, setzet eine Querlatte vor den Zuschauer, damit er nicht weiter hineintrete, und läßt ihn so die Zimmer anstaunen, wenn er zum Staunen geneigt ist. Du stellst dir leicht vor, daß wir es bei'm ersten Zimmer bewenden ließen.

Vor dem Schloß ist eine große Terrasse, von welcher man eine weite Aussicht hat. Man soll mit einem Fernrohr acht und sechszig, oder wie andre wollen, zwei und achtzig Flecken und Dörfer sehen. Dieser Aussicht fehlt es an Wasser.

Der Garten ist sehr groß, aber mehr mit dem Gedanken, die Natur zu verdrängen, als mit Empfindung angelegt. Selbst das Gehölz dieses Gartens, dem man doch seinen Wuchs gelassen hat, wird von geraden Gängen nach allen Richtungen durchschnitten, und die Bäume werden beinahe bis zur Krone, als hätten sie ihre Blöße zu verbergen, von hohen Hecken versteckt. Die Orangerie besteht aus funfzehnhundert zum Theil sehr großen Bäumen, doch würde sie ohne Zweifel in einem gegen Mittag gelegnen Thale noch schöner gedeihen.

Auch sie empfindet den Zwang, dessen Genius über der ganzen Anlage waltet. Die Zweige der Bäume sind vorwärts und rückwärts mit vieler Kunst gebunden, so daß jeder Baum mit kugelrunder Krone auf hohem Stamme pranget.

Mit Enthusiasmus zeigte man uns eine große Fichte, um welche bis zu einer ansehnliche Höhe Draht geflochten war, um Vögel hier gefangen zu halten. Kleinere Bäume in einem geflochtnen Draht= hause würden ihnen eben diesen Trost gewähret haben, aber mit großen Unkosten mußte dieser Baum, mit der Erde an seinen Wurzeln, auf einem niedrigen von achtzehn Paar Ochsen gezognen Wagen hierher geführt, und mit dem Wagen eingegraben werden. Ich ge= stehe dir, daß ich mit ungemischter Reue diesen Ort würde verlassen haben, wenn ich nicht hinter einer sehr hohen runden Hecke hohe Eichbäume wahrge= nommen hätte. Wir gingen hinzu.

Die Stelle heißt: Zu den fünf Eichen. Von der einen ist keine Spur da, von einer andern nur etwas über der Wurzel.

Solche Denkmaale des Alterthums verdienten ihre Legende zu haben, doch ist die Erzählung von diesem Baume ziemlich neu.

Der Sturm, welchen man bei'm Erdbeben von Lissabon im Herbste des Jahres 1755 fast in ganz Europa spürte, soll ihn von den noch stehenden, die mit der Wurzel an einander hangen, getrennt und niedergeschmettert haben. Die drei, welche noch stehen, gehören zu den schönsten Eichen so ich jemals sah. Zwei von ihnen tragen in gespaltner Rinde lange, ziemlich tiefe Spuren der Blitze, welche ihnen diese ehrenvollen Narben zurückließen, ohne sie weiter zu beſchädigen. Alle drei ſind im Zuſtande vollkommner Geſundheit, und mögen wohl tauſend Herbſtſtürmen getrotzt haben. Bis nahe an die Krone hatte man ſie, bei Anlage des Gartens, durch ein Tanzgerüſte verunſtaltet. Dieſes iſt aber bis auf ſeine letzte Spur eingefallen. Wie bald haben dieſe Rieſen der Waldung, welche anfeindenden Stürmen und Wettern nicht erlagen, dieſe kleine Neckerei überlebt!

Seit einigen Jahren wird die Solitüde nicht mehr beſucht. Die neuere Anlage von Hohenheim zog bald des Herzogs Aufmerkſamkeit von der frühern ab. Auch dort ſollen großen Summen ſeyn verſchwendet worden, und noch verſchwendet werden. Aber Hohenheim wird den Fremden nicht gezeigt, am wenigſten wenn, wie eben jetzt, der Herzog verreiſet iſt. Weder Fremde noch Einheimiſche dürfen es ohne beſondre Erlaubniß beſuchen.

Frühe verreiſten wir aus Stuttgart, und erreichten noch am Abend Ulm. Die würtembergiſchen Wege ſind vortreflich. Dieſe Tagereiſe war ſehr anmuthig. Wir fuhren des Morgens längs dem Neckar in ſo fruchtbaren als ſchönen Gegenden.

Das Reichsſtädtchen Eßlingen liegt an dieſem Strome, welcher neben ihm ein ſehr liebliches Thal wäſſert. Friſches Wieſengrün und hohe Obſtbäume wechſeln mit den Früchten der Felder. Der Neckarwein dieſer Gegend iſt ſehr gut. Hügel mit Waldung kränzen das Thal; in der Ferne ſieht man die vor-

ragenden Gipfel der Gebürgkette, welche die rauhe
Alp heißet, und zu den schwäbischen Alpen gehört.
Bald nachher sahen wir diese Gebürge näher vor uns
zur Rechten, und einzelne hohe Berge zur Linken, de=
ren einige mit schimmernden Kirchen, andre mit Rui=
nen der Vorzeit prangten. Unter diesen Bergen hebt
sich der von Hohenstaufen durch Schönheit der Rün=
dung für's Auge hervor; durch edles Alterthum für
den Patrioten. Hier war die Wiege unsrer Könige
und Kaiser aus dem schwäbischen Stamm, aus dem
Stamme, welcher durch Kraft des Geistes und des
Muths wie durch Unglück in der Geschichte eine so
große Epoche macht. Bei Geißlingen kamen wir die=
sem Berge auf zwei Stunden weit gegenüber, und
sahen ihn noch lange hinter uns, bis uns der Weg
in ein tiefes Felsenthal führte, wo er unserm Blick
entschwand.

Von diesem Thale an erhebt sich der Weg fast
beständig bis hin nach Ulm. Wie viel höher als der
Rhein muß die Donau fließen! Aber welche Länder
hat sie auch zu durchströmen, ehe sie das Meer erreicht!

Als wir einige Stunden von Ulm entfernt waren,
sahen wir uns rechts nach den schweizerischen Schnee=
gebürgen um, welche man, wiewohl auf eine Entfer=
nung von ohngefähr vierzig Stunden, oft sehen kann.
Aber diese Seite des Himmels war umzogen.

In Ulm brachten wir einen Tag in der Gesell=
schaft meines Freundes Miller zu, mit welchem ich

ein Jahr in Göttingen gelebt, und den ich vor sechszehn
Jahren mit meinem Bruder hier besucht hatte. Enkelinnen werden die edle Einfalt seiner Lieder, und in
ihnen das schöne Herz des Dichters lieben. Meine
Enkelinnen werden ihren Gespielinnen einst sagen, daß
sie von seinem Freunde abstammen. Er zeigte uns
vom Wall die Aussicht auf die Donau, auf ihre
fruchtbaren Ufer und auf hohe Berge.

Von hier warf ich vor achtzehn Jahren einen
sehnsuchtsvollen Blick auf die besonnten Schneegipfel
der Schweiz, die ich damals eben verlassen hatte.
Jetzt waren sie weder vom Wall noch vom hohen
Münster zu sehen.

Dieser Münster ist, sowohl durch das große Schiff
der Kirche, als durch die Höhe seines altgothischen
Thurmes, einer der größten in Deutschland. Von
oben übersieht man einen großen Theil des Laufs der
Donau, die zwar noch jung in dieser Gegend, doch
schon einen Charakter von Größe hat, welche sie zum
ersten Strom Europens macht.

Neunter Brief.

Lindau am Bodensee, den 21sten August 1791.

Gestern früh verließen wir Ulm. Anfangs fuhren wir längs der Donau, und sahen ihre Vereinigung mit der Iller. Fast auf der ganzen Tagereise sahen wir den hohen Pusberg. Wir reiseten mehrentheils durch fruchtbare, aber nicht besonders schöne Gegenden. Dicht vor dem Reichsstädtchen Biberach zog ein liebliches Thal unsre Blicke auf sich.

Gegen Abend sahen wir, einige Stunden vor der kleinen Reichsstadt Ravensburg, hohe Gipfel schweizerischer Gebürge in trüber Ferne.

Als wir uns heute früh aus den Weinbergen vor Ravensburg über das schöne Thal, welches zur rechten Seite liegt, erhoben, sahen wir jenseit des Bodensees die Bregenzer Gebürge, und hinter diesen die viel höheren Gipfel ferner Schneegebürge. Dieser Anblick überraschte mich, wiewohl ich die höchsten Berge der ganzen Schweiz schon kannte, dennoch so sehr, daß ich einigemal zweifelte, ob ich nicht Wolken für Berge ansehe. So sehr bleibt selbst die Erinnerung hinter diesen großen Naturschönheiten zurück! Wir wechsel-

ten Pferde in Tetnang, einer österreichischen Herrschaft, deren Gegend es verdiente, einige Zeit Angelica
Kaufmann zu beherbergen. Diese große Malerinn ist
aus einem Städtchen im Bregenzer Walde, welches,
großer Freiheiten genießend, unter österreichischem
Schutze steht, gebürtig. Von Tetnang fuhren wir
durch Waldungen und Wiesen. Plötzlich öffnete sich
die Aussicht. Wir sahen den Bodensee neben uns in
abnehmender Entfernung, die Bregenzer Berge, die
mit ewigem Schnee gekränzten Gipfel der Tiroler,
Appenzeller und Glarner Gebürge. Wir fuhren in
einem ununterbrochnen Wein- und Obstgarten, und
genossen vor uns und zur rechten Seite des Anblicks
auf herzerhebende, herzerfreuende Aussichten. Dieser
Anblick ward noch erhöhet durch jenen Strahlenschleier,
mit welchem die Vormittagssonne die Gegenden umzog, einem lichten Schleier, von welchem sich niemand
einen Begriff machen kann, der nicht große Landseen
von Bergen umgeben, der die Schweiz nicht gesehen
hat. Die Hellung des besonnten Sees, der Schneegipfel und weißen Wolken, ward erhöhet durch die
nächtlichen Schatten sich vertiefender Thäler und Klüfte.
Immer näher kamen wir dem schönen See, und fuhren endlich über die gegen dreihundert und funfzig
Schritt lange Brücke, welche das zierlich gebauete freie
Reichsstädtchen Lindau mit dem festen Lande verbindet.

Diesen Nachmittag fuhren wir auf dem Bodensee, dem größten unsers Vaterlandes, und gewiß ei-

nem der schönsten in Europa. Unser Wirth führte
uns zu einem Bürgermeister dieser kleinen Republik,
aus dessen Landhause wir den ganzen See übersehen
konnten. Von ferner emporragenden Gipfeln der
Gebürge von Tirol, Appenzell und Glarus, sahen wir
bis hin zur würtembergischen Felsenfestung Hohentwiel.
In diesem Landhause verweilte Mylord Baltimore einige Monate, nachdem er den größten Theil der Welt
gesehen hatte. Er hielt sich ein eigen Schiffchen, und
fand vielleicht hier, in den Armen der großen schönen
Natur, mehr wahren Genuß als ihm seine weiten
Reisen vergönnt hatten.

Spät in der Dämmerung gingen wir die Brücke
auf und ab, zauberten in Gedanken unsre und unsrer
Freunde Wohnungen hin an die Ufer dieses Sees,
und beschlossen, wofern der Wind uns begünstigen
würde, morgen nach Constanz zu segeln.

Dort werden wir einige Tage verweilen, denn,
wie ich neulich im schönen Neckarthale bei Eßlingen
sang:

Wo ich als ein Pilger walle,
Säumet gern und oft mein Fuß,
Denn in der Erinnrung Halle
Trag' ich fliehenden Genuß;
Dieser Tempel ist mir heilig,
Und die Muse pfleget sein;

5 *

Sei der Sohn der Sorge eilig,
Mit der Freude Thräne weil' ich
Vor des Heiligthumes Schrein.

Meiner Jugend Blume blühet
Dort am Morgenthau noch frisch;
Reif von Mittagssonnen glühet
Süße Frucht auf meinem Tisch;
Denn die immer jungen Horen
Wollen mir gewogen seyn,
Als die Mutter mich geboren,
Sangen sie vor zarten Ohren
Ahnendes Gefühl mir ein.

Wie Aprilgewölk den blauen
Himmel birget und enthüllt,
Also ward von Wonn' und Grauen
Da mein junges Herz erfüllt.
Wie die Götter gehn und kommen,
Unsichtbar dem äußern Sinn,
Ungesehn, doch wahrgenommen,
Blickten scheidend auch die frommen
Horen auf den Knaben hin.

Und da trat an meine Wiege
Eine junge Muse hin,
Wo ich geh' und wo ich liege,
Schwebt sie her und schwebt sie hin;

Ist ein wunderbares Mädchen,
Kommt und gehet wie sie will,
Sitzt an ihrem Zauberrädchen,
Spinnet zarte, goldne Fädchen,
Aber selten sitzt sie still.

Frei, doch häuslich wie ein Täubchen,
Fleugt sie aus und fleugt sie ein,
Trug mir manches grüne Läubchen
In des Lebens Arch' hinein;
Fügte, als ich einsam weinen
Wollte, sich in meinen Sinn,
Um mir wieder zu erscheinen;
Und als Engel trat vor meinen
Trüben Blick sie freundlich hin.

Bleib' bei mir in meinem Leben,
Himmelskind, verlaß mich nicht!
Wollest freundlich mich umschweben
Wenn mein Herz im Tode bricht!
Höre, was ich noch verlange!
Dann noch flüstre mir in's Ohr,
Daß in heil'gem Schwanensange,
Mit der Flügel Silberklange,
Meine Seele steig' empor!

Zehnter Brief.

Constanz, oder Koßnitz, den 24ften August 1791.

Vorgestern weckte man uns in Lindau mit der Nach=
richt, daß der Wind zur Ueberfahrt nicht günstig wäre.
Wir reiseten daher zu Lande bis Mörsburg, welches
zehn Stunden weit von Lindau, auch am Ufer des
Bodensees liegt. Da die Arge, ein Fluß, der sich in
den See ergießt, hoch angeschwollen war, mußten wir
einen kleinen Umweg fahren, und verloren oft den
See aus dem Gesichte. Oft aber überraschte uns sein
Anblick. Die hehren Gebürge der schweizerischen Seite
sahen wir allezeit. Wir fuhren immer unter großen
Obstbäumen, oft neben Waldungen von Tannen und
von Laubholz. Wo der Weg uns hoch führte, da
sahen wir immer unter uns im Thal am See Wein=
berge, Obst= oder Wallnußbäume. Die Barbaritzen=
büsche mit ihren rothen Beeren, welche wir nur in
Gärten sehen, und der schöne lillafarbene Krokos
wachsen hier wild. Auch die giftige Pflanze, welche
man die Wolfskirsche nennet.

Du weißt, daß ich kein Botanist bin, ich liebe
aber die Pflanzen mit Leidenschaft, und es macht mir

jedesmal große Freude, wenn ich neue Arten sehe, oder wenn ich diejenigen wildwachsend finde, welche wir in den nördlichen Provinzen Deutschlands sorgfältig pflegen müssen. Schon auf der Reise von Münster nach Pempelfort sahen wir die hohe rothe Fingerhutblume (digitalis). Bei uns blühet sie nur in Gärten.

Im Reichsstädtchen Buchhorn wechselten wir Pferde und fuhren längs dem See nach Mörsburg, dem Sitze des Bischofs von Constanz.

Von Mörsburg ließen wir uns über den See nach Constanz rudern. Da der Wind nicht günstig war, brachten wir drei sehr angenehme Stunden auf der Ueberfahrt zu. Ich möchte dir gern, in so fern das möglich, einen Begriff von den Schönheiten des Bodensees geben. Seine Größe, welche sich in der Länge auf siebzehn, und in der Breite auf drei, auch vier und fünf Stunden erstreckt, der hellgrüne Glanz seiner durchsichtigen Wellen, und die Mannigfaltigkeit seiner Ufer, geben ihm Schönheiten, welche man selten in der Natur so vereinigt findet. Das sanft sich erhebende, fruchtbare schwäbische Ufer pranget mit drei Reichsstädtchen, Lindau, Buchhorn und Ueberlingen, mit dem Städtchen Mörsburg, mit verschiednen Abteien und Klöstern, mit Flecken und Dörfern.

Seine südöstliche Rundung umgürten die Tiroler Berge, welche kaum dem Städtchen Bregenz einen schmalen Erdsaum, in der Form eines halben Mon-

des laffen. Zu beiden Seiten des Städtchens fetzen
fie ihren Fuß in den tiefen See, und hüllen ihre
Häupter in Wolken.

Steiler als das schwäbische erhebt sich das voll=
bewohnte schweizerische Ufer. Hinter ihm thürmen
sich stufenweise drei Ordnungen von Bergen. Gegen
einander starren, wie in Schlachtordnung, die vielfach
gereihten Bergketten der Schweizerkantone, und des
tirolischen Gebürges. Das Geschütz des Himmels
ruhet drohend auf ihren umwölkten Rücken. Diese
Berge bilden das Rheinthal, aus welchem der schönste
von Deutschlands Flüssen sich in den See ergießt, um
mit geläuterten Wellen wieder hervor zu strömen.
Schrecklich starret empor der Alpstein, ein Felsenge=
bürge des Kantons Appenzell. Hie und da ist er mit
Schnee bedeckt, oft raget er aus schimmerndem Ge=
wölk hervor, ist selten ganz entblößt von Wolken.
Doch erheben sich hinter ihm höhere Gebürge des
Kantons Glarus, in kühner Zeichnung, mit schroffen
Gipfeln. Schon der Alpstein schreckt und ergötzt die
Phantasie. Wenn sie den Flügel wieder senken
wollte, so würde die höhere Gebürgreihe sie wieder
aufrufen. Diese verbirgt die noch höheren himmeltra=
genden Schneegebürge, welche man auf dem Boden=
see nicht sieht.

Sähe man auch die, so weiß ich nicht, ob ich
nicht diesem See den Preis vor allen Seen der
Schweiz geben würde.

Ich sage vor allen, denn als ich vor sechszehn
Jahren mit meinem Bruder und Haugwitz die dreizehn Kantone, Graubünden, die welschen Vogteien,
das Walliserland, Neufchatel und (das kleine Mühl-
hausen ausgenommen, welches vom Elsaß umzingelt
wird) alle mit den Kantonen verbündete Länder zu
Fuß durchreisete, da besuchten wir alle vorzüglichen
Seen dieses herrlichen Landes, vier und zwanzig an
der Zahl.

Die nordwestliche Seite des Bodensees wird
durch eine breite Erdzunge in zwei Theile getheilt,
welche durch die Namen des Zellersees und des Ueber-
lingersees (nach dem Städtchen Ratolfszell, oder Zell,
und dem Reichsstädtchen Ueberlingen) als besondre
Seen unterschieden werden, wiewohl sie Theile des
Bodensees sind, mit welchem doch der Zellersee nur
durch den Rhein zusammenhanget. Jeder dieser kleinen Seen ist mit einer Insel geschmückt.

Gestern Nachmittag fuhren wir am schweizerischen
Ufer, welches nur eine Viertelstunde vom Thor entfernt ist, einen Weg von zwei Stunden längs dem
Zellersee, und ließen uns übersetzen auf das schwäbische Inselchen Reichenau. Hier ist eine reiche Be-
nedictiner-Abtei, welche dem Bischof von Constanz
untergeordnet ist. Sie rühmet sich ihres Alterthums,
der Ehre, die Leiche Karl des Dicken zu besitzen, vieler Reliquien und eines Smaragds, welcher eine Elle
lang, etwa eine halbe breit ist und an Gewicht neun

und zwanzig Pfund schwer seyn soll. Die Mönche
sagen, er sei ein Geschenk von Karl dem Großen.
Ob dieser vorgegebne Smaragd ein Stück grünes
Glas, ein Glasfluß, oder Flußspath sei, mögen Na=
turkündiger entscheiden. Ich werde eben so leicht an
der Reliquien, als an des Steines Aechtheit glauben.
Wiewohl dem Mönch, der uns umherführte, diese
nicht so gewiß als jene schien, sprach er dennoch mit
ehrfurchtvollerem Staunen vom Stein als selbst von
den Reliquien. Er äußerte einen Argwohn über den
Adel des Smaragds, wollte aber doch — so unwissend
war er — Spuren der Muschel, in welcher seiner
Meinung nach Smaragde erzeugt würden, entdecken,
und schätzte dieses Kleinods Werth auf drei Millionen.
Er klagte gleichwohl über die Armuth des Klosters.
Wir verließen ihn sobald als möglich, und gingen
durch Obstbäume und Reben auf einen hohen Ort,
von welchem man eine herrliche Aussicht übersieht.
Der Reichenauer Wein wird gerühmt als der beste
am Bodensee.

Von der Insel ließen wir uns übersetzen an den
Arenenberg, der auf dem Ufer der schweizerischen
Landvogtei Thurgau steht, welche den acht alten Kan=
tonen gehört. Dieser Berg ist nicht hoch, aber an=
muthig durch seine Waldung von Buchen, seine Quelle,
die einem Felsen entspringt, und durch seine schöne
Aussicht. Wir übersahen bei Sonnenuntergang den
Zellersee und die Reichenau.

Hätten die Felsenfestung Hohentwiel, zwei österrei=
chische Berge und die Weingärten der Insel uns nicht
der Täuschung entrissen, und hinge die Insel mit dem
festen Lande zusammen, so hätten wir uns an den
Plönersee in Holstein versetzt glauben können.

Der Besitzer des Berges und des Hauses, das
auf seinem Gipfel steht, ist ein kaiserlicher Major,
der die Feldzüge des siebenjährigen Krieges gemacht
hat und nun im Schooße der freien Schweiz ausruhet.
Er war nicht zu Hause. Die freundliche Art, mit
welcher sein Gesinde uns einlud, aus den Fenstern
des Hauses die Aussicht zu sehen; mit welcher man
uns die Quelle zeigte, und uns Obst anbot, bürget
für die Gastfreiheit des Herrn von Streng.

Heute Vormittag gingen wir in's Concilienhaus,
wo noch die Lehnstühle gezeigt werden, auf welchen
Kaiser Sigismund und Papst Martin der Fünfte, aus
dem Hause Colonna, saßen. Wir besuchten dann die
Stätte, wo 1415 Johann Huß, und zwei Jahre spä=
ter sein Anfangs furchtsamer, dann gleich ihm hel=
denmüthiger Freund Hieronymus von Prag, nachdem
sie vor den Fürsten und Geistlichen der Christenheit
ein gutes Bekenntniß abgelegt hatten, verbrannt wur=
den. Auf dem Rückwege sahen wir an einem Hause
das Bild von Johann Huß in Stein gehauen, mit
der Jahrszahl 1415. Vermuthlich hat er in diesem
Hause gewohnt, als er auf des Kaisers freies Geleite
nach Constanz gekommen war.

Es ist ein edles Bild. Weisheit und Liebe strah=
len aus dem himmelwärts gerichteten Auge. Nicht
der mindeste Trotz, aber sanfte Freimuth, mit wel=
chem er vor den Hohen der Erde und im Anblick des
Scheiterhaufens erklärte, daß er der Wahrheit getreu
seyn wollte bis in den Tod, ruhet auf der Stirne.
Stiller Gram über den Verfall der Kirche zu seiner
Zeit, scheint seine Wangen in Falten zu legen, und
auf diesen Lippen, wie sie sich im steinernen Bilde
zeigen, konnte leicht die heitre Laune schweben, welche
noch auf dem Scheiterhaufen unbefangen blieb, als er
am Pfahl gebunden, schon von Flammen umgeben,
mit himmlischer Milde dem alten Mütterchen, das
einen Span hinzuwarf, um Artheil an der Hinrich=
tung des Ketzers zu nehmen, lächelnd zurief: "o
sancta simplicitas!" (O heilige Einfalt!)

Constanz, oder Kostnitz, ist eine der ältesten
Städte von Deutschland. Es war eine freie Reichs=
stadt, hatte mit den Herzogen von Oestreich Verträge
errichtet, war oft von den Eidgenossen aufgefordert
worden, mit in ihren Bund zu treten, und errichtete
noch ein Bündniß mit Kaiser Maximilian. Diese
Stadt, in welcher Huß und Hieronymus von Prag
als Ketzer verbrannt worden, war eine der ersten,
welche sich hundert Jahre später für Luther's Lehre
erklärten.

Schon im Jahre 1519, also zwei Jahre, nachdem
Luther gegen den Ablaß geprediget hatte, ward die

geläuterte Religion hier gelehret. Unter dem Vor-
wande, daß es sich dem verfänglichen Interim wider-
setzt hätte, ward Constanz im Jahre 1546 in die
Reichsacht erklärt und mit Krieg überzogen. Diese
Stadt wandte sich an Karl des Fünften Bruder, den
Erzherzog Ferdinand, und übergab sich, mit Vorbehalt ihrer Freiheiten und Privilegien im Jahre 1548
an das Erzhaus Oestreich. Der Bann ward aufgehoben, man schmeichelte ihr mit vollkommener Aus-
söhnung; dennoch nahm Ferdinand im Namen seines
Bruders das Jahr nachher Besitz von ihr, und die
Bürger mußten dem Erzhause huldigen. Zwar ver-
wandte sich das Reich für die Stadt, und die schwä-
bischen Stände protestirten laut gegen des Kaisers
Verfahren, aber nach manchen falschen Vorspiegelun-
gen ertrotzte doch der Kaiser auf dem Reichstage zu
Augsburg, im Jahre 1559, die Genehmigung der
Stände zur Erhaltung dieses ihm wichtigen Besitzes.
Die Protestanten flüchteten nach und nach, und die
Stadt, welche schon seit der Zeit des vierjährigen Con-
ciliums, während dessen sie sich in große Unkosten ge-
stürzt, und ihren Handel vernachlässiget, dann durch
Unruhen viel gelitten hatte, verfiel nach dem Verlust
ihrer Freiheit immer mehr und mehr.

Diesen Nachmittag fuhren wir nach der Insel
Meinau. Sie liegt eine starke Stunde von hier,
zwischen dem eigentlichen Bodensee und dem Ueber-
lingersee, sechshundert Schritte weit vom Ufer, und

ist noch anmuthiger als die Reichenau. Ziemlich steil
erhebt sie sich, wie ein kleiner Berg, aus den Wellen,
und ist mit Bäumen an ihren Ufern, mit wechselnden
Weinbergen und Aeckern geschmückt. Man übersieht
einen großen Theil des Bodensees; wo dieser durch
seine Krümmung sich dem Aug' entzieht, da zeigen sich
die Gebürge seiner Ufer.

Der schroffe Alpenstein schien seiner Höhe wegen,
hier wie in Lindau, grade gegen uns über sich zu
thürmen. Da ein sanfter Wind von der Insel her zu
wehen begann, schien der See in der Entfernung
weiß und glatt wie ein Spiegel, und nahe am Ufer
kräuselten sich seine grünen Fluthen. Dieses Inselchen
vereiniget alles, was man wünschen darf. Der
Wunsch, hier mit den entfernten Unsrigen leben zu
können, ward bis zur Sehnsucht lebhaft. —

  — Illic vivere vellem,
Oblitus stultorum, obliviscendus et illis!

  — Hier möcht' ich leben, der Narren
  Immer uneingedenk, und von den Narren vergessen!

Das oblitus mearum des Horaz (uneingedenk
der Meinigen) hat mir nie in den Sinn gewollt, und
ich bin versichert, daß der liebenswürdige Dichter, der
das nur in einem finstern Augenblick sagen konnte,
meine Lesart genehmigen würde.

Auf dem Rückwege, da wir auf dem langen
Stege, welcher die Insel mit dem festen Lande verbindet, die Sonne hinter dem waldigen Ufer des

Ueberlingerſees untergehn ſahen, blickten wir oft in den großen See hinein. Der Alpenſtein glühte vom Abendroth, mit mattem Golde ſchimmerten die Ge= bürge von Glarus, die Tiroler Berge ſchatteten ſich zum trüben Grau, in den Thälern herrſchte ſchon die Nacht.

Nach und nach ſchwanden die minder hohen Ge= bürge. Höhere Gipfel ſchienen wie Rieſenphantome in der Luft des Horizonts zu ſchweben. Wir nahmen Abſchied vom See und von den Bergen ſeiner Ufer, mit denen wir vier Tage gelebt hatten.

Ich bin verſichert, daß eine ſanfte Sehnſucht wie dieſe wohlthätig für das Herz ſei. Der junge Vogel im Neſte ſchlägt mit den Flügeln, ehe er den Flug in's Freie wagt. Auch wir ſind hienieden nur im Neſte, aber himmliſcher Aether iſt vor unſerm Blick, und die Sehnſucht ſchlägt mit den Flügeln.

       O, wie ſehnt die gebundene
Pſyche ſchmachtend ſich hier! ſchlägt mit den Fittigen,
Aengſtet hoffend ſich, weint, lächelt, empfindet es,
       Daß ihr Wiſſen nur Ahnung,
       Ihre Wonne nur Sehnſucht ſei!

Elfter Brief.

Zürich, den 26sten August 1791.

Vorgestern früh mit Sonnenaufgang fuhren wir über
die Rheinbrücke von Constanz. Heller als in den vori=
gen Tagen hoben sich die Berge, auch die entferntesten.
Die Schwaben und Schweizer sagen alsdann, das Ge=
bürge öffne sich, und erwarten Regen oder Gewitter.
Am Zellersee hinfahrend übersahen wir alle Gebürge,
die den ganzen Bodensee kränzen, von dem einige
Stunden weit vor uns liegenden drei einzelnen Ber=
gen, Hohentwiel, Hohnkreg und Hohenstöffel, bis zu
den entferntesten Gebürgen des Tirol. Sehr hell
sahen wir auch eine Kette von Schneegebürgen. Man
sagte uns, sie lägen im welschen Bünden. Der Rich=
tung nach schien es mir, daß sie jenseit des Sees der
vier Waldstädte, im Kanton Lucern, oder im Kanton
Uri lägen. Die hohe würtembergische Feste Hohen=
twiel, ließen wir auf unsrer Fahrt nach Schaffhausen
hart am Wege liegen. Auch in ihr, wie in der von
Hohenasperg werden Gefangne bewahrt.

Etwa eine Stunde vor Schaffhausen sahen wir
den Rhein im Thale, zwischen waldigen Ufern und

stark rauschend mit smaragdgrünen durchsichtigen Wogen, lauter wie Wein, nach seinem Bade im Bodensee. Die Höhe eines Berges im Walde über diesen Strom trennet das deutsche Reich, nicht Deutschland, eine halbe Stunde vor Schaffhausen, von der Schweiz. Nicht Deutschland!

Nein, bei den heiligen Fluthen des Rheins, der im Gebürge freier Brüder entspringt, und durch Ebnen freier Bataver sich in's Meer ergeußt! Unsre Brüder im Gebürge, unsre Brüder in der Ebne, waren nie deutscher, als da sie das Joch der Tyrannei von sich abwarfen! Wir sehen mit Ehrfurcht auf sie, aber auch sie wollen nicht vergessen, daß sie Deutsche sind! Wir schauen mit Ehrfurcht in die grauen Thäler ihrer Vorzeit zurück, mit Hoffnung mögen sie auf die noch umwölkten Berge unsrer Zukunft blicken.

Hie und da, wann und wo es ersprießlich seyn wird, mag das Gebürge dereinst sich öffnen, Ungewitter weissagen und Fruchtbarkeit. Nur müsse nie der Deutsche, dem Franzosen gleich, die wilde Flamme des Mordbrenners für Feuer des Himmels halten! Er müsse nie, lechzende Auen zu tränken, das Land mit einer Sündfluth überschwemmen!

Nahe bei Schaffhausen ist der Rhein sehr reißend und rauschet über Felsen. In frühen Zeiten schon standen hier Häuser, in welche Waaren gelegt wurden, die von den höheren Gegenden, Bünden, Lindau, Constanz re. mit dem Strom gekommen waren, und

Die mit Eile des Blitzes herunter geschmetterten
Fluthen sprützen hoch auf. Ein Nebel, dick und weiß
wie der Rauch aus Schmelzhütten, verhüllet die Gegend; weit umher beben und träufeln alle Büsche der
felsigen Ufer. Bei Sonnenschein spielen Farben
des Regenbogens im Schaum und im aufsteigenden
Nebel.

Kein Schauspiel der Natur hat mich je so ergriffen. Meiner Sophie wankten die Kniee, und sie
erblaßte. Mein achtjähriger Knabe schaute still und
unverwandt hin nach dem Strom, welcher auch dadurch, daß er die andern Gegenstände in aufsprützende
Nebel hüllet, der einzige Gegenstand des Auges wird.
Graunvolles, doch seliges Staunen, hielt uns wie bezaubert. Es war mir, als fühlte ich unmittelbar das
praesens numen (gegenwärtig wirkende Gottheit).
Mit dem Gedanken an die geoffenbarte Macht und
Herrlichkeit Gottes, wandelte mich die Empfindung
seiner Allbarmherzigkeit und Liebe an. Es war mir
als ginge die Herrlichkeit des Herrn vor mir vorüber,
als müßte ich hinsinken auf's Angesicht, und aus-
rufen: Herr Herr Gott, barmherzig und gnädig!

Wir waren schon ziemlich weit auf dem Rückwege, ehe wir unser Stillschweigen unterbrachen. Und
nur als wir uns abgekühlt fühlten von der Empfindung Gluth, warfen wir im Geist einen flüchtigen
Seitenblick auf den Weltweisen, welcher den Rheinfall sehen, und mit kalter Bedächtlichkeit fragen konnte:

wozu er nütze? Ein Weltweiser beantwortet so vieles,
was ein Weiser nicht beantwortet; mag er denn auch
fragen wie ein Weiser nicht fragen würde.

Der Mensch lebet nicht von Brod allein, mein
Herr! Wenn Sie für höhere Bedürfnisse, für er-
schütternde Wonne bei'm Anblick der größten Natur
keinen Sinn haben, so versöhne Sie die nützliche
Drahtmühle mit einer der herrlichsten Naturerschei-
nungen.

Gestern Morgen verreiseten wir aus Schaffhausen. Diese Stadt ward erst im Jahre 1501 in den
Bund der Eidgenossen aufgenommen. Sie war vorher eine Reichsstadt, deren Bürger sich jederzeit muthig
und eifernd für die Freiheit gezeigt haben. Die Verfassung ist vermischt aus der aristokratischen und demokratischen.

Johannes Müller, der große Geschichtschreiber
der Eidgenossen, welcher mit Adel des Gefühls und
hellem Geistesblick eine seltne Stärke der Schreibart
verbindet, ist ein geborner Bürger von Schaffhausen.
Sparsam mit Worten, originell im Ausdruck und in
Wendungen, belohnet er mit reingedachter Inhalts-
fülle den Leser selbst dann reichlich, wenn dieser der
gedrängten Periode auch nicht immer schnell mit dem
Kopfe folgen kann. Bei Schriftstellern von solchem
Werthe würde mir, wenn ich für meine schriftstelleri-
schen Sünden zum Recensiren und Kritisiren ver-
dammet wäre, die Feder aus der Hand fallen.

Der selbst in Rom sehr hochgeschätzte Bildhauer Trippel ist auch ein Bürger von Schaffhausen.

Ehe wir gestern Morgen verreiseten, besuchten wir noch einmal den Rheinfall, und wurden abermals überrascht von des Schauspiels Größe. Es ist wirklich von der Art, daß es, je öfter man es sieht, desto stärker würkt.

Den Mittag kamen wir nach Egliffau. Dieses Municipalstädtchen des Kantons Zürich liegt in einem schmalen Thal an beiden Seiten des Rheins, welcher aus engen Felsenufern sich in einer Krümmung hervorwindet, dann gerade fort zwischen belaubten Felsen und Bergen rauschend, seine grünen, lautern Fluthen wälzet, und in einer andern Krümmung sich wieder zwischen Felsen dem Aug' entzicht. Dieses Städtchen ist von außerordentlicher Anmuth durch seine Lage. Seine Häuser zeugen vom Wohlstande der Freiheit. Die ganze Abgabe der Municipalbürger besteht, außer einem unbeträchtlichen Grundzins, im Zehnten ihres Getreides und Weines. Der Zehnte beträgt jedesmal wirklich den zehnten Theil des Ertrages, und wird in natura geliefert. Dieser Zehnte wird den Pfarrern und öffentlichen Dienern der Stadt wieder angewiesen. Es ist ursprünglich der Kirchzehente, welcher bei der Reformation eingezogen ward, indem die Obrigkeit die Versorgung der Pfarrer und Schullehrer dafür übernahm.

Eben die Spuren des Wohlstandes, welche du in den Städten findest, siehst du auf dem Lande. In

geräumlichen, netten und lichten Häusern wohnt das
wohlgenährte, wohlgekleidete, arbeitsame, frohe Volk.
Seine Aecker werden mit Fleiß wie Gärten gebauet,
und machen einen desto mehr auffallenden Kontrast
mit den wilden Schönheiten der sie rings umgebenden
Natur. Ehe wir's erwarteten, sahen wir im frucht=
baren Thal die anmuthige Stadt Zürich vor uns
liegen, den Strom der Limmat und den Zürcher See.
Aus den Fenstern unsers Gasthofs sahen wir die
Limmat sich aus dem See ergießen. Jenseit des Sees
erheben sich hinter zwiefachen Bergketten noch höhere
Gebürge.

Zwölfter Brief.

Wir sind nun acht Tage hier gewesen, und wie manches hätte ich dir von diesen acht Tagen zu erzählen! Nach einer Trennung von sechszehn Jahren sehe ich nun unsre Freunde, Lavater, Heß, Pfenninger! finde sie ganz so, wie sie waren! Nein, nicht ganz so! Näher seiner Mündung wird der Strom größer und mächtiger; kräftiger und milder wird edler Wein von Jahr zu Jahr; gute Menschen werden besser mit jedem Jahre des Lebens. Die Zeit, Gedanken und Empfindungen haben ihre Furchen auf dem Gesicht unsers Lavaters gezogen. Er hat um mehr als um sechszehn Jahre geältert. Aber die ewige Jugend seines Geistes und Herzens, seine herzliche Freundlichkeit, seine Laune, seine Heiterkeit, sind noch dieselben. Die Neckereien seiner Feinde haben ihn nicht angefochten, haben nicht den festen und frohen Glauben an reine Menschheit bei ihm geschwächt, welcher immer einer seiner eigenthümlichsten Charakterzüge war.

Daß wir unsre Freunde so viel sehen als ihre Geschäfte erlauben, bedarf ich nicht dir zu sagen.

Mündlich mehr von ihnen. Ihre Namen werden oft
in unſern Unterredungen tönen, und manche Abend=
ſtunde vor deinem ländlichen Kamin beleben. *)

Gleich am Tage nach unſrer Ankunft führte La=
vater uns auf einen öffentlichen Spaziergang, welcher
erſt ſeit einigen Jahren an der ſüdöſtlichen Seite der
Stadt angelegt worden. Hohe, terraſſirte Gänge, die,
ſich ſanft erhebend, mannigfaltige Ausſichten auf
den See und auf Berge zeigen, gewähren nun den
Zürchern, welche ohnehin durch ihre Lage am See,
an der Limmat und an der Siel reich an anmuthigen
Spaziergängen ſind, eine neue Ergötzung. Große,
zum Nutzen oder auch zur Freude der Bürger ver=
wandte Ausgaben, charakteriſiren ein freies Volk.
Der geiſtreiche Verfaſſer der Lebensläufe in auf=
ſteigender Linie, deſſen Bemerkungen ſo fein und
treffend ſind, behauptet, vom Steinpflaſter einer
Stadt auf ihre Regierungsform ſchließen zu können.

---

*) Der ſeelige Pfenninger ging damals in ſein vier und
vierzigſtes Jahr. Wiewohl er ſich in ſeinen Schriften
ohne irgend eine ſchriftſtelleriſche Anmaßung und
Rückſicht zeigt, waren doch ſeine Predigten über ſeine
Schriften, ſein geiſtvoller Umgang über ſeine Predig=
ten. Als ich ein Jüngling war, verehrte ich ſeinen
ernſten Eifer. Da ich als Mann ihn wiederſah,
konnte ich mich nicht genug freuen über ſeine jugend=
liche Heiterkeit, über die frohe Laune, über des edlen
Mannes kindliche Unbefangenheit, über die Liebe ſei=
nes reinen Herzens.

Natürlich ist es, daß freie Bürger für ihre Gemäch=
lichkeit wie für ihre Freude sorgen. Wo Einer oder
Wenige regieren, da würden diese Wenigen oder der
Eine gerecht und weise handeln, wenn sie nicht nur
für die Bedürfnisse, sondern auch für das Vergnügen
Aller sorgten. Ein stehendes Heer, ein glänzender
Hof, tausend Ausgaben einer nie befriedigten Phan=
tasie, oder einer noch kostbareren eitlen Ueppigkeit, er=
schöpfen in manchen Monarchien die Schätze veran=
mender Länder, ohne etwas zum Glück der Untertha=
nen beizutragen. Mit dem Bache, welcher die Auen
des Landmanns tränkte, und nun geheißen wird aus
dem Rachen eines ehernen Drachen, oder aus den
Brüsten einer marmornen Sirene zu springen, mit
diesem Bache wird das Mark des Landes in einen
Fürstengarten geleitet, dessen Zugang dem Bürger,
der die Last der theuren Anlage tragen mußte, ver=
wehrt ist.

In diesen Ländern, wo die Abgaben so gering
sind, ist dennoch der Staat reich. Dieser Spaziergang
hat über hunderttausend Gulden gekostet. Eine weise
Regierung berechnet auch den Vortheil, welcher den
armen Taglöhner durch solche Arbeiten zu Theil wird.
Der Zürcher Staat ist reich durch weise Oeconomie.
Er verwendet große Summen zum Wohl des Landes.
Die öffentlichen Anstalten und Gebäude sind der
Würde eines edlen Freistaats werth. Patriotische Ein=
falt schmückt den bescheidnen Wohlstand der glücklichen

Bürger. In Absicht auf die Stadt ist die Verfassung diejenige, welche die Alten aristokratisch nannten, und welche von den Neuern fast immer mit der Demokratie verwechselt wird. Jeder Bürger hat gleiche Rechte, und die Ausübung der Regierungsgeschäfte wird gewählten Männern, welche der andern Wahl für die fähigsten erklärt, anvertraut. In Absicht auf das Gebiet ist die Verfassung die oligarchische, (Regierung Weniger, welche die Neuern mit Unrecht Aristokratie nennen) denn die Landleute sind vom Antheil an der Regierung ausgeschlossen.

Die Bürgerschaft besteht aus dreizehn Zünften, einer adlichen und zwölf bürgerlichen. Aus jeder Zunft sitzen zwölf Männer im großen Rath. Dieser erwählt den kleinen Rath, der aus funfzig Männern besteht, und einen Theil des großen Raths ausmacht. Er hat mehr Ansehen als der große, und kann als ein engerer Ausschuß betrachtet werden. Nur die Hälfte dieses kleinen Raths verwaltet die Geschäfte dieses Kollegiums. Nach Verfließung eines halben Jahres löset die andre Hälfte die erste ab. So auch löset der zweite Bürgermeister nach Verlauf von sechs Monaten den ersten ab. Die Wahlen werden jährlich erneuert, aber die vorjährigen werden, nach einem alten Herkommen, immer wieder erwählt. Nur ein Verbrechen würde ein Mitglied aus dem großen Rathe stoßen können. Hingegen hat jeder, der im großen Rathe sitzet, das Recht darauf anzutragen, daß statt

eines oder mehrerer etwa mißfälliger Mitglieder vom
kleinen Rath, andre erwählet werden. Geschieht ein
solcher Antrag, so werden über diese neuen Wahlen
die Stimmen gesammelt, und finden nur durch Mehrheit der Stimmen Statt. So viel Vertrauen setzet
dieses Volk in den großen Rath, ein Vertrauen, ohne
welches keine wahre Ruhe sich denken läßt. Da aber
die vollziehende Macht dem kleinen Rath anvertrauet
ward, so war es weise, die Mitglieder dieses kleineren,
mächtigen Kollegiums alle Jahre der Prüfung des
größeren zu unterwerfen. Bündnisse, Krieg und Frieden hangen ab von der versammelten Bürgerschaft,
doch kommt diese nicht zusammen, ohne vom Bürgermeister berufen zu werden. Ein wirklich freies Volk
fühlet nicht das kitzelnde Bedürfniß, sich in jede Angelegenheit zu mengen, und weiß, daß zur Verwaltung öffentlicher Geschäfte eine Kunde gehöre, welche
der fleißige Handwerker nicht erwerben kann. Diese
Bescheidenheit, verbunden mit glücklicher Erfahrung
eines ungestörten Glücks, erzeugte das Herkommen,
nach welchem in der That die Mitglieder des großen Raths es Zeitlebens bleiben, wiewohl sie nur auf
ein Jahr erwählt worden. Die jährliche Wahl ist also
nur eine feierliche Bestätigung. Nichts stört die innere
Ruhe eines Staates mehr als öftere Wahlen, wie der
rechtschaffne Burke, einer der größten Staatsmänner
unserer Zeit, in seiner vortrefflichen Schrift gegen die
französische Verfassung, so gründlich gezeigt hat.

Das Stadtgericht entscheidet über Schuldenfachen.
Das Ehegericht besteht aus weltlichen und geistlichen
Personen. Alle Prozesse andrer Art, zwischen Bürger
und Bürger, kommen vor den kleinen Rath, von dessen
Ausspruch an den großen Rath appellirt werden kann.

Zürich ist an Würde der erste Kanton, wiewohl
Bern viel mächtiger ist. An Zürich, als den ersten
und ausschreibenden Kanton, gelangen zuerst alle
fremde Angelegenheiten. Alle Jahre werden vom
Kanton Zürich Deputirte aller Kantone nach Frauen=
feld, dem Hauptstädtchen der Landvogtei Thurgau, be=
rufen. In der Mitte des Julius kommen sie zusam=
men, und bleiben sechs Wochen bei einander. Die
aristokratischen Kantone (ich bediene mich hier der ge=
wöhnlichen Benennung) senden den nicht regierenden
Bürgermeister, einen Seckelmeister und einen Secretär.
Die demokratischen den nicht regierenden Landammann.
Der Bürgermeister von Zürich eröffnet die Versamm=
lung, und hat den Vortrag. Zürich hat das Recht
und die Pflicht, in jedem dringenden Fall eine solche
Versammlung, welche Tagsatzung heißet, außerordent=
lich zu berufen. Dieses geschieht aber selten, da seit
so langer Zeit tiefe Ruhe die Gefährtinn der schwei=
zerischen Freiheit ist. *) In dieser ehrwürdigen Ver=

*) Ich schrieb dieses im Jahr 1791. Im folgenden Jahre
  ward die Tagsatzung dreimal veranstaltet, nicht wegen
  innerer Unruhen, sondern um zu rathschlagen, wie

sammlung, welche mit den Amphiktyonen in Griechen=
land verglichen werden könnte, werden alle wichtige
Verhandlungen, welche die ganze Eidgenossenschaft be=
treffen, vorgenommen. Hier sucht man Zwistigkeiten,
wenn sich solche zwischen Kantonen erhoben, beizule=
gen. Hier hört und entscheidet man die Klagen der
gemeinschaftlichen Vogteien gegen die Landvögte. Diese
Versammlung hat das Recht, Fremde als Schweizer
aufzunehmen. So leicht dieses erhalten wird, so
schwer, ja fast unmöglich ist es, Bürger eines Kan=
tons zu werden. In Zürich wird im ersten Jahre
jedes Jahrhunderts ein Fremder mit dem Bürgerrechte
beehret, und des neuen Bürgers Nachkommen können
erst nach hundert Jahren in den Rath kommen. Die
Mitglieder des Raths sind jetzt alle von Geschlech=
tern, die seit dreihundert Jahren dieses Vorrecht ge=
nießen. Fast jeder Bürger von Zürich kann sich die=
ses Bürgeradels rühmen, da der neu aufgenommenen
so wenig sind.

Das Land wird von Landvögten regiert, welche
in öffentlichen Häusern wohnen, und vom Ertrag an=

man die schweizerischen Regimenter aus Frankreich
heraus retten möchte, als die Franzosen das Berner
Regiment Ernst schnöd' und treulos entwaffnet, und
im August die Schweizergarde in Paris ermordet
hatten. Da gemäßigte Vorstellungen nicht fruchteten,
drohten die Schweizer sechszig tausend Mann in Frank=
reich einrücken zu lassen. Die Franzosen ließen die
Schweizer ziehen.

gewiesener Ländereien leben. Der Rath hat immer
ein offnes Ohr für die Klage jedes Bauern gegen seinen Landvogt. Bekannt ist die Geschichte, mit welcher
Kühnheit Lavater als Jüngling, der Maler Fuesly
und der seelige Felix Heß, einen Landvogt gerichtlich
verfolgten, dessen Ungerechtigkeiten gegen das Volk
ihren edlen Unwillen gereizet hatten. Der Beklagte
war Eidam des regierenden Bürgermeisters. Aber
nichts vermochte ihn zu schützen. Man weiß seitdem
kein Beispiel von Zürcher Landvögten, welche sich Frevel dieser Art vermessen hätten.

Der Kirchenzehnte, welcher jedesmal aus dem
zehnten Theile des würklichen Ertrages der Ernte
und der Weinlese besteht, ist die einzige Abgabe, welche
der Landmann von seinem Eigenthum entrichtet. Diesen Zehnten zieht der Staat und unterhält die Geistlichen. Kirchen sollen von den Gemeinen erbaut und
unterhalten werden, doch beschenkt der Staat oft die
Gemeinen, welche Kirchen bauen. Noch neulich wurden einer Gemeine zehntausend Gulden aus dem
Schatz der Republik ausgezahlt. Drückender als diese
unbeträchtlichen Abgaben, ist die Verbindlichkeit der
Landleute, alle von ihnen verarbeitete Fabrikwaaren
an Bürger der Stadt zu verkaufen.

Dieser Zwang drückt indessen mehr die reichen
als die kleinen Fabrikanten, welche vielmehr, von jenen
überflügelt, nicht würden aufkommen können, wenn
sie nicht an den Krämern in der Stadt dieselben Käu-

fer für ihre Waaren fänden. Zum Handel mit Frem=
den würden doch nur die größere Kräfte haben.

Der Staat besitzt gewisse Domainen, deren Ver=
pachtung seine Einnahme vergrößert. Die Bürger
müssen von jeder in der Stadt verarbeiteten Fabrik=
waare ein Procent bezahlen; eine Abgabe, welche nicht
drückend ist, auf den Preis der Waare geschlagen,
und also größtentheils vom fremden Käufer bezahlt
wird. Diese geringen Einkünfte sind mehr als hin=
reichend in einem Lande, dessen öffentliche Diener
keinen Gehalt nehmen, welches keine Soldaten unter=
hält, und dennoch über vierzigtausend geübte und ge=
waffnete Männer, also ohngefähr den fünften Theil
des Heeres der ganzen Eidgenossenschaft, binnen vier
und zwanzig Stunden in's Feld stellen kann.

Knaben werden schon in Waffen geübt. Jeden
Sonntag Nachmittag übt sich die ganze Mannschaft.
Keiner darf heirathen, ehe er eine Montirung und
Gewehr, welches vor erzeigt und geprüft wird, aufwei=
sen kann. Der Dienst in fremden Ländern giebt der
friedlichen Schweiz erfahrne Krieger. In den demo=
kratischen Kantonen läßt sich, außer dem Solde, den
der Soldat behält, noch jeder Hausvater jährlich von
Frankreich einen französischen großen Thaler bezahlen.
Nicht so in den aristokratischen.

Vor einigen Jahren wollte die Landsgemeine des
Kanton Schwyz ihre Bedingungen mit Frankreich auf
eine trotzende Art erhöhen. Der Landammann Jüzt,

ein weiſer Mann, machte Vorſtellungen dagegen. Die erzürnte Gemeine beſchuldigte ihn der Beſtechung. Es ward ihm eine Friſt von acht Tagen geſetzt, binnen welcher er entweder hunderttauſend Gulden, die nach den Köpfen vertheilt werden ſollten, zu bezahlen, oder mit dem Leben zu büßen, verdammt ward. Er hatte Vermögen, aber weder war es hinlänglich, noch er Willens es ganz aufzuopfern. Am beſtimmten Tag erſchien er. Zu ſeiner Rechten lagen dreißigtauſend Gulden, zur Linken Verſchreibungen auf ſiebzigtauſend Gulden. Ich bin bereit, ſagte er, einen jeden Bürger zu befriedigen, welcher zu mir in mein Haus kommen und ſeinen Antheil heben will. Die meiſten errötheten, wenige meldeten ſich. Jützt erlegte nur den dritten Theil der Geldbuße.

Der Kanton berief trotzig ſeine Bürger aus Frankreich zurück. Frankreich hielt ſich nun, mit Recht, nicht mehr durch die vorigen Bedingungen gebunden, und die Schwyzer fanden ſich glücklich, ihre Jugend unter minder vortheilhaften Bedingungen wieder nach Frankreich ſenden zu können. Jützt lebt nun in Anſehen unter ſeinen Mitbürgern, welche wohl erkennen, daß ihm Unrecht widerfuhr. Solche deſpotiſche Weiſe zu verfahren iſt überall möglich, wo die ausübende Gewalt von der geſetzgebenden nicht getrennt wird. Dieſer beiden Vereinigung iſt nirgends gefährlicher, als wenn ſie im verſammelten Volke Statt findet. Denn in ihm vereiniget ſich zugleich die moraliſche

Macht mit der physischen. Ein Tyrann muß vor
dem Dolch, ein Senat vor Empörung zittern. Aber
wen scheuet das Volk? Derjenige, sei er Gesetzgeber
von Frankreich, oder Fischweib in Paris (denn wie
oft theilten diese Erinnen mit jenen die oberste Gewalt, und in der That mit gleichem Rechte) derjenige,
welcher es noch nicht weiß, daß jede Verfassung auf
Aufopferung der physischen Kraft, welche der morali-
schen untergeordnet wird, beruhen muß, der hat noch
am A B C der Politik zu lernen. Es ist genug, daß
die physische Kraft, auch wenn sie ruhet, erwachen
kann. Stehende Heere von Miethlingen legen ihr
Fesseln an. Aber in den aristokratischen Kantonen,
wo so wenig als in den demokratischen ein stehendes
Heer genährt wird, (geschweige denn ein Heer von
Miethlingen) und wo, wie in den demokratischen Kantonen, jeder Bürger gewaffnet ist, da sind die Rechte
des Volks gegen Anmaßungen hinlänglich gesichert.
Diese ruhende Macht des Volks würde der Freiheit
jedes Einzelnen gefährlich werden, wenn nicht Einfalt der Sitten den kriegerischen Schweizer sanft und
gerecht erhielt. Bloß dieser Sitteneinfalt, dieser Verehrung für alles was heilig ist, nicht ihrer äußerst
fehlerhaften Verfassung verdanken die kleinen demokratischen Kantone ihr Glück und ihre Ruhe.

In ihrem militairischen Vertrage mit Frankreich
haben die Schweizer ausgemacht, daß ihre Regimenter weder über den Rhein gegen Deutschland, noch

über das Meer in die entfernte Fremde geführt werden sollen. Als im siebenjährigen Kriege der Prinz
von Soubise den Schweizern zumuthete mit dem französischen Heer über den Rhein zu gehen, widersetzte
sich ihm Lochmann, Feldherr der Schweizer, Zürcher
von Geburt. Soubise fragte zürnend: "Aber wozu
nützen Sie uns denn?" Kalt erwiederte Lochmann:
"Wir werden Ihren Rückzug decken." Soubise ließ
die Schweizer von französischen Regimentern umzin-
geln, und zwang sie zum Uebergang des Rheins.
Bei Roßbach blieben die Schweizer stehen, als schon
lange die Franzosen liefen, und zogen sich erst zurück,
als sehr viele der gesammten Mannschaft, und von
Lochmanns Regiment zwei Drittel auf dem Wahlplatz
lagen. Daß die Schweizer diese Gewaltthätigkeit der
Franzosen nicht lauter gerügt, es nicht lauter gerügt
haben, als ihre Landsleute nach Corsica gesandt wurden, gereichet diesem sonst so edlen Volke nicht zur Ehre.

Unter der Zürcher Miliz zeichnen sich vorzüglich
die Jäger aus.

Dreizehnter Brief.

Zürich, den 3ten September 1791.

Am letzten Tage des vorigen Monats wurden wir von einer Freundinn zu einer Seefahrt eingeladen. Wir fuhren hinüber nach Kilchberg, welches auf einem Hügel an der westlichen Seite des Sees, eine Stunde von der Stadt liegt. Wir waren schon nahe bei Kilchberg, als wir Lavater am Ufer gehen sahen, welcher uns zu Fuße nachgekommen war. Wir nahmen ihn ein, und stiegen bald nachher am Fuße des Hügels aus. Ein Zufall hatte mich einige Schritte von der Gesellschaft entfernt. Ich ging allein, und ein alter Bauer, welcher seine glatte Scheitel, wegen eines Falles, den er gethan, mit Weinlaub bedeckt hatte, zog meine Aufmerksamkeit an sich. Er sah mir an, daß ich ein Fremder wäre, lächelte, und rief mir zu: "Gelte, min Herr, de Schwyz ischt wohl schön!" Ja wohl ist die Schweiz schön, antwortete ich ihm, aus vollem Herzen. "Gottlob!" rief er mir wieder zu, und begleitete diesen Zuruf mit einem frohen Nicken des Hauptes, daß ihm die silbernen Locken um die Schläfen wehten.

In Kilchberg besuchten wir Herrn Würts und
seine Frau, ein liebenswürdiges Paar. Lavater war
ganz in seiner originellen, freien und frohen Laune,
und erhöhte dadurch unsre Freude. Von dem Hügel
genossen wir einer herrlichen Aussicht, und gingen
dann spazieren in einem freundlichen Buchenwäldchen
am Ufer des Sees.

In der letzten Nacht war viel Schnee auf die
entfernten Gebürge gefallen, besonders auf den hoch
empor starrenden Tödiberg im Kanton Glarus. Auf
der Rückfahrt sahen wir einen außerordentlich schönen Untergang der Sonne. Sie bestrahlte hell den
weißen Gipfel des Tödi, mit mattem Golde bedeckte
sie die Vorderreihen der näheren Gebürge. Gold und
Purpur wechselten in mannichfaltigen Schattungen
auf den Bergen. Nach und nach entzog uns die
Dämmerung dieses ungleichen Horizonts immer än-
dernde Schauspiele.

Vorgestern fuhr ich mit der guten Lavatern, ihrer
jüngsten Tochter, meiner Frau und meinem Sohne
nach Richtersweil. Es liegt vier starke Stunden von
der Stadt an der westlichen Seite des Sees, den
man auf der ganzen Fahrt nicht verläßt. Mehrentheils läuft der Weg hoch am Ufer, neben Weinbergen,
unter großen Obst- und Wallnußbäumen; oft auch
neben Hainen von Laubholz und von Tannen.

Nicht minder lachend ist das jenseitige Ufer.
Beide sind unglaublich bewohnt. An beiden Seiten

des Sees erstreckt sich der Länge nach das Gebiet auf fünftehalb Stunden. Wohnung gränzet an Wohnung, Dörfchen drängt sich an Dörfchen. Die Bevölkerung des Seeufers wird, ohne die Stadt mitzurechnen, auf zwei und zwanzigtausend Menschen gerechnet.

Wiewohl hier am See, wie im Innern des Landes, der Feld-, Wein- und Gartenbau mit der äußersten Sorgfalt getrieben wird, leben doch des Ufers Bewohner hauptsächlich von Fabriken. Die Schönheit ihrer Kirchen, ihrer Häuser Reinlichkeit und Größe, der Zustand ihres Viehes, mehr als alles ihre zufriednen und freundlichen Gesichter, beweisen ihr Glück. Der See nährt einige mit dem Fischfang. Dieser ist wie die Jagd in der ganzen Schweiz frei. Auch belebt der See ihren Handel mit der Stadt Zürich und mit den Nachbarn im Kanton Schwyz, die der Kanton Zürich mit Korn versieht, welches in Schwaben aufgekaufet wird.

Der Zürcher Staaten vermögen nicht ihr eignes Land zu nähren, dessen Bevölkerung, der Berge ungeachtet, zwischen vier und fünftausend Menschen auf die geographische Quadratmeile beträgt.

Eine Stunde von Zürich sahen wir den Flecken Küsnacht, welchen du nicht mit dem in der Geschichte berühmten Küsnacht des Kantons Schwyz am See der vier Waldstädte, verwechseln wollest. Dieses Küsnacht am Zürcher See liegt auf jener Seite, doch erkannten wir, da der See keine Stunde breit ist, deut-

lich einen Bach, der von Bergen herabströmt. Die=
ser schwoll vor zwölf Jahren zu einer fürchterlichen
Größe an, riß acht und zwanzig Häuser mit sich fort,
und ersäufte drei und sechszig Menschen. Er über=
fluthete die untersten Stockwerke der Häuser, die ihm
widerstanden.

Man fand in einem Zimmer ein neuvermähltes
Ehepaar, welches sich auf einem hohen Sitz hinter
dem Ofen hatte retten wollen, mit noch in einander
verschlungnen Armen. Glückliche Beide in eurer Liebe
und in der Todesvereinigung!

Man reiset nicht gern nach Richtersweil, ohne
bei Talwyl auszusteigen, um vom hohen Kirchhofe die
Aussicht auf den See zu genießen.

Wir ließen die Halbinsel zu unsrer Linken, welche
die Au heißet, und bei hohem Wasser zur Insel wird.
Klopstock erwähnt ihrer in seiner schönen Ode: Der
Zürchersee:

Jetzt empfing uns die Au in die beschattenden
Kühlen Arme des Waldes, welcher die Insel krönt —

Sie erhebt sich von allen Seiten, und wird von
Buchen beschattet.

In Wädenschweil, welches eine halbe Meile dies=
seits Richtersweil liegt, besuchten wir den Herrn Land=
vogt Orell. Er wohnt auf einem hohen Schlosse; von
einem Balkon sieht man eine Aussicht, welche mit
Recht bewundert wird.

Ich freute mich, in Richtersweil den Sohn Lavaters, welcher dort Arzt ist, wieder zu sehen. Als einen
Knaben von acht Jahren hatte ich ihn zuletzt gesehen.
Ich erinnere mich noch seiner Freude, als er mit andern Knaben ausging, sich im Gebrauch der Waffen
zu üben. In diesem Lande zittert die Mutter nicht,
wenn ein Knabe die Muskete ladet und abfeuert.

Den Nachmittag machten wir eine Seefahrt, aber
der See war ziemlich ungestüm. Der größte Theil
unsrer Gesellschaft ließ sich wieder an Land setzen.
Sophie, Ernst, der junge Lavater und ich blieben allein mit dem Schiffvolk im Nachen, welcher hoch auf
grünen, schäumenden Wogen tanzte. Wir spannten
das Segel auf, und erreichten in einer Viertelstunde
die kleine Insel Uffenau, welche eine Stunde von
Richtersweil entfernt ist. Sie gehört dem Kloster
Marie-Einsiedel. Dieses liegt im Kanton Schwyz, unter dessen Schutz es steht, daher auch die Insel. Gleichwohl macht auch Zürich Anspruch auf diese Schutz-
gerechtigkeit, weil die Insel diesseits der Rapperschwei-
ler Brücke liegt, die den See theilt. Auf der Uffenau
steht eine alte Kirche, in welcher Ulrich von Hutten, der
biedre fränkische Edelmann, Luther's und Melanchthon's
Freund, ein kühner Ritter, feuriger Patriot und Freund
der Musen, von Großen und Gelehrten verfolgt, auf
dieses Inselchen geflüchtet, begraben liegt.

Auch wird hier das Grab des heiligen Adelrich
gezeigt, der im zehnten Jahrhundert lebte. Die Le-

gende erzählt von ihm, er sei zu Fuß von Pfeffiken am Ufer des Sees hinüber in die Insel gegangen. Er war ein Prinz aus dem schwäbischen Hause, und beschenkte diese kleine Kirche mit fast allen Kirchenzehenten des östlichen Seeufers.

Das Kloster von Marie=Einsiedel, welches die Kirche der Uffenau sorgfältig vor dem Einsturz bewahret, zieht nun noch bis auf diesen Tag alle diese Kirchenzehenten. Der Staat von Zürich unterhält aus öffentlichem Schatze die Pfarrer dieser Gemeinen, und hat noch neulich eine Summe von hundert und funfzigtausend Gulden zu ihrer bessern Besoldung ausgesetzt. Auf der Uffenau steht noch eine kleine Kapelle, in welcher die Kapuciner von Rapperschweil Messe lesen. In der Kirche liest der Abt von Marie=Einsiedel, welcher in dieser Eigenschaft ein deutscher Reichsfürst ist, alle Jahr einmal die Messe.

Schräge gegen der Insel über liegt das Städtchen Rapperschweil. Es ward ehemals von eignen Grafen regiert, die Zürich oft beunruhigten. Jetzt steht es unter dem Schutze der Kantone Zürich, Bern und Glarus, muß ihnen alle sechs Jahr huldigen, und mag mit Recht ein Mittelding zwischen einer höchst privilegirten Municipalstadt und einem unabhängigen Freistaat genannt werden.

Die Erbauung dieser Stadt ward auf eine sonderbare Art veranlaßt. Graf Rudolph von Rapperschweil, welcher am Ende des elften Jahrhunderts lebte,

wollte sich glücklich fühlen im Besitz seines schönen
Weibes, deren Tugend weder tadellos noch ihm un-
verdächtig war. Als er eines Tages von einem Feld-
zuge heimkehrte, kam ihm sein Vogt mit bedenklicher
Miene vor dem Schloß entgegen, und kündigte ihm
an, daß er mit ihm wegen einer sehr wichtigen Angelegenheit sprechen müßte. Eine spätere, wiewohl alte
Chronik, legt dem Grafen folgende Worte in den Mund:

"Sag was du willt, lieber Vogt, sag mir nur
nüzit (nichts) Böses von meinem Weib, dann wo
ich bin und an ihre Schönheit gedenke, so erfreut
sich all mein Gemuth, und was mir für Kummer
und Widerwärtigkeit zu Handen stoßt, so ergötzt
mich die Holdseligkeit meiner Frauen, daß ich alles
Leides vergisse, und freut mich so oft ich wieder zu
Hauß soll."

Der Vogt, wohl sehend, daß der bethörte Krieger ihm seine Anklage verübeln würde, bedachte sich
schnell einer andern Rede, sagte, er hätte während des
Grafen Abwesenheit einen sehr bequemen Ort zu Anlage einer festen Stadt gefunden, und zeigte ihm die
Stätte, auf welcher sogleich im Jahr 1091 Graf Rudolph die Stadt erbaute.

Sie giebt jetzt weder Zehnten noch irgend eine
Art von Abgabe, hat freien Handel, ihre Bürger sind
frei vom Kriegsdienst, es sei denn zur Vertheidigung
ihrer Stadt. Aber von ihrem Magistrat wird an die
Schirmkantone appellirt. Sie ward nach dem Krieg

vom Jahre 1712 in diese Abhängigkeit gebracht, weil sie es mit denen vom Kanton Schwyz gehalten hatte.

Von Rapperschweil läuft eine Brücke von mehr als achtzehnhundert Schritten über den See, wo er am schmalsten ist, und theilet ihn, in Verbindung mit einer Landspitze, in den eigentlich sogenannten Zürcher- und in den Obersee. Albrecht der Zweite, Erzherzog von Oesterreich, legte diese Brücke zuerst. In alten Zeiten war sie die Gränze zwischen den Kantonen Zürich und Schwyz, nach dem Zürcher Kriege aber, welchen dieser Kanton mit allen übrigen Eidgenossen vom Jahre 1436 bis zum Jahre 1446 geführt hatte, trat Zürich im Frieden an Schwyz, diesseits der Brücke, einen schmalen Winkel Landes ab, welcher seitdem den Schwyzern gehört. Im Friedensschlusse ward des Sees nicht erwähnt. Die Zürcher behaupten ein ausschließendes Recht der Schiffahrt diesseits der Brücke, die Schwyzer machen es ihnen streitig. Die häufigen Kornfrachten, mit denen Zürich Schwyz versieht, und die öftern Ueberfahrten der nach Marie-Einsiedel wallfahrtenden Pilger, geben diesem Hader Wichtigkeit. Die Erbitterung zwischen beiden Kantonen währte immer fort, ward genährt durch den kurzen Krieg von 1712, und hat nicht ganz aufgehört. Daß dieser Streit nie zum Ausbruch kommen werde, kann man mit Recht von der Mäßigung und Weisheit der Zürcher Regierung hoffen. Geneigter als diese möchten wohl die Schwyzer zur Fehde seyn, wiewohl sich ihre

den Siegern öffnete, geträumt ward? Was von der
Schlacht bei Näffels, wo eine Handvoll Glarner, un=
ter Anführung des Mathies von Bürlen, in fünf
Stunden langem Kampf den elfmal wiederholten An=
griff der Oesterreicher zurücktrieb, und den Sieg er=
focht? Was von den Baslern, die im Jahr 1444
auf dem Kirchhofe St. Jacob Frankreich's zahlreicher
Macht sich widersetzten, und als Leichen dem Dauphin
das Geständniß erpreßten: "er vermöchte nicht noch
einen solchen Sieg zu erkämpfen." Was von den
Siegen der Eidgenossen bei Granson, und bei Mur=
ten, über Karl den Kühnen, Herzog von Burgund?
Was von ihren im Schwabenkrieg, zu Ausgang des
funfzehnten Jahrhunderts erfochtnen Siegen?

Man sage nicht, daß die Schweizer ihrer Lage
zwischen Gebürgen diese Siege verdanken. Einige von
ihnen erfochten sie im Blachfelde. Mehr als örtlichen
Schutz verdanken sie den Bergen Sitteneinfalt, Muth,
Freiheitssinn, welche Bewohner der Höhen von An=
bauern des flachen Gefildes nicht selten unterscheiden.
Wie ein Strahl vom Himmel fiel der Gedanke der
Freiheit in die Herzen der einfältigen Alpenhirten,
und ihr Arm errang sie. Sie ist's, welche ihnen den
Muth gegeben hat und noch geben wird, ihre schon
bald seit fünf Jahrhunderten behauptete Verfassung
ferner zu behaupten. Sie ist's, welche ihnen den
Geist der Eintracht einhaucht, die seit so vielen Jahr=
hunderten so viele unabhängige Staaten so genau mit

einander verbindet, eine Eintracht, welche nur einige=
mal und auf kurze Zeit unterbrochen ward. Wenn
an Kriegsmuth die Griechen und Römer ihnen ver=
glichen werden können, so erheben sich unsre Schwei=
zer weit über diese Völker durch Edelmuth und sanfte
Menschlichkeit gegen ihre Feinde, durch Eintracht und
durch keusche Zucht. Menschliche Leidenschaften schla=
gen Wurzeln überall und sollen sie schlagen. Ihre
wilden Auswüchse sprossen überall, aber hier werden
sie mehr als irgendwo zurückgehalten. Die Gesetze
stützen sich auf den Fels ererbter Sitte, diese auf Va=
terlandsliebe und auf Religion. Mögen die Namen
ihrer edlen Patrioten weniger glänzen in den Blättern
der Geschichte, als die Namen berühmter Griechen
und Römer! Nicht an Seelengröße geben sie ihnen
nach; aber, wohl ihrem Vaterlande! an blutiger
Eroberungssucht, und an Gelegenheit solche Thaten
zu üben. Keinem schlauen Perikles wird es in der
Schweiz gelingen, einen Krieg anzuzetteln, wie den
peloponnesischen! Kein Virginius wird sich gezwun=
gen fühlen, den Dolch in die reine Brust der Toch=
ter zu stoßen, denn kein Appius wird sich des Fre=
vels erkühnen!

Nur durch Reibung an das Laster erhalten ge=
wisse Tugenden ihren Glanz. Sollte jemals die
Schweiz einen Timophanes oder Cäsar hervorbringen,
so würde sie auch Retter des Vaterlandes zeugen,
wie Timoleon und Brutus. Hätten die Griechen ihre

Freiheit durch Eintracht befestiget, so wären Macedo-
niens Könige ihnen so wenig furchtbar geworden, als
ein Abt von St. Gallen den Schweizern furchtbar ist.

Von der Uffenau segelten wir nach Pfeffiken im
Kanton Schwyz, wo wir unsre Gesellschaft antrafen,
die zu Lande hingefahren war. Ich ging mit dem
jungen Lavater, dem Herrn Landvogt Orell und Ernst
zu Fuß nach Richtersweil. Wir besahen auf dem
Wege einen Wasserfall, welcher außerordentlich schön
ist. Er ist im Kanton Schwyz an der Zürcher Gränze.
Hoch aus einer Steinkluft stürzet zwischen schlanken
Buchen ein Strom mit drei über einander rauschenden
Katarakten in's Thal.

Auf der Höhe, wo man ihn stürzen sieht, über-
schaut man zugleich fast den ganzen Zürchersee.

Vierzehnter Brief.

Zürich, den 5ten Sept. 1791.

Während meines hiesigen Aufenthalts ist das Denkmaal, welches verschiedne Freunde von Salomon Geßner und von seiner Muse ihm setzen wollen, aus
Rom angekommen.   Es ist das Werk von Trippel,
vortreflich gearbeitet, des großen Schaffhausner Bild-
hauers, des großen Zürcher Dichters und seiner freien
Mitbürger werth.

Eine weiße marmorne Tafel, welche ohngefähr
fünf Fuß in der Höhe und vier Fuß in der Breite
hat, stellet in alto rilievo die beiden Geßnerschen
Hirten Daphnis und Micon vor, in dem Augenblicke,
da Micon dem Andenken eines redlichen Greises eine
Opferschaale ausgießt.   Vielleicht ist die Fabel dieser
schönen Idylle von Geßner dir nicht gleich ganz gegenwärtig.

Die Ziegenheerde des Daphnis und des Micon
hatte die Weide verlassen und watete im Sumpf.
Indem die Hirten sie heraustreiben, entdeckt Micon
ein zerfallenes Gewölbe, und erfährt von Daphnis,
daß es ein Grabmaal sei.   Im Schlamm sieht Micon
nun die Urne liegen, und erschrickt über die Bilder,

welche, wie er sagt, aus ihren Seiten hervorzuspringen scheinen. "Fürchterliche Krieger sinds und tobende Pferde; sieh', mit ihren Hufen zertreten sie Männer, die verwundet zu Boden stürzen. Der muß wohl kein Hirt gewesen seyn ꝛc." Daphnis erzählt ihm: es sei ein Unmensch gewesen, der fruchtbare Felder verwüstet, freie Menschen zu Sklaven gemacht. "Die Hufen seiner Reuter stampften die Saaten zu Boden, und mit den Leichen unsrer Vorältern hat er die öden Felder übersäet. Wie wüthende Wölfe die Heerden überfallen, so überfiel er mit bewaffneten Schaaren die Unschuldigen, die ihm kein Leid gethan ꝛc."

Micon wundert sich über die Bosheit und Thorheit des Unmenschen, und bemerkt, wie nun in der Urne Ungeziefer im Schlamm brüte. "Lächerlich ist's, wie da ein junger Frosch dem tobenden Held auf dem Helm sitzt, und eine Schnecke sein drohendes Schwert hinauf schleicht ꝛc."

Beide Hirten reden noch ein Weilchen von diesem Krieger. "Nein," sagt Micon, "könnt' ich mit einer Schandthat den Reichthum der ganzen Welt gewinnen, lieber, viel lieber wollt' ich nur zwo Ziegen hüten, und redlich und keiner Bosheit mir bewußt seyn. Die eine wollt' ich noch den Göttern opfern und ihnen danken, daß ich glücklich bin. Der Böses thut, gebt ihm alles, er ist nie glücklich."

"Laß uns," antwortete Daphnis, "laß uns den Ort verlassen, der nur träurige, schwarze Bilder auf=

weckt. Komm mit mir, ein froheres Denkmaal will ich dir zeigen, das Denkmaal, das ein redlicher Mann, mein Vater, sich errichtet hat."

Er überläßt dem Alexis die Heerde, und führt seinen Freund einen Fußsteig durch die Wiese, einem mit Hopfen behangenen Gränzgott vorbei. "Und sie gingen. An der Rechten des schmalen Weges wuchs Gras, das an ihre Hüften reichte; zur Linken war ein Kornfeld, dessen Aehren über ihren Häuptern winkten; und der Weg führte sie in die stillen Schatten fruchtbarer Bäume, in deren Mitte eine bequeme Hütte stand. In diesen anmuthsvollen Schattenplatz stellte Daphnis einen kleinen Tisch, und holte einen Korb voll Früchte und einen Krug voll kühlen Weins."

"Sag' mir," fragt Micon, "wo ist das Denkmaal deines Vaters, daß ich die erste Schaale Wein dem Schatten des Redlichen ausgieße?" "Hier, Freund," antwortete Daphnis, "gieße sie in diesen friedsamen Schatten aus. Was du hier siehst, ist sein rühmliches Denkmaal. Die Gegend war öde, sein Fleiß hat diese Felder gebauet, und diese fruchtbaren Schatten hat seine eigne Hand gepflanzt. Wir, seine Kinder, und unsre späten Nachkommen, werden sein Andenken segnen, und jeder, dem wir aus unserm Segen Gutes thun; denn der Segen des Redlichen ruhet auf diesen Feldern und Triften, und in diesen stillen Schatten, und auf uns."

"Du Redlicher," sagt Micon, "diese Schaale, die ich hingieße, sei deinem Andenken geweiht! Herr

liches Denkmaal, womit man Segen und Nahrung
auf würdige Nachkommen bringt, und auch nach sei=
nem Tode Gutes thut!"

Mich dünket, man hätte keinen bessern Gegen=
stand als diesen, der aus des Dichters Werken ge=
nommen ist, zu seinem Denkmaal wählen, und diese
ehrenvolle Arbeit keiner bessern Meisterhand als der
von Trippel anvertrauen können, welcher vom Gedan=
ken, daß er für Schweizer und zur Ehre eines Eidge=
nossen arbeitete, begeistert werden mußte. Auch hat
er sichtbar con amore gearbeitet.

Das Denkmaal ist vorläufig in einem bedeckten
Salon auf der großen Promenade hingestellet worden.
Die Absicht ist, es auf einem runden von Bäumen
umschatteten Platz eben dieser Promenade aufzurichten.
Dieser Spaziergang ist schön und wird häufig besucht,
insonderheit alle Sonntag Nachmittag. Donnerstag
Nachmittag pflegen sich die Kinder von Zürich hier zu
versammeln. Er besteht aus einem großen, mit Lin=
den, Pappeln, Ahornen und andern Bäumen beschat=
teten Orte zwischen der Sihl und der Limmat, welche
sich am Ende der Promenade mit einander vereinigen.
Der selige Bodmer liebte diesen Spaziergang. Ich
erinnere mich ihn hier, umringt von verehrenden
Männern und Jünglingen, gesehen zu haben.

Fünfzehnter Brief.

Zürich, den 7ten Sept. 1791.

Gestern Nachmittag machten wir mit einigen Freunden eine kleine Seefahrt, und besuchten Lavater, welcher vorausgegangen war, in seinem Rebhäuschen, das mitten auf der Höhe eines Weinbergs liegt, und eine weite Aussicht auf den See hat. Von da besuchte ich mit Sophie und Ernst den redlichen Jochen Berly, einen Bauer, in dessen Hause ich vor sechszehn Jahren mit meinem Bruder und mit Haugwiz einige sehr glückliche Wochen gelebt habe. Er war auf dem Felde. Einer seiner Söhne holte ihn, ohne doch zu sagen, wer der Fremdling wäre, der ihn besuche. Er erkannte mich gleich; sprang vor Freude, als er mich sah, drückte mir, meiner Frau und meinem Sohne mit schweizerischer Herzlichkeit die Hand, fragte mit lebhaftem Antheil nach meinen ehemaligen Reisegenossen und nach meiner Schwester, die ihn vor sieben Jahren auch besuchte. Dann führte er mich hin an das Ufer der Sichl, sich meiner Lieblingsstellen wohl erinnernd. Ich erkannte so manches Plätzchen, wo ich, in Tagen feuriger Jugend, bald mit Freunden

gewandelt hatte, bald einsam; ja ich erkannte einen
Stein am abhängigen Ufer des Flusses; auf dem ich,
von Stauden umlaubt, welche nun Bäume geworden,
manchen Gesang im Homer gelesen hatte.

Auf der andern Seite des Flusses erhebt sich der
Jütlyberg. Klopstock nennt ihn den Uto. Er hängt
mit dem Albis zusammen, und ist beschattet von Fich=
ten und von Laubholz.

Wär' ich ein Grieche, ich hätte den Najaden,
Dryaden und Oreaden eine Schaale milden Landweins
und schweizerischer Milch ausgegossen.

Der gute Mann brachte uns zurück nach seiner
Wohnung. Er, seine Frau und die Kinder begleiteten
uns noch ein Weilchen, und die gute Hausmutter
weinte herzlich, als sie ihrem alten Gastfreunde bei'm
Abschiede die Hand drückte.

Ich habe der öffentlichen Anstalten und Gebäude
dieser Stadt in einem vorigen Briefe vorübergehend er=
wähnet. Es wird dir nicht unangenehm seyn, von eini=
gen etwas mehr, wiewohl nichts vollständiges, zu hören.

Das Waisenhaus ist ein großes und edles Ge=
bäude. Es steht im schönsten Theile der Stadt, von
allen Seiten frei, auf einem hohen Ort an der Lim=
mat. Die Kinder wohnen in geräumigen und hohen
Zimmern, nicht nur Waisen, sondern auch Kinder
lebender aber armer Aeltern. Die Zahl ist nicht be=
stimmt, sie wird es vom jedesmaligen Bedürfniß.
Man nimmt nur Kinder der Stadtbürger auf. Sie

werden unterrichtet im Christenthum, im Lesen, Schreiben, Rechnen, Zeichnen, der Erdbeschreibung und der
vaterländischen Geschichte.

Gesundheit blühet auf ihren Wangen, Freundlichkeit und Freude leuchtet aus ihren Augen. Es war
rührend zu sehen, mit welcher Liebe sie den Herrn
Diakon Geßner, einen rechtschaffnen und liebenswürdigen Mann, der uns hineinführte, empfingen; mit
welcher Vertraulichkeit sie den Aufseher und die Auf-
seherinn umringten; mit welcher anmuthigen Freiheit
sie uns Fremden die Hände reichten. Sie werden,
wenn das Wetter es erlaubt, zweimal des Tages,
und nicht auf zu kurze Zeit, in den Garten gelassen.
Für ihre Reinlichkeit wird sichtbare Sorge getragen,
und überhaupt werden diese Kinder der freien Stadt
unter den Augen der Bürger so gut gehalten, daß,
wiewohl schon einjährige Kinder aufgenommen werden, und die ersten Lebensjahre die tödtlichsten sind,
dennoch binnen vier Jahren nur zwei Kinder gestorben sind. Die jetzige Zahl der Kinder beläuft sich auf
zwei und neunzig. Es sind ohngefähr so viele Mädchen als Knaben im Hause.

Unser lieber Heß führte uns in eine öffentliche
Mädchenanstalt. Sie heißt die Töchterschule. In
einem wohlgeordneten Freistaat soll in der That jeder
Bürger die Jungfrauen und Mägblein als Töchter
des Vaterlands, die Jünglinge und Knaben als des
Vaterlands Söhne ansehen.

Vierzig, in zwei Klaffen nach ihren Fortschritten gesonderte Mädchen, werden auf Unkosten des Staats im Christenthum, im Lesen, Schreiben, Rechnen und in allen zu weiblicher Führung einer Haushaltung gehörigen Kenntniffen unterrichtet. In unfrer Gegenwart lafen verschiedne die Verse eines Gellertschen Liedes her. Man hörte, daß sie des Dichters Gedanken und Empfindungen ganz faßten. Ihre Lehrerinn hielt nachher eine kurze Katechisation über des Liedes Inhalt; die Mädchen antworteten bescheiden und mit Verstand.

Der seelige Bodmer, deffen Patriotismus so hell und so warm war, wie seine Liebe für die Wiffenschaften, hat dieser Anstalt zehntausend Gulden vermacht.

Der Münster von Zürich ist von Karl dem Großen erbauet worden, deffen wohl erhaltenes in Stein gehauenes Bildniß über der Thür zu sehen ist. An dieser Kirche haben Zwingli und Billinger gestanden. Sie ist die Mutterkirche vieler protestantischen Töchter, besonders in England.

Das Zeughaus ist wohl versehen mit hundert neuen Kanonen und mit vollständiger neuer Rüstung für dreißigtausend Mann. Der alten Rüstungen wegen besuchte ich es mit Ernst, vorzüglich wegen der Armbrust von Wilhelm Tell, welche hier als ein Heiligthum aufbewahret wird.

In Zürich ist eine Gesellschaft, welche sich die Böcke nennt. Sie hat sich merkwürdig in der Ge=

schichte gemacht. Ihr Ursprung verliert sich in die Nacht der mittlern Zeit. Im funfzehnten Jahrhundert machte sie sich berühmt während des Zürcher Krieges.

Sechszehn Bürger, welche sich die Böcke nannten, erhielten von der Republik die Erlaubniß, sich dem allgemeinen Kriegsdienste zu entziehen, um als Freischützen desto kräftiger gegen den Feind zu kämpfen. Sie gelobten einander in die Hand, daß sie ihr Leben auf's Spiel setzen wollten, streiften in das feindliche Lager, raubten, brannten, durchschnitten dem Feinde die Zufuhr. Im Jahr 1446 wurden die Böcke von den Eidgenossen in dem Friedensvergleich ausgeschlossen. Sie erfuhren aber, daß Friesen, Landammann von Uri, welcher sich vergebliche Mühe gegeben, sie in den Friedensschluß mit begreifen zu lassen, sollte gesagt haben: "Diesen Gesellen möchte wohl geholfen werden, wenn sie einen angesehenen Mann in ihre Gewalt bekämen." Als nicht lange nachher dieser Landammann den Zürchersee hinabschiffte, fielen die Böcke sein Schiff an, beredeten seine Begleiter, keinen vergeblichen Widerstand zu thun, da sie gegen den Friesen nichts Böses im Schilde führten, nahmen ihn in ihr Schiff, brachten ihn auf die hohe Burg von Hohenkraien, welche im Vorderösterreichischen zwischen Hohentwiel und dem Stoffberge liegt, und ihnen damals gehörte, bewirtheten ihn als einen vornehmen Freund, und entließen ihn, so bald die

Eidgenoffen ihnen für feine Freiheit völlige Sicherheit
verfprachen.

Einige hundert Jahre lang ftand diefe Gefellfchaft der Böcke in vertraulichem Bunde, war zu Anfang diefes Jahrhunderts zu einer Zahl von vier und
fechszig angewachfen, und fchien, ihres Ehrgeizes wegen, den Mitbürgern gefährlich, da fie durch ihre
Verbindungen die Würden des Staats beftändig in
die Hände ihrer Genoffen zu fpielen wußten. Man
fetzte ihr Schranken. Seitdem befteht fie zwar noch
aus vier und fechszig Mitgliedern, hat aber keinen
politifchen Einfluß, und wäre vielleicht erlofchen, wenn
nicht jährlich ein großes Gaftmahl, an der Vorgän-
ger Thaten erinnernd, ihre Fortdauer fichert.

Friedlicher, aber patriotifch wie jene, ift eine
andre Gefellfchaft feit einigen Jahren entftanden. Sie
heißet die moralifche. Ihre Mitglieder find junge
Männer, welche fich eine edle Freude daraus machen,
den Kindern Freuden zu verfchaffen. Sie erfinden,
vervielfältigen, leiten den Kurzweil der Jugend, dem
fie kriegerifche Spiele zugefellen. Auch lefen fie den
Kindern aus unterhaltenden Büchern vor, oder fchrei-
ben felbft für die anwachfende Jugend. Bildung des
Geiftes und des Herzens ift ihr Zweck, und fie fuchen
auch in Vorlefungen und Schriften dem Augenblick
der Langenweile zuvorzukommen.

Wir haben hier Peftalozzi kennen gelernt, den
Verfaffer des trefflichen Volksbuchs Lienhard und

Sechszehnter Brief.

Lucern, den 12ten Sept. 1791.

Mit der erſten Frühe verließen wir am 9ten Zürich.
Orion und Sirius ſtrahlten noch mit abnehmendem
Schimmer. Dicke Nebel ſchwebten über dem See,
ſenkten ſich, und verkündeten einen ſchönen Tag.
Links hatten wir den See, rechts den Siehlwald und
den Jütlyberg, bis wir uns wandten, und den Albis,
welcher an den Jütly ſtößt, auf einem ziemlich ſteilen
Wege hinan fuhren. Auf dem Albis pflegen die
Fuhrleute die Pferde etwas raſten zu laſſen, wir be=
nutzten dieſe Zeit, um den äußerſten und höchſten
Gipfel des Berges zu beſteigen, welchen man die
Hochwacht nennet, weil dieſe Höhe eine von denjeni=
gen iſt, auf welchen Feuerzeichen gegeben werden.
Solche Hochwachten ſind in der ganzen Schweiz, um
allen Eidgenoſſen Warnung gegen gefürchteten Ueber=
fall geben zu können. Sobald ein Feuer erblickt wird,
zündet man das nächſte an. In wenig Stunden
lodern alle Hochwachten der Schweiz, und binnen vier
und zwanzig Stunden iſt der Hub eidgenoſſiſcher
Mannſchaft unter Waffen. Emſig und friedſam wie

Bienen, welche zwischen Steinritzen aus dem Thau der Blumen ihren Honig saugen, lebt in seinen Gebürgen dieses edle Volk, aber auch wachsam wie Bienen, muthig wie sie, wie sie mit einem furchtbaren Stachel bewaffnet. Es hat noch jeden gereuet, der sie angegriffen.

Auf dem Wege zur Hochwacht sahen wir auf der linken Seite den Zürcherfee mit seinen schönen Ufern von Zürich bis zur Uffenau. Der Zugersee und die entferntere Reuß waren mit Nebeln, welche sich zu weißen Gewölken verdickt hatten, bedeckt. Ich habe noch nie so tief dicke Wolken gesehen. Am diesseitigen Ufer des Zugersees waren sie zu lichtem Morgennebel verdünnet, welcher, von der Morgensonne bestrahlt, mich an Ossian's besonnte Nebel erinnerte, mit denen dieser große Natursänger die fliegenden Locken der schönen Komala vergleichet. Mitten auf dem See lag ein lockeres weiches Wolkenbette, so dick und so glänzend, wie wir oft am Horizont die angeschwollnen weißen Gewölke sehen, aus denen die Phantasie gewölbte Wege oder Löwen mit offenem Rachen bildet. Von der Höhe, auf welcher wir standen, senkt sich schroff der Albis bis hinunter, und macht mit dem gegenüber stehenden höchsten, dicht mit Tannen bewachsenen Gipfel des Bruderalbis ein anmuthiges, enges Thal. In scheinbarer Nähe sahen wir den Rigi, den Vordersten der Voralpen oder eigentlichen Alpen, wiewohl er im Kanton Schwyz bei Küsnacht fünf bis

sechs Stunden von uns lag. Nach altem und allge-
meinen europäischen Sprachgebrauch nennen wir die
hohen mit ewigem Schnee bedeckten Gebürge dieser
Länder Alpen. Nicht so die Schweizer. In ihrer
Mundart heißet jeder Berg, welcher bis auf seinen
Gipfel weidende Heerden nähret, eine Alpe. In
meinen Briefen aus der Schweiz werde ich dieses
Wort im schweizerischen Sinne brauchen.

Ich sah in meiner Jugend vom Gipfel des Rigi
die Sonne über vierzehn Seen untergehen.

Fast eben so nahe als der Rigi schien uns der
viel höhere Berg Pilatus, dessen zackiger Felsenrücken
ihn zu einem der auffallendsten Berge in der Schweiz
macht. Ich erinnere mich nicht, ihn je wolkenlos gesehen zu haben. Bald ist sein Haupt umhüllet, bald
strahlet es vom Sonnenschein, indessen eine einfache
oder doppelte Wolkenschärpe seine Brust und Hüften
gürtet. Mehrentheils ist sein Gipfel umwölkt, daher
hat er seinen eigentlichen Namen pileatus, vom lateinischen Worte pileus, der Hut. Sein neuer ver-
fälschter Name hat zu Mährchen und Legenden Anlaß
gegeben. Auf dem Berg ist ein kleiner See. Man
hat gesagt, die Leichtigkeit seines Wassers machte das
Schwimmen unmöglich. Was so natürlich erklärt
werden konnte, ward dem Geiste des Pilatus, welcher
sich hier sollte ersäuft und die Gewohnheit haben,
Schwimmende bei den Füßen zu ergreifen, zugeschrieben. Die Wahrheit ist, wie mir General Pfyffer ge-

sagt hat, daß er das Waſſer nur einen Fuß tief ge=
funden, und nicht vermuthet, daß es je tiefer ſei.

Er lag wenigſtens elf Stunden weit von uns.
Aus großer Ferne ſtrahlten uns blendende Schneege=
bürge, welche wir, unſers Führers Ausſage gemäß,
für Gebürge von Neufchatel hielten; aber hier ſagte
mir der General Pfyffer, welcher beſſer als irgend
ein andrer Schweizer alle Höhen dieſer Länder kennet,
daß es die ſavoyiſchen Schneegebürge geweſen, welche
zunächſt hinter Genf liegen, nicht der Mont Blanc.
Nähere Gebürge verbergen dieſen höchſten Gipfel der
Schweiz und Europens.

Durch Obſthaine und Auen fuhren wir in man=
nigfaltig wechſelnder Gegend bis nach Zug. Wir ka=
men den kleinen Ort Kappel vorbei, wo im Jahr
1531 eine Schlacht zwiſchen den Zürchern und
Schwyzern geliefert ward, in welcher Zwingli, ein
ſo eifriger Patriot als ſanfter Reformator, erſchla=
gen ward.

Das Städtchen Zug giebt dem ſiebenten, kleinſten
der Kantone ſeinen Namen. Dieſer unterſcheidet ſich
von den andern demokratiſchen Kantonen dadurch,
daß der Hauptort ein Städtchen iſt, da die Bewoh=
ner der andern, aus Liebe zur Freiheit, es nach Art
der alten Germanen ihrer nicht werth achten in
Städten zu leben, und ſich mit Mauern zu um=
ſchließen. Die Schwyzer, Urner, Unterwaldner, Glar=
ner, Appenzeller haben keine Städte.

Nicht der ganze Kanton Zug nimmt an der Verwaltung öffentlicher Geschäfte Theil. Außer der besondern Landsgemeine der Stadt haben auch die drei Dörfer, Baar, Egeri und Menzing, ihre besondern Landesgemeinen. In diesen vier besondern Landesgemeinen, welche völlig demokratisch sind, werden allgemeine wichtige Angelegenheiten mit Fremden, Krieg, Frieden und Bündnisse, vom Volke beschlossen. Uebereinstimmende Beschlüsse der drei Dorfgemeinen verbinden auch die Stadt. Theilen sich die Gemeinen in zwei und zwei, so gilt die Meinung, für welche die Stadt sich erklärt hat. Der Ammann, welcher hier nicht, wie in den andern kleinen Kantonen, Landammann heißt, wird in der Stadt gewählt; nicht von der Gemeine, sondern von vierzig Rathsherren. Zu dieser Rathsversammlung deputirt die Stadt dreizehn; jede der drei Dorfschaften neun Rathsmänner. Nach bestimmter Ordnung muß der Ammann aus der Stadt oder aus einem der Dörfer seyn. Ist er aus der Stadt, so behält er seine Würde drei Jahr; ist er aus einem der Dörfer, nur zwei Jahr. Der Rath von Vierzigen ernennet auch die Landvögte, welche die nicht an der öffentlichen Verwaltung Theil nehmenden Dorfschaften regieren. Die Unterthanen entrichten, außer kleinen dem Landvogt gehörigen Gefällen, nur den Kirchenzehenten, gleich den Angehörigen von Bern und Zürich; ich sage gleich den Angehörigen, denn die Regierung von Bern und die Zürcher Bürger

fangen an, statt des gehörigen Namens der Unterthanen die mildere Benennung Angehörige zu
brauchen. Daß die Angehörigen der aristokratischen
Kantone, insonderheit die von Zürich und Bern ab-
hangenden, einer ruhigern Freiheit und bessern Ge-
richtspflege genießen, als die Unterthanen der demokratischen Kantone, ist eine unbezweifelte Wahrheit.
Sie erhellet offenbar in den Landvogteien, welche den
acht alten, oder allen zwölf Kantonen gemeinschaftlich
gehören. Der dreizehnte Kanton Appenzell hat keine
Unterthanen. Jene gemeinschaftlichen Vogteien werden
von Landvögten regiert, die jedesmal ihr Amt sechs
Jahr ausüben, und wechselweise von den Kantonen
besetzt werden. Nicht leicht wird bei der Tagsatzung
in Frauenfelde gegen einen Landvogt der aristokratischen Kantone Klage geführt; gegen Landvögte der
demokratischen nicht selten.

. Die Zuger werden für die unruhigsten Bürger
der Schweiz gehalten. Die Versammlung ihrer Lands-
gemeinen sind oft stürmisch, doch wurden nur einige
mit dem Blute der Bürger befleckt.

Das Städtchen liegt unter dem beschatteten Zug-
berge, an des Zugersees nordöstlichen Seite. Dieser
See ist vier Stunden lang, eine Stunde breit. Seine
Lage zwischen Alpen, hinter welchen sich höhere Berge
thürmen, ist außerordentlich schön. Der Rigi, ja der
Pilatus scheint hart am See zu liegen. Das Ländchen
ist reich an Viehzucht. Triften und Wiesen sind so

schön, als irgendwo in der Schweiz. An der einen
Seite des Sees steht ein Wald von Kastanienbäumen.
Die Zuger und überhaupt der kleinen Kantone Bewohner, denen es wegen der Berge an hinlänglichem
Getreide fehlt, brauchen größtentheils Farrenkraut statt
des Strohes zur Streu im Winter. Ich habe erfahrne
Landleute aus dem Kanton Bern behaupten gehört,
daß des Farrenkrauts Dünger besser sei als des
Strohes. Ist diese Behauptung gegründet, so mag
die Ursache im Boden oder in des hiesigen Farrenkrauts Natur liegen. Bei uns wird nur aus Noth
mit dieser Pflanze gestreuet.

Der Wein des Kantons Zug ist sehr sauer, da
hingegen dem Zürcher Wein weder Lieblichkeit noch
Feuer fehlet.

Sowohl der Kanton Zug als auch der von Luzern
sind reich an gutem Steinobst, an Wallnüssen und
Kastanien. Der schöne Wuchs der Kastanienbäume,
welche ein mildes Klima lieben, beweiset für die Gegend an jener Seite des Sees, so vielen kältenden
Einfluß man auch den nahen Gebürgen zuschreiben
möchte. Der Kanton Luzern ist von ungemeiner
Fruchtbarkeit. Die Auen und Wälder, in denen ich
Buchen sah, welche schlank und hoch waren, wie die
Buchen in Holstein und an des Herzogthums Schleswig südöstlichen Küste, grünen noch jetzt wie im ersten
frischen Glanze des Frühlings. Die Fruchtbarkeit des
Bodens, in Verbindung mit sanftem Himmelsstrich,

mit wehenden Lüften von den Gebürgen, und mit
öftern Nebeln in der Frühstunde, erhält länger hier
als im nördlichen Deutschlande und bei unsern Nachbarn gegen Mitternacht dieses frische Grün, welches
in nördlichen Gegenden bald durch späte Nachtfröste,
bald durch Sonnengluth langer Sommertage, bald
durch unfreundliche Stürme so leidet, und früh dem
minder lieblichen dunkeln Grün weichen muß. Auf
beiden Seiten sahen wir fruchtbare Thälen, bekleidet
mit fettem Grase und bunten Blumen. Der Rigi
und der Pilatus standen vor uns, rechts floß die
schöne Reuß. Wie verschieden hier, wo ihre breiten
Gewässer durch's luftige Thal rollen, von eben dieser
brausenden, tobenden Reuß, wo sie vom Gothard
unter der Teufelsbrücke sich donnernd hinunter in den
Abgrund stürzt!

Du hast oft mit mir über die Erzählungen reise-
beschreibender Franzosen gelächelt, welche dem Leser
jedes Mittagsmahl, das ihnen irgendwo schmeckte,
wieder auftischen. Aber mit solchen wirst du mich
nicht vergleichen, wenn ich dir sage, daß wir still hielten, und im Grase am Strome der Reuß, umschattet
von überhangenden Obstbäumen, im Angesicht des
hohen Pilatus dicke Milch aßen, die uns von einer
schönen und freundlichen jungen Bäuerinn gebracht
ward. Das Volk der Kantone Zug und Luzern ist
sehr schön, durch Züge des Gesichts wie durch Lei-
besbildung. Was der alte Minnesänger Walter von

9*

der Vogelweide von uns Deutschen überhaupt sagt, trifft vorzüglich ein in den meisten Kantonen unsrer Brüder an den Alpen:

> Der deutsche Mann ist wohlerzogen,
> Und wohlgethan das deutsche Weib!

Ein freies offnes Wesen leuchtet aus dem Betragen dieses edlen und schönen Volkes, welches in seinen Bergen mit natürlichem, freundlichen und edlen Anstande jene Tugend übt, die, schon entartet, der Römer und der Grieche in den Städten suchte und Städtlichkeit (ἀστειότης und Urbanitas) nannte; deren Aefferei endlich gar nach den Höfen von uns Höflichkeit*) genannt ward. Das freie Hirtenvölkchen ist zuvorkommend, weil es nichts argwöhnt, wo es nichts zu fürchten hat; es ist mit Anstand zuvorkommend, weil es nichts begehrt, wo es nichts bedarf. Es liebt die Fremden, weil es gleich von den Fremden geliebt wird; vielleicht auch, weil es sich in natürlichem Selbstgefühl mit Fremden ver-

---

*) Doch auch hier blieb der Deutsche, seinem sittlichen Gefühle treu, über den Franzosen. Vom Worte cour stammet das Wort courtoisie, welches doch so einen vielumfassenden, edlen Begriff hat. Suchten die Franzosen ihren Begriff von Edelmuth? Ihr Wort, welches Höflichkeit heißet, ist auch charakteristisch, hart und geglättet wie sie selbst waren, als noch Feinheit der Sitte, als noch Sitten unter ihnen Mode waren, politesse. Der fühllose geglättete Stein und der feine Franzose sind beide polis.

gleicht und seine eignen Vorzüge empfindet; weil es
sich geschmeichelt fühlt, durch Besuche so vieler Reisenden, die aus Sehnsucht nach großer Natur und
nach einfältigen, freien Menschen in die Schweiz kommen. Daß diejenigen unter ihnen, welche von Fremden leben, Gastwirthe und Fuhrleute, vorzüglich das
Geld der Fremden lieben, ist so wenig befremdend,
daß das Gegentheil unnatürlich scheinen möchte. Wer
aber dies den Schweizern überhaupt zur Last legt,
der hat weder mit den Bürgern ihrer Städte, noch
mit ihren Landleuten Umgang gehabt. Er hat nicht
bei einfältigen Aelpnern (Hirten auf den Alpen) in
der Sennhütte gegessen; nicht auf dem flachen Dache
dieser Hütten in duftendem Heu sanfter als auf
weichem Flaum die Nacht geruhet; oder er erröthete
nicht von edlem Gefühl, wenn der Hirte für gast-
freundliche Bewirthung weder forderte, noch auch ge-
botnes Geld annahm, und sich höchstens gefallen ließ,
vom dankbaren Fremdling eine Rolle Rauchtabak zu
empfangen. Das Andenken dieser edlen Gastfreiheit,
welche ich auf meiner ersten Schweizerreise in den
Kantonen und in Graubünden mehr als einmal er-
fuhr, würde hinreichend seyn, mich zu belehren, wo
man reine Menschheit, wo man zartes Gefühl für's
Edle und Unedle aufsuchen muß.

Durch anmuthige Gegenden reiseten wir weiter,
und erreichten die Stadt Luccrn bei einsinkender Abenddämmerung.

Am 10ten des Morgens gingen wir auf die große Brücke, welche über die Reuß gelegt ist, bei ihrem Ausflusse aus dem See. Sie ist zwar, nach Landesart, oben gedeckt, aber zu beiden Seiten offen. Hier sieht man mannigfaltige Aussichten von der größten Schönheit. Keine Stadt in der Schweiz hat, meiner Empfindung nach, eine so schöne Lage wie Luzern. Liebliche Hügel, mit vermischter Waldung von Laubholz und von Tannen, kränzen diese Stadt und die nahen Ufer des Sees der vier Waldstädte; hinter den Hügeln erheben sich Alpen, hinter diesen starren in weiter Ferne hohe Gebürge gen Himmel empor. Die Reuß entströmet dem See mit dem Ungestüm, welcher ihr eigen ist. Gleichwohl ist sie schiffbar, hat durch die Aar, mit welcher sie sich unfern Baden in der Schweiz vereiniget, Verbindung mit dem Rhein, und könnte der Stadt eine desto wichtigere Handlung mit Holland eröffnen, da der nächste Weg nach Italien über den Gothard gehet, dessen Fuß sich beinahe bis Altorf im Kanton Uri, am südlichen Ufer des Sees erstreckt. Aber dem Kanton Luzern fehlt es, wie überhaupt den katholischen Kantonen, an Indústrie. Seiner Lage nach, welche viel bequemer ist als die von Zürich, und deren Vortheile nicht wie in Genf durch eifersüchtige Nachbarn beschränkt werden, müßte Luzern die erste Handelsstadt in der Schweiz seyn. Und doch, welcher Vergleich zwischen dem unbeträchtlichen Handel von Lucern und dem von Zürich oder von Genf?

Der Kanton hat Ueberfluß an Getreide, machte sich aber im Frieden des Jahres 1712, da er gegen die protestantischen Kantone der Hülfe von Uri, Schwyz und Unterwalden bedurfte, auf ewige Zeiten verbindlich, ihnen das Getreide für denselben Preis zu überlassen, welchen die Bürger von Lucern bezahlen. Diese Verbindlichkeit ist an sich schön, und im Geiste des eidgenössischen Bundes. Brüder müssen nicht, was ihren Unterhalt betrifft, von der Willkühr ihrer Brüder abhangen. Aber schwach war es von den Lucernern, sich zu eben dieser Zeit das Versprechen, niemals ihre Stadt zu befestigen, abtrotzen zu lassen. Es ist schön, wenn ein freies Volk aus Edelmuth, wie Sparta und die kleinen Kantone, den Schutz der Mauern verschmähet, und eben durch diese kühne Maaßregel ihre Freiheit, deren Leben vom Hauche des Edelmuths belebt wird, sichert. Aber eine Stadt, welche sich das Versprechen, keine Mauern zu haben, abtrotzen läßt, scheinet der Mauern zu bedürfen. Es ward diese Verbindlichkeit in einem unglücklichen Augenblick eingegangen, vielleicht von einer damals nicht erleuchteten Regierung. Ich weiß nicht, ob ein Volk sich durch Verträge sollte binden lassen, welche offenbar bloß zu seinem politischen Nachtheil erzwungen worden? Eben diese, vielleicht zu ängstliche, doch immer ehrwürdige Anhänglichkeit an alten

Verträgen, war es, welche die Lucerner so lang in
der Abhängigkeit von Oesterreich unterhielt. Sie führten für ihre Dränger schweren Krieg mit Schwyz,
Uri und Unterwalden, ohne Hülfe von Oesterreich zu
erhalten, ja zu einer Zeit, da wegen dieses Krieges
ihre Handlung stockte, und sie dennoch mit unerträglichen Abgaben beschwert wurden. Früh und oft hat
das Erzhaus den Vorwurf verdient, daß es seinen
Bundes genossen in der Noth nicht beistehe. Voll gerechten Unwillens entsagte Lucern einem so theuer be-
zahlten blutigen Schutz, verband sich im Jahr 1352
mit den andern Eidgenossen, zeigte sich auch bald
durch Muth und Freiheitsliebe des edelsten Bundes
werth, welcher je tugendhafte Völker mit einander
verband.

Auf der großen Brücke sind die Thaten der Väter
gemalt. So elend auch diese Bilder sind, erfreuten
sie mich dennoch. Man muß sie nicht so wohl als
Vorstellungen, sondern als Erinnerungen ansehen.
Aus diesem Gesichtspunkte angesehen, und in der
Beleuchtung einer glühenden Freiheitsliebe, sind sie
sehr ehrwürdig. Einer unzeitigen Kunstkritik möchte
ich mit den Worten, welche Shakespear dem Theseus
in den Mund legt, das Maul stopfen. Als nach Art
des Hofgesindes, die Höflinge über die wirklich elende
Vorstellung von Pyramus und Thisbe spotten, bei
welcher der Mondschein und die Mauer als handelnde
Personen erscheinen, sagt Theseus das große Wort:

The best of this kind are but shadows, and
the worst of them are not worse, if imagination
amend them.

(Die besten in dieser Art sind nur Schatten, und
die schlechtesten sind nicht schlechter, wenn die Phantasie
sie verbessert.)

Auf einer kleinen Brücke über der Reuß, welche
tiefer liegt, sind Vorstellungen, welche Aehnlichkeit
haben mit dem holbeinischen Todtentanz, wie man
ihn in Basel und in Lübeck sieht. Es war altdeutsche
Art, die ernsthaftesten Gegenstände mit komischer
Laune zu behandeln.

Von dannen gingen wir zum französischen Ge-
nerallieutenant, dem Herrn von Pfyffer, welcher ein
geborner Lucerner ist, und seit zwanzig Jahren an
einer Vorstellung der innersten Schweiz arbeitet. Er
hat seine Vaterstadt zum Mittelpunkt genommen; es
ist auch ungefähr der Mittelpunkt des ganzen Landes.
Dieser Mann hat seine Arbeit mit Geist unternommen, mit bewundernswürdiger Standhaftigkeit und
und Geschicklichkeit führet er sie aus. Auf einer ungeheuern Tafel übersieht man in erhabner Arbeit die
Vorstellung von zweihundert und zwanzig Quadrat-
stunden. Man sieht, in ihrer wahren Proportion,
alle Berge und Thäler, die in diesem Raume liegen.
Man erstaunt zu sehen, welch ein Maulwurfshügel
der Albis, der bei uns für einen ansehnlichen Berg
gelten würde, gegen den Rigi; welch ein Hügel dieser

gegen den Pilatus; wie viel höher als der Pilatus
die Reihe von Schneegebürgen sei, welche mit gleich
hohen Gipfeln sich zackig vom Krispalt, aus dem der
Rhein entspringt, bis zu den Savoyischen Gebürgen
erstrecket. Diese letztern sind nicht mit auf der Tafel,
aber der Krispalt und ein Theil des viel minder hohen
Gotthard. Jede Landstraße und die Fußpfade, welche
über die Gebürge führen, sind ausgezeichnet; jeder
Wasserfall, jeder Strom mit seinen Brücken, jede
Stadt und jedes Dorf, ja die einzeln zerstreuten
Häuser. Deutlich sind die Wälder des Laubholzes
von Tannenwäldern unterschieden. Man stelle sich
vor, welche Schwierigkeiten der Mann zu überwinden
hatte, um alle diese Höhen und Tiefen genau aufzunehmen, in Gegenden, wo einzelne Felsen und Haine
ihm oft so viel Zeit nahmen, als Gebürge und For-
sten. Diese Schwierigkeiten wurden noch durch die
für ihre Freiheit so eifersüchtigen Bewohner der kleinen Kantone vermehrt, welche ihm oft die Aufneh-
mung und Abzeichnung wehrten, aus Furcht, daß
dereinst ein Feind sie nutzen möchte. Er machte daher viele dieser Arbeiten bei Mondschein. Thäler,
welche für unzugänglich gehalten wurden, und unbe-
stiegne Gipfel, besuchte der unverdrossene Mann, der
doch weit über funfzig Jahr alt war, als er diese
Unternehmung anfing. Die ganze Masse ist mit so
vielem Fleiß als Kunst aus Mastix bereitet. Die
Farben sind natürlich. Ich glaubte, die Nadelhölzun-

gen wären aus Schlacken gemacht, er lächelte, ging in
sein Kabinett und kam zurück mit einer umgekehrten
zottigen Nachtmütze von Baumwolle.

Aus solchen Zotten, sagte er, die ich mit Maſtix
überkleide, mache ich die Tannenwälder, welche Sie
hier ſehen.

Hinter der Seite, wo die hohen ſüdlichen Ge=
bürge abgebildet ſind, hat er in der Entfernung von
einigen Schritten, ein kleines aufgeſtuftes Gerüſte
ſtellen laſſen. Von dieſem nimmt ſich die ganze Ar=
beit vorzüglich ſchön aus. Hier überſah ich im klei=
nen Gebürge, wie ich einſt auf der Hochwang, einem
Berge in Graubünden, rechts die Tiroler Gebürge,
links den Gothard, und zwiſchen ihnen zahlloſe Gipfel
dieſes großen Zwiſchenraumes überſchaute.

Er zeigte uns auch ein ſchönes auf Leinwand ge=
maltes Bild von Heinrich dem Vierten, Könige von
Frankreich, zu Pferde. Man fand es in der Reuß,
wo es viele Jahre lang mag gelegen haben. Die
herausbringende Feuchtigkeit ſoll in den erſten acht
Tagen einen unerträglichen Geſtank von Fäulniß ver=
urſacht haben, gleichwohl ſind die Farben nicht ganz
verblichen. Es ſteht die Jahrzahl 1601 darunter.
Heinrich iſt mit der Rüſtung gemalt, die er den So=
lothurnern ſchenkte, und welche noch in ihrem Rüſt=
hauſe aufbewahrt wird.

Der General Pfyffer iſt ein gefälliger, lebhafter
Greis von beinahe achtzig Jahren. Er belehrte uns

über die Natur des Rigi, der ganz aus kleinen Kie=
seln zu bestehen scheint und durch große Ueberschwem=
mungen, vielleicht durch die Sündfluth, aus den von
höhern Bergen herabgespülten Kieseln mag seyn gebil=
det worden. Auf dem Pilatus findet man verstei=
nerte Muscheln, wie auf so vielen andern Bergen,
und wie man die in Stein gedruckten Formen man=
cherlei Fische hie und da in Gebürgen gefunden hat.

Den Nachmittag machten wir eine Seefahrt
hinüber nach Stansstadt im Kanton Unterwalden.
Rund umher am Ufer sahen wir eigentliche Alpen.
Die meisten waren oben mit Tannen bewachsen, un=
ten mit Laubholz. Auf den Höhen dieser Alpen wei=
den Hirten die Rinderheerden während der drei Som=
mermonate Junius, Julius und August. Im Früh=
ling und Herbst weiden sie auf minder hohen Höhen,
oder in Thälern. Die Hütten oben auf den Alpen
heißen Sennhütten; ein Hirte mit seiner Heerde und
Hütte, eine Sennerei. Hier machen sie Käse und
Butter, welche sie am Ende der Woche hinunter in
die Dorfschaften bringen.

Unten am Ufer des Sees wachsen viele Wall=
nuß= und Obstbäume. Vorlaufende niedere, soge=
nannte Vorberge, kleine Buchten zwischen vorstehen=
den schroffen Felsen, aus deren Spalten schlanke Tan=
nen hervorsprossen, oder die mit hangendem Gebüsch
bekleidet sind, Landhäuser und einzelne Wohnungen,
geben dem Vorgrunde eine Mannigfaltigkeit, welche

durch den großen Eindruck der hohen Alpen noch ver=
mehrt wird. Auf den Alpen sieht man zwischen
dunklem Tannengehölz smaragdgrüne Matten, welche
im sanften Wiederscheine des Morgen= oder Abend=
lichts einen besondern Reiz für die Augen haben.
Der Pilatus, der Rigi und der Bürgenberg heben
sich zunächst über die andern empor, größere Gebürge
von fern. Wir landeten an Stansstadt, ein kleines
Dörfchen in Unterwalden, welches eine halbe Stunde
vom Hauptflecken des Kantons, Stanz, entfernt ist.
Als ob wir wie bekannte Gäste sie besuchten, kamen
Männer, Weiber und Kinder freundlich herbei und
boten uns zum Austreten die Hände.

Unterwalden ist in zwei Gemeinen getheilt. Sie
heißen der Oberwald und der Unterwald. Jede hat
ihren Landammann, ihren Rath, ihre Landsgemeine.
In allgemeinen eidgenössischen Angelegenheiten aber
stellen beide zusammen nur einen Kanton vor.

Die Unterwaldner werden von allen Schweizern
besonders geehret und geliebt, weil sie mit der Kühn=
heit und der Freiheitsliebe des Arnold von Melch=
thal, den Sinn sanfter Eintracht und Einfalt ihres
nicht minder großen Landsmanns, Nikolas von der
Flüe, verbinden.

Dieser fromme Mann hatte zwanzig Jahre als
Einsiedler gelebt, um in der Stille Gott zu dienen,
als gegen das Ende des funfzehnten Jahrhunderts,
über die Aufnahme von Freiburg und Solothurn in

an gemeinschaftlichen Vogteien. In gewissen Fällen
darf der Beklagte von den Aussprüchen des Raths
an Schwyz oder an Lucern appelliren. Die Wahl
steht ihm frei. Nicht aus Schwäche haben sich die
Gersauer diesem Appell unterworfen, sondern aus ge=
rechtem Vertrauen in ihre Nachbarn, und weil sie
einsahen, daß Sicherheit und Eigenthum gefährdet
sei, wo die erste Instanz zugleich die höchste; daß
Sicherheit und Freiheit leere Namen seien, wo eine
oft leidenschaftliche, immer leicht geblendete, nie der
Rechte kundige Volksversammlung, den Spruch der
Richter bestätigen oder vernichten darf; endlich sahen
sie ein, daß Gesetzgebung und Ausführung des Ge=
setzes ohne Tyrannei nicht vereint seyn könne, entsag=
ten dieser, und behielten sich das höhere Recht von
jener vor. Denn gesetzgebende Macht, Krieg, Bünd=
nisse und Wahl der Landammanne sind in der Hand
des Volks. Auch mögen sie weislich erwogen haben,
(denn die Stifter kleiner Staaten erwägen reiflich, zu
oft spielen großer Staaten Stifter mit der Menschheit
Wohl!) sie mögen, sage ich, erwogen haben, daß in
ihrem kleinen Völkchen fast jeder mit jedem durch
Nachbarschaft, Bande des Bluts und der Sippschaft
verbunden, also dem Richter Anlässe zur Gunst oft
nahe, näher noch Anlässe zum Vorwurf, auch wenn
er ungegründet, liegen müssen. Darum ward der
heimische Spruch dem Erkennen des fremden Richters
untergeordnet. Manche würden über die Einfalt

lächeln, mit welcher ich bei dieser Alpenfamilie ver=
weile. Das wirst du nicht. Wer Länder nach dem
Umfang, Völker nach der Zahl schätzet, den muß frei=
lich das kleine Gersau gleichgültig lassen.

Wir sahen nun das Schwyzerische Städtchen
Brunnen, und hinter ihm Schwyz, den Hauptort des
Kantons, vor seinen beiden großen Felsen, den Ha=
ken, liegen, schifften einige Stunden den sich immer
mehr verengenden See hinauf, und freuten uns der
schlanken Buchen, Eschen und Tannen, welche, auf
eine unbegreifliche Weise, sich aus den steilen Felsen
des rechten Ufers emporbrängen, und mit ihren Wur=
zeln in schmalen Steinritzen haften. Hier bildet sich
dieses Ufer zum Vorgebürge, vor dessen Spitze ein
ungeheurer Fels, welcher jherunter gestürzet ist, sich
senkrecht wie ein Wartthurm einige Schritte vom
Lande in den See gestellt hat. Einige Tannen wach=
sen auf dem Gipfel, neben denen eine zackige, ver=
dorrte Eiche aus Mangel der Nahrung ausgegangen.
Ein Paar Reiher standen auf dem Felsen und flogen
erst weg, als wir ganz nahe waren. Wenn du dieses
Vorgebürge umschifft hast, siehst du andre Scenen.
Thürmender erheben sich die Felsenberge in wechseln=
den Gestalten. Jeden Augenblick verändert sich die
Aussicht, so wie, indem du fortschifffst, sich jeden
Augenblick in Absicht deiner der nahen Berge Stand
zu den fernen Gebürgen ändert. Schon siehst du des
Sees Ende, und hinter dem See die Berge, welche

den Gothard verbergen. Wer die Schweiz nicht ge=
sehen hat, wer sich die Alpen als größere Harz= oder
Erzgebürge denkt, der macht sich gewiß nicht einen
so wahren Begriff von ihnen, als jemand der keine
Berge sah, und sie sich noch so denkt, wie die aben=
teuerliche Jugend = Phantasie ihm solche zuerst vor=
malte. Denn hier ist die Natur ganz außer ihren
gewöhnlichen Verhältnissen und Weisen. Mit immer
neuen, entzückenden Launen überrascht sie dich durch
das erhabenste Wunderbare, mit dem abenteuerlichsten
vermischt. Wir sahen den Grütlin, sparten den auf
heute auf, und besuchten am entgegen stehenden Ufer
die auch im Kanton Uri stehende Tellenkapelle, welche
die Felsenplatte einnimmt, auf die Tell sprang, als er
dem Nachen entspringend ihn mit dem Fuß vom Ufer
entfernte. Hier wird jährlich ein feierlicher Umgang
gehalten, Messe gelesen und über den Ursprung der
Freiheit geprediget. Solche Monumente liebt dieses
Hirtenvölkchen, welche Freiheitsgefühl erwecken und
heiligen. Rund umher schmückt sich auf dem steilen
Felsen die Natur, mit dichtem, freudig sprossendem
Laubholz und mit Blumen. Einige Schritte weiter
bilden die Felsen schauervolle Höhlen, auf zackigen
Klippen irren Ziegen, hie und da kuckt ein Reiher aus
dichtem unzugänglichem Gebüsch hervor.

Wir erreichten Flüele, am Ende des Sees, noch
früh genug, um eine halbe Stunde bis nach Altorf
gehen zu können. Wir waren in einem fruchtbaren

Thal, um welches sich in vielfachem Amphitheater Berge und zackige Felsen erheben. In der Dämmerung kamen wir in Altorf an. Dieser Ort ist der Hauptflecken des Kantons Uri. Hier versammelt sich am ersten Sonntag im Mai die Landsgemeine. Der Kanton Uri wird in zehn Genossensame, wir würden sagen Kreise, eingetheilt. Aus jeder werden von ihren Bürgern sechs Männer in den Rath ernannt. Die sechszig Rathsherren bleiben es, wie in den andern demokratischen Kantonen, auf Lebenszeit. Alle zwei Jahre werden zwei Landammanne gewählt, deren jeder ein Jahr den Geschäften vorsteht. Dem regierenden ist ein Statthalter untergeordnet. Die Landsgemeine macht, ändert, hebt Gesetze auf; stiftet Bündnisse, Krieg und Frieden. Diese Verfassung ist allen demokratischen Kantonen gemein.

Die Urner haben zwei Collegia, deren Mitglieder Rathsherren sind. Ein Civiltribunal und ein Criminalgericht. Der Beklagte darf an den gesammten Rath appelliren. Dann muß jeder Rathsherr aus seiner Genossensame einen Bürger zum Gehülfen ernennen. Die Landsgemeine mischt sich nie in Sachen der Justiz. Zu einer Zeit, da in ganz Europa die vollziehende Gewalt von der gesetzgebenden Macht entweder nicht hinreichend getrennt, oder gänzlich mit ihr vermischt war, sonderten der Alpen einfältige Bewohner sie mit mehr Weisheit als weder Griechen noch Römer. Jeder Jüngling von Uri hat die Rechte

des Bürgers, sobald er vierzehn Jahr alt ist. Die
Zahl der Bürger, welche das Schwert zücken, beläuft
sich über dreitausend. Größer ist der Unterthanen
Zahl. Das fruchtbare Liviner Thal, welches jenseit
des Gothards von Welschen bewohnet wird, steht unter
einem Urner Landvogt. Drei andre welsche Vogteien,
Riviera, Pollenz und Bellenz, besitzen die Urner mit
den Schwyzern und Unterwaldnern in Gemeinschaft;
das Meynthal, Mendris, Lugano und Locarno mit
den eilf andern Kantonen. Appenzell allein hat keinen
Antheil an den Vogteien, und kann sich mit dem
edlen Perser Otanos rühmen, weder zu herrschen noch
zu dienen. Von den Landvogten über die welschen
(italienischen) Landvogteien, welche wechselsweise von
den herrschenden Kantonen ernannt werden, können
die Unterthanen an die Tagsatzung von Locarno (oder
Lugarno) appelliren. Ich habe schon einmal gesagt,
daß die von den demokratischen Kantonen ernannten
Landvögte nicht immer unbescholten des Rechtes pflegen. Sie bezahlen oft ihre Stellen theuer. Denn
nach einer schon alten Unsitte, welche fast [zur Sitte
geworden, bezahlen sie oft den Bürgern der versammelten Landsgemeine ihre Wahl, woraus vielfältiges
Uebel entspringt. Denn weder wird der Bessere dem
Geldbietenden vorgezogen, noch auch auf diesen genau
Acht gegeben, oder selbst auf der Tagsatzung in Locarno den Klagen gegen ihn gebührende Aufmerksamkeit verliehen. Eine obrigkeitliche Person, welche durch

Kauf zur Würde gelangt, wird leicht veranlaßt wer=
den, sich durch Verkauf des Rechts erst schadlos, dann
reich zu machen. Gingen nicht Mißbräuche dieser Art
im Schwange, so müßten die Unterthanen in den
Vogteien so wohlhabend seyn wie die Berner, Zürcher,
Basler, Luzerner und Schaffhausner Bauern, denn
gleich ihnen geben sie keine andre Abgabe, als den
Zehnten in Natura.

Die demokratischen Bürger, welche alle Landleute
sind, entrichten gar keine Abgaben; auch nicht in den
andern kleinen Kantonen, so wenig wie in Graubün=
den und Wallis.

Das Ursener Thal am Gotthard, aus welchem sich
die Reuß bei der Teufelsbrücke tief in den Abgrund
stürzt, ist in so fern abhängig von Uri, daß des Tha=
les Bewohner von ihrer Obrigkeit an den Kanton
appelliren können; doch haben sie ihre eigene kleine
Landsgemeine. Ihre Beschlüsse hangen aber, sobald
sie auswärtige Angelegenheiten betreffen, auch von
Uri ab.

Früh Morgens gingen wir nach Bürgli, welches
eine halbe Stunde weit von Altorf im Schacherthale
liegt. Hier wohnte Tell; dankbare Ehrfurcht ver=
wandelte das schlechte Haus in eine Kapelle. Auch
in dieser Kapelle wird feierlich Messe gelesen, auch
sie wird in feierlichem Umgang vom Volke besucht.
Gleich beiden andern Tellenkapellen ist diese mit Bil=
dern aus der heiligen und aus der vaterländischen Ge=

schichte geziert. Unter jedem Bilde steht ein Reim;
folgende über dem Eingange:

> Allhier auf dem Platz dieser Kapell
> Hat vormals gewohnt der Wilhelm Tell,
> Der treue Retter des Vaterlands,
> Der theure Urheber des freien Stands.
> Deme zum Dank, Gott aber zur Ehr,
> Ward diese Kapelle gesetzet her,
> Und selbe dem Schutz befohlen an
> Sanct Wilhelm Röchli und Sebastian.

An beiden Seiten stehen noch folgende Reime:

> Sind wir gerecht, einig und gut,
> So steht die Freiheit sicher gnug.

> Dankbar gedenket an jene Zeit
> Da ihr seid worden gefreite Leut.

In der Kapelle ist über dem Altar das Zifferblatt
einer Uhr gemahlt, deren Zeiger, auf Eintracht deutend, auf 1 steht. Drunter liest man:

> Die Freiheit wird sein von langer Daur
> Wenn allzeit Eins zeigt diese Uhr.

Manches und manches schöne Gedicht, welches das
Siegel der Unsterblichkeit auf der Stirne trug, hat
mich nicht so gerührt, wie mich der edle Sinn dieser
einfältigen in rauher Sprache gefaßten Reimlein durch-
drang. Wie frei von jeder Anmaßung, von jeder
auch noch so gerecht scheinenden Empfindung eigner
Stärke, und desjenigen Muths, an welchem mächtige

cere zertrümmerten, sind diese Inschriften! Sie er=
ähnen jener Heldenthaten nicht. Nur der sanften
intracht und der Gerechtigkeit wollen sie vertrauen!
ur diesen edelsten Tugenden, und dem Gotte, von
m alle gute und alle vollkommene Gabe herkommt,
n dem Eintracht und Muth, Gerechtigkeit und Frei=
eit herkommt, wollen sie diese mit dem Blut der
äter theuer erkaufte Freiheit verdanken!

Die Schacher, ein reißender Bergstrom, rauschet
it Ungestüm durch Bürgli. Sie trat aus ihren
fern, bald nachdem Tell den Landvogt erschossen
atte, und richtete viel Schaden an. Tell wollte auch
esem Unheil steuern, aber der Strom ergriff ihn.
r erlebte hienieden nur die Morgenröthe der bessern
eit.

Mit welchem Interesse möchte ich hier meines
ruders noch nicht gedrucktes Schauspiel, Wilhelm
ell, lesen! Und welchen neuen Anlaß, ihn selbst auf
eser Reise zu vermissen, hab' ich täglich, hier wo
des Kind den Namen seines Helden im Munde führt!

In Altorf bezeichnen zwei steinerne Bildsäulen
e Weite des Pfeilschusses, mit welchem Tell den
pfel vom Haupte seines Sohnes schoß. Sie ist von
ndert und dreißig Schritten.

Wir gingen wieder nach Flüele und stiegen in
s Schiff. Auf unsrer Rückfahrt nach Lucern besuch=
n wir den Grütlin, oder die Grütlinmatte. So
ißt eine steile, mit Laub und Gras grünende Höhe

am See, aus welcher ein Quell entspringt. Bei dieser
Quelle soll es gewesen seyn, daß die drei großen
Männer, Werner von Staufacher aus Schwyz, Walter
Fürst aus Uri, und Arnold von Melchthal aus Unter=
walden, den heiligen Bund zur Befreiung der Schweiz
schwuren.

Sie schwuren im Jahre 1307, und in der Neu=
jahrsnacht des folgenden Jahres 1308 wurden alle
Schlösser der Zwingherrn verbrannt!

Wir hielten Mittag am Ufer, in einem Garten
vor Gersau. Dicht bei'm Lande begegnete uns ein
kleiner Knabe von etwa sieben Jahren, welcher ganz
allein, mit einem ziemlich großen Nachen, sich in den
See wagte. Er ruderte, und das Steuer war so ge=
bunden, daß es in der Richtung stand, nach welcher
er fahren wollte. In Gersau fanden wir einen Kna=
ben von acht oder neun Jahren, der sehr geschickt mit
einer Armbrust nach dem Ziel schoß. Das mochte
wohl die Lieblingsbeschäftigung des Tages für die
Buben seyn, denn gestern hatten die Väter und ältern
Brüder mit Musketen nach der Scheibe geschossen.
Wir hatten die Schüsse, mit ihren Wiederhallen in
den Felsen, gehört. Alle Schweizer üben sich von
Kindheit an in den Waffen. Die Schwyzer, die krie=
gerischsten von allen, setzen vier Preise von funfzig
Gulden jährlich aus, für die besten Schüsse in vier
verschiedne Scheiben; geringere für die nächsten.
Auch das Geschütz der Lucerner hörten wir gestern

donnern. Sie prüfen und üben diese Tage ihre Artilleristen.

Lucern's Verfassung ist, in Absicht auf die Stadt, aristokratischer (vielmehr oligarchischer) als die von Zürich, wo jeder Bürger gleichen Theil an der höchsten Macht hat. Der große Rath besteht in Lucern aus hundert Personen. Unter diesen machen sechs und dreißig Männer, welche Patricier seyn müssen, den kleinen Rath aus. Vom kleinen Rath wird an den gesammten Rath appellirt. Alle Mitglieder beider Rathsversammlungen sind es auf zeitlebens, und da der kleine Rath seine erledigten Stellen selber besetzt, kann man sagen, daß diese Würde auf gewisse Weise erblich sei. Die obersten Magistratspersonen sind die beiden Schultheiße, deren immer einer am Steuer des Staats sitzet. Sie bleiben es zeitlebens, und wechseln ein Jahr um's andre mit einander ab. Krieg, Frieden, Bündnisse und neue Abgaben können nicht ohne Zustimmung der versammelten Bürgerschaft beschlossen werden.

Die Bauern sind sehr glücklich, geben dem Staate nur den Kirchenzehenten in natura, und außerdem bezahlt jeder Hausvater dem Landvogt jährlich einen halben Gulden. Die Landleute haben ganz freie Handlung, und sind in dieser Absicht nicht wie die Zürcher Bauern von der Stadt abhängig. Die Prozesse sind nicht kostspielig wie im Kanton Bern. Wofern aber Klagen, die ich hörte, nicht ungegründet

waren, so sind nicht alle Lucerner Landvögte vom
Vorwurfe des Eigennutzes frei. Dieser Kanton, der
mächtigste unter den katholischen, kann zwanzigtausend
Mann unter Waffen stellen. Die Einkünfte des
Staats belaufen sich nur auf vier und siebzig tausend
Gulden, und gleichwohl bleibt jährlich ein Ueberschuß,
welcher zum allgemeinen Besten verwendet wird.

In Lucern residirt der an alle katholische Staaten
Helvetiens beglaubigte päpstliche Nuncius.

Ich sende dir hier den Kühreihen mit seiner
Musik. So nennen die Alpenbewohner das Lied,
welches sie zu singen pflegen, wenn sie das Vieh aus
den Thälern auf die hohen Alpen treiben. Nichts
entflammt mehr das Heimweh eines Schweizers in
der Fremde, als die einfältige Weise dieses Liedes.
Sie war daher, weil sie die Schweizer, welche in
Frankreich's Sold standen, zum Ausreißen reizte, bei
Todesstrafe in Frankreich verboten.

Siebzehnter Brief.

Thun und Bern, den 18ten Sept. 1791.

Früh am 13ten reisten wir aus Lucern. Eine Weile fuhren wir längs der Reuß, welche glänzend nach ihrem Bade im See zwischen lieblichen Ufern fließt. Die Einwohner des Kantons Lucern sind wohlhabend durch den Segen der Natur, des Fleißes, der Freiheit.

Nach einigen Stunden erreichten wir den Sempacher See, und sahen am jenseitigen Ufer die alte Stadt Sempach liegen. Hier ward im Jahr 1386 die berühmte Sempacher Schlacht geliefert, in welcher Leopold, Herzog von Oesterreich, mit dem Kern seines Heers von einem Häuflein von dreihundert Eidgenossen erschlagen ward.

Arnold von Winkelried aus Unterwalden trennte den Phalanx des feindlichen Heers, sich den Speeren entgegen stürzend, deren, so viel er auf einmal zu umfassen vermochte, zusammen haltend, und so durch freiwilligen Tod den Seinigen Bahn des Sieges öffnend.

Sempach, abhängig von Lucern, genießet so großer Freiheiten, daß es sich fast der Freiheit

11*

rühmen kann. Es hat ehmals Grafen von Lenzburg, dann denen von Kyburg, zuletzt Habsburg's Grafen gehorcht. Schon im Jahr 1333 verband sich Sempach mit Zürich, Bern, Basel, Solothurn und Sanct Gallen. Nach der Schlacht ward es mit Lucern verbunden. Es hat dieses Städtchen seinen eignen Magistrat, eine weit ausgedehnte Jurisdiction und ansehnliche Rechte. Unter drei Sempacher Bürgern, welche die Stadt selbst aussucht, wählet ihr der Rath von Lucern einen Schultheiß.

Der Sempacher See ist zwei Stunden lang und eine halbe Stunde breit. Er gehört dem Kanton Lucern. Die Einkünfte der ansehnlichen Fischerei werden von einem Lucerner Rathsherrn für den Staat gehoben, doch darf jener sich nicht in Sempach's innere Angelegenheiten mischen. Am nördlichen Ende des Sees liegt Surfee. Eine halbe Stunde hinter Surfee sahen wir von einer Anhöhe eine Geburgkette, welche mit Rigi und Pilatus anfängt, den Gotthard und Engelberg in sich faßt, und mit dem Schreckenhorn endiget. Wir fuhren durch eine Strecke von achtzehn Stunden im Lucerner Gebiet und kamen in den Kanton Bern, dessen Festung Arburg zur Rechten lassend, wir durch Zofingen fuhren. Hier ist der große Kanton Bern nur eine Stunde breit, zusammen gedränget zwischen den Kantonen Lucern und Solothurn. Die Gegend von Zofingen ist ihrer Wiesen wegen berühmt. Nirgends ward wohl je die Kunst Wiesen zu wässern

so hoch getrieben als hier, daher ein Morgen Wiesen=
landes manchmal für tausend Reichsthaler gekauft wird.

Guter Boden, Freiheit unter einer so weisen,
milden, durch ewige Gesetze eingeschränkten Regie=
rung und aufgeklärte Arbeitsamkeit erheben den Ber=
ner Landmann zu einem hohen Grade des sichtbaren
Wohlstandes.

Man wirft zu allgemein den Landleuten vor, daß
sie der hergebrachten Art der Feldbestellung, auch wo
sie schlecht ist, zu getreu, mit Hartnäckigkeit gegen
bessere Methode sich sträuben. Die Schweizerbauern
beweisen das Gegentheil. Sie sinnen nach über des
Bodens Natur und den vortheilhaftesten Ertrag, weil
sie nur für sich säen und ernten, nicht beschwert sind
mit Abgaben, und ohne Aengstlichkeit, welche bei den
andern Bauern nicht nur natürlich, sondern auch ver=
nünftig ist, den Erfolg einer neuen Probe abwarten
können. Es kommt freilich hinzu, daß ihr Geist mehr
gebildet ist; aber ist es nicht eben der Druck, von dem
sie frei sind, welcher andre Bauern so mißbildet?

Wer in seinem ganzen Umfange den Segen des
sichern Genusses ländlicher Fülle sehen will, der muß
die fruchtbaren Gegenden der Schweiz besuchen. Die
Wohnungen der Berner Bauern sind vorzüglich ge=
räumig und reinlich; sie selbst sind wohl gekleidet und
wohl genährt, freudig und stark. Ihr Vieh ist groß,
wohl gefüttert, glatt, und den Menschen zugethan.
Geist der Ordnung zeigt sich in der Vertheilung, im

Anbau und in der Einhegung ihrer Wiesen und Felder. Füge die Schönheit beider Geschlechter hinzu.
Nur im Kanton Lucern sah ich noch schönere Mädchen;
die Männer vom Kanton Bern scheinen mir, nächst
denen von Schwyz und Uri, die schönsten in der
Schweiz.

Das frische Grün, welches man in der ganzen
Schweiz findet, ist den Augen wohlthätig und erfreuet
das Herz. In diesem heißen Sommer, wo ich in
den fruchtbarsten Gegenden von Deutschland Aecker
sah, welche die Sonnengluth versengt hatte, finde ich
in der Schweiz hellgrünes Laub auf den Bäumen,
glänzendes Grün auf Triften und Auen. Nicht nur
sind die Berge mit krönenden und gürtenden Wolken
geschmückt, auch in flachen Gegenden ruhen oft Gewölke des Abends und des Morgens; denn so flach
ist hier keine, daß nicht in der Nähe Gebürge wären.
Wenn man am Morgen die Gipfel der Berge ver-
güldet, und auf der westlichen Seite die Schneeberge
vom Wiederschein des Morgenhimmels erröthen sieht,
indem sich weiße Wolken hinab in dämmernde Gefilde
senken, so ist einem, als sähe man Himmel und Erde
in einem traulichern Bunde hier vereinet als sonst
irgendwo.

Wir fuhren am Abend eine Zeit lang an den
Ufern der Aar und erreichten in der Dämmerung das
freundliche Morgenthal. Dieser kleine Ort besteht aus
wenigen Wohnungen, die zwischen anmuthigen Hügeln,

beschattet von Buchen, an der Aar liegen. In diesem Thale findet man einen Gasthof, desgleichen man in vielen der Hauptstädte von Europa vermisset.

Am 14ten reis'ten wir von Morgenthal durch ähnliche Gegenden bis Hochstädt, weil wir Thun nicht erreichen konnten. Wir sahen vor uns die Thuner Berge, zur Rechten die hohen Gebürge des Grindelwaldes.

Am 15ten fuhren wir früh aus, und waren um acht Uhr schon in Thun, welches am Ende des Thuner Sees liegt, wo die Aar sich aus ihm ergießt. Die Lage der Stadt ist reizend. Wir fragten den Wirth um Rath, wie wir die Reise nach dem Grindelwalde und nach Lauterbrunn am besten einrichten könnten. Ich rathe jedem, der diese kleine Alpenreise beschließt, ein Gleiches zu thun, denn es ist ein verständiger Mann.

Er bat uns nicht zu säumen, damit wir noch am Abend das Haslithal erreichen möchten. Er versah uns mit einem guten Führer, mit Stäben, welche unten mit einem Stachel versehen sind, um den klimmenden Gang des Wanderers auf jähen Pfaden zu sichern, versah uns mit Speise und bestellte uns sogleich ein Schiff. Wohlgemuth schifften wir ein, bei schönem Wetter, in Erwartung der Freuden, zu welchen schon der See uns einlud. Der Thuner See ist fünf Stunden lang, ohngefähr eine breit. Zunächst bei Thun, und an der linken Seite, bis jenseits der Hälfte, kränzen ihn Weinberge. Die Stockberge, der

pyramidalische Riesenberg, hinter diesem die Kienthal-
berge und die Blümlialpe*) zur Rechten; links der
Beatusberg und andre Gebürge, geben seinen Ufern
ein herrliches Ansehen. Er ist an manchen Stellen
hundert und zwanzig Klafter tief. Ich meine dir ge-
schrieben zu haben, daß der See der vier Waldstädte
an manchen Orten sechshundert Klafter tief seyn soll.
Die Tiefen dieses Landes stehen im Verhältniß mit
seinen Höhen. Ueberall maß hier die Natur mit gi-
gantischem Maaße. Wir sahen am Ufer der linken
Seite drei Wasserfälle aus Felsen stürzen, den Stampf-
bach, den Jungfraunbrunnen und den Beatusbach.
Dieser entspringt aus einer Felsenhöhle des Beatus-
berges. In der Höhle soll der heilige Beatus, welcher diesem Lande zuerst das Evangelium verkündigte,
gewohnet haben. Der Breitklauenberg zur Rechten
und der Harderberg zur Linken schließen den See,

---

*) Die Blümlialpe, mit Schnee bedeckt, soll ehmals eine
grüne Alpe gewesen seyn. Ihr Name giebt der Hir-
tensage Wahrscheinlichkeit. Uebrigens hat dieses Volk
manche Sagen von einer güldenen Zeit, in welcher
der Himmel milder, die Erde ergiebiger, die Menschen
besser gewesen seyn sollen. Damals, so fabeln sie,
trugen die Berge, welche jetzt mit Schnee bedeckt
sind, die würzreichsten Kräuter. Die Thäler troffen
von des Landes Fett. Selbst die schädliche Wolfs-
milchpflanze war treffliche Nahrung für die Kühe, ihr
Saft ging über in reine Milch. Glückliches Völkchen!
dein goldnes Jahrhundert hat nicht aufgehört!

nur der Aar den Eingang gewährend, welche eine
Stunde von hier aus dem Brienzersee sich ergießt,
beide Seen durchströmend.

Mit ewigem Schnee bedeckt ragen der große
Eiger, der kleine Eiger und die Jungfrau hervor,
höher das Schreckenhorn, dessen kegelförmige Felsen-
spitze immer im Sommer mit zween glänzenden Schnee-
flecken bezeichnet ist. Unzugänglich ist dieser Gipfel
und eifert mit dem Montblanc in Savoyen um den
Ruhm der Höhe.

Rund umher an des Sees Ufer liegen viele Dörfer. An der rechten Seite erheben sich gegen Mittag
Berge über das Dörfchen Leißingen und nehmen ihm
im Winter den Anblick der Sonne sechs Wochen lang.
Wir landeten in Neuhaus und gingen eine Stunde
lang zu Fuß, zum Theil längs der Aar, immer unter
großen Wallnußbäumen, durch grasreiche Auen nach
Interlaken, welches seinen ursprünglich lateinischen
Namen von der Lage zwischen beiden Seen hat. Hier
schifften wir wieder ein und fuhren der Länge nach
über den Brienzer See. Er ist drei Stunden lang,
und nicht völlig so breit als der Thuner. Grünende
Alpen umgeben ihn von allen Seiten. Einige haben
unten einen sanften Abhang und werden steil, indem
sie sich erheben; andre setzen ihren starren Felsenfuß
in die grünlichen Wellen. Viele sind mit zackigen
Klippen gekrönt. Wir sahen schöne Wasserfälle. Am
schönsten ist der Gießbach. Er ergießt sich aus einer

am See, aus welcher ein Quell entspringt. Bei dieser Quelle soll es gewesen seyn, daß die drei großen Männer, Werner von Staufacher aus Schwyz, Walter Fürst aus Uri, und Arnold von Melchthal aus Unterwalden, den heiligen Bund zur Befreiung der Schweiz schwuren.

Sie schwuren im Jahre 1307, und in der Neujahrsnacht des folgenden Jahres 1308 wurden alle Schlösser der Zwingherrn verbrannt!

Wir hielten Mittag am Ufer, in einem Garten vor Gersau. Dicht bei'm Lande begegnete uns ein kleiner Knabe von etwa sieben Jahren, welcher ganz allein, mit einem ziemlich großen Nachen, sich in den See wagte. Er ruderte, und das Steuer war so gebunden, daß es in der Richtung stand, nach welcher er fahren wollte. In Gersau fanden wir einen Knaben von acht oder neun Jahren, der sehr geschickt mit einer Armbrust nach dem Ziel schoß. Das mochte wohl die Lieblingsbeschäftigung des Tages für die Buben seyn, denn gestern hatten die Väter und ältern Brüder mit Musketen nach der Scheibe geschossen. Wir hatten die Schüsse, mit ihren Wiederhallen in den Felsen, gehört. Alle Schweizer über sich von Kindheit an in den Waffen. Die Schwyzer, die kriegerischsten von allen, setzen vier Preise von funfzig Gulden jährlich aus, für die besten Schüsse in vier verschiedne Scheiben; geringere für die nächsten. Auch das Geschütz der Lucerner hörten wir gestern besondern Hakenschwengel zieht. Wegen der über die Wagenleitern vorstehenden Bänke nennen die Franzosen ein solches Fuhrwerk char à banc. In Brienz spannte man vor jedem unsrer Wagen, wiewohl vier Personen drinnen saßen, nur Ein Pferd. Der Führer läuft oft nebenher, springt bald auf das Pferd, bald auf eine Art von Kutschersitz, mit großer Behendigkeit. Von Brienz bis zum Haslithal, welches auch Oberhasli heißet, wiewohl kein Unterhasli vorhanden, ist die Entfernung drei Stunden. Wir fuhren sehr schnell in einem engen Thale zwischen hohen Felsengebürgen. Nirgends sah ich so phantastische Felsengestalten als die Ballerberge auf der linken Seite. Zur rechten Seite sahen wir drei große Wasserfälle: den Olsbach, welchen wir in einer Entfernung von drittehalb Stunden vom Brienzersee her schon gesehen hatten, den Wandelbach und den Falkenerbach. Hochher stürzen sie aus Felsen.

Im Haslithal liegt das Dörfchen Meyringen, von hohen Felsen rund eingeschlossen. Man glaubt sich hier von der ganzen Welt abgesondert. Gleichwohl öffnen sich zwischen Felsen fünf Ausgänge; der eine führt nach Brienz, ein andrer über den Berg Brüning nach Lucern, der dritte über den Engelberg nach Unterwalden, der vierte nach Wallis über den Grinselberg, und endlich der fünfte über den Scheideck nach Grindelwald.

Die Aar durchrauschet das Haslithal. Es ist ohngefähr elf Stunden lang. Der Grinsel, das Wetterhorn, das Schreckenhorn, die Jungfrau und der Brüningberg setzen ihm seine Gränzen. Der Einwohner Ueberlieferung leitet ihren Ursprung von Schweden ab. In alten Zeiten haben sie verschiednen Herren gehorcht. Im Jahr 1333 schüttelten sie das Joch des Johann Freiherrn von Weißenburg von sich und unterwarfen sich dem Kanton Bern, mit Vorbehalt großer Rechte. Sie ernennen ihren eigenen Rath, dessen Mitglieder Gerichtssäße heißen, und unter dreien ihrer Bürger, welche sie vorschlagen, wählt die Regierung von Bern ihren Landammann, der die Gewalt eines Landvogts ausübt, gleich einem solchen sechs Jahr im Amte steht, doch aber dem Landvogt von Interlaken zweimal im Jahre von seiner Verwaltung Rechenschaft ablegt.

Meyringen ist der Hauptort des Thales. Die Wiesen sind außerordentlich schön, das ganze Thal wird von hohen Obst= und Wallnußbäumen beschattet. Ehe ich mich zu Bette legte, sahe ich gegen Mitternacht im Mondschein drei Wasserfälle: den Alpbach, den Dorfbach und den Mühlenbach, glänzend herabstürzen. Als ich am folgenden Morgen erwachte, sah ich gegen Mittag den Reichenbach aus dem Felsen schäumen.

Vorgestern am 16ten machten wir uns wohlgemuth und früh mit unsern Stachelstäben auf den Weg, um über den Scheideck zu gehen. Meine Frau

warb auf einem Tragseffel von vier Männern getra=
gen, deren zwei und zwei einander ablösten. Für
meinen Sohn hatten wir einen Tragseffel mit uns,
aber er machte keinen Gebrauch davon. Ich schäme
mich nicht für ihn, dir zu erzählen, daß ihm glühende
Thränen über die Wangen stürzten, als ich den Abend
vorher Träger für ihn bestellte.

Gleich der Anfang des Weges ist sehr steil.
Ohngefähr nach einer Stunde kamen wir dicht an
den Reichenbach. Es ist einer der schönsten Wasser=
fälle in der Schweiz. Hochher stürzt er durch die
Felsenkluft, mit breiter Fluth und donnerndem Getöse.
Vor ihm wird die grüne Alpe weit umher von ihm
bethaut. Es währte wohl noch eine Stunde, bis
wir eine Brücke erreichten, welche über die Felsenkluft
geworfen ist. Hier sahen wir links den Reichenbach
von oben her rauschen und rechts uns zur Seite hinab=
schäumen. In seinem Felsenbette lagen nicht weit
unter uns drei ungeheure, behauene und abgerindete
Eichenstämme, welche eine seiner Ueberschwemmungen
mit sich fortgerissen. Hier werden sie liegen, bis er
wieder einmal hoch anschwellend sie erhebt und hinun=
ter in's Thal schleudert.

Die untere, und ein Theil der mittleren Region
des Berges ist mit Laubholz bewachsen. Man findet
Buchen, Ahorne, Linden, Haseln, und in ziemlich gro=
ßer Menge den Mehlbeerbaum (crataegus).

Der Blick hinunter in's Haslithal ist erfreuend. Der Scheideck ist eine treffliche Alpe, reich an edeln Triften. Hie und da stehn zerstreute Sennhütten, Küh' und Ziegen weiden in Menge. Der Aelpner Wohlstand ist groß. Sie geben keine Abgaben, da sie weder Getraide noch Wein bauen. Wir fanden vor seiner Sennhütte einen jungen Hirten, dessen Schönheit, Stärke und edler Anstand uns an die Zeiten erinnerte, da junge Helden, Söhne der Fürsten, es nicht unter ihrer Würde achteten, am quellenreichen Ida, oder am umwölkten Olympus, die väterliche Heerde zu hüten. Jener weidet achtzehn Kühe, und macht täglich zween große Käse, deren jeder dreißig Pfund wiegt. Das Pfund frischen Käses gilt zwölf Kreuzer. Außer solchem machen die Hirten schlechteren Käse, vom Abfall der Milch. Diesen nennen sie Zieger. Nur die Aelpner des Kantons Glarus verstehen es, aus diesem Zieger einen trefflichen Käse zu machen, welcher unter dem Namen des Schabziegers bekannt ist. Eine den Glarnern eigenthümliche Pflanze, mit blauer Blüthe, giebt ihrem Käse seine Farbe und seinen Geruch. *)

------

*) Trifolium odoratum (auf Deutsch Siebengezeit) oder Melilotum odoratum violaceum. Diese Pflanze wächst auch in Garten. Ob sie in andern Gegenden der Schweiz wild wachse, ist mir nicht bekannt. In großer Menge wächst sie nur in Glarus.

Die Käse werden in besondern Hütten verwahrt,
und im Winter auf zusammengeflochtnen Tannen-
zweigen über den Schnee, wie auf Schlitten, von
Menschen in die Thäler hinunter gezogen. Wir erfrischten uns in einer Sennhütte mit trefflicher Milch,
mit Käse, Brot und welschem Wein. Die hiesigen
Sennner, welche oft von Reisenden besucht werden,
fordern für den Wein, überlassen aber die Bezahlung
der Milch und des Käses der Willkühr des Gastes.

In den kleinen Kantonen, wie auch in Graubünden und Wallis, findet man selten Brod oder Wein
bei den Aelpnern; aber gastfrei geben sie Milch,
Butter und Käse, und nehmen kein Geld an, wenn
man es auch anbietet. Ein Geschenk an Brod oder
Rauchtaback nehmen sie mit freundlicher Dankbarkeit,
fordern aber nicht.

Nach und nach hörte das Laubholz auf, und wir
gingen unter Tannen. In großer Fülle wuchsen Heidelbeeren, hie und da noch Erdbeeren; auch eine gewisse rothe Beere, deren Geschmack säuerlich und
angenehm. Die große gelbe Genziane oder Enziane
war, wie die Alpenrose, lange verblühet; aber verschiedne Arten von blauen Enzianen ergötzten uns,
vorzüglich die kleinen, welche die Aelpner Himmel-
thäue nennen. Ernst fand einen Stein, welcher fast
ganz aus verschiednen Lagen versteinerten Laubes bestand, und brachte ihn frohlockend meiner Frau. Dafür ward er auch mit einem Paar Gemshörnern

belohnt, welche sie von einem Aelpner kaufte. Ich
kann dir die Stärke und Freudigkeit der schweizerschen
Begleiter nicht beschreiben. Sie sangen Volkslieder
auf steilen Pfaden, meine Frau tragend, wo wir mühsam und athemlos mit Hülfe unsrer Stachelstöcke
empor klommen. Nur Ernst gab ihnen an unermü-
deter Freudigkeit nichts nach... Mit lautem Herzklopfen
sank ich mehr als einmal in's Gras; aber wie wollüstig
ist auch die Ruhe im duftenden Grase der Alpen!

Als wir die obere Region erreichten, wo auch die
Tannen aufhörten, kamen wir zur rechten Seite ungeheuern Felsen nahe, welche mit dem Wetterhorn zusammen hangen, und an deren Fuß der Rosenlaui-
Gletscher steht. Mit lautem Donnergetöse stürzten,
nicht weit von uns, losgeschmolzne Eisklumpen hinab
in die Tiefe.

Die letzte Höhe ist sehr beschwerlich zu ersteigen.
Der Weg hinunter in den Grindelwald ist steil, und
nicht ohne Gefahr, weil man manchesmal an Abgründen, bald auf jäh liegendem flachen Schiefer, bald auf
kurzem, glatten Grase geht. Ernst hatte, wie der
junge David die schwere Rüstung Saul's, seinen
Stachelstock gleich im Anfange der Reise abgegeben,
er hüpfte wie eine Gemse bergab, wie er bergan gelaufen war, und ich mußte mein väterliches Ansehen
brauchen, ihn dahin zu bringen, daß er sich an den
gefährlichsten Stellen führen ließ. Der Anblick hinunter in den Grindelwald erfrischte uns, doch ist dieses

höhere Thal nicht so lustig wie das Thal Hasli. Wir
hatten unsern Führer, schon als wir in der ersten
Sennhütte verweilten, voraus gesandt, damit er uns
beim Herrn Pfarrer melden sollte. Die Nachricht von
ankommenden Fremden hatte sich im Thal verbreitet,
es kamen uns an verschiednen Stellen kleine Mädchen
entgegen mit schwarzen und rothen Kirschen, und mit
Blumensträußchen, unter denen schönere Nelken wären,
als ich sie in dieser hohen Gegend erwartet hätte.
Die Kirschen des Grindelwalds sind nicht viel größer
als Heidelbeeren, aber süß und schmackhaft, besonders
die schwarzen.

Wir wurden freundlich vom Herrn Pfarrer und
seiner Frau empfangen. Nach einem Marsch von beinahe zehn Stunden erfrischten wir uns mit Wein
und mit trefflichem Honig. Du kannst dir vorstellen,
welches Ambrosia die Bienen aus duftenden Alpen-
blumen saugen! So mag der hymettische, so der
hybläische Honig schmecken. Es war beinahe fünf Uhr,
und wir wollten noch den untersten Gletscher besuchen.
Der Pfarrer führte uns hin. Er steht eine starke
halbe Stunde vom Pfarrhause. Sophie widerstand
nicht der Versuchung durch ein fast unzugängliches
Defilé von Felsenstücken und Kieseln, die der Schnee
am Berge mit sich geführt hatte, an den ewigen
Schnee hinan zu gehen.

Ungeheure Eisklumpen ließen wir hinter uns.
Jacobi entdeckte eine große Eishalle. Ich ging mit

pyramidalische Riesenberg, hinter diesem die Kienthal-
berge und die Blümlialpe*) zur Rechten; links der
Beatusberg und andre Gebürge, geben seinen Ufern
ein herrliches Ansehen. Er ist an manchen Stellen
hundert und zwanzig Klafter tief. Ich meine dir ge-
schrieben zu haben, daß der See der vier Waldstädte
an manchen Orten sechshundert Klafter tief seyn soll.
Die Tiefen dieses Landes stehen im Verhältniß mit
seinen Höhen. Ueberall maß hier die Natur mit gi-
gantischem Maaße. Wir sahen am Ufer der linken
Seite drei Wasserfälle aus Felsen stürzen, den Stampf-
bach, den Jungfraunbrunnen und den Beatusbach.
Dieser entspringt aus einer Felsenhöhle des Beatus-
berges. In der Höhle soll der heilige Beatus, welcher diesem Lande zuerst das Evangelium verkündigte,
gewohnet haben. Der Breitklauenberg zur Rechten
und der Harderberg zur Linken schließen den See,

*) Die Blümlialpe, mit Schnee bedeckt, soll ehmals eine
grüne Alpe gewesen seyn. Ihr Name giebt der Hir-
tensage Wahrscheinlichkeit. Uebrigens hat dieses Volk
manche Sagen von einer güldenen Zeit, in welcher
der Himmel milder, die Erde ergiebiger, die Menschen
besser gewesen seyn sollen. Damals, so fabeln sie,
trugen die Berge, welche jetzt mit Schnee bedeckt
sind, die würzreichsten Kräuter. Die Thäler troffen
von des Landes Fett. Selbst die schädliche Wolfs-
milchpflanze war treffliche Nahrung für die Kühe, ihr
Saft ging über in reine Milch. Glückliches Völkchen!
dein goldnes Jahrhundert hat nicht aufgehört!

wiewohl unbeträchtliche Abgabe entrichten. Diese ward
ihnen als Strafe aufgelegt, als sie sich mit Heftigkeit der Reformation widersetzten. Es würde, dünket
mich, der weisen Regierung von Bern würdig seyn,
mit Erlassung dieser kleinen Abgabe das Andenken
an Gewissenszwang zu tilgen. Früh verließen wir
unsre höflichen Wirthe, und fuhren bei vier Stunden
lang durch das Thal des Grindelwaldes steil hinunter, längs der Lutschina, in's Lutschiner Thal, und
aus diesem in's noch tiefere Thal von Lauterbrunn.
Unsre kühnen Führer hemmten selten die Räder, so
jäh auch oft die Wagen hinunter rollten. Wir fuhren immer in einem engen Thale, wo zwischen Felsen
und auf Alpen große Ahornbäume und andres Laubholz, auch Tannen uns — ich will nicht sagen beschatteten, denn auch ohne sie hätten die Felsen und
Berge uns vor der Sonne oft nur zu sehr geschützt.
Eng ist das grünende Thal, und angefüllt mit Wohnungen, zwischen denen die Lutschina rauschet. Wir
sahen schon von fern den Staubbach, und einen kleineren Wasserfall diesseits jenes berühmten. Dieser
kleinere stürzte, angeschwollen durch einen Wolkenbruch, am 7ten August dieses Jahrs plötzlich mit wilden Fluthen in's Thal. Die Lutschina schwoll an und
riß das Wirthshaus von Grund aus mit sich dahin.
Wir sahen die zertrümmerten Bruchstücke dicht am
Bette des Flusses, in einer ansehnlichen Entfernung
von dem Orte, wo das Haus gestanden hatte. So

bald wir im Dorfe Lauterbrunn waren, stiegen wir aus und gingen zum Staubbach. Dieser Wasserfall stürzt neunhundert Fuß tief von einer wilden Felsenwand, die oben mit Gebüsch bewachsen ist, hinunter in das Thal. Man sieht, wie oben der volle Strom sich mit Ungestüm sergeußt; dann, wegen der Tiefe des Falles die Wassersäule sich in einen feinen Regen auflöset, welcher nicht senkrecht fällt, sondern dem Winde etwas nachgiebt, bis er, aufgefangen von einer vorstehenden Felsenfläche, theils in einzelnen Rinnen den Stein hinunter läuft, theils mit stäubendem Nebel die Tiefe anfüllt, und die grüne Matte weit umher bethauet.

Der Zugang ist etwas beschwerlich, wegen der vom Strom herunter geschwemmten Steine, und wegen des schwarzen Kieses. Die Morgensonne bildet einen breiten Regenbogen im untersten Nebel des Stromes, und wenn man näher hinzu geht, sieht man rund um sich einen vollen Kreis, welcher mit allen Farben des Regenbogens strahlet.

Gegen den Staubbach über thürmt sich das felsige Vorgebürge der Jungfrau, welches der Mönch genannt wird, und hier die schneebedeckte Jungfrau verbirgt. So bald man sich etwas entfernt, sieht man ihr Haupt sich erheben.

Wir gingen zu unsern Wagen zurück, und kehrten auf einige Augenblicke in ein Haus ein, wo jetzt der Wirth, nachdem er den Gasthof verloren, die

Reifenden aufnimmt. Wir fanden ihn nicht daheim, und baten die heitre, freundliche Wirthinn, uns die Geschichte ihres Unfalls zu erzählen. Sie ergoß sich nicht in Klagen, wie so viele würden gethan haben, erwähnte ihres Unglücks mit wenig Worten, und sagte, sie und ihr Mann hätten den Vorsatz gehabt, den Gasthof zu verkaufen, um in diesem Hause, wo wir bei ihr waren, und welches ihnen gehörte, ein ruhiges Leben zu führen. Ob der erlittne Verlust sie nöthigen werde, diesem Plan der Ruhe zu entsagen? weiß ich nicht, daß aber ihre innere Ruhe über Verlust und Gewinn erhaben sei, schien ihr genügsames, heitres, gottergebnes Wesen zu beweisen.

Der Freiherr von Block, den ich vor einigen Wochen in Zürich sah, hat mir die Geschichte dieser plötzlichen Ueberschwemmung so erzählt:

Ziemlich spät, am Abend des 7ten Augusts kam er in Lauterbrunn an, als die Bewohner des Wirthshauses schon schliefen. Der Wirth und die Wirthinn, welche ohne diesen Zuspruch vermuthlich mit ihren Hausgenossen umgekommen wären, standen auf. Eine Weile nachher ruft die Wirthinn ihm in's Zimmer: geschwind soll' er sich retten! Er stürzt heraus, öffnet die Hausthür, Fluthen stürzen ihm entgegen. Kaum finden die guten Leute Zeit eine Leiter in den Schornstein zu setzen, und sich mit ihrem Gast über das Dach durch einen großen Sprung, zu welchem Todesangst sie beflügelt, auf eine entgegen stehende Höhe

zu retten, ehe die wilde Fluth auf einmal das ganze
Haus ergreift, zertrümmert und mit sich fortreißt.
Hier auf dieser Höhe brachten sie eine kalte, naffe,
schreckliche Nacht zu. Der Freiherr von Block, welcher schon ausgezogen war, und mit seinen Kleidern,
die ihm in diesem Augenblick am schwersten zu entbehren waren, auch Zeichnungen und Auffätze, die er
auf seiner Reise gemacht, verloren hatte, bedauerte den
guten Wirth, welcher ihm aber mit der edlen Faffung
eines christlichen Weisen antwortete: Der Herr hat's
gegeben, der Herr hat's genommen, und mag es mir
vielleicht wieder geben.

Wir machten uns nun auf unsre Rückreise nach
Interlaken, nachdem wir einen kleinen Theil des We-
ges wieder hatten zurücklegen müffen, bis zu einer
Brücke über die Lutschina.

Wir folgten noch lange dem Lauf dieses reißenden Stromes, immer zwischen waldigen Bergen und
Felsen fahrend. Unter diesen Bergen nimmt sich der
Sauseberg vorzüglich aus. Von ihm rauschet laut
herab, seines Namens werth, der Sausebach.

Von Interlaken fuhren wir nach Neuhaus, schifften uns ein, und kamen gestern Abend, noch ehe es
dunkel ward, in Thun an.

Das Ländchen Thun hatte lange seine eignen
Grafen, von denen es an die Herzoge von Zähringen
kam, und auf deren Erben, die Grafen von Kyburg.
Nachdem diese es mehr als einmal an Bern verpfän-

bet hatten, überließen sie es endlich diesem Kanton
im Jahre 1384. Der Landvogt von Thun hat den
Titel Schultheiß.

Die Stadt Thun hat große Freiheiten, und einen
eignen Rath; in welchem aber der Schultheiß den
Vorsitz hat.

Wir blieben, weil wir nicht gleich Pferde bekom=
men konnten, diesen Mittag dort, und bestiegen den
Kirchthurm, von welchem man eine schöne Aussicht
hat, auf den See und auf die Gebürge. Man wird
zuweilen, wegen Mangel der Posten, in der Schweiz
aufgehalten. Die Berner Regierung hatte Extraposten
vor einigen Jahren angelegt, ließ aber diese Unter=
nehmung fallen, weil der Staat ansehnlich dabei ver=
lor, indem das Futter sehr theuer ist. Diesen Um=
stand bedenken diejenigen Reisenden nicht genug,
welche übertriebne Klagen über die Preise der Fuhren
führen; so bedenken sie auch nicht, daß der Fuhr=
mann im Winter mit seinen Pferden nichts verdienen
kann.

Den Nachmittag fuhren wir durch flache, sehr
angebaute Gegenden hierher nach Bern. Von dieser
sehr merkwürdigen Stadt werde ich dich in folgenden
Briefen unterhalten.

Der Blick hinunter in's Haslithal ist erfreuend.
Der Scheideck ist eine treffliche Alpe, reich an edeln
Triften. Hie und da stehn zerstreute Sennhütten,
Küh' und Ziegen weiden in Menge. Der Aelpner
Wohlstand ist groß. Sie geben keine Abgaben, da sie
weder Getreide=noch Wein bauen. Wir fanden vor
seiner Sennhütte einen jungen Hirten, dessen Schön=
heit, Stärke und edler Anstand uns an die Zeiten
erinnerte, da junge Helden, Söhne der Fürsten, es
nicht unter ihrer Würde achteten, am quellenreichen
Ida, oder am umwölkten Olympus, die väterliche
Heerde zu hüten. Jener weidet achtzehn Kühe, und
macht täglich zween große Käse, deren jeder dreißig
Pfund wiegt. Das Pfund frischen Käses gilt zwölf
Kreuzer. Außer solchem machen die Hirten schlechte=
ren Käse, vom Abfall der Milch. Diesen nennen sie
Zieger. Nur die Aelpner des Kantons Glarus verste=
hen es, aus diesem Zieger einen trefflichen Käse zu
machen, welcher unter dem Namen des Schabziegers
bekannt ist. Eine den Glarnern eigenthümliche Pflanze,
mit blauer Blüthe, giebt ihrem Käse seine Farbe und
seinen Geruch. *)

---

*) Trifolium odoratum (auf Deutsch Siebengezeit) oder
Melilotum odoratum violaceum. Diese Pflanze wächst
auch in Gärten. Ob sie in andern Gegenden der
Schweiz wild wachse, ist mir nicht bekannt. In gro=
ßer Menge wächst sie nur in Glarus.

tiget wurden. Zu eben dieser Zeit ward sie eine freie Reichsstadt.

Nach Berthold's Tode blieb diese neue Gemeine ihrer eigenen Führung, unter dem oft wankenden Schutz des Reichs, überlassen.

Rudolf von Habsburg, welcher die Absicht hatte in der Schweiz ein ansehnliches Erbgut für sein Geschlecht zu erwerben, erschien mit einem Heere vor Bern, unter dem Vorwand, die flüchtigen Juden wieder mit Gewalt einzuführen. Aber Bern verschloß ihm die Thore, und dringende Geschäfte riefen Rudolf wo anders hin. Rudolf's Sohn, Albrecht der erste, hatte den Ehrgeiz seines Vaters, und eigenthümliche Habsucht. Gegen diese waren die unmittelbaren Reichsgüter so wenig gesichert, als das Erbe seines Neffen, Johannes von Schwaben. Er führte mit wechselndem Glück, welches doch öfter den Bernern günstig war, mit ihnen Krieg, bis im Jahr 1308 die drei alten Orte, (Kantone) Schwyz, Uri, und Unterwalden sein Joch vom Halse schüttelten. Im Jahr 1309 ward Albrecht von seinem Neffen Johannes, den er bei Vorenthaltung seines Erbes noch dazu durch bittern Hohn beleidiget hatte, und von dessen Mitverschwornen, ermordet.

Das Gebiet von Bern bestand aus vier Pfarreien. Der Adel beherrschte den kleinen Staat, dessen Eigenthum, Sicherheit und Freiheiten er oft mit Aufopferung eigner Haabe, und mit seinem Blute ver-

theidigte. Nach und nach wurden auch die Bürger
kriegerisch. Kleine Fehden, deren keine so lang dauerte,
daß sie nicht Bestellung des Ackers und Einsammlung
der Früchte verstattet hätte, übten ihren Arm und
ihren Muth. Oft, vielleicht dann und wann zu leicht
gereitzet, und immer mehr entflammend von neuer
Kriegslust, nahm und zerstörte die Jugend von Bern
ein Schloß nach dem andern. Ein Feind nach dem
andern ward besiegt, und durch mitgetheilte Rechte
dem wachsenden Staate einverleibt. Schon suchten
kleinere Gemeinen den Schutz von Bern. Es ver=
stärkte sich durch Klugheit wie durch Kriegsglück, und
schloß Bündnisse mit kleineren Staaten gegen die
mächtigen Lehnsherrn, der in mittlern Zeiten anwach=
senden Städte gemeinschaftliche Feinde. Solothurn
war immer die treue Freundinn von Bern, Freiburg
aber, wiewohl ihre Schwester, immer ihre Nebenbuh=
lerinn, nicht selten ihre erklärte Feindinn.

Sie verband sich mit denen gegen Bern eifer=
süchtigen Grafen von Kyburg, Grüyeres, Arberg,
Nidau und Neuburg (Neufchatel). Zwischen zwan=
zig und dreißigtausend Mann stark, lagerten sich die
Verbündeten vor dem Städtchen Laupen, welches
Bern mit dem angränzenden Lande gekauft, und da=
durch seine erst. Landvogtei erworben hatte. Rudolf
von Erlach, welcher im Dienste des Grafen von Ni=
dau gestanden, aber ihn verlassen hatte, um für's
Vaterland zu kämpfen, führte das kleine Heer der

Werner an, welches mit Hülfsvölkern der drei ersten
Orte, Schwyz, Uri und Unterwalden, und andern
Bundesgenossen, nur fünftausend Mann stark war.
Die stolzen Grafen und ihre übermüthige Ritterschaft verachteten den kleinen Feind, nicht so sehr
vielleicht wegen seiner geringen Anzahl, als aus an-
geerbtem Trotz, welchen Thaten der Väter und zum
Theil eigne Thaten, wo nicht zu rechtfertigen, doch zu
entschuldigen schienen. Aber, geführt von nervigen
Armen, wütheten die ungeheuren Speere des kleinen
Heers in den Seiten der gepanzerten Ritter. Die
gegen Bern verbündeten ließen dreitausend Todte auf
dem Schlachtfelde. Ein neuer Sieg gegen die Freiburger, welcher diese in die äußerste Gefahr stürzte,
erhöhte der Berner Muth. Sie waren in vollem
Genuß ihrer Vortheile, als ein durch Agnes von
Oesterreich, Wittwe des Königs Andreas von Ungarn,
1343 vermittelter Waffenstillstand die Ruhe auf einige
Zeit wieder herstellte. Als der Krieg wieder angegan-
gen war, erlitten die Berner im Siebenthal eine große
Niederlage. Im Jahr 1348 wurden sie durch die
Pest heimgesucht, welche, sich von Italiens Häfen
nach Deutschland verbreitend, auch die nordischen Reiche
so fürchterlich heimsuchte, daß hie und da der dänische
Landmann noch von ihr, unter dem Namen des schwarzen Todes zu erzählen weiß.

Schon waren Lucern und Zürich dem Bunde mit
den drei ersten Kantonen beigetreten, schon hatten

diese Verbündeten Glarus und Zug mit gewaffneter Hand genommen, und den Einwohnern die vollen Rechte der Freiheit mitgetheilt, als im Jahr 1353 auch Bern in die Eidgenossenschaft, aufgenommen ward, und schon damals den zweiten Platz unter den Kantonen einnahm, welchen es seitdem behauptet.

Im Jahr 1375 brach Sire Enguerrend von Coucy, mit englischen, brabantischen und französischen Rittern, welche in dem langen Kriege zwischen England und Frankreich sich geübt hatten, und in Zwischenzeiten, nach damaliger Weise, Arm und Muth feil trugen, in die Schweiz ein, um Ansprüche geltend zu machen, welche seine Mutter aus dem Hause Oesterreich, als Mitgabe dem Vater gebracht hatte. Coucy ward von den Eidgenossen bei Lucern geschlagen, dann bei Frauenbrunnen von den Bernern, und räumte mit seinen Flüchtigen das Land.

Indessen die übrigen Eidgenossen gegen Oesterreich die Tagen von Sempach und Näffels durch glänzende Siege berühmt machten, griffen die Berner die Grafen von Kyburg, welche es mit Oesterreich hielten, in Thun und Burgdorf an. Beide Orte wurden ihnen im Frieden überlassen. Auch eroberten sie die Grafschaften Nidau und Buren. Auf verschiedne Art, theils durch Mittheilung des Bürgerrechts, theils durch Vertreibung der Ritter und Kastellane, bemächtigten sie sich der Alpenthäler des Oberlandes.

Diese neuen Erwerbungen vermehrten die Macht, er=
schöpften aber den Schatz von Bern. Die Häupter
der Regierungen beschwerten das Land mit Abgaben.
Eine Versammlung der Bürger entsetzte 1384 viele
der Schuldigen, oder die sie für schuldig hielt, ihres
Amts, und die Ruhe ward wieder hergestellt.

Als im Concilio von Constanz Friedrich, Herzog von
Oesterreich, in die Reichsacht verfiel, weil er den unglück=
lichen Papst Johann den Dreiundzwanzigsten gegen
Martin den Fünften begünstiget hatte, so nutzten, nach
dem Völkerrechte jener Zeit und vom Kaiser Sigismund
dazu eingeladen, die Berner die Gelegenheit, fielen
ein in's Aargau, zwangen Zofingen, Aarau, Brug
und Lenzburg zur Uebergabe und bemächtigten sich
dieser ganzen Landschaft, einer der fruchtbarsten in
ihrem Gebiet. Gemeinschaftlich mit ihren Bundsge=
nossen, eroberten sie die Grafschaft Baden. Sigis=
mund, froh seinen Feind zu schwächen, bestätigte den
Eroberern für eine Summe Geldes den Besitz dieser
Länder.

Als nach dem Tode des letzten Grafen von Tog=
genburg über seinen Nachlaß ein heftiger Krieg zwischen
Zürich und Schwyz entstand, Zürich Hülfe bei Oester=
reich suchte, und Schwyz die Eidgenossen aufforderte,
zwischen ihm und einem Kanton zu entscheiden, welcher
sich mit dem Erbfeinde schweizerischen Namens verbündet
hatte, Zürich aber sich weigerte, dem Ausspruch der Eid=
genossen die Streitsache zu unterwerfen, standen diese

bald wir im Dorfe Lauterbrunn waren, stiegen wir aus und gingen zum Staubbach. Dieser Wasserfall stürzt neunhundert Fuß tief von einer wilden Felsenwand, die oben mit Gebüsch bewachsen ist, hinunter in das Thal. Man sieht, wie oben der volle Strom sich mit Ungestüm sergeußt; dann, wegen der Tiefe des Falles die Wassersäule sich in einen feinen Regen auflöset, welcher nicht senkrecht fällt, sondern dem Winde etwas nachgiebt, bis er, aufgefangen von einer vorstehenden Felsenfläche, theils in einzelnen Rinnen den Stein hinunter läuft, theils mit stäubendem Nebel die Tiefe anfüllt, und die grüne Matte weit umher bethauet.

Der Zugang ist etwas beschwerlich, wegen der vom Strom herunter geschwemmten Steine, und wegen des schwarzen Kieses. Die Morgensonne bildet einen breiten Regenbogen im untersten Nebel des Stromes, und wenn man näher hinzu geht, sieht man rund um sich einen vollen Kreis, welcher mit allen Farben des Regenbogens strahlet.

Gegen den Staubbach über thürmt sich das felsige Vorgebürge der Jungfrau, welches der Mönch genannt wird, und hier die schneebedeckte Jungfrau verbirgt. So bald man sich etwas entfernt, sieht man ihr Haupt sich erheben.

Wir gingen zu unsern Wagen zurück, und kehrten auf einige Augenblicke in ein Haus ein, wo jetzt der Wirth, nachdem er den Gasthof verloren, die

gelegen, daß Karl seine Waffen gegen das kriegerischte
aller Völker stumpfen möchte. Schon damals war
Frankreich's geheimer Einfluß gefährlicher als sein
Schwert. Der Krieg ward beschlossen.

Hadrian von Bubenberg, aus einem alten Geschlechte, welches durch Thaten des Friedens und des
Krieges sich von der ersten Zeit der Republik an berühmt gemacht hatte, denn schon Berthold hatte einem
Bubenberg die Aufsicht bei der Gründung von Bern
aufgetragen, Hadrian von Bubenberg hätte gern den
Frieden erhalten; aber der Jüngling Nikolaus von
Diesbach, dem Reichthum, Gluth der Jugend und
demagogische Künste Gewicht gaben, und dessen Gewicht desto gefährlicher war, da er Ludewigen anhing,
verdrängte den friedliebenden Mann, und es gelang
ihm, einen Bund zwischen den Eidgenossen und dem
Elsaß gegen Karl den Kühnen zu Stande zu bringen.
Karl war noch anderswo beschäftigt, als schon sein
Heer im Elsaß angegriffen und geschlagen wurde.
Die Schweizer nahmen, dem Hause Chalons, welches
mit dem Herzog verbündet war, Orbe und Grandson;
sie fielen in's Waaterland (pays de Vaud) und
brandschatzten Genf. Karl eilte im Jahr 1476 herzu
mit einem fürchterlichen Heer, erhielt Grandson durch
Uebergabe und ließ die Besatzung gegen gegebenes
Wort aufhenken; aber gleich nachher ward er von
achtzehntausend Schweizern bei Grandson in die Flucht
geschlagen. Er zog sich nach Lausanne, sammelte

Völker und belagerte Murten. Hadrian von Bubenberg vertheidigte sich tapfer mit einer Besatzung von
funfzehnhundert Mann. Die Schweizer bekamen Zeit
zum Anzuge gegen Karl und griffen ihn an mit Hülfe
des Renatus, Herzogs von Lothringen, den Karl seiner Länder beraubt hatte. Hier erfochten sie einen glänzenden Sieg. Die Burgundische Ritterschaft ward nie-
dergehauen. Das flüchtige Heer ward gedrängt zwischen
dem verfolgenden und dem See, in welchem viele
tausend ertranken. Karl rettete sich auf schwimmen-
dem Roß durch den See.

Im Anfang des Winters 1477 belagerte Karl
Nancy. Der Herzog von Lothringen rief die Schweizer um Hülfe an. Sie erschienen. Die Burgunder
verloren die Schlacht, und Karl das Leben. Ein alter
französischer Geschichtschreiber erzählt mit der naiven
und lebhaften Darstellung seiner Zeit, daß der Schall
der großen Hörner, welche die Schweizer beim Anfang der Schlacht zu brauchen pflegten, dem kühnsten
Krieger des Jahrhunderts mit der Erinnerung von
der Schlacht bei Murten, ein Schrecken in die Seele
gejagt habe. *)

---

*) On fit sonner le grand cor par trois fois, tant que le
vent du souffleur pouvoit durer, ce qui ébahit fort
Monsieur de Bourgoygne, car à Morat l'avoit ouï.

bet hatten, überließen sie es endlich diesem Kanton im Jahre 1384. Der Landvogt von Thun hat den Titel Schultheiß.

Die Stadt Thun hat große Freiheiten, und einen eignen Rath, in welchem aber der Schultheiß den Vorsitz hat.

Wir blieben, weil wir nicht gleich Pferde bekommen konnten, diesen Mittag dort, und bestiegen den Kirchthurm, von welchem man eine schöne Aussicht hat, auf den See und auf die Gebürge. Man wird zuweilen, wegen Mangel der Posten, in der Schweiz aufgehalten. Die Berner Regierung hatte Extraposten vor einigen Jahren angelegt, ließ aber diese Unternehmung fallen, weil der Staat ansehnlich dabei verlor, indem das Futter sehr theuer ist. Diesen Umstand bedenken diejenigen Reisenden nicht genug, welche übertriebne Klagen über die Preise der Fuhren führen; so bedenken sie auch nicht, daß der Fuhrmann im Winter mit seinen Pferden nichts verdienen kann.

Den Nachmittag fuhren wir durch flache, sehr angebauete Gegenden hierher nach Bern. Von dieser sehr merkwürdigen Stadt werde ich dich in folgenden Briefen unterhalten.

eilig zu Nikolaus von der Flüe (das heißt vom Felsen) gelaufen wäre. Dieser Mann, welcher Landammann von Unterwalden gewesen war, lebte seit zwanzig Jahren in einer Einöde, wo er, nach herrschenden Begriffen der Zeit, fastend und betend von der Welt sich abgesondert hielt. Nikolaus von der Flüe erschien in der Versammlung. Das ehrwürdige Ansehen eines heiligen Mannes, welcher seine Einsiedelei verließ, um als ein Diener des Gottes des Friedens erbitterte Brüder auszusöhnen; die Kraft und die Salbung seiner Worte erschütterte, besänftigte. Nicht nur die Erhaltung des Friedens erhielt er, sondern bewog auch die Eidgenossen, Freiburg und Solothurn mit in den Bund aufzunehmen. So wurden diese beiden Gemeinen der neunte und zehnte Kanton. Das Andenken des weisen und frommen Mannes lebt in der Schweiz, vorzüglich in Unterwalden, wo ihm, wie einem Helden und Heiligen öffentlich Ehre erzeigt wird, wo ich aus dem Munde der Greise und der Kinder den Namen des Bruders Klaus oft mit der tiefsten und zärtlichsten Verehrung nennen hörte.

Ohngefähr um diese Zeit hatte sich ein ansehnlicher Theil der schwäbischen Ritterschaft, unter dem Namen der Ritterschaft des heiligen Georgius, verbündet. Geringe Anlässe bewürkten einen Krieg zwischen diesen Rittern und den Eidgenossen. In verschiednen Treffen hatten die Schweizer den größten Vortheil. Die vorher schon kriegslustige Jugend der

Eidgenossen ward noch mehr entzündet. Im Frieden
daheim suchte sie Gelegenheit, draußen ihren Muth
zu zeigen. Die Berner vorzüglich folgten schaarenweise fremden Fahnen. Italien's Freistaaten und Fürsten waren gewohnt sich oft zu bekriegen mit gedun-
enen Rotten. Die Schweizer waren ihnen willkommen. Dieses edle Volk erröthet noch bei der Erinnerung jener Zeiten, wo Brüder gegen Brüder, beide
ebungen, unter sich begegnenden Fahnen den Speer
uckten. Oft von Welschen getäuscht, verließ der zür-
nende Alpensohn eine Parthei und ging über zur an-
ern. O, daß damals ein Patriot den Kühreihen an-
gestimmt, und durch heimische Töne Sehnsucht nach
em süßen Vaterlande erweckt hätte! *) O, daß ein
Nikolaus von der Flüe aufgestanden wäre, und die
verderbten Fremdlinge mit ihrem Gelde aus den
Thälern der Ruhe und der Freiheit vertrieben hätte!

Im Anfange des sechszehnten Jahrhunderts wur-
en Basel, Schaffhausen und Appenzell in den Bund
er Eidgenossenschaft aufgenommen. Dieses für einen

---

*) Kühreihen, so heißt ein Lied, welches die Aelpner
sangen, wenn sie die Heerden aus dem Thal auf's Gebürge führen. Nichts entflammt mehr das Heimweh
eines Schweizers in der Fremde, als die einfache Weise
dieses Liedes. Sie war, weil sie die Schweizersolda-
ten zum Ausreißen reizte, in Frankreich bei Todesstrafe verboten.

theidigte. Nach und nach wurden auch die Bürger
kriegerisch. Kleine Fehden, deren keine so lang dauerte,
daß sie nicht Bestellung des Ackers und Einsammlung
der Früchte verstattet hätte, übten ihren Arm und
ihren Muth. Oft, vielleicht dann und wann zu leicht
gereizet, und immer mehr entflammend von neuer
Kriegslust, nahm und zerstörte die Jugend von Bern
ein Schloß nach dem andern. Ein Feind nach dem
andern ward besiegt, und durch mitgetheilte Rechte
dem wachsenden Staate einverleibt. Schon suchten
kleinere Gemeinen den Schutz von Bern. Es ver-
stärkte sich durch Klugheit wie durch Kriegsglück, und
schloß Bündnisse mit kleineren Staaten gegen die
mächtigen Lehnsherrn, der in mittlern Zeiten anwach-
senden Städte gemeinschaftliche Feinde. Solothurn
war immer die treue Freundinn von Bern. Freiburg
aber, wiewohl ihre Schwester, immer ihre Nebenbuh-
lerinn, nicht selten ihre erklärte Feindinn.

Sie verband sich mit denen gegen Bern eifersüchtigen Grafen von Kyburg, Grüyeres, Arberg,
Nidau und Neuburg (Neufchatel). Zwischen zwanzig und dreißigtausend Mann stark, lagerten sich die
Verbündeten vor dem Städtchen Laupen, welches
Bern mit dem angränzenden Lande gekauft, und dadurch seine erste Landvogtei erworben hatte. Rudolf
von Erlach, welcher im Dienste des Grafen von Nidau gestanden, aber ihn verlassen hatte, um für's
Vaterland zu kämpfen, führte das kleine Heer der

erner an, welches mit Hülfsvölkern der drei ersten
te, Schwyz, Uri und Unterwalden, und andern
unbesgenossen, nur fünftausend Mann stark war.
e stolzen Grafen und ihre übermüthige Ritter-
aft verachteten den kleinen Feind, nicht so sehr
leicht wegen seiner geringen Anzahl, als aus an-
rbtem Troß, welchen Thaten der Väter und zum
eil eigne Thaten, wo nicht zu rechtfertigen, doch zu
schuldigen schienen. Aber, geführt von nervigen
rmen, wütheten die ungeheuren Speere des kleinen
ers in den Seiten der gepanzerten Ritter. Die
zen Bern verbündeten ließen dreitausend Todte auf
m Schlachtfelde. Ein neuer Sieg gegen die Frei-
rger, welcher diese in die äußerste Gefahr stürzte,
öhte der Berner Muth. Sie waren in vollem
nuß ihrer Vortheile, als ein durch Agnes von
sterreich, Wittwe des Königs Andreas von Ungarn,
43 vermittelter Waffenstillstand die Ruhe auf einige
t wieder herstellte. Als der Krieg wieder angegan-
n war, erlitten die Berner im Siebenthal eine große
eberlage. Im Jahr 1348 wurden sie durch die
st heimgesucht, welche, sich von Italiens Häfen
ch Deutschland verbreitend, auch die nordischen Reiche
fürchterlich heimsuchte, daß hie und da der dänische
ndmann noch von ihr, unter dem Namen des schwar-
t Todes zu erzählen weiß.

Schon waren Lucern und Zürich dem Bunde mit
n drei ersten Kantonen beigetreten, schon hatten

Durch Vermittlung der andern Kantone gaben
sie die eroberten Landschaften von Savoyen, wozu
auch damals die Landschaft Ger gehörte, welche jetzt
ein Theil von Bourgogne ist, zurück, behielten aber
das ganze Waatland, und seit der Zeit zieht der Gen=
fer See zwischen ihnen und Savoyen die Gränzlinie.
Die Freiburger erhielten einen kleinen Theil von die=
ser reichen Beute. Die Grafen von Gruyeres wei=
gerten sich, für ihre Herrschaften im Waatlande bei=
den Kantonen Huldigung zu leisten. Da aber der
letzte Graf dieses Hauses, Michael, sehr verschuldet
war, kauften sie den Gläubigern ihre Rechte ab, und
raubten ihm Gruyeres, Rougemont und Oron. Die=
ses war die letzte, und die Wahrheit zu sagen, eine
nicht edle Eroberung der Berner.

Im Jahr 1574 ward Zürich in den schon 1557
zwischen Bern und Genf geschlossenen ewigen Bund
mit aufgenommen. Um eben diese Zeit gab Heinrich
der Dritte von Frankreich den Bernern Gewährleistung
für den Besitz des Waatlandes. Einige bürgerliche
Unruhen auf dem Lande beunruhigten Bern im sieb=
zehnten Jahrhundert, und die Verbreitung der Wie=
dertäufer, welche, da ihre Religion den Gebrauch der
Waffen untersagt, in einem Lande, wo jeder Bürger
geborner Vertheidiger des Vaterlandes ist, vielleicht
schwerer als in Monarchien, wo gedungene Menschen
fechten, zu dulden sind. Die Maaßregeln, welche man
gegen sie brauchte, waren aber gewiß zu streng, also

ungerecht. Eine aus Schwyz nach Zürich geflüchtete reformirte Familie, deren zurückgelassene Haabe ihre Landsleute ihnen vorenthielten, gab Anlaß zu einem kurzen Kriege zwischen den Zürchern und Bernern auf der einen, und fünf katholischen Kantonen auf der andern Seite.

Die Lucerner erhielten einen Sieg über die Berner, und der Zwist ward beigelegt. Aber ein halbes Jahrhundert äußern Friedens erstickte nicht das Feuer gegenseitiger Eifersucht. Die katholischen Kantone glaubten im Nothfall auf Frankreich's Hülfe rechnen zu können, da aber der alte Ludewig in einen unglücklichen Krieg verwickelt war, ergriffen vielleicht die Berner und Zürcher im Jahr 1712 einen Anlaß zum Kriege mit ihren Brüdern. Doch ist auch nicht zu läugnen, daß der Anlaß nicht gleichgültig war. Der Abt von St. Gallen drückte die größte Anzahl seiner Toggenburgischen Unterthanen. Dieses Land, welches ehemals seine eigene Grafen hatte, war von den Verwandten des letzten aus diesem Hause, im Jahr 1469 für eine Summe Geldes an den Abt von St. Gallen überlassen worden. Da der größte Theil dieses Landes, welches gegen funfzig tausend Menschen enthält, die Reformation angenommen, wurden die Reformirten von den Aebten sehr gedrückt. Im Jahr 1696 wollte der Abt sie auf eine unerträgliche Art unterdrücken. Sie beriefen sich auf ihre oft bestätigten Privilegien und flehten um Schutz bei Zürich und bei

den Schweizern bei. Dieser Krieg, welcher zum erstenmal Eidgenossen gegen Eidgenossen waffnete, dauerte
von 1436 bis 1444. In diesem letzten Jahre des
Krieges war es, daß die Eidgenossen die ehrenvolle
Niederlage auf dem Kirchhofe des St. Jacob zu
Basel, von Ludewig, Dauphin von Frankreich, erlitten.
Nicht die Flucht, sondern der Tod des kleinen Häuf-
chens räumte dem zahlreichen Heere von Franzosen
den Kampfplatz ein und nöthigte den Dauphin, mit
dem Geständnisse, daß er noch einen solchen Sieg zu
erfechten nicht stark genug wäre, heim zu ziehen.

Bald nachher führten die Eidgenossen wieder
Krieg mit Sigismund, Herzog von Oesterreich. Dieser, erschöpft an Geld, verpfändete das Elsaß und
andere seiner Erblande an Karl den Kühnen, Herzog
von Burgund. Hochfahrende Fürsten theilen oft ihren
Dienern trotzige Gesinnung mit. Karl's Statthalter
im Elsaß neckte die Berner. Sie ordneten Gesandte
ab, welche sich bei'm Herzog beschweren sollten; dieser
ließ die Gesandten knieen. Ein solches Betragen empörte die Elsasser, welche die nächsten Zeugen von
Hagenbach's Hochmuth, oft die Opfer seiner Härte gewesen. Sie ergriffen ihren Statthalter und straften
ihn mit dem Tode. Karl's Zorn entbrannte bis zur
Wuth. Des Berner Raths wollte einige, daß man
sich mit ihm vergleichen sollte; andere wollten den
Krieg. Ludewig der Elfte von Frankreich hatte Einfluß auf Mitglieder des Raths. Ihm war viel daran

gelegen, daß Karl seine Waffen gegen das kriegerischte aller Völker stumpfen möchte. Schon damals war Frankreich's geheimer Einfluß gefährlicher als sein Schwert. Der Krieg ward beschlossen.

Hadrian von Bubenberg, aus einem alten Geschlechte, welches durch Thaten des Friedens und des Krieges sich von der ersten Zeit der Republik an berühmt gemacht hatte, denn schon Berthold hatte einem Bubenberg die Aufsicht bei der Gründung von Bern aufgetragen, Hadrian von Bubenberg hätte gern den Frieden erhalten; aber der Jüngling Nikolaus von Diesbach, dem Reichthum, Gluth der Jugend und demagogische Künste Gewicht gaben, und dessen Gewicht desto gefährlicher war, da er Ludewigen anhing, verdrängte den friedliebenden Mann, und es gelang ihm, einen Bund zwischen den Eidgenossen und dem Elsaß gegen Karl den Kühnen zu Stande zu bringen. Karl war noch anderswo beschäftigt, als schon sein Heer im Elsaß angegriffen und geschlagen wurde. Die Schweizer nahmen, dem Hause Chalons, welches mit dem Herzog verbündet war, Orbe und Grandson; sie fielen in's Waaterland (pays de Vaud) und brandschatzten Genf. Karl eilte im Jahr 14,6 herzu mit einem fürchterlichen Heer, erhielt Grandson durch Uebergabe und ließ die Besatzung gegen gegebenes Wort aufhenken; aber gleich nachher ward er von achtzehntausend Schweizern bei Grandson in die Flucht geschlagen. Er zog sich nach Lausanne, sammelte

Völker und belagerte Mürten. Hadrian von Buben
berg vertheidigte sich tapfer mit einer Besatzung von
funfzehnhundert Mann. Die Schweizer bekamen Zeit
zum Anzuge gegen Karl und griffen ihn an mit Hülfe
des Renatus, Herzogs von Lothringen, den Karl sei
ner Länder beraubt hatte. Hier erfochten sie einen glän
zenden Sieg. Die Burgundische Ritterschaft ward nie
dergehauen. Das flüchtige Heer ward gedrängt zwischen
dem verfolgenden und dem See, in welchem viele
tausend ertranken. Karl rettete sich auf schwimmen
dem Roß durch den See.

Im Anfang des Winters 1477 belagerte Karl
Nancy. Der Herzog von Lothringen rief die Schwei
zer um Hülfe an. Sie erschienen. Die Burgunder
verloren die Schlacht, und Karl das Leben. Ein alter
französischer Geschichtschreiber erzählt mit der naiven
und lebhaften Darstellung seiner Zeit, daß der Schall
der großen Hörner, welche die Schweizer beim An
fang der Schlacht zu brauchen pflegten, dem kühnsten
Krieger des Jahrhunderts mit der Erinnerung von
der Schlacht bei Murten, ein Schrecken in die Seele
gejagt habe. *)

---

*) On fit sonner le grand cor par trois fois, tant que le
vent du souffleur pouvoit durer, ce qui ébahit fort
Monsieur de Bourgoygne, car à Morat l'avoit oui.

Die Schweizer hatten den Gipfel ihres Kriegs=
hms erreicht; aber Gipfel sind Nationen fast immer
lüpfrig. Die siegreiche Jugend ward trotzend und
bändig. Fürsten, welche an ihren Waffen ver=
eifelten, suchten, nicht immer vergebens, mit Gold
äupter einer Nation zu gewinnen, gegen welche ihr
tahl nichts vermocht hatte. Es äußerte sich hie und
Verdacht, also Unruhe, also Zwist.

Bern hatte Murten und Grandson allein für sich,
Gemeinschaft mit Freiburg, Orbe (oder Echalens)
worben. So besaßen sie schon in Gemeinschaft mit
reiburg, Schwarzenburg, welches sie von Savoyen's
erzogen erkauft hatten. Die demokratischen Kantone
hen mit gegründeter Eifersucht den Anwachs von
ern, und se neuen Verbindungen mit Freiburg.
chon im burgundischen Kriege hatten sie ihren Be=
flshabern den Befehl gegeben, bei Belagerungen
h mit ihren Fahnen entfernt zu halten. Der Besitz
ster Städte mußte einem Völkchen, dessen Freiheits=
eist im eigenen Gebiet keine Städte duldet, gehäffig
yn. Bern und Freiburg verbanden sich desto ge=
auer. Dieser Bund schien den demokratischen Kan=
onen eine Verletzung der Eidgenossenschaft zu seyn:
Der Zwist ward giftiger, eine allgemeine Versamm=
lung der Eidgenossen zu Stanz und Unterwalden sollte
hn beilegen. Aber mit verdoppelter Erbitterung wä=
en sie aus einander gegangen, um die Ihrigen zu
saffnen, wenn nicht ein redlicher Pfarrer von Stanz

eilig zu Nikolaus von der Flüe (das heißt vom Felsen) gelaufen wäre. Dieser Mann, welcher Landammann von Unterwalden gewesen war, lebte seit zwanzig Jahren in einer Einöde, wo er, nach herrschenden
Begriffen der Zeit, fastend und betend von der Welt
sich abgesondert hielt. Nikolaus von der Flüe erschien
in der Versammlung. Das ehrwürdige Ansehen eines
heiligen Mannes, welcher seine Einsiedelei verließ, um
als ein Diener des Gottes des Friedens erbitterte
Brüder auszusühnen; die Kraft und die Salbung seiner Worte erschütterte, besänftigte. Nicht nur die Erhaltung des Friedens erhielt er, sondern bewog auch
die Eidgenossen, Freiburg und Solothurn mit in den
Bund aufzunehmen. So wurden diese beiden Gemeinen der neunte und zehnte Kanton. Das Andenken des weisen und frommen Mannes lebt in der
Schweiz, vorzüglich in Unterwalden, wo ihm, wie einem Helden und Heiligen öffentlich Ehre erzeigt wird,
wo ich aus dem Munde der Greise und der Kinder
den Namen des Bruders Klaus oft mit der tiefsten
und zärtlichsten Verehrung nennen hörte.

Ohngefähr um diese Zeit hatte sich ein ansehnlicher Theil der schwäbischen Ritterschaft, unter dem
Namen der Ritterschaft des heiligen Georgius, verbündet. Geringe Anlässe bewürkten einen Krieg
zwischen diesen Rittern und den Eidgenossen. In verschiednen Treffen hatten die Schweizer den größten
Vortheil. Die vorher schon kriegslustige Jugend der

genoffen ward noch mehr entzündet. Im Frieden
eim suchte sie Gelegenheit, draußen ihren Muth
zeigen. Die Berner vorzüglich folgten schaaren-
ise fremden Fahnen. Italien's Freistaaten und Für-
n waren gewohnt sich oft zu bekriegen mit gedun-
nen Rotten. Die Schweizer waren ihnen willkom-
en. Dieses edle Volk errithet noch bei der Erin-
rung jener Zeiten, wo Brüder gegen Brüder, beide
dungen, unter sich begegnenden Fahnen den Speer
ckten. Oft von Welschen getäuscht, verließ der zür-
nde Alpensohn eine Parthei und ging über zur an-
rn. O, daß damals ein Patriot den Kühreihen an-
stimmt, und durch heimische Töne Sehnsucht nach
m süßen Vaterlande erweckt hätte! *) O, daß ein
ikolaus von der Flüe aufgestanden wäre, und die
rbenden Fremdlinge mit ihrem Gelde aus den
ålern der Ruhe und der Freiheit vertrieben hätte!

Im Anfange des sechszehnten Jahrhunderts wur-
n Basel, Schaffhausen und Appenzell in den Bund
r Eidgenossenschaft aufgenommen. Dieses für einen

---

*) Kühreihen, so heißt ein Lied, welches die Aelpner
fingen, wenn sie die Heerden aus dem Thal auf's Gebürge führen. Nichts entflammt mehr das Heimweh
eines Schweizers in der Fremde, als die einfache Weise
dieses Liedes. Sie war, weil sie die Schweizersolda-
ten zum Ausreißen reizte, in Frankreich bei Todesstrafe verboten.

13*

großen Theil Europens so merkwürdige Jahrhundert
ward es auch für viele Landschaften der Schweiz durch
Ausbreitung der gereinigten Lehre. Der große Zwingli
zündete das Licht in Zürich am ersten an. Haller fand
in Bern mehr Widerstand. Zu den natürlichen Wi-
dersprüchen, welche jede neue Lehre finden muß, ge-
sellte sich eine heimliche Abneigung gegen Lehrer,
welche mit Vorurtheilen in Lehrsätzen zugleich Sitten-
verderb und eingeschlichne Mißbräuche bekämpften.
Unter andern eiferten die neuern Reformatoren gegen
die böse Sitte, feile Waffen im Dienst fremder Fürsten oder Freistaaten zu tragen. So lange Zwingli
lebte, hielt er die Zürcher davon ab.

Ein andres Hinderniß legte der Eigennutz der
großen Familien Hallern in den Weg; die vielen und
einträglichen Pfründen ernährten die jüngern Söhne
edler Geschlechter in üppiger Fülle. Und wenn neuere
Schriftsteller, welche hier Gegenstände vergrößern,
dort verkleinern, und alle in ein falsches Licht, nicht
ohne Absicht setzen; wenn solche behaupten, die Reformation sei hauptsächlich ein Werk des Eigennutzes
der Fürsten gewesen, welche nach Einziehung der
geistlichen Stiftungen gelüstet, so werden sie Mühe
haben, zu erklären, welche Ursachen den Rath von
Bern bewegten, die Einführung der neuen Lehre zu
begünstigen. Im Jahr 1528 ward die Reformation
in den vielen Provinzen des Kantons durch Mehrheit
der Stimmen eingeführt.

Die eifernden Zürcher geriethen mit den katho=
schen Kantonen in Krieg, weil jene die Reformation
den gemeinschaftlichen Vogteien einführen wollten.
t zwei Schlachten wurden sie von den Katholiken
schlagen, und in der einen verlor Zwingli bei Kappel,
t Zürcher Gebiet an der Gränze von Zug, das Leben.

In Genf erhielten Reformirte, welche d i e P a r=
ei der Eidgnoß und bald in noch mehr aus=
tender französischer Aussprache, der H u g u e n o t t e n
nannt wurden, über die Katholiken, welche man dort
avoyarden nannte, die Oberhand, und in eben die=
n Jahre 1528 verband sich Genf mit Bern und
eiburg in einen noch festern Bund, denn schon seit
m burgundischen Kriege waren diese Staaten mit
ander verbündet gewesen. Der Herzog von Sa=
yen sah mit Eifersucht diesen Bund. Es kam zu
indseligkeit, dann zu einem Waffenstillstand zwischen
m und Genf, unter der Bedingung, daß der Her=
g, wofern er ihn bräche, das Waatland (pays de
aud) an Bern überlassen sollte. Brächen ihn die
enfer, so sollten sie nicht mehr mit beiden Kantonen
t Bunde stehen. Der Krieg fing bald wieder an, die
erner vermeinten gerechte Beschwerde und keine Ge=
igthuung erhalten zu haben. Im Jahr 1536 als
en Franz der Erste, König von Frankreich, den Her=
g Karl des Fürstenthums Piemont beraubt, nahmen
e Berner ihm das Waatland und einen Theil von
avoyen.

Durch Vermittlung der andern Kantone gaben
sie die eroberten Landschaften von Savoyen, wozu
auch damals die Landschaft Ger gehörte, welche jetzt
ein Theil von Bourgogne ist, zurück, behielten aber
das ganze Waatland, und seit der Zeit zieht der Genfer See zwischen ihnen und Savoyen die Gränzlinie.
Die Freiburger erhielten einen kleinen Theil von dieser reichen Beute. Die Grafen von Gruyeres wei-
gerten sich, für ihre Herrschaften im Waatlande beiden Kantonen Huldigung zu leisten. Da aber der
letzte Graf dieses Hauses, Michael, sehr verschuldet
war, kauften sie den Gläubigern ihre Rechte ab, und
raubten ihm Gruyeres, Rougemont und Oron. Dieses war die letzte, und die Wahrheit zu sagen, eine
nicht edle Eroberung der Berner.

Im Jahr 1574 ward Zürich in den schon 1557
zwischen Bern und Genf geschlossenen ewigen Bund
mit aufgenommen. Um eben diese Zeit gab Heinrich
der Dritte von Frankreich den Bernern Gewährleistung
für den Besitz des Waatlandes. Einige bürgerliche
Unruhen auf dem Lande beunruhigten Bern im siebzehnten Jahrhundert, und die Verbreitung der Wie-
dertäufer, welche, da ihre Religion den Gebrauch der
Waffen untersagt, in einem Lande, wo jeder Bürger
geborner Vertheidiger des Vaterlandes ist, vielleicht
schwerer als in Monarchien, wo gedungene Menschen
fechten, zu dulden sind. Die Maaßregeln, welche man
gegen sie brauchte, waren aber gewiß zu streng, also

ungerecht. Eine aus Schwyz nach Zürich geflüchtete
reformirte Familie, deren zurückgelassene Haabe ihre
Landsleute ihnen vorenthielten, gab Anlaß zu einem
kurzen Kriege zwischen den Zürchern und Bernern auf
der einen, und fünf katholischen Kantonen auf der
andern Seite.

Die Lucerner erhielten einen Sieg über die Ber=
ner, und der Zwist ward beigelegt. Aber ein halbes
Jahrhundert äußern Friedens erstickte nicht das Feuer
gegenseitiger Eifersucht. Die katholischen Kantone
glaubten im Nothfall auf Frankreich's Hülfe rechnen
zu können, da aber der alte Ludewig in einen un=
glücklichen Krieg verwickelt war, ergriffen vielleicht die
Berner und Zürcher im Jahr 1712 einen Anlaß zum
Kriege mit ihren Brüdern. Doch ist auch nicht zu
läugnen, daß der Anlaß nicht gleichgültig war. Der
Abt von St. Gallen drückte die größte Anzahl seiner
Toggenburgischen Unterthanen. Dieses Land, welches
ehemals seine eigene Grafen hatte, war von den Ver=
wandten des letzten aus diesem Hause, im Jahr 1469
für eine Summe Geldes an den Abt von St. Gallen
überlassen worden. Da der größte Theil dieses Lan=
des, welches gegen funfzig tausend Menschen enthält,
die Reformation angenommen, wurden die Reformir=
ten von den Aebten sehr gedrückt. Im Jahr 1696
wollte der Abt sie auf eine unerträgliche Art unter=
drücken. Sie beriefen sich auf ihre oft bestätigten
Privilegien und flehten um Schutz bei Zürich und bei

Bern. Man stritt mit Worten bis 1712, da der Krieg ausbrach. Schwyz, Uri, Unterwalden, Lucern und Zug führten ihn gegen Bern und Zürich. Die reformirten Kantone behielten in diesem kurzen Kriege die Ober= hand. Zwar blieb der Abt von St. Gallen im Besitz der Grafschaft Toggenburg, den Protestanten aber ward völlige Gewissensfreiheit zugesichert. Die katholischen Kantone verloren ihren Antheil an der Grafschaft Baden und an dem untern Theil der sogenannten freien Aemter, Bern aber erhielt über Thurgau, Sar= gans und das Rheinthal gleiche Rechte mit den sieben alten Kantonen.

So endigte sich der letzte Krieg, in welchem Schweizer gegen Schweizer stritten. Möchten sie nie das Schwert gegen einander gezückt haben! Aber immer bleibt es bewundernswerth, daß so viele völlig unabhängige Staaten, welche an Regierungsform und an Religion unterschieden sind, deren Interesse sich nothwendig oft kreuzen muß, dennoch in so vielen Jahrhunderten so selten den heiligen Bund ihrer Ein= tracht brachen, einen Bund, dessen halbtausendjährige Jubelfeier sie zu ihrer, zu der Freiheit und der Mensch= heit Ehre, in siebzehn Jahren begehen werden! Man kann nicht läugnen, daß die Bürger des Kantons Bern gegen ihre Nachbarn in alten, und gegen Savoyen in neuern Zeiten, vortheilhafte Umstände auf eine Art genutzet haben, für welche ihre friedliebenden Enkel erröthen mögen. Aber ein anderer Geist beseelet diese

schon seit vielen Jahren. Geehrt von allen Mächten
Europens, werden sie geliebt von allen Kantonen.
Man würde umsonst in der ganzen Geschichte ein
Beispiel von einer so weisen Mäßigung und Gerech=
tigkeit suchen, als diejenige, welche sie gegen alle Kan=
tone und die mit ihnen verbündeten Freistaaten zeigen.
Man kann, glaube ich, mit Gewißheit sagen, daß
jetzt kein Kanton darauf sinnet, den andern jemals zu
beeinträchtigen. Einige sind mit ihrer Macht und mit
ihrem Reichthum, andre mit genügsamer Ruhe in edler
Einfalt, zufrieden. Jene genießen mannigfaltige, diese
vielleicht gesundere Früchte der mit dem Blute der
Väter erworbenen Freiheit. Allen ist sie heilig und
theuer, diese Freiheit, und keine äußere Macht wird
sie ihnen rauben, so lange sie ihrer werth bleiben.
Alpen können erstiegen werden, aber Eintracht bei
einfältiger Sitte, keusche Zucht, auf Religion gegrün=
dete Tugend und durch Tugend gestählte Tapferkeit,
diese ziehen eine feurige Mauer um ein glückliches
Volk, und ersticken im Nachbar die Lust, eine Nation
anzugreifen, welche man beneiden, aber nicht be=
kriegen kann.

Neunzehnter Brief.

Bern, den 21sten September 1791.

Ueber die Verfassung von Bern sind oft sehr ver=
schiedene, widersprechende Urtheile gefället worden.
Haben einige sie mit der oligargischen Constitution
von Venedig verglichen, so erhoben andere sie bis in
den Himmel. Diese Widersprüche rührten nicht so=
wohl vielleicht daher, daß der Lober und der Tadler
in ihrer Denkungsart überhaupt so verschieden waren,
wie ihre Aussprüche, sondern, daß jeder aus seinem
Gesichtspunkte die Sache ansah. Und nicht immer
wählen wir unsern Gesichtspunkt. Wie uns eine
Sache das erstemal auffiel, so bestimmten wir oft
unser Urtheil. Dies ist die gewöhnliche Art Dinge
anzusehen. Aber es ist mit unserm Verstande, wie mit
unsrer Gesundheit. Auch der Gesunde kann erkranken,
doch hilft sich seine Natur, weil sie edel ist.

Die Herzen der Guten sind heilbar, sagt Homer,
und so ist es mit ihrem Urtheile.

Wer Bern nur aus dem Gerippe seiner Ver=
fassung kennet, der wird, wenn er Freiheit liebt,

vielleicht große Fehler darinnen finden. Wer den gesunden Staatskörper aber ansieht, wo das Haupt hell ist, wo Glied an Glied in freier Harmonie mit einander wirken, wo Fülle des Lebens in dem Arme zuckt, wo der dienstbare Fuß mit strotzender Kraft stark und leicht einhertritt, der wird sich hüten, ein voreiliges Urtheil gegen einen Staat zu fällen, dessen Bürger gewiß eines hohen Grades von ungekränkter Freiheit genießen.

Der lebendige Körper eines Staats muß nicht allein nach äußern Abmessungen des Ebenmaaßes seiner Theile beurtheilt werden. Mit gerechter Strenge fordern wir vom Bildhauer die genaueste Proportion, und auch so vom Idealisten. Aber sie zeigen uns nur äußere Umrisse. In den gesundesten Körpern findet oft der staunende Anatomist große Fehler, welche dennoch, trotz aller Theorie, dem Menschen, weil er lebte, nicht fühlbar waren.

Auch in der Politik ist es wahr, daß der Buchstabe tödte, daß der Geist lebendig mache. Sitten machen beinahe die Gesetze entbehrlich, und ein von Vätern auf die Söhne fortgehender Geist der Weisheit, Milde, Mäßigung, sichert dem Volke die Freiheit besser, als haarspaltende Theorien der Verfassung.

Bern ist der einzige Kanton, in welchem weder das ganze Volk, noch die Bürgerschaft der Stadt sich jemals versammelt.

Die demokratischen Kantone, Schwyz, Uri, Un=
terwalden, Zug, Glarus, Appenzell, haben ihre allge=
meinen Volksversammlungen.

Nicht nur in Zürich und Basel, deren Verfassung,
als Städte betrachtet, demokratisch ist, und wo die
Bürger als Aristokraten das Landvolk beherrschen, ver=
sammelt sich die Bürgerschaft der Stadt, sondern auch
in Lucern, Freiburg, Solothurn und Schaffhausen,
wo doch nicht alle Stadtbürger gleiches Antheils an
der Regierung genießen.

Dieser eigenthümliche Zug der Verfassung von
Bern rührt von dem Ursprunge der Stadt her. Sie
ward ersehen zu einem festen Ort der Zuflucht, zu
einem Sammlungspunkt des kleinen Adels, welchem
man Sicherheit gegen die Unternehmungen der umlie=
genden Grafen und Herren geben wollte. Dieser Adel
war kriegerisch. Unter seinen Flügeln fand der erwer=
bende Krämer, der friedeliebende Handwerker, die
Ruhe und den Schutz, deren sie bedurften. Gern
ließen sie mit ihren Sorgen die Geschäfte der Regie=
rung, welche auch von weisen Männern nicht immer
als eine Quelle der wahren Glückseligkeit angesehen
wurden, in diesen starken Händen, welche zugleich
das Schwert für sie zuckten. Und so oft zuckte dieser
kriegerische Adel das Schwert, und mit so junger
Faust, daß viele der edlen Geschlechte vertilgt wurden,
Dann wurden bürgerliche Geschlechte den Adlichen
zugesellt, es sei nun, daß der Adel aus Mäßigung

gefühlt habe, daß die Regierung nicht von zu Wenigen abhangen dürfe, oder daß die Bürger auf diese Ergänzung gedrungen.

Die Aufnahme einzelner bürgerlichen Familien in die Ordnung der Herrschenden, änderte nicht den Geist der Verfassung. Als Rom den Plebejern den Zugang zu den höchsten Geschäften und Ehren öffnete, als die plebejischen Familien, aus welchen einer einmal eine kurulische Würde verwaltet hatte, einen neuen Adel ausmachten, so erreichte dieser neue Adel zwar nicht den Glanz des Patriciats, aber seine Macht, und also seine Gesinnung.

Die ältesten Urkunden der Republik beweisen, daß im Anfang dann und wann die ganze Bürgerschaft versammelt worden. Aber eine solche Versammlung beweiset nicht stäte, ausübende Macht. In einfältigen Zeiten fürchtet man nicht so leicht subtile Schlußfolgen. Sehr übereilt war diejenige, welche in unsern Jahren aus diesen Versammlungen gezogen ward, als sei der große Rath im Jahre 1384 erst gestiftet worden. Eine Urkunde vom Jahre 1294 erwähnt schon der zweihundert Männer, und ein Edict vom Jahre 1314 fängt schon mit den Worten an: Wir Schultheiß, Rath und Zweihundert.

Der Rath der Zweihundert bestand ehmals wirklich aus der runden Zahl. Nach und nach wurden mehrere dazu genommen, einigemal über dreihundert. Ein neueres Gesetz hat die Anzahl auf zweihundert

und neun und neunzig festgesetzt. Die Abgehenden
dürfen nicht ersetzt werden, bis achtzig Stellen offen
sind. Auch hier waren Mißbräuche eingeschlichen.
Junge Leute, welche sich zu dieser Ehre Hoffnung
machten, hatten alte Rathsherren, welche keine Lant=
vogteien mehr zu hoffen hatten, durch heimliches Jahr=
gehalt dazu vermocht, sich der Rathswürde zu bege=
ben, damit bald achtzig Stellen offen und die Wahl
der ergänzenden angestellt werden möchte. Daher
werden jetzt die resignirten offenen Stellen nicht zu
den achtzig fehlenden gerechnet, sondern es müssen
achtzig gestorben seyn, ehe eine neue Wahl zu Be=
setzung der offenen Stellen Statt findet.

Wer sich um eine Rathsstelle bewirbt, muß neun
und zwanzig Jahr alt seyn. Man rechnet vom Tauf=
tage an, und rechnet dann acht Tage hinzu. In den
Familien, welche sich Hoffnung zu Rathsstellen machen
können, werden daher die Knaben fast immer gleich nach
der Geburt getauft. Denn, da mehrentheils alle neun
oder zehn Jahr neue Mitglieder erwählt werden, muß
alsdann ein junger Mann, dem einige Tage am gesetz=
lichen Alter fehlen, wieder eine neue Wahl erwarten.
Jeder Bürger von Bern hat das Recht zu den höchsten
Würden, aber wenige haben die Hoffnung. Da der
kleine Rath, der aus sieben und zwanzig Männern
b steht, und die Sechszehner, welche aus den Zünften
jährlich in den großen Rath genommen werden, die
Mitglieder dieses großen Raths ernennen, so bleiben

sie mehrentheils im Zirkel der schon herrschenden Familien. Der gesammte große Rath, dessen Ausschuß der kleine ist, verbindet alle Macht, aber in verschiednen Kollegien. Dem kleinen Rath ist die vollziehende Gewalt anvertraut; die gesetzgebende Macht dem gesammten Rath. Der kleine Rath versammelt sich alle Tage, ausgenommen den Sonntag. Alle Sachen, welche vor den großen Rath gelangen, kommen erst an jenen. So auch besorgt der kleine Rath die laufenden Geschäfte, Besetzung der mehresten geistlichen Stellen und der geringen weltlichen; er spricht das Endurtheil in Criminalfällen, ausgenommen über Bürger von Bern.

Sehr sorgfältig combinirt ist die Art, auf welche die Mitglieder des kleinen Raths ernennet werden. Sobald einer abgegangen ist, versammeln sich die sechs und zwanzig übrigen. Man thut in eine Büchse sechs und zwanzig Kugeln, deren drei von Gold sind. Jeder der sechs und zwanzig zieht eine Kugel. Diejenigen, welche die drei goldenen gezogen haben, nennen drei Erwähler unter ihren Genossen. Der große Rath ernennet sieben andere Erwähler. Diese zehn Erwähler nennen eine Zahl von Candidaten, welche nicht höher als von zehen, nicht geringer als von sechs seyn darf. Dann giebt der gesammte Rath seine Stimmen. Die vier, welche die meisten Stimmen für sich bekommen, ziehen vier Kugeln, deren zwei von Gold, zwei silbern sind. Zwischen den beiden,

welche die goldenen Kugeln gezogen haben, entscheiden
die Stimmen des gesammten Raths.

Der kleine Rath bestehet aus den beiden Schultheißen, beiden Seckelmeistern, vier Vennern, siebzehn
Rathsherren und zwei Heimlichern. Dem gesammten
Rath und dem kleinen Rath stehen die beiden Schultheißen vor. Diese werden durch die Stimmen des
gesammten Raths erwählt, ehmahls auf ein Jahr,
jetzt auf zeitlebens; doch hat der gesammte Rath das
Recht, sie ihrer Würde zu entsetzen. Alle Jahr um
Ostern werden sie vom gesammten Rath bestätigt,
nachdem sie durch den Mund des deutschen Seckel-
meisters um einen Schutzbrief gebeten haben. So
auch der kleine Rath. Dann übergiebt der Schultheiß,
welcher das verflossene Jahr das Amt führte, es seinem Genossen. Der regierende Schultheiß hat den
Vorsitz im kleinen und im gesammten Rath. Das
Siegel der Republik steht vor ihm. Er giebt seine
Meinung nie, als wenn sie verlangt wird, und hat
nur dann eine Stimme, wenn Gleichheit der Stimmen seine Entscheidung erforderlich macht.

Nach den Schultheißen folgen im Rang die
Seckelmeister, und zwar erst der deutsche, dann der
welsche oder vom Waatlande. Beide Seckelmeister
machen mit den vier sogenannten Vennern ein Finanz-
collegium aus. Die Venner sind nur ein Jahr im
Amt, da hingegen die Seckelmeister auf sechs Jahr
bestätigt werden können. Jeder Venner ist zugleich

ndvogt (ohne doch diesen Titel zu haben) eines der
er Districte, welche ursprünglich den Staat aus-
achten.

Der nicht regierende Schultheiß ist an der Spitze
s heimlichen Collegii, welches außer ihm aus einem
eckelmeister, den vier Vennern, und beiden Heim-
hern besteht. In diesem Collegio werden Sachen,
elche nicht ruchtbar werden dürfen, abgehandelt.

Die eigne Bestimmung der Heimlichern ist, dar-
uf zu wachen, daß sowohl im großen als im kleinen
ath nichts gegen die Gesetze der Verfassung beschlos-
n werde. Zugleich haben sie das Recht, wenn sie
nöthig finden, ohne Zustimmung des Schultheißen,
n großen Rath zu versammeln. Die verschiedenen
andes-Collegia und die Appellations-Kammern, eine
r das deutsche Land, die andre für das Waatland,
pays de Vaud) werden aus Mitgliedern des Raths
setzt. Die Verfassung des Tribunals verräth den
harakter alter Zeiten, scheint mir aber gefährlich für
e jetzigen. Dem Urtheil der Richter wird sehr viel
ngeräumt, weil die Gesetze so einfach, und ihrer
irklich zu wenige sind. Weder hier, noch, wo ich
icht sehr irre, in den andern Kantonen, kennt man
nen Criminal-Coder. Dieser augenscheinliche Mangel
ürde von fürchterlichen Folgen seyn, wenn nicht ein selt-
er Geist von Milde die Obrigkeiten dieses Landes beseelte.

Du wirst dich vielleicht mit mir wundern, daß
er Schultheiß dem Ansehen nach keine Macht habe.

Und doch ist sein Einfluß oft sehr groß, ja fast über=
wiegend, wiewohl er keine Stimme hat, als wenn er
befragt wird. So groß ist der Einfluß des Vortrags
im Munde eines Mannes von Verstand und Bered=
samkeit. Auf diesen Einfluß wird in wenigen Staa=
ten genug Rücksicht genommen. Er ist groß, klein,
oder nichtig, nach Maaßgabe der Fähigkeiten dessen,
dem er eingeräumt wird. Auch diese Einrichtung der
Berner scheint mir tiefe Menschenkenntniß anzuzeigen.

Die Landvögte wurden ehmals vom großen Rath
durch Mehrheit der Stimmen ernannt. Seit ohngefähr
achtzig Jahren ernennt sie das Loos. Traurige Noth=
wendigkeit, welche nach langer Erfahrung gelehrt hat,
daß man dem blinden Loose mehr, als dem nur zu oft
befangenen Urtheil der Menschen vertrauen dürfe!
Doch war das nicht der einzige Grund, welcher diese
Veränderung veranlaßte. Man wollte auch verhin=
dern, daß diejenigen, welche nach Langvogteien strebten,
nicht abhängig von mächtigen Mitgliedern des Raths
würden, deren Stimme ihnen so nützlich werden konnte.
Ein Staat ist halb verloren, in welchem die Genossen
gleicher Macht durch irgend eine Nebenursache von
einander athangen. Die einzige, natürliche, gerechte,
dennoch oft gefährliche, aber unvermeidliche Abhängung
von einander, ist nur diejenige, welche Talente und
Tugenden geben. Und auch dieser setzten die Athe=
nienser durch den Ostracismus, die Syrakuser durch
den Petalismus Schranken.

Die Landvogteien werden nach ihrer Wichtigkeit
nd Einkünften in vier Ordnungen eingetheilt. Sie
nd mehrentheils sehr einträglich. Denen von der er=
en Ordnung darf ein Mann nur einmal vorstehen,
enen von der zweiten zweimal, den geringen dreimal;
ber nie ohne Zwischenzeit. Alle werden nur auf
chs Jahre vergeben. Alle Jahre legen die Landvögte
em Finanzcollegio Rechnung ab. Ihr Ansehen ist
ehr groß. Ihnen ist die Polizei, die Vollziehung der
Befehle des Raths, die Verwaltung der öffentlichen
Felder und der Kornmagazine, die Appellation von
en kleinen Gerichten, und die Macht, da Urtheile zu
prechen, wo die Parteien ihre Sache vor sie bringen,
anvertraut. Ehemals ist oft über den schreienden
Mißbrauch dieser Gewalt geklagt worden. Vor un=
gefähr hundert und vierzig Jahren verursachten Ge=
waltthätigkeiten und Erpressungen einen Bauernauf=
stand. Aber jetzt hat man schon lange die weisesten
nd kräftigsten Maaßregeln dagegen genommen. Der
Weg zur Appellation steht jedem Bauer frei, oder
wenn er den vorzieht, der Klage an den kleinen Rath.
Die Größe der Geldstrafen ist ohnedem genau be=
stimmt. Persönliche Mißhandlung, deren Furcht in
so vielen Ländern den Bauer abhält, gegen seine, ihm
viel zu mächtige und fürchterliche Obrigkeit zu klagen,
ist in diesem Lande nicht möglich. Dazu kommt, daß
er Landmann das geliebte, fast möchte ich sagen das
erzogene Kind der Berner Regierung ist. Das

fühlen die Bauern auch sehr lebhaft, und ich darf wohl
mit Gewißheit sagen, daß kein Staat in der Welt so
zufriedene Unterthanen habe, als Bern und Zürich.
Die Bauern der Demokratien kann ich nicht mit rechnen, diese sind nicht Unterthanen.

Die Geistlichen müssen in Bern oder Lausanne
studirt haben. Der kleine Rath ernennt die Pfarrer,
ausgenommen die von Bern, welche vom gesammten
Rath ernannt werden. Des deutschen Landes Geistlichkeit ist in acht Synoden vertheilt, deren jede sich
einmal des Jahrs versammelt; die Geistlichkeit des
pays de Vaud in fünf Synoden. In den kleinen
Consistorien werden Vergehungen gegen die Sitten,
insonderheit im Punkt des sechsten Gebots, gerügt,
auch Ehesachen und Ehescheidungen verhandelt. Die
Protocolle werden an das Oberconsistorium von Bern
gesandt, welches aus weltlichen und geistlichen Mitbürgern besteht.

In weltlichen Dingen haben die Geistlichen sehr
wenig Macht, durch ihr Amt aber ein großes Ansehen. Beides ist gewiß sehr heilsam. Es geschieht
zuweilen, daß junge Männer von Adel sich dem geistlichen Stande widmen.

Die Mannschaft des Kantons wird regelmäßig in
Waffen geübt, und jährlich gemustert. Sie ist eingetheilt in ein und zwanzig Regimenter Infanterie, jedes
von zweitausend Mann, vier Compagnien Jäger, und
achtzehn Compagnien Dragoner. Die Besitzer adlicher

üter machen außerdem einige Compagnien Reiter
s. Infanterist und Dragoner darf nicht heirathen,
e er seine volle Uniform und seine Waffen ange-
)afft hat. Jene ist sein Hochzeitkleid. Der Dragoner
uß ein Pferd haben; diese Forderung ist nicht schwer,
er als Bauer doch mehrere Pferde hat.

Das Zeughaus ist wohl versehen mit mehr als
usend metallenen Kanonen, vielen Mörsern, Flinten
r sechszigtausend Mann, und hinlänglichen Waffen
r die Reiterei. Drei Compagnien Kanoniere und
ne von Bombardieren bedienen die Artillerie.

Die Einkünfte des Staats sind nicht groß, doch
nlänglich für eine Republik, deren Häupter mehren-
eils gar keine, theils sehr geringe Besoldung haben,
1b welche keine stehende Soldaten hat. Es bestehen
efe Einkünfte größtentheils aus einigen Domänen,
m Zehnten, und einem geringen Grundzinse; aus
m sechsten Theile des Kaufpreises der Edellehen im
1ys de Vaud, und dem zehnten anderer Grundgüter
eben diesem Lande, wenn sie in andere als der
ächsten Erben Hände kommen, aus einigen geringen
öllen, und dem Monopol des Salzes. Ueber dieses
agt niemand, weil die Regierung es wohlfeiler ver-
uft als ein Particulier es würde liefern können;
dlich aus den Zinsen der öffentlichen ausstehenden
pitalien. Diese Zinsen betragen jetzt siebenhundert-
usend Berner Pfund, das ist etwas mehr als zwei-
mderttausend Reichsthaler.

Die Republik hat einen, vermuthlich ansehnlichen Schatz. Er wird wohl nicht alle Jahr vermehrt, da so vieles auf öffentliche Gebäude, öffentliche Anstalten, und Wege gewendet wird.

Ein sonderbares Institut, welches von der Weisheit der Väter zeuget, ist jetzt sehr in Verfall gerathen. Ich meine den äußeren Stand. So nennt man eine Gesellschaft von Jünglingen und jungen Männern, welche unter sich eine Republik, nach dem Muster der vaterländischen vorstellen. Ehemals schlossen sie Krieg, Frieden und Bündnisse, und handelten eingebildete Geschäfte mit Eifer und Fleiß ab. Jetzt vergeben sie nur noch unter sich die Würden der Republik. Jeder, welcher eine solche Schattenwürde erhält, giebt etwas in die Casse. Aber gleichwohl ist diese Gesellschaft in ansehnliche Schulden gerathen, weil die jungen Herren mehr auf Lustpartieen und Pickenifs als auf Erfordernisse der Einrichtung wenden Schon lange haben sie, den Charakter der Nachahmung und zugleich den Zustand ihrer rückgängigen Finanze emblematisch vorzustellen, einen Affen, der auf einem Krebs reitet, zum Wapen erwählt. Es bleibt von dieser edeln Einrichtung fast nichts Wesentliches übrig, als die Schulden. Da jedem, welcher Genosse dieser Gesellschaft ist, eine Stimme bei der Wahl zum großen Rath angerechnet wird, so lassen sich einige noch den Abend vor der Wahl darinnen aufnehmen.

Ich habe dir von der Verfassung dieser Republik ein vollständiges Gemälde weder geben können noch wollen, meine Absicht war, nur ihre äußern Linien zu zeichnen, weil man in andern Ländern zum Theil große Vorurtheile dagegen hat. Sie hat in der That dem ersten Ansehen nach einen Schein von Oligarchie, welcher ihr nicht vortheilhaft ist. Die Häupter der Republik sehen das ein, und man hat sich, vorzüglich auf den Rath des großen Hallers, dessen Andenken in seinem Vaterlande heilig ist, auch vorgenommen, immer mehr Bürgerfamilien an den höchsten Würden Theil nehmen zu lassen. Jeder Bürger kann dazu gelangen; aber bisher waren nur gewisse, wiewohl sehr viele Geschlechte, im Besitz dieses Vorrechts.

Ein Hauptzug unterscheidet die aristokratischen Verfassungen in der Schweiz von allen andern, ein Zug, welcher entscheidend für die Freiheit des Volks ist, und nicht genug erwogen wird.

Die Regierung hat keine Soldaten in ihrem Dienst, und alle Unterthanen dieses kriegrischen Volkes sind bewaffnet.

Wahre Ruhe, Glückseligkeit und Freiheit, verbunden mit dem Bewußtseyn der Stärke, welche ihnen ihren Zustand sichert, erhält daher die Einwohner dieser Staaten in einem hohen Grade von Zufriedenheit. Im deutschen Lande dieser Republik ist diese Zufriedenheit uneingeschränkt und allgemein. Von einigen Beschwerden des pays de Vaud will ich

dir Nachricht geben, wenn ich in diesem Lande seyn
werde.

So fleißig auch der Ackerbau getrieben wird,
kann dieser Kanton doch, wegen des gebürgigen Ober=
landes, und weil die Bevölkerung so groß ist — denn
die Freiheit nähret nicht mit Brod allein — seine
Einwohner nicht alle mit eigenem Korn ernähren.
Der Handel dieses Landes ist kaum ansehnlich genug,
um diesen Mangel zu ersetzen; und Bern würde in
der Balance der Einnahme und Ausgabe, bei'm geringen
Ertrag dieses Handels, der fast nur im Aargau, im
pays de Vaud und im Emmenthal getrieben wird,
nicht bestehen können, wenn nicht ernste Gesetze den
Luxus einschränkten. Edelgesteine, Tressen und Spitzen
sind verboten, und fremde Weine dürfen ohne beson=
dere Erlaubniß nicht eingeführt werden. Diese Maaß=
regeln, in Verbindung mit dem, wiewohl geringen
Activhandel, und mit den Zinsen, welche nicht allein
der Staat, sondern auch einzelne Particuliers aus
fremden Ländern ziehen, erhalten das Gleichgewicht
der Einnahme und Ausgabe.

Daß die Stadt Bern von ihrer Lage an der Aar
so wenig Gebrauch macht, schreibe ich dem kriege=
rischen Geiste voriger Zeiten zu. Die Geschlechte,
welche Antheil an der Regierung haben, stammen
theils von jener kühnen Ritterschaft ab, und erbten
ihre Gesinnung, theils nahmen sie diese Gesinnung an.

Und wohl dem Lande, daß diese Gesinnung in ihnen herrschet!

Aristokraten werden drückend, wenn sie Handel treiben, nicht nur weil sie leicht gereizt werden, Monopolien anzulegen und den Handel der Unterthanen zu beschränken, sondern auch weil überhaupt ein gewisser Edelmuth mit dem Handlungsgeiste nicht besteht. So glücklich sich auch in jeder andern Absicht der Zürcher Landmann fühlt, klagt er doch, und wohl mit Recht, über die Fesseln, welche die Stadt seinem Handel anlegt. Gleich den edlen Römern der guten republikanischen Zeit, ermuntern die vornehmen Berner auch durch Beispiel den Ackermann. Die ökonomische Gesellschaft hat durch ihre Schriften und Ehrenmünzen viel Gutes gestiftet. Daß auch diese von einem edeln Geiste beseelt werde, mag ein Beispiel dich lehren. Man hat ihr vorgeworfen, daß in diesem Lande keine Brandassecuranzen wären. So lange, antwortete sie, so lange der Geist christlicher Milde unsre Bauern und Bürger wie jetzt beseelt, ist eine solche Anstalt nicht nöthig, und würde ihn einschränken. Dieser Geist charakterisirt würklich die Schweizer überhaupt. Wenn Brand, Ueberschwemmungen, Mißwachs oder andre Uebel dieser Art einzelne Menschen oder Gemeinen treffen, so strömet ihnen Hülfe zu. Als bei Küsnacht im Kanton Zürich vor zwölf Jahren ein angeschwollener Bach acht und zwanzig Häuser wegschwemmte, und drei und sechszig Menschen das Leben nahm, eilten nicht nur aus der Nachbarschaft, sondern weither aus dem Kanton, hülfreiche Hände mildthätig herbei. Als vor einigen Jahren im pays de Vaud viele Familien durch Mißwachs verarmt waren, sandte man von allen Seiten den Pfarrern so viel Geld zum Vertheilen, daß sie bitten mußten, nicht mehr zu senden.

Zur besondern Ehre gereicht es den Bernern, daß sie von den Zeiten ihrer unternehmenden Ritterschaft den Edelmuth behalten, und ihn zugleich von aller Eroberungslust seit Jahrhunderten geläutert haben. Ihre frühen Kriege mit den Grafen, ihren Nachbarn, waren gewiß nicht alle gerecht, und die Eroberung des pays de Vaud, um mich nicht stark auszudrücken, wenigstens zweideutig. Aber seitdem haben sie allen Planen der Vergrößerung entsagt. Die ganze Schweiz liebt die Regierung von Bern, insbesondere lieben sie die kleinen demokratischen Kantone; denn sie wird von allen als ein friedliebendes, edelmüthiges Mitglied der Eidgenossenschaft geehret. Es ist schön zu hören, wenn die Bürger dieser Staaten dem ächt schweizerschen Patriotismus der Berner, welche keinen Nachbar beeinträchtigen, noch weniger sich erlauben, Saamen der Zwietracht unter die kleinen Freistaaten auszustreuen, vielmehr zu Aufrechthaltung der brüderlichen Einigkeit sich thätig verwenden, aus warmen Herzen volle Gerechtigkeit widerfahren lassen.

Ich kann diesen Brief nicht schließen, ohne dich noch zu bitten, folgende beide Punkte, wiewohl ich ihrer schon erwähnt habe, nie zu vergessen.

Man muß weniger auf die Form, als auf den Geist einer Verfassung sehen. Gehet dieser Geist Jahrhunderte lang von Geschlecht auf Geschlecht fort, so modificirt er auch die Formen.

Ein sich fühlendes, freiheitliebendes Volk ist frei, wenn es die Waffen in der Hand hat, und seine Regierung wehrlos ist.

Und nun noch eins. Daß die Unterthanen der aristokratischen Verfassungen in der Schweiz so ruhig sind, sich so glücklich fühlen, beweiset nicht nur für den Geist der Regierung, sondern auch für den Geist dieser edeln Landleute, welche, aufgeklärter als irgendwo, es lebhafter als andre Bauern empfinden, daß eine politische Verfassung treflich sei, wenn sie Ruhe, Eigenthum und Freiheit sichert.

Eine einzige gegründete Beschwerde bleibt dem Berner Landmanne übrig. Die großen Unkosten der Prozesse. Aber die Regierung ist ernsthaft gesonnen, diesem Uebel durch kräftige Maaßregeln abzuhelfen.

Zwanzigster Brief.

***

Bern, den 22ſten Sept. 1791.

Ich machte mir eine wahre Freude daraus, meinem
Sohne das hieſige Zeughaus geſtern zu zeigen. Ich
hatte es ſchon auf meiner erſten Reiſe geſehen. Es
iſt wichtig durch ſeinen furchtbaren Vorrath an neuen
Waffen, aber merkwürdiger für einen Reiſenden durch
die alten ſchweizeriſchen und burgundiſchen Rüſtungen.
Die großen Schwerter, welche mit beiden Händen
geführt wurden, haben ein ſchreckliches Gewicht, ſo
auch die langen Speere. Man bewundert deſto mehr
die gewaltige Kraft unſrer Väter, da die vielen auf=
bewahrten Panzer und Beinſtiefeln beweiſen, daß ſie
nicht größer waren als wir. Gewöhnliche Bauern
aus dem Kanton Bern oder aus den drei erſten Kan=
tonen, Schwyz, Uri, Unterwalden, deren Mannſchaft
auch vorzüglich ſchön iſt, würden zu groß für viele
dieſer Panzer ſeyn. Aber ſo nervig und ſtark ſie auch
ſind, würde ich ihnen doch nicht zumuthen, dieſe
Schwerter zu ſchwingen, dieſe Speere zu tragen.
Die burgundiſchen Fahnen und die Stricke, welche
ſie mit ſich führten, um die Schweizer zu binden,

werden mit republikanischer Empfindung aufbewahret
und gezeigt.

Die hölzernen Bildsäulen von Wilhelm Tell,
der nach dem Apfel auf dem Haupte seines Kindes
zielt, und von Berthold dem Fünften, Herzog von
Zähringen, Gründer der Stadt, zieren auch diese
Sammlung. Das Gebäude ist unansehnlich und ent=
spricht nicht der Würde seiner Bestimmung.

Aber sehr schön sind die beiden Krankenhäuser.
Das eine heißt die Insel, wegen seiner freien isolirten
Lage. Hier werden die Kranken in geräumigen Zim=
mern, ohne Rücksicht auf ihr Vaterland, mit der
äußersten Sorgfalt genährt und gepflegt. Der Blick
genießt hier der freien Aussicht nach der großen Kette
der fernen Schneegebürge.

Eben so merkwürdig ist das andre große Hospi=
tal, welches einem Fürstenpallast ähnlicher als einer
Armenanstalt ist. Aber keine Bequemlichkeit für die
Kranken ward der Pracht aufgeopfert, wie so oft in
monarchischen Staaten der Fall ist. Gleich die Façade
giebt einen Eindruck von Größe, und ihm folgt ein
tieferer Eindruck, wenn man den vollen Sinn der
Ueberschrift fühlt: Christo in pauperibus (Christo
in den Armen). Man geht dann in den großen Hof,
welchen das schöne Gebäude von allen vier Seiten
umschließt. Da der Küchengarten dieses Hospitals
vor der Stadt liegt, und man den Kranken doch den
Genuß der freien Luft so angenehm machen wollte,

als es in einer Stadt möglich ist, hat man den Hof
mit Rasen belegt, mit Bäumen bepflanzt und mit vielen Blumenstücken und einem Springbrunnen in der
Mitte gezieret. In diesem Hospital werden funfzig,
theils Arme, theils Kranke, umsonst unterhalten.
Außerdem werden für einen geringen Preis noch andere genähret und beherberget.

Es ist auch in diesem Hospital eine besondre Her-
berge für durchreisende Arme. Man reichet ihnen am
Abend Brod und Wein, giebt ihnen ein Bette und
entläßt sie des Morgens mit einem Frühstück, welches
auch aus Brod und Wein besteht, und mit einem
kleinen Almosen an Gelde. Außen vor der Stadt ist
noch eine sehr große schöne Anstalt für wahnsinnige,
venerische und unheilbare Kranke.

Im sogenannten Waisenhause, welches doch nicht
allein Waisen, sondern auch andern Kindern der Bürger bestimmt ist, werden vierzig Knaben, jeder für
die geringe Summe von dreißig Reichsthaler jährlich,
genährt, gekleidet, im Christenthum, Lesen, Schreiben, Rechnen, Deutschen, Französischen, Griechischen,
Lateinischen, in der Geschichte, Geographie, Mathe-
matik, im Singen und Zeichnen unterrichtet. Der
verdienstvolle Herr Professor Ith hat den Plan
ihrer Studien eingerichtet. Auch dieses Haus steht
abgesondert von andern, genießt einer reinen Luft
und einer freien Aussicht über die Windungen
der Aar.

Ein besondrer Charakter von menschenfreundlicher
Milde zeigt sich in den öffentlichen Anstalten der
Schweiz. Man sorgt nicht allein für das Nothwen-
dige, sondern auch für das Erfreuliche, nach dem
großen Beispiel desjenigen, der die liebliche blaue
Blume mit dem nährenden Korn aufwachsen läßt, der
dem tränkenden Thau herzerfreuende Gerüche. giebt.

In der Bibliothek, in welcher ein neuer Saal
gebauet wird, ist ein in Lausanne ausgegrabenes ehernes Basso Rilievo, welches einen Priester vorstellt, der
eine Opferschaale zwischen die Hörner eines Stiers
ausgießt. Addison erwähnt sein in seiner Reise. Auch
ist ein ungeheures Stück Krystall dort, vielleicht das
größte in Europa.

Der Münster ist einer der schönsten und größten,
die ich gesehen. Nur den Straßburger und Ulmer
könnte ich ihm vorziehen. Vor ihm ist ein von Bäumen beschatteter Spaziergang auf einer kühn erhobenen
Terrasse, welche die ganze Stadt mit den Windungen
der Aar beherrscht und eine herrliche Aussicht auf die
große Kette der Schneegebürge öffnet.

Ich erstieg heute mit einigen hiesigen Freunden
die Höhe des Münsters und sah eine der größten
Aussichten, welche das Auge umfassen kann. Links
sah ich eine lange Strecke des Gebürges Jura, welches
von Basel bis zum Genfer See läuft, und rechts die
viel höheren Schneegebürge mit ihren unerstiegenen
Gipfeln in folgender Ordnung: Zuerst den Engelberg

im Kanton Unterwalden, dann die Kette der Berner
Schneegebürge, Schreckhorn, Finster=Arhorn, Fisch=
horn; beide Eiger, Jungfrau, Breithorn, Großhorn,
die rothen Zähne, Blümlialp, Gemmi.

Für des Münsters Bau ward, wie für den Bau
der Petrikirche in Rom, in ganz Europa gesammelt
und vom Papste den Beytragenden Ablaß ertheilt.

Unter den Häusern sind Hallen, in welchen Kram=
laden sind. Diese Hallen schützen den Fußgänger ge=
gen Regen und Hitze.

Die Kornmagazine zieren durch ihre Schönheit
die Stadt, und der Gebrauch, welchen die Regierung
davon macht, verdient Lob. Man sammelt hier großen
Vorrath, nicht, um wie in Genf die Bäcker zu zwin=
gen, davon zu kaufen, sondern um zu verhindern,
daß das Korn nie hoch im Preis steige. Auch benach=
barte Staaten hat oftmals Bern mit Korn versehen,
und noch vor wenig Jahren versah es großmüthig
Genf damit, zu seinem eigenen Schaden. Voriges
Jahr hat die Regierung dem pays de Vaud mit Scha=
den von einer halben Million Thaler Korn geliefert.

Ich kann nicht nur die Höflichkeit und wahre
Urbanität rühmen, mit welcher Fremde hier aufge=
nommen werden, sondern auch die Herzlichkeit, mit
welcher Freunde, die ich vor sechszehn Jahren kurze
Zeit sah, sich dieser Zeit erinnerten und Güte auf
Güte, Freundschaft auf Freundschaft häuften.

In der Stadt ist die Luft so gesund, daß von
drei Menschen einer immer das siebzigste Jahr erreicht,
wie hundertjährige Berechnungen zeigen. Man schreibt
dieses der hohen Lage und der durch Nachbarschaft
der Schneegebürge und durch die Krümmung der
schnell rauschenden Aar gereinigten Luft zu. Wenn
nach den Süßmilchschen Tabellen anderswo auf eine
Anzahl Menschen von jedem Alter, die auf jeden re-
tortirten Jahre vier und zwanzig ausmachen würden,
so machen sie hier acht und zwanzig aus.

Morgen verlassen wir Bern. Ich schließe nicht
diesen Brief, ehe ich vorher, wiewohl ungern, eine sehr
böse Sitte rüge, welche ehemals in Zeiten einfältiger
Zucht harmloser gewesen seyn mag, aber jetzt gewiß
die verderblichsten Folgen nach sich zieht.

Seit langen Zeiten war es im deutschen Lande
des Kantons Bern eingeführt, daß ein Mädchen, so
bald sie zum heiligen Abendmahl gegangen, hinfort
alle Sonnabend ihr Zimmer des Nachts offen stehen
ließ und einen jungen Menschen in's Bette nahm.
So unbegreiflich es auch scheinen mag, sollen diese
nächtlichen Besuche, ehmals selten die Folge gehabt haben, welche natürlich davon zu erwarten gewesen wäre.
Als reine Jungfrau entließ das Mädchen den Besucher, und er besuchte sie ferner auf eben diese Art.
Das heißt zu Kilt gehen, oder auch zu Kip gehen;
kilpen oder kilten; ein Ausdruck, welcher eigentlich sagen will: nach dem Abendessen jemand besuchen.

Aber diese Sitte, welche ohnedem nicht rein war, da
sie doch die Unschuld des Herzens beflecken mußte,
ward bald noch viel unlauterer. Jetzt gereicht es der
jungen Bauerndirne freilich zur Schande, wenn sie
einen Jüngling in's Bette nimmt, ehe der andre
ihrem Umgang entsagt hat, aber sie kann doch in
kurzer Zeit mehrere Besucher nach einander annehmen,
ohne daß ihr Ruf darunter leide, wiewohl diese Besuche seit langer Zeit nicht mehr so harmlos sind, als
sie es ehmals waren. Wird sie schwanger, so muß
der Schwängerer sie heirathen; da sie aber selten weiß,
von wem sie schwanger sei, so steht ihr frei, welchen
von ihren Besuchern sie als Vater des Kindes ange-
ben will. So eingewurzelt ist das Vorurtheil für
diese Sitte, daß die Aeltern sie billigen, und eine
reine Jungfrau unter den Bauerdirnen eine seltene
Erscheinung ist. Gleichwohl werden sie keusche, treue
Eheweiber, erröthen aber nicht für die Ausschweifun-
gen ihres Mädchenstandes, welche sie nicht für Aus-
schweifungen halten, und für welche auch die ernste
Matrone sie mit keinem Vorwurf straft.

Ich begreife, wie schwer es sei, einen fast im
ganzen Lande eingeführten, so tief eingewurzelten Gebrauch aufzuheben; aber eine so weise Regierung als
die hiesige, sollte sich durch keine Schwierigkeit ab-
schrecken lassen, wenn es auf das Heiligthum der
Menschheit, auf die Unbeflecktheit der Jungfrauen ankommt. Eine solche Sitte sollte man eher unter den

Einwohnern der Südsee=Inseln suchen, als im größten
Kanton der Schweiz, dieses Landes, welches sich sonst
mit so vielem Recht seiner Sittenreinheit rühmet.

Wie sehr sticht dieser Gebrauch gegen die Sitte
eines nordamerikanischen, wilden Völkchens ab! Wenn
dort ein Jüngling ein Mädchen heirathen will, so
geht er des Nachts mit einem Licht in ihre Hütte,
und stellt sich an's Bette der Jungfrau. Hat sie nicht
Luft zu ihm, so winket sie ihm mit der Hand, und er
verläßt sie, ohne sich eine Bitte zu erlauben. Gefällt
ihr aber der Jüngling, so richtet sie sich halb auf,
holde Verschämtheit bindet ihre Zunge, aber sie bläs't
ihm das Licht aus, und auf dieses Zeichen legt er sich
in ihre Arme. Rühmten die Alten mit Recht die
Penelope, daß sie ihrem Vater, als er sie fragte, ob
sie mit ihrem Manne ziehen, oder bei ihm bleiben wollte, keine Antwort gab, aber mit dem Schleier
sich verhüllend, sich für die Reise mit Ulysses erklärte,
so verdient die Zartheit der Empfindung, mit welcher
die wilde Jungfrau dem Jüngling stillschweigend ihr
Jawort dadurch giebt, daß sie das Licht ausbläs't, ehe
sie ihn in das Bette nimmt, gewiß unsre herzliche
Bewunderung.

Ein und zwanzigster Brief.

Lausanne, den 27sten Sept. 1791.

Am 23sten verreiseten wir aus Bern, und gestern Abend kamen wir hier an. Du siehst, daß wir unsrer Gewohnheit, Umwege zu machen, getreu bleiben, und wer wollte in diesem Lande anders reisen? Nicht als Bote, als Spaziergänger, muß man hier reisen, man muß lustwandeln. Wir kamen den Mittag an den Bielersee. So heißt er nach der Stadt und kleinen Republik Biel, welche an seinem östlichen Ufer liegt. Er hat gegen vier Stunden in der Länge und eine in der Breite, und wird umschlossen vom Kanton Bern, dem Fürstenthum Neufchatel und dem Bisthum Basel. Auch dieser See hat seine eigenthümlichen Schönheiten.

In sanften Hügeln erheben sich seine Ufer, welche theils mit Wiesen, Triften und Aeckern, theils mit Weinbergen und Wäldern in wechselnder Mannigfaltigkeit bedeckt sind. Viele Städtchen, Flecken und Dörfer beweisen die Bevölkerung dieser gesegneten Gegend, und mitten im See erhebt sich die Petersinsel, deren steile Ufer mit Wald umkränzet sind, indeß sie sich auf der westlichen Seite sanft senket und mit

Reben behangen ift. Diefe Infel gehört dem reichen Hofpital in Bern. Der Schaffner diefes Hofpitals bewohnet das Haus unten am Ufer, in welchem Jean Jacques Rouffeau zu kurze Zeit gewohnet hat. Wir befuchten fein Zimmer, deffen Wände von oben bis unten von Reifenden in allen Sprachen befchrieben find.

Aus feiner eignen Erzählung fieht man mit lebendigem Antheil, daß der fonderbare Mann, nach fo vielen Stürmen des Lebens, nach manchen eingebildeten und nach manchen wahren Verfolgungen, hier die Ruhe fand, deren feine glühende Seele noch fähig war. Sage niemand, daß er fie hier nicht oft wirklich fand, diefe tiefe Ruhe, diefe füße Vergeffenheit der Leiden eines mühvollen Lebens, diefe fanften Träumereien, deren manche die durchwachten Nächte bei der Lampe eines Gelehrten werth find, der nur gelehrt ift. Bei den großen Schönheiten diefer Infel, wo wir bald durch dicht verwachfenes Gebüfch uns durchdrängten, bald zwifchen hohen Eichen, Kaftanien, Hainbuchen und Fruchtbäumen im dunkeln Schatten wandelten, und wo uns dann und wann die Ausfichten über den See überrafchten, verloren wir mehrmalen über die Empfindung der rund uns umgebenden Natur den philofophifchen Einfiedler aus dem Geficht, aber oft fanden wir ihn wieder. Hier, fagte einer dem andern, hier ruhte oft Jean Jacques, auf diefes fteilen Ufers Höhe und fah mit einem von füßfchwärmender Empfindung gedämpften Bewußtfeyn

und mit starrem Blick dem Wellenspiele des Sees
nach; hier kühlte sich sein versengtes Gefühl an dem
Anblick der thauigen Kräuter, die er mit Liebe sam=
melte; dort unten ließ er sich forttreiben im Nachen
von den sanften Fluthen; dort liegt das winzige In=
selchen, das er mit Kaninchen bevölkerte, gegen wel=
ches die kleine Mutterinsel ihm ein großes Eiland
schien! Wir aßen auf der Insel. Nicht weit vom
Hause steht ein rundes Lusthäuschen, in welchem zur
Zeit der Weinlese die Jugend der umliegenden Ge=
gend alle Sonntage Nachmittags sich zum Tanz
versammelt.

Als wir die Insel verließen, empfanden wir
dem armen Jean Jacques lebhaft nach, mit welchem
Gefühle er auch diese Zuflucht verlassen mußte, auf
welche gebannet zu werden er mit Sehnsucht ge=
wünschet hatte. Armer Jean Jacques! Ich bin
weit davon entfernt, dich nur bewundernswerth zu
finden. Mich jammerten oft die verwahrloseten An=
lagen, die großen Schwächen deiner seltenen Seele,
das seltsame Gemisch deiner traulichen Hingebung und
deiner finstern Misanthropie! deiner Würde und dei=
ner Kleinheit! Die Erde sei dir leicht!

Wir schifften hinüber nach Erlach, einem Städt=
chen im Berner Kanton, waren gleich darauf im
Gebiet von Neufchatel und kamen den Abend in der
Stadt an.

Sie liegt an der nördlichen Seite des Sees, welcher ihren Namen trägt, neun Stunden lang ist, und zwei Stunden breit. Das Städtchen, in welchem ohngefähr dreitausend Seelen wohnen, ist sehr schön gebauet. Das Rathhaus ist von edler Architectur, und der Saal, in welchem sich die Herren vom Rath versammeln, verbindet republikanische Würde mit moderner Zier. Dieses Gebäude ist aus dem Vermächtnisse eines reichen Bürgers von Neufchatel, Püry, aufgeführet, und in diesem Jahre vollendet worden. Die Stadt hat ein Armenhaus und ein Hospital. Das Kornmagazin ist groß und in gutem Stil gebaut. Jede Stadt in der Schweiz hat große Kornmagazine, eine Vorsicht, welche in diesem so bewohnten Lande nothwendig ist. Die dazu bestimmten Gebäude zeichnen sich überall durch einfältige Größe der Bauart aus. Freie Völker haben immer ein feines Gefühl von der Würde der Menschen. Was zu den Bedürfnissen der Bürger gehört, trägt bei ihnen einen großen, geheiligten Charakter.

Die Aussicht auf den See ist sehr schön. Gegen der Stadt über erheben sich jenseit des Ufers die zackigen Gebürge des Kantons Freiburg. Die entfernten Schneegebürge des Kantons Bern, welche ich mich erinnere, dem täuschenden Anschein nach, ganz nahe sich empor thürmen gesehen zu haben, waren jetzt umwölkt.

Das mit der Grafschaft Valengin verbundene Fürstenthum Neufchatel, hat zehn Stunden in der

Länge, und fünf Stunden in seiner größten Breite.
Man rechnet gegen vierzigtausend Einwohner. Als
im Jahr 1707 seine Fürsten ausstarben, und die Ein-
wohner den König Friederich den Ersten von Preußen,
als Erben des Hauses Chalons, zum Fürsten erwähl-
ten, bestimmten sie vorher die gegenseitigen Rechte.
In Ermangelung der männlichen Erben würde das
Fürstenthum auf die weiblichen Linien fallen. Der
Repräsentant des Königs schwur die geschriebenen und
ungeschriebenen Gebräuche, Rechte und Freiheiten des
Landes ungekränkt zu lassen; die Repräsentanten des
Landes leisteten ihm den Eid der Huldigung.

Alle Regierungsgeschäfte müssen im Staat verhandelt werden. Daher kann der König, weil er abwesend ist, nur durch das Organ seines Statthalters
und des Rathes regieren. Nur im Staat, nur nach
den Gesetzen der Constitution, kann ein einzelner
Bürger gerichtet werden. Nur als Fürst von Neufchatel
steht der König in Verbindung mit dem Lande. Seine
Kriege gehen das Land nicht an. Es blieb seinem
Bündnisse mit Frankreich im siebenjährigen Kriege
treu, und der König mußte es ansehen, daß zwei
Compagnien Neufchateller in französischen Diensten
gegen ihn fechten.

Kein Unterthan dieses glücklichen Ländchens darf
in Verhaft genommen werden, ohne daß seine Richter
eine vorläufige Untersuchung angestellt haben. Strafen
und Geldbußen sind durch unverbrüchliche Gesetze ge-

nau bestimmt, und diese Strafen sind gelinde. Nur
das Recht die Strafe zu mildern oder zu erlassen,
ward dem Fürsten eingeräumt. Er darf keine neue
Auflage verordnen, und die alten sind gering. Der
Handel ist völlig ohne Einschränkung; für keine aus=
oder eingehende Waare bezahlt der Neufchateller Zoll.
Die Einkünfte des Königs sind verpachtet, und betra=
gen ohngefähr fünf und zwanzigtausend Reichsthaler.

Dieses kleine Ländchen hat ganz verschiedene Cli=
mata. Der mittägliche Theil am See genießet einer
sehr sanften Luft. Jegliche Kornart, alles Obst und
guter Wein gedeihen hier wir im pays de Vaud.
Die nördliche Seite hingegen, die auf einem Theil des
Juragebürges liegt, hat ein rauhes Clima, welches
kaum etwas Haber und Gerste hervorbringt. Gleich=
wohl ist auch dieser Theil sehr bewohnt, und durch
den Kunstfleiß seiner Einwohner berühmt. Die Be=
schreibung, welche uns der Herr Professor Ith von
den Menschen dieses Gebürges und von seinen großen
Naturschönheiten gemacht hatte, bewog uns zu einer
kleinen Bergreise, welche mir unvergeßliche Freude
gegeben hat. Nachdem wir uns früh am vier und
zwanzigsten in Neufchatel umgesehen hatten, begannen
wir diese Reise. Nahe an der Stadt, am Fuße des
Berges, sahen wir fruchtbare Felder. Der junge
Waizen und Roggen bedeckte schon die Aecker. Nach
und nach erhuben wir uns, und die Gegend nahm an
Fruchtbarkeit der Aecker ab; aber in eben dem Maaße

nahm die Schönheit und Würze des Grases und aller
Pflanzen zu. Bald fanden wir Blumen, welche in
niedern Gegenden den Lenz schmücken. Ich pflückte
eine Feldrose, deren starker und frischer Duft mit dem
Aroma erquickte, welches nur in hohen Gegenden
duftet. *) Der Weg war steil, und sehr uneben.
Hohe, bald nackte, bald mit Laubholz bekleidete Felsen
waren uns zur Rechten, links im jäh abschießenden
Thal, herrliche Wälder von Buchen und Tannen.
Durch diese Wälder zeigten uns große Oeffnungen
unten den See, mit den sanften Schönheiten seiner
Ufer. Die grünen Plätze zwischen den Felsen um uns
her waren in Menge bestreut mit den großen Pflanzen
der gelben Enziane, deren hohe Blume dieser Gegend
im Sommer einen großen Reiz geben muß. Nach
drei Stunden kamen wir auf den Gipfel eines Berges,
wo einzelne Häuser stehen. Dieser Ruheplatz heißt
La tour. Unsern Pferden war diese Ruhe zu gönnen;
uns hatte die Bergluft zum Genuß eines zweiten
Frühstücks den Appetit geschärft, welchen man in nie=

---

*) In Gegenden, welche wegen der nördlichen Breite
   kalt sind, ist die Vegetation schwach. Nicht so in
   Gegenden, welche ihrer Höhe wegen eben so kalt sind.
   Die hohen Alpen haben einen kürzern Sommer als
   Länder, welche zwischen dem sechs und funfzigsten
   und acht und funfzigsten Grade liegen; haben auch
   härtere Winter, aber ihre Vegetation ist außerordent=
   lich freudig.

dern Gegenden so nicht kennet. Treffliche Butter und
Honig labten uns, und wir Männer nahmen noch zur
Stärkung einige Schlucke von dem schweizerischen Kirsch=
wasser, welches dem Danziger Goldwasser an Stärke
und Wohlgeschmack nichts nachgiebt. Wohlgemuth
setzten wir unsre Reise wieder fort. Du weißt wie
wenig Sophia ängstlich im Fahren ist. Wenig Weiber
würden diese Reise machen können. Auf steilen, felsi=
gen Wegen lenkt man oft kurz an dem Abgrunde zur
linken Seite vorbei. Man muß der Geschicklichkeit
des Fuhrmanns, der Stärke und Sicherheit der Pferde,
und seinem Wagen trauen können. Und um der Schön=
heit dieser Reise sich zu freuen, muß man nicht ängst=
lich seyn.

Wir sahen in diesen hohen Gegenden außeror=
dentlich schöne Tannen vom Abhang des Thals, ver=
mischt mit hohen schlanken Buchen, die noch das frische
Sommergrün hatten, sich erheben.

Zwischen diesen schönen Wäldern öffnete sich das
grüne Thal, bedeckt mit weidendem Vieh. Auch rechts
öffneten sich zwischen Felsen große Triften. Nachdem
wir wieder von La tour an beinahe drei Stunden
gereiset waren, fuhren wir einen sehr steilen Weg
hinunter, und sahen im hohen Thale das schöne Dorf
Locle unten vor uns liegen.

Diese ganze Gegend, welche zur Grafschaft Va=
lengin gehört, ward vor dem Anfang des vierzehnten
Jahrhunderts noch nicht bewohnt. Das Ländchen,

welches nach seinem Hauptdorfe Locle heißt, in

Länge drittehalb Stunden und eine Stunde in

Breite hat, ward von wilden Thieren bewohnt,

ein Mann, Namens Droz von Corcelles, im südlich

Theil von Neufchatel, mit seinen vier Söhnen, un

dem Schutz von zweien Herren von Valengin;

Beurbarmachung dieses Fleckchens Erde unternah

Felsen, Abgründe, Moräste und verwachsene Wäl

eines Orts, welcher acht Monat lang unter der stre

gen Herrschaft des Winters steht, schreckten ihn ni

ab. Er gründete hier eine kleine, freie Kolonie, de

Ursprung ohngefähr in die Jahre fällt, in welchen

Eidgenossen sich vom Joch der österreichischen Zwi

herren frei machten. So wehete ein Geist der Fr

heit über ganz Helvetien! Diesem edeln Geiste v

danket noch jetzt, nach einem halben Jahrtausend,

ses hohe Thal seinen blühenden Wohlstand. A

lernt man Haller's Verse in der Schweiz empfind

Da, wo die Freiheit wohnt, wird alle Mühe minde

Die Felsen selbst beblümt, und Boreas gelinder.

In diesem rauhen Thale findest du ein D

dessen Häuser zum Theil Städte zieren würden.

Kirche ist ein großes edles Gebäude. Ihre Gloc

berühmt als die besten in der Schweiz, durchtö

das ganze Thal, wenn sie ein freies, sittsames, gl

liches Völkchen, das Freuden des Hirtenlebens

seltnem Kunstfleiß verbindet, zum Tempel des Vat

der Menschen rufen.

Das Pflaster und die Springbrunnen zeigen dir den Geist einer freien Gemeine, welche für wahre Bequemlichkeiten der Bürger sorgt. Alle Woche ist hier ein großer Markt. Es war Sonnabend, als wir hinkamen, und des Dörfchens reinliche Gassen wimmelten vom Verkehr sittsamer Leutlein, wie ein Ameisenhaufen. In der ehemaligen Behausung von Bären und von Wölfen wohnt ein durch Kunde mechanischer Wissenschaften erleuchteter Kunstfleiß. Die jetzt lebenden beide Droz, Vater und Sohn, deren künstliche Automaten in ganz Europa berühmt sind, stammen ab vom Stifter dieser Gemeine. In der tiefen Erde sind Mühlen angelegt worden, welche von unterirdischen Strömen getrieben werden.

Uhrmacher, Spitzenfabrikanten, Goldschmiede, Messerschmiede, Arbeiter in Email, Eisen und Stahl bevölkern diese Gegend. Landleben und Bergluft erhalten hier Menschen gesund und männlich, welche durch ihre sitzende Lebensart in Städten so bald weichlich werden und erschwachen.

Da das Wetter trübe war, und wir erfuhren, daß der Wasserfall des Dour noch zweite gute Stunden von Locle entfernt wäre, auch der Tag zu sinken anfing, versparten wir diese Fahrt auf den folgenden Tag, besseres Wetter hoffend, im gerechten Vertrauen auf den Charakter dieses schönen Jahres. Wir fuhren daher nach Chaux de Fond, welches anderthalb Stunden von Locle, und ungefähr auf gleicher Höhe

liegt. Dieses Thal ist zwei Stunden lang, in
verschiedene Quartiere eingetheilt, auch außer den zi
lichen Dörfern mit einzelnen Wohnungen bestreu
Auch hier wohnen Fleiß, Ordnung, Kunst und Wof
stand unter den Flügeln der Freiheit. Auch hier l
ben die Einwohner von Fabriken und von ihren fett
Viehweiden. Man zählt ohngefähr dreitausend Ei
wohner, unter denen vierhundert Menschen von b
Uhrmacherkunst leben. Jeder Theil der Uhr beschä
tigt seine besondern Arbeiter; daher die Genauigf
der Arbeit, daher die Fertigkeit der Künstler, daf
der wohlfeile Preis der Uhren. Wir besuchten ei
der vornehmsten Uhrmagazine, und fanden Uhr
von großer Schönheit, auch solche, welche den St
der Sonne zeigen, und also für jede gegebene P
Höhe eingerichtet werden müssen. Man verfert
jährlich zwischen zehn und sechszehn tausend Tasch
uhren, und viele Wanduhren.

Gegen sechshundert Weiber beschäftigen sich
Spitzenmanufaktur. Auch in diesem Thal, wie
Locle, werden oft neue mechanische Instrumente erfi
den. Man findet hier viele Deutsche. Es sollen a
vier große Mühlen hier seyn, deren Räder unter
Erde getrieben werden. Eins dieser Räder setzt, f
man, acht Sägen zugleich in Bewegung.

Der Verkauf des Viehes ersetzet zum Theil, n
diesen Thälern an Mangel des Korns abgeht, u

die Arbeit ihrer kunstreichen Hände bereichert das ganze Land.

Die Natur ist in der Schweiz eine fruchtbare, gesunde, liebevolle Mutter. Immer gebährend läßt sie sich zum Säugen ihrer Kinder keine Zeit. Aus ihren Armen nimmt die Freiheit sie auf, diese milde Amme; ernährt sie an ihrer weichen, warmen Brust, und jede natürliche Anlage gedeihet unter dem glück-lichen Hirtenvolk!

Am 25sten früh fuhren wir zurück nach Locle. Wir fanden unsre Wirthe wieder mit Vergnügen. Der Mann ist drei und achtzig, die Frau sieben und siebzig Jahr alt. Seit sechszig Jahren sind sie ver-heirathet. Mit Rühmung sagte mir die alte Baucis: Sieben und siebzig lebende Nachkommen nennen uns Vater und Mutter.

Wir hatten uns durch diese guten Leute einen char à banc bestellen lassen, um den Fall des Dour zu besuchen. Hier fuhren wir zwei steile Höhen hin-an und zwei steile Tiefen hinab. Hier gilt es nicht ängst zu seyn! In jähen Krümmungen entschwindet oft der Weg deinen Augen, und du siehst nur den Abgrund neben dir. Der Führer läuft nebenher, oft im engen Wege, fast gedrängt zwischen den Felsen und dem Fuhrwerk, von Stein zu Stein wie ein Gemse springend. Die Fahrt ist sehr schön. Felsen und Buchen, welche bald stauden, bald zu schlanken Stäm-men erstarken, schnell geöffnete und wieder geschloßne

Aussichten in die grünenden Thäler, und zuletzt von
oben herab der Blick auf den schmalen Dour, welcher
Neufchatel von der Franche Comté trennt, und in
einem hohen Felsenbette zum See wird, der nach
einem französischen Dorfe las de Mouron heißt; alle
diese Gegenstände ergötzen das Auge auf eine unbe-
schreibliche Art, und erfüllen mit süßen Freuden das
Herz. Eine jähe Fahrt hinunter in's Thal, brachte
uns in's Dörfchen Brenets. Auch hier wohnen Uhrmacher und mechanische Künstler. Wir stiegen aus
unserm Fuhrwerk, und schifften ein am Ufer des
schon breitern Dour, welcher nach einigen Minuten
uns in den tiefen Felsenkessel brachte, welcher der
See Mouron heißt. Dieser See, welcher sich einigemal zwischen seinen steilen Felsenufern krümmt, ist
so schmal, daß man ihn mit Recht mit dem Dour für
denselbigen Fluß halten möchte, wenn nicht seine Tief
eigne Quellen bewiesen. In phantastischen Gestalte
erheben sich theils seine Felsenufer steil gen Himme,
bald mit nackten Klippen, bald mit finstern Tannen;
theils erheben sie sich stufenweise, und jede Stufe ist
bedeckt mit freundlichen Buchen und hellgrünend
Eschen, die in freudiger Lebensfülle wild durch einander verwachsen sind.

Es war ein schöner Tag, und die dunkle Bläue
des Himmels, dessen hohe Wölbung wir nur sahen,
ward erhoben durch das mannigfaltige Grün der
Bäume und durch die glänzenden Felsenmauern.

:iefe, heilige Stille wohnet hier, ausgenommen wo
:e und da eine meckernde Ziege, oder ein auffliegen=
:r Adler sie unterbricht.

Große Adler schwebten in unermeßlicher Höhe
ber uns, und zuckten nur einmal im Fluge, wenn
nsre Schiffer die schlummernde Echo mit ihren Flin=
'nschüssen weckten. Die Waffer des See's haben
efe Kanäle in die Felsen eingegraben, aber sonder=
ar, ja unbegreiflich ist es, daß eben solche tiefe hori=.
ontale Aushöhlungen in den Felsen gewiß mehr als
vanzig bis dreißig Ellen hoch die ehemalige Höhe
es See's bezeichnen. In uralten Zeiten also, welche
ieit über die Geschichte dieses Landes hinaus gehen,
uß das ganze Thal ein tiefer See gewesen seyn.
iiese Rinnen vermehren das Phantastische der Felsen,
ielche mit jeder Seltsamkeit beschenkt, mit jeder
Schönheit gekrönt, deren schauervolle Klippen und
Höhlen mit Blumen und rankendem Gesträuch behan=
en sind. In schmalen Ritzen der Felsen wurzeln
chöne Bäume, und auf einem der höchsten Gipfel
rhebt sich eine schlanke Tanne, dem Anschein nach
uf dem kahlen Steine. Zuletzt sahen wir das Ende
ies See's, und das trockene Bette des Fluffes, wel=
her sich im Sommer nicht sichtbar aus ihm ergießt,
'ondern sich in die Erde verbirgt. Wir stiegen aus
uf dem neufchatelschen Ufer, und sahen gegen uns
lber drei franzöfische Commis, gegen deren Unbeschei=
denheit uns unser Schiffer warnte. Sie hatten noch

neulich unter nichtigem Vorwand einen Reisenden fast
den ganzen Tag aufgehalten.

Wir gaben unsre Brieftaschen und Geld in die
Hände eines von unsern Begleitern, damit jene nicht
die Neugierde dieser Franzosen unterhalten, und man
uns nicht nöthigen möchte, wie zuweilen Reisenden
widerfährt, unsre Louisd'or gegen Assignate mit vier=
zig Procent Schaden umzuwechseln. Nun gingen
wir mit entschloßner Miene, welche an Trotz gränzte,
über das trockene Ufer des Flusses. Sie ließen uns
ruhig vorbei gehen, wiewohl sie offenbar unsertwegen
herbei gekommen waren, es sei nun, daß unsre Miene
ihren thätigen Eifer fesselte, oder daß sie nichts bei
Leuten zu finden hofften, welche eben ihnen gegenüber
ihre Taschen geleeret hatten. Nach etlichen hundert
Schritten erreichten wir eine felsige Höhe. Hier sahen
wir den Dour jenseit eines tiefen aber schmalen Tha=
les aus der Erde, die ihn eingesogen hatte, wieder
hervor sprudeln, und nach etwa dreißig Schritten, ge=
rade uns über, in einem Fall von ohngefähr achtzig
Fuß tief, über Felsen in das Thal stürzen.

Nicht der dritte Theil seines Bettes war ange=
füllt; in andern Jahrszeiten, oder auch in einem min=
der trocknen Sommer, muß die stürzende Wassermas=
viel ansehnlicher seyn, aber dann sieht man auch nicht
wie die Erde ihn einsaugt, und wie er aus ihrem
Schooße hervor quillt.

Wir schifften nun wieder ein, sahen mit neuem
Ergötzen unsern See und unsre Felsen, und hielten
still bei einem großen Risse, welcher in ansehnlicher
Höhe und Tiefe einen Felsen spaltet, und eine tiefe
Höhle bildet. Wir gingen etliche funfzig Schritte
tief hinein, und würden uns weiter hinein durch ein
schwarzes Loch gewagt haben, wenn nicht unser Schif=
fer vergessen hätte, Licht mit sich zu nehmen. Ein
Mensch muß von allem, was nur entfernte Analogie
mit Einbildungskraft hat, völlig entblößt seyn, wenn
er sich nicht einen Augenblick als Bewohner dieser tiefen
Felsenkluft denket. Seine Phantasie wird sie ent=
weder mit einem Todtenkopfe zur Zelle eines büßen=
den Waldbruders möbliren, oder er wird in ihr
die Zuflucht eines Jägers, oder eines Hirten, oder
endlich eines einsamen Paares finden, welches hier,
selig durch Unschuld, Liebe und Freiheit, von den
Fischen des See's lebet, von wilden Früchten, von der
Milch kletternder Ziegen.

Ich gestehe dir, daß ich sie mit Sehnsucht und
mit vollem Herzen verließ.

Wir schifften nun wieder nach Brenets, fuhren
in unserm char à banc nach Locle, wo wir zu Mit=
tag aßen und den Schall der schönen Glocken hörten,
als eben zur Nachmittagskirche geläutet ward. Dann
machten wir uns wieder auf. Unser Weg führte uns
zurück nach La tour. Wir sahen nun im Sonnen=
schein das schöne Thal, welches den Tag vorher in

16*

trübem Wetter lange so schön nicht schien. Es war angefüllt von frohen Spaziergängern, welche familienweise in ihren Sonntagskleidern ihr Vieh besuchten. Du weißt, wie unsre Landleute ihr Vieh lieben, aber das ist nichts gegen den traulichen Umgang des Schweizers mit dem seinigen.

In gebürgigen Gegenden theilen nicht die Aecker seine Sorgfalt. Die Heerde ist sein Vermögen. In den Alpen zieht der Hirte zu bestimmter Zeit mit dem Vieh auf die Berge, zu bestimmter Zeit in die Thäler. Auch das Völkchen dieser Thäler liebt seine Heerden vorzüglich. Wir sahen Männer, Weiber und Kinder ihre Kühe liebkosen, und ich werde nie einen wohl angezogenen Mann, mit einer wollenen Mütze auf dem Kopfe, vergessen, der mit über einander geschlagnen Armen, in verliebtem Anschaun, mit ganzer Seele auf seine fette, große, fleckige Kuh gerichtet war, an deren Halse eine schöne metallene Glocke hing, und mit jedem Schritt, den sie machte, sein Ohr ergötzte. Er ward unsers auf Felsen rollenden Wagens nicht gewahr, er sah, er hörte nur seine Kuh.

Es war schon ziemlich spät, als wir nach La tour kamen, und ein Glück für uns, daß wir einen Wegweiser fanden, denn da wir weder nach Neufchatel zurück wollten, noch auch vor der Nacht es hätten erreichen können, so mußten wir bald von der Straße abweichen und einen steilen engen Nebenweg hinunter fahren, welcher uns in Gegenden brachte, die

unserm Berner Fuhrmann völlig unbekannt waren.
Wir fuhren einigemal auf schroffen Felsen. Ohne
Wegweiser hätten wir die Nacht unter freiem Himmel
bleiben müssen. Als wir den Seitenweg hinunter
gefahren waren, wurden wir plötzlich einer großen
Veränderung des Clima gewahr. Auf den Bergen
und in den hohen Thälern war die Luft sehr scharf
gewesen, und wo zwischen Oeffnungen der Berge der
Wind uns angewehet, hatten wir Kälte wie in späten
Novembertagen empfunden. Hier sahen wir doch
wieder Obstbäume, und die Luft war minder rauh.
Mit einsinkender Dunkelheit kamen wir an im Städtchen Baudry, welches zu Neufchatel gehört. Gestern
früh fuhren wir aus und kamen bald an das Ufer
des Neufchateller See's. Zwischen seinen vom Winde
hoch schäumenden Wogen an der linken und dem langen Rücken des waldigen Jura an der rechten Seite,
reiseten wir den Vormittag bis Yverdon. Eine
Stunde vor Yverdon kamen wir durch Grandson.
Die Stadt und das Amt dieses Namens gehören gemeinschaftlich den beiden Kantonen Bern und Freiburg. Im Jahr 1476 fiel die Stadt in die Hände
Karls des Kühnen, Herzogs von Burgund, welcher,
gegen gegebenes Wort, die Besatzung theils henken,
theils ersäufen ließ. Aber bald nachher, am 3ten März
eben dieses Jahres, schlugen ihn die Schweizer an diesem Ort. Er verlor sein Lager, Gepäck und Geschütz.
Diese Schlacht war die Vorläuferinn des größern

Sieges bei Murten, welcher ihn bemüthigte, und des Sieges bei Nancy, der dem rastlosen Eroberer das Leben nahm. Yverdon ist eine der ältesten Städte der Schweiz. Sie ist eine von den vier Städten des pays de Vaud, welche les quatre bonnes villes hie=ßen; diese waren Moudon, Yverdon, Morges und Nyon. Sie hat ansehnliche Municipalrechte, einen kleinen und einen großen Rath, der aus sechs und dreißig Personen besteht, und dessen Präsident ein Venner (banneret) ist.

Man sieht in Yverdon ein altes Schloß mit vier Thürmen, welches Conrad, Herzog von Zähringen, im zwölften Jahrhundert erbauet hat. In dieser Stadt ist eine Gesellschaft, welche freiwillige Steuern für die Armen einsammelt; das Betteln verhindert und die Armen auf dem Lande unterhält, ohne fauler Bettler Trägheit zu füttern.

Die Lage der Stadt am südlichen Ende des Neufchateller See's ist reizend. Sie hat schöne Alleen von Kastanien, Linden und welschen Pappeln am See. Es that mir Leid zu sehen, daß von einer großen Lindenallee alle Bäume unten rund umher abgerindet, also der Art bestimmt waren. Man will dort, wie man gegen über schon gethan hat, die großen Bäume, welche den Großvätern und Aeltervätern schatteten, abhauen, um welsche Pappeln zu pflanzen. Man führt zur Entschuldigung an, daß die Bäume alter=ten und zum Theil schon abständig wären. Es mag

)n, sonst würde mir der Gedanke, große Linden
nzuhauen, um junge Pappeln an ihre Stelle zu
zen, der Bürger von Abdera würdig scheinen. Den
achmittag fuhren wir durch sehr fruchtbare Gegen=
n. Zwei Stunden von Lausanne sahen wir in einem
orfe einen marmornen Obelisk, dessen vier Seiten
vier Sprachen, in der deutschen, lateinischen, fran=
sischen und englischen, die Inschrift haben: "Lobet
n Herrn alle Völker."

In der Dämmerung, welche uns die schöne Aus=
ht auf den See umschleierte, kamen wir gestern
jend hier an.

Zwei und zwanzigster Brief.

Vorgestern früh gingen wir an das Ufer des See's
und schifften ein, um eine Fahrt von zwei Tagen
nach Vevay und dem Ufer von Savoyen zu machen.
Wir fuhren zuerst hinüber nach Meillerie in Savoyen.—
Der Tag war heiter und verschönerte den schönen
See, dessen Gewässer zur rechten Seite sich in sanfter
Krümmung hinter den Bergen der Ufer verloren, indessen, daß wir links bis hin an sein Ende sahen, wo
sich die Gebürge von Wallis mit ihren zackigen Fel-
sengipfeln thürmen, und unter diesen die hohe Klippe,
welche la dent de lament heißet.   Vor uns sahen
wir die mit Wald bedeckten Berge von Savoyen und
die berühmten Felsen von Meillerie. Dieses Dörfchen
liegt unmittelbar am See gedränget zwischen seinen
Wassern und dem hohen Berge.   Die Felsen, welche
einen Theil des Berges ausmachen, stehen fast senkrecht an dem See, und lassen nur einem schmalen
Wege Raum.   Sobald wir ausgestiegen waren, nahmen wir einen Wegweiser, um den Berg zu bestei-
gen.   Der Weg ist oft ziemlich steil und führt vor tiefen

Abgründen vorbei. Der untere und mittlere Theil des
Berges wird von Wallnußbäumen und mehreren Kastanienbäumen beschattet, weiter oben wachsen stau-
dende Buchen, Mehlbeerbäume (crataegus) und anderes Laubholz. Wir erstiegen nicht den Gipfel des
Berges; Sophia blieb mit Ernst auf einem schönen
grünen Platze, wo sie vor sich einen Theil des See's
und das Theater der wallisischen Gebürge sah; wir
andern kletterten einen wahren Gemsenjägerpfad
hinunter, wo ein falscher Schritt uns in den Abgrund
gestürzet hätte, konnten uns aber mehrentheils an
jungen Stauden halten, oder an vorstehenden Felsen.
So kamen wir auf die Felsen, welche Rousseau mit
Recht zur Einsiedelei eines Liebenden auserkor. Dem
gefeierten Vevay gegen über standen wir an den glatten Steinen, welche Saint Preux mit Juliens Namen
beschrieb und legten uns auf eine große Felsenbank,
von der wir unmittelbar unter uns den See mit durchsichtigen, blaugrünen Wellen die untre Felsenwand
bespülen sahen. Dicht verwachsene Stauden hingen
über uns und rund um uns her herrschte feierliche
Stille, welche dann und wann plötzlich von Steinen,
die unter uns im gehöhlten Felsen gesprengt wurden
und vom lauten Getöse der Tannenstämme unterbrochen ward, die man hoch herab vom Gipfel des
steilen Berges stürzet, um sie unten einzuschiffen.
Die Schönheit der Aussicht auf den See, auf die
dicht bewohnten Ufer des pays de Vaud und auf die

hohen wallisischen Felsengebürge, über welche hinten
ein Schneeberg vorraget, ergötzen und beschäftigen den
Geist, welcher dann, in Betrachtungen versinkend,
auch gern von dieser Beschäftigung des mannigfaltigen
Anschauens ausruht und sich mit wollüstigem Ernst
auf die schauervolle Einsiedelei dieser Felsen einschränkt,
wo kein Fußtritt hallet, wo kein Aug' uns sieht.
Wir entrissen uns ungern dieser Stätte, klommen wie=
der den steilen Pfad hinan und gingen mit Sophia
und Ernst zurück nach Meillerie. Wir sahen und hör=
ten behauene, abgerindete Tannenstämme herabwälzen.
An den steilsten Abhängen werden glatte Stämme hin=
gelegt, über welche sie mit unglaublichem Ungestüm
hinuntergleiten, und so schnell, daß, wenn man über
diese Bahn geht, der Wegweiser bittet zu eilen, damit
man nicht von noch ungesehenen, noch ungehörten
Stämmen plötzlich ereilt und zermalmet werde. An
vielen Stellen ist der Abhang des Berges so jäh, daß
man geworfene Steine lange Zeit von Fels zu Fels
rollen hört bis in die Tiefe. Wir blieben den Mittag
in Meillerie. Die Bewohner haben weder Aecker
noch Weinberge. Vor ihren Häusern und über densel=
ben ziehen sie an Stangen hoch aufrankende, überhan=
gende Reben, deren Trauben, so schön als die vom
pays de Vaud, wegen ihrer geringen Anzahl nur
zum Essen dienen. Nur einige sind wohlhabend ge=
nug, Kühe zu halten. Die andern leben vom Ertrag
ihrer Wallnüsse, aus denen Oel gepreßt wird, und

ihren Kastanien, gegen welche sie Korn einhandeln.
Sie nähren sich hauptsächlich mit Kastanien, Fischen
und Kartoffeln. Den Nachmittag schifften wir hinüber
nach Bevay. Die Sonne ging uns über dem Ufer
des See's unter; noch lange röthete sie mit dunklem
Purpur die Felsen und mit Rosenglanz den Schneeberg, welcher oben noch erhellt war, als wir in tiefer
Dämmerung in Bevay landeten.

Bevay ist eine alte Stadt. Im Tagebuche des
Kaisers Antonin wird ihrer unter dem Namen Vivis-
cula erwähnet. Auf deutsch heißt sie noch Vivis.
Sie ist die zweite Stadt des pays de Vaud nach
Lausanne, und noch angenehmer durch ihre Lage und
die Milde ihrer Luft. Sie hat, wie die andern Städte
des pays de Vaud, ihren kleinen und großen Rath,
und große Freiheiten. Die eine Kirche ist sehr schön,
ihr hoher und viereckiger Thurm nimmt sich von weitem aus. Die Stadt ist hübsch gebauet und wird von
wohlhabenden Bürgern bewohnt. Einen Kanonenschuß
von ihr liegt gegen Morgen ein anderes Städtchen,
la tour de Peyl, welches mit Bevay nur Eine Stadt
auszumachen scheint.

Gestern Morgen bestiegen wir den schönen Kirchthurm von Bevay. Wolken bedeckten einen Theil der
Gebürge. Das Thal, aus welchem der Rhone sich in
den See ergießt, war mit Wolken belegt und schien
ein zweiter See zu seyn, der nur durch einen Damm
vom wahren See getrennt und durch eine schmale

Oeffnung mit ihm verbunden wäre. Diese Oeffnung war der Rhone. Auch von diesem Strom, wie von allen, welche durch See'n fließen, fabeln und glauben die Fischer, daß seine Fluthen sich nicht mit dem Gewässer des See's vermischen. Bevay ist von Weinbergen umgeben, und der Wein wird sehr hoch geschätzt. So mild aber auch das Klima ist, ist es doch schnellen Veränderungen unterworfen. Ich erinnere mich, daß ich auf meiner ersten Reise die letzten Tage der Weinlese hier zubrachte und den 30sten October noch in später Dämmerung von den letzten eingesammelten Trauben und weiße Feigen aß. Der Abend war sehr milde und die Nacht fror es so stark, daß noch lang nach Sonnenaufgang des folgenden Tages Eis zu sehen war.

Gestern Morgen schifften wir wieder hinüber nach der Küste von Savoyen. Wir fuhren noch an unsern Felsen von Meillerie vorbei; wir Männer stiegen mit Ernst zwei Stunden von Evian aus, und gingen zu Fuße hin, auf einem hohen Wege am See, in einem ununterbrochenen Walde von ächten Kastanien und wenigen Nußbäumen. In Niederdeutschland erreichen die ächten Kastanienbäume nie eine ansehnliche Größe, so wie auch ihre Frucht selten reift. Hier aber, und schon in einigen Orten der Schweiz, vorzüglich im südlichen Graubünden, und in den italienischen Vogteien, vertritt oft ihre Frucht die Stelle des Korns, und die Bäume geben weder an schlankem Wuchs den holsteinischen Buchen, noch an Stärke den westphälischen Eichen etwas nach. Ich wüßte keinen Baum, welchen ich diesen vorziehen könnte. Die Leutlein des Landes waren sehr mit dem Einsammeln der Wallnüsse beschäftigt. Auf meiner ersten Reise hatte ich oft Gelegenheit mit Savoyern umzugehen. Es ist ein frohes, gutherziges Volk, welches den Druck der Regierung schwer auf sich liegen fühlt, zum Theil in sehr fruchtbarer Gegend lebet und darbet, indeß daß es in der Nachbarschaft auf minder ergiebigem Boden ein wohlhabendes Volk sieht, und auf den Segen der Freiheit nachdrücklich aufmerksam gemacht wird. Evian ist ein Städtchen, in welchem einige gute Häuser stehen. Die meisten sind elend. Die königlichen Prinzen pflegten alle Jahre hinzukommen, und einige Monate dort zu bleiben, um die Kur des Brunnens, welcher eine Stunde vom Städtchen quillet, zu brauchen. Seit drei Jahren sind sie nicht gekommen. Das Wirthshaus, welches unser Schiffer als das beste gerühmt hatte, war elend, besonders wegen der großen Unsauberkeit, die man überhaupt in Savoyen antrifft, und welche durch die Reinlichkeit der Schweizer noch auffallender wird. In dem schönen Wetter, welches uns auf dieser Reise so treu bleibt, segelten wir mit günstigem aber schwachem Winde zurück nach Lausanne. Mit Recht rühmet man die lachenden Ufer des pays de Vaud, ich gestehe aber, daß ich die hohen Ufer von Savoyen mit ihren Felsen und Kastanienwäldern noch weit vorziehe.

Lausanne ist die größte Stadt des pays de Vaud.
Sie liegt auf einer reizenden Anhöhe, ein kleines halbes Stündchen vom Genfer See. Sie hat schöne
Häuser, ist aber auf so unebenem Boden gebauet, daß
gewöhnlich drei Pferde in der Breite vor die Kutschen
gespannt werden, weil einige Straßen sehr jähe sind.
Die Stadt ist sehr alt; zu der Römer Zeit hieß sie
schon Lausanna, man glaubt aber, daß sie damals
weiter unten, näher am See gelegen habe. Im sechsten Jahrhundert ward der Bischofssitz von Avenche
hierher verlegt. Seit der Reformation residirt der
Bischof in Freiburg, und zieht noch einige Einkünfte.
Zur Zeit der Bischöfe hatte Lausanne schon große Freiheiten, welche unter der Regierung von Bern noch
erweitert worden.

Lausanne erwählt seinen Bürgermeister, fün
Venner, den kleinen Rath, den Rath der Sechsziger
und den großen Rath von Zweihunderten. Die Stadt
hat ihre eigene hohe und niedre Gerichtsbarkeit. Die
Regierung von Bern hat sich fast nichts vorbehalten,
als die Souverainität, das Recht Soldaten zu waffnen,
Münzen zu schlagen, und das schöne Recht der Be-
gnadigung.

Die Akademie, welche im Jahr 1537 gestiftet
ward, ist nach und nach immer erweitert worden.
Um des berühmten Tissots willen hat man auch einen
Lehrstuhl für die Heilkunde den übrigen hinzu gefügt.

Dieser Mann wird hier auch seiner persönlichen Eigenschaften wegen sehr hoch geschätzt. Es ist rührend zu hören, wenn die Einwohner dieser Stadt von ihm reden, und dann, nachdem sein Geist und sein Herz gerühmt worden, ein Mann hinzu fügt: Mir hat er mein Weib erhalten, und eine Mutter: er hat meine beiden Kinder dem Tode entrissen.

Der hiesige Münster ist sehr schön nach altgothischer Art. Vor der Kirche ist ein mit Bäumen bepflanzter Ort, von welchem man einer schönen Aussicht auf den See genießet.

Das Hospital ist groß und prächtig. In diesem Lande ist die Milde der Einwohner größer als das Bedürfniß der Armen. Das schöne Gebäude soll fast leer stehen. Du wirst aus den öffentlichen Blättern sehen, daß die Regierung von Bern über dreitausend Mann in das pays de Vaud hat einrücken lassen. Mehr als zweitausend liegen seit einigen Wochen in dieser Stadt. Ich zweifle nicht, daß unsre Zeitungsschreiber, theils aus Unwissenheit, theils wohl wissend weswegen sie so manche Maaßregeln weiser Regierungen in ein falsches Licht setzen, auch diesen Schritt falsch beurtheilen werden. Und sie beurtheilen ihn gewiß falsch, wenn sie mehr von den Gründen, nach welchen man gehandelt hat, wissen wollen, als man hier weiß. So viel ist gewiß, daß die Franzosen, welche das Land im vorigen Jahre überschwemmten, einen Geist der Unruhe verbreiteten. Daß sich dieser Geist auf mannigfaltige Art geäußert, daß Uebelgesinnte getrachtet haben, ihn dem Volke mitzutheilen, ist außer allem Zweifel. Einige Personen sind plötzlich in Verhaft genommen, und auf ein Schloß am östlichen Ende des See's festgesetzet worden. Heute sind die vornehmsten Magistratspersonen von den Städten des pays de Vaud hier erschienen, und von einer Deputation der Regierung ermahnet worden. Die Soldaten standen unter dem Gewehr, um dieser Handlung mehr Feierlichkeit zu geben. Ich vermuthete, daß das Gefühl der Einwohner dadurch empört werden möchte; aber Personen von verschiedenem Stande, billigen das Verfahren der Regierung von Bern. Sie gaben alle zu verstehen, daß ein Feuer unter der Asche glömme, und plötzlich ausgelöscht werden müßte.

Ein Edelmann dieses Landes, welcher verschiedene Güter und keine Verbindungen in Bern hat, und ein andrer Mann, dessen Namen seiner Meinung Gewicht geben würde, wenn ich ihn nennen wollte, sprach aus eben diesem Ton.

Ich habe mit Niemand in Bern gesprochen, welcher nicht von der Nothwendigkeit dieses Schritts mit Traurigkeit geredet hätte, und die Vernünftigsten im pays de Vaud rühmen die Weisheit und Milde ihrer

Regierung. Es ist wahr, daß der Adel und die Städte dieses Landes zu Zeit, als es eine Provinz von Savoyen war, das Recht übten, Landstände zu versammeln. Dieses Recht verloren sie, als sie im Jahre 1536 von den Bernern erobert wurden. Die Regierung von Bern bot damals dem Adel des eroberten Landes das Recht der Bürgerschaft an, kraft welches sie an allen Ehrenstellen der Republik hätten Theil nehmen können; aber er schlug es aus, in Erwartung, daß der Herzog von Savoyen das Land wieder einnehmen würde. Nur drei Geschlechte nahmen es an, und sind dessen noch jetzt theilhaftig. Indessen ist die Form der Verfassung in höhem Grade frei, und der Geist der Regierung ist von großer Milde und Weisheit.

Das Volk ist vollkommen zufrieden, und diejenigen, welche aus Lust zu Veränderungen einen Aufruhr bewirken wollten, würden von der zahlreichsten Klasse der Nation, von den kleinen Bürgern und Bauern, so heftigen Widerspruch und thätigen Widerstand finden, als von der Regierung selbst. Als im vorigen Jahre ein allgemeiner Mißwachs diese Provinz heimsuchte, überließ der Rath von Bern ihren Bewohnern den eingekauften Vorrath des Getraides so wohlfeil, daß der Staat 1,500,000 Berner Pfund, das heißt über 600,000 Rthlr. Schaden dabei hatte. Du weißt, daß ich von Kindheit an ein Feind der willführlichen Gewalt, und also kein Freund unumschränkter Monarchien, noch der oligarchischen Aristokratien war, und meiner Denkungsart nach es auch nicht werden kann.

In diesen Zeiten aber werden Freiheit und Despotismus, sobald ihn das Volk, ja der Pöbel oder seine Demagogen ausüben, so mit einander verwechselt, wiewohl sie sich grade entgegen sind, daß auch ich, mit so manchen andern, welche Ordnung und Sicherheit lieben, leicht mißverstanden werden könnte, wenn ich glaube, daß Freiheit auf Gesetze, Gesetze auf Sitten, Sitten auf Gottesfurcht gegründet werden müssen. Ich billige noch nicht, wie ich niemals that, den bekannten Ausspruch von Pope:

On forms of government let fools contest,
Whatever is best administerd is best.

Pope's Essay on Man.

"Laß Thoren über die Form der Regierungsverfassungen streiten, die Regierung ist die beste, welche am besten verwaltet wird."

Denn theils sind gewisse Formen keiner guten Verwaltung fähig, theils nur auf kurze Zeit, theils erniedrigen sie den Menschen unter seiner Würde. Aber der Meinung bin ich durch Beobachtung und durch Nachdenken geworden, daß es zwar sehr viel auf die Form, doch noch weit mehr auf den Geist der Regierung ankomme. Aristoteles, der scharfsinnigste und staatskundigste aller Philosophen, giebt der Form der Verfassung von Carthago das Lob, daß sie die beste von allen ihm bekannten gewesen sei; und doch, welcher Biedermann wollte

n Geist dieser Verfassung rühmen? Die Form der
erfassung von Bern ist weit von den Idealen ent=
rnt, welche ich mir von einer Staatsverfassung
ache, denn sie gränzet an Oligarchie, aber der Weis=
it, dem Adel, der Milde ihres Geistes lassen so=
ohl die erleuchteten Unterthanen des pays de Vaud,
s die große Volksclasse Gerechtigkeit widerfahren.

Die Soldaten werden in einigen Tagen wieder
s Land verlassen und sich in ihre Hütten begeben.

Was strenge Kriegszucht von Miethlingen durch
rbarische Mittel kaum erhält, durch Mittel, welche
hässiger als die Unordnungen sind, die sie verhüten
llen, das erhält ein Wort des Officiers vom freien
oldaten der Republik.

Auch diejenigen, denen ihre Ankunft zuwider war,
hmen ihre Aufführung. Weit entfernt von unbe=
eidnen Forderungen haben sie kaum Erfrischungen
nehmen wollen, die man ihnen bot. In Moudon
urden Soldaten bei einem reichen Bürger einquar=
t, dessen Garten voll reifer Früchte stand. Sie
aren ihm sehr unwillkommen, als sie aber von
m schieden, gab er ihnen das Zeugniß, daß sein
arten nie besser wäre bewacht worden. Als Bür=
r desselben Staats sind sie gefällig und freundlich
gen die Einwohner und selbst die Verschiedenheit
r Sprache hat nicht zu dem mindesten Mißverständ=
ß Anlaß gegeben.

17 *

Es ist übrigens eine Freude, diese Leute unter den Waffen zu sehen. Angeführt von Officieren, welche mehrentheils in fremden Kriegsdiensten gestanden, und deren Geschicklichkeit auch Fremde rühmen, gehorchen sie schnell, aber nicht mit knechtischer Miene. Die Officiere erkennen in ihnen freie Mitbürger und gehen freundlich mit ihnen um. Es ist eine schöne, stark gebildete Mannschaft, welcher Freudigkeit und Muth aus den Augen blitzt.

Drei und zwanzigster Brief.

Genf, den 2ten October 1791.

Vorgestern reiseten wir aus Lausanne, wo wir län=
ger würden geblieben seyn, wenn die bevorstehende
Reise und die Jahrszeit uns nicht zu eilen zwängen.
Die Lage der Stadt ist außerordentlich reizend. Wir
genossen ihrer, indem wir Abschied von ihr nahmen,
und von der lieblichen Anhöhe, an welcher sie liegt,
hinunter an die Ufer des See's fuhren. Diese sind
reich an mannichfaltiger Schönheit. Die verschiednen
unter einander liegenden Bergketten der jenseitigen
savoyer Küsten zeigen jeden Augenblick, je nachdem
die vordern Felsen schneller als die hinter ihnen sich
thürmenden Gebürge dem Auge entschwinden, einen
neuen Anblick.

Der Montblanc, dessen Spitze man in Lausanne
an einigen Orten über die Klippen hervor ragen sieht,
hebt sich immer mehr und mehr in blendender Schön=
heit und furchtbarer Größe. Der erstaunte Blick ruht
dann aus von den großen Wundern der Natur auf
den lachenden Gegenständen der Küsten, ihren Wein=
bergen, Wäldern und dicht bewohnten Hügeln, oder

auf den Wellen des See's. Gebadet von ihnen wird das schöne Städtchen Morges, das minder anmuthige, doch freundliche Städtchen Rolle, und das ansehnlichere Nion, welches seinen alten römischen Ursprung nicht verräth, sondern aus Landhäusern zu bestehen scheint, deren Besitzer hier zusammen trafen, um unter dem Schirm der Freiheit ungestört die Freuden einer jugendlichen, schönen Natur zu genießen. Wir kamen schon den Mittag an, und blieben den übrigen Tag und die Nacht im gastfreundlichen Hause des Herrn Reverdil, eines treflichen Mannes, den ich vor beinahe dreißig Jahren in meiner Kindheit zuletzt gesehen hatte, und mit desto mehr Vergnügen wieder sah, da ich ihn im Umgang mit einer liebenswürdigen Gattinn glücklich fand. Wir verließen sie diesen Morgen, und fuhren durch Gegenden, welche weisem Lebensgenusse gewidmet zu seyn scheinen, den Wohnsitzen zweier Weisen unsrer Zeit, Necker's und Bonnet's, vorbei. Ich hoffe dich bald von beiden unterhalten zu können. Der Montblanc enthüllte sich immer mehr. Er selbst, ein ganzes Schneegebürge, herrscht mit seinen Gipfeln über die lange, hohe Kette des savoyischen Schneegebürges, dessen Glanz und Größe durch nähere Felsenrücken weniger verborgen als erhöhet wird.

Zwischen Nion und Genf sahen wir reifen Buchwaizen, welcher erst nach der Waizenernte auf dieselben Aecker gesäet worden.

Genf verbirgt sich, als wollte es plötzlich über=
schen, hinter einer Landzunge. Lange fährt man an
n Landsitzen seiner reichen und freien Bewohner vorbei,
e man es selber gewahr wird, und dann erscheint
mit Würde unmittelbar am Ausfluß des Rhone
s dem See. Ich freue mich, eine Stadt und Ge=
nd, die ich ehre und liebe, wieder zu sehen.' Es
einet mir fast, daß man, wenn man die Jahre der
gend lange schon hinter sich verschwinden sah, mit
ehrerem Interesse das Gesehene wieder sehe, als
ich dem Anblick des Neuen verlange. Sehnet man
h nach dem Neuen mit Inbrunst, so spannet der Geist
ßere Segel, welche Lüfte wie diese, die die Erd
mathheit weder wölben sollen, noch zu wölben ver=
ögen. Und schwellen nicht auch oft die Hauche de=
r, welche vor uns von hinnen schieben, unsre Segel
hin?

Vier und zwanzigster Brief.

Genf, den 7ten October 1791.

Zwischen den Gränzen von der Schweiz, Savoyen
und Frankreich liegt mit ihrem kleinen Gebiete die
freie Stadt Genf, am schönen See, dem sie ihren
Namen giebt, und aus welchem sich der Rhone wieder
ergießt, nachdem er den ganzen See durchflossen, und
in seinen Wellen den Schlamm zurückgelassen, den er
aus den wallisischen Gebürgen mit sich führte.

Der Rhone fließt durch die Stadt und bildet in
ihr eine mit Häusern bedeckte Insel. Im dritten oder
vierten Jahrhundert nahm Genf das Christenthum
an. Diese Stadt ward nachher durch die Ueberschwem=
mungen der nordischen Völker mehr als einmal er=
schüttert. Einige Könige der Burgunder wählten sie
zu ihrer Residenz, dann fiel sie in die Hände der
fränkischen Könige. Unter diesen Herrschern litten die
Länder bald von dem Druck kriegerischer Statthalter,
bald von der Anarchie.

Karl der Große, einer von den außerordentlichen
Männern, welche ganze Staaten umbilden, sammelte

hier sein Heer, ehe er gegen die Longobarden zog, und gab der Stadt ansehnliche Freiheiten. Sie machte nachher erst einen Theil des Königreichs von Arles aus, dann des burgundischen. Nach Erlöschung des burgundischen Hauses, ward Genf, mit den andern Staaten dieses Reichs, dem deutschen Reiche einverleibt von Konrad dem Zweiten im Jahr 1032. Es war dieses die Zeit, da die Städte anfingen das Joch der großen Reichsvasallen abzuschütteln. Deutschlands Könige und Kaiser gaben ihnen selber oft Gelegenheit dazu, und beschenkten sie mit Freiheiten, um sie mächtigen, erblich gewordenen Statthältern und Geistlichen entgegen setzen zu können, deren wachsendes Ansehen oft die Gewalt der Kaiser überflügelte.

Die Bischöfe von Genf wurden nach und nach immer mächtiger, und maßten sich Rechte an, welche die nicht minder ehrgeizigen Grafen von Genevois, ursprüngliche Statthalter der Kaiser, ihnen streitig machten, wiewohl sie eigentlich Vasallen der Bischöfe waren. Das Freiheit liebende Volk wußte diese Zwistigkeiten, welche durch kaiserliche und päpstliche Acht mehr genährt als gedämpft wurden, zu nutzen, um bald von der einen, bald von der andern Partei neue Privilegien und Rechte zu erhalten. Doch war es den Bischöfen günstiger als den erblichen Grafen.

Indessen wuchs eine neue Macht empor, welche die Grafen verschlang, und vom Besitz einer schon durch Handel blühenden Stadt gereizet ward

Zu dieser Zeit sah Genf die Bischöfe als seine
Landesherren an, und sie übten landesherrliche Gewalt
aus. Doch hatte das Volk seine ansehnlichen Rechte.
Es wählte jährlich einen Syndicus und einen Schatzmeister. Diese ernannten Räthe. Das Volk ward befragt bei Auflegung der Abgaben, und vor Schließung
der Bündnisse. Ohne das versammelte Volk unter-
nahm weder der Bischof noch der Magistrat etwas
von Wichtigkeit, und jener legte bei seinem ersten
feierlichen Einzuge immer vor den Syndiken einen
Eid ab, durch welchen er sich anheischig machte, die
Freiheiten der Stadt ungekränkt zu lassen. So genoß
Genf einer ansehnlichen Freiheit unter eingeschränkten
Bischöfen.

Deutschland's Kaiser, oft mit innern Unruhen,
fast immer mit Kriegen beschäftigt, waren eigentlich
Oberherrn, aber nur dem Namen nach.

Die Grafen von Maurienne, Vasallen der ehemaligen Könige von Burgund, erhielten einen Theil
ihrer Länder vom Kaiser Heinrich dem Fünften zu
Lehn, unter dem Namen der Grafen von Savoyen.

Amadeus (Amé) nutzte die Eifersucht der Genfer
Bürger gegen ihren Bischof und bemächtigte sich
weltlicher Rechte, welche die Bischöfe bisher ausgeübt
hatten. Die Geschichte aller Zeiten hat gelehrt, wie
thöricht es sei, wenn kleine unabhängige Staaten, oder
verschiedene Parteien desselben Staats, einen mächtigen
Schiedsrichter wählen; aber diese finstern Jahrhunderte

aren der Geschichte voriger Zeiten nicht sehr kundig.
nd überhaupt, was vermögen Beispiele der Geschichte
gen die Leidenschaft des Parteigeistes?

Amadeus der Sechste ward vom Kaiser zum
eichsvicarius in Italien und den benachbarten Staa-
n ernannt. Zwar war die Stadt von seiner Gerichts-
rkeit ausgeschlossen; aber diese Würde gab doch dem
rafen einen Vorwand, mit Bewilligung des Bischofs
nd der Bürger sich manchesmal in ihr aufzuhalten.

Amadeus der Achte ward Herr von der Grafschaft Genevois, und vom Kaiser Sigismund im Jahr
417 zum Herzog ernannt. Drei Jahre hernach erhielt
r eine günstige Bulle vom Papst Martin dem Fünf-
en, die ihn kühn genug machte, dem Bischofe vorzu-
hlagen, ihm seine weltlichen Rechte abzutreten. Der
ischof befragte das versammelte Volk; dieses bat ihn
ine Rechte keinem Fremden zu übertragen, und der
ntrag ward abgewiesen.

Ohngefähr in der Mitte des funfzehnten Jahr-
nnderts ward die Zahl der Räthe, welche unter dem
orsitz der Syndiken den öffentlichen Geschäften vor-
ehen sollten, auf fünf und zwanzig gesetzt, und man
rdnete einen größern Rath von funfzig, welcher in
ewissen Fällen dem ersten sollte zugesellet werden:
as ist der Ursprung des großen Raths der Zwei-
undert. Die Herzoge von Savoyen fuhren fort Ab-
chten gegen Genf zu hegen. Viele der vornehmsten
ürger, welche zum Theil in Savoyen ansässig waren,

begünstigten diese Absichten, und oft wurden Prinzen
des Hauses, ja sogar Bastarte zu Bischöfen ernannt.
Karl der Dritte, welcher im Anfang des sechzehnten
Jahrhunderts lebte, und dem die Bischöfe günstig
waren, kam oft mit Gepränge in die Stadt, gewann
einige, schreckte andre, übte Gewalt, warf in's Gefäng-
niß wer ihm widerstand. Sein Trutz empörte die
guten Bürger, insbesondre Berthelier, der das Bürgerrecht in Freiburg erhalten hatte, weil das von Genf
in dieser Stadt selber nicht mehr schützte. Er ver-
mittelte ein Bündniß zwischen Freiburg und Genf.
Nun entstanden zwei Parteien in dieser Stadt. Die,
welche es mit dem Herzog hielten, wurden nach jener
tumultuarischen Miliz der egyptischen Sultane, Mammelucken genannt, und den bessern Theil der Bürger,
welche ihre Freiheit behaupten wollten, nannte man
Hugenotten, vermuthlich statt Eidsgenossen, welches
die Franzosen nicht aussprechen konnten. Man weiß,
daß dieser Name bald nachher den Protestanten in
Frankreich gegeben ward.

Herzog Karl drang mit Gewalt in die Stadt und
zwang sie, dem Bunde mit Freiburg zu entsagen. Er
erhielt durch die andern Kantone, daß Freiburg nicht
auf das Bündniß bestehen sollte, mußte aber versprechen, die Freiheit der Republik Genf nicht zu verletzen. Aber er hielt sein Versprechen nicht, und
Berthelier ward seiner Rache geopfert. Zwei Bischöfe
tyrannisirten auch nach einander die Stadt. Doch

setzte Furcht vor den Schweizern oft ihren Anmaßungen Schranken. Häufige Flüchtlinge flehten dieses freie Volk um Schutz an, Bern und Freiburg erneuerten ihren Bund mit Genf. Dieser neue Bund ward im Jahr 1526 geschlossen; von dieser Zeit an konnte Genf als ein würklicher Freistaat angesehen werden.

Nun verfolgte die siegende Parthei der Hugenotten die unterliegenden Mammelucken, welche des Landes verwiesen wurden.

Diese verbanden sich mit savoyischen Edelleuten und beunruhigten Genf. So ward der Saame zu den neuten Zwistigkeiten zwischen dieser Stadt und den Herzogen von Savoyen gestreuet. Zu dieser Zeit entzweite sich der Bischof mit dem Herzog, und suchte Sicherheit, indem er das Bürgerrecht der freien Stadt erhielt, in welcher seine Vorweser so oft nach Willkühr geherrschet hatten.

Die Mammelucken regten sich wieder, unterstützt von Savoyen. Genfs Widerstand veranlaßte einen neuen Krieg mit dem Herzog, welcher durch Vermittlung der Schweizer beigelegt ward. Der Bischof schwankte hin und her, und erhöhte dadurch den Muth der Hugenotten. Die Lehre der Reformation fand vielen Eingang. Bern ermunterte die Genfer, das Joch des Pabstes und des Bischofs abzuschütteln; Freiburg ermahnte bei'm Glauben der Väter zu beharren.

Im Jahr 1535 führte der Rath der Zweihundert, welcher einige Jahre vorher angeordnet worden, die erneuerte Lehre ein.

Nun entsagte Freiburg dem Bunde. Das Jahr nachher kam Calvin nach Genf. Dieser tiefsinnige und feurige Mann ordnete nicht nur die Kirche, sondern auch den Staat. Auch ward auf seinen Antrag die Akademie im Jahr 1559 gestiftet, welche große Männer in allen Wissenschaften gebildet hat.

Im Jahr 1584 schloß die Republik ein Bündniß mit Bern und Zürich, welches noch bestehet, und ihrer Ordnung und Freiheit Stütze mehr als einmal gewesen ist. Nur durch diesen Bund ist Genf mit Schweizern verbunden. Im Jahr 1570 hatte diese Stadt schon gesucht mit der ganzen Eidgenossenschaft verbündet zu werden, aber Spanien, Savoyen und die katholischen Kantone hatten diese Bemühung vereitelt.

Herzog Emanuel Philibert hatte neue Absichten auf Genf gezeigt. Sein Sohn Karl Emanuel nutzte Frankreichs Unruhe, um Saluzzo 1588 zu überfallen. Der französische Botschafter reizte Bern und Genf gegen den gemeinschaftlichen Feind. In einem neunjährigen Kriege hielt Genf ein wohl geübtes, kleines Heer fremder Söldner. Im Frieden vom Jahr 1600 erhielt es nicht, wie es gehofft hatte, eine Vergrößerung des Gebietes, auch gab Karl nicht nach, als Heinrich der Vierte darauf bestand, daß Genf als

verbündet mit der Eidgenossenschaft von ihm sollte
angesehen werden. Doch gewann die Stadt viel von
Seiten der Sicherheit, da Frankreich das Ländchen
Gex gegen Saluzzo eintauschte, und also auf der nörd=
lichen Seite der kleine Freistaat von der savoyischen
Nachbarschaft befreiet ward. Von dieser Zeit an grün=
det sich Genfs Sicherheit auf die Eifersucht dieser bei=
den Nachbarn. Karl wagte in der Nacht der winter=
lichen Sonnenwende des Jahrs 1602 einen heimlichen
Angriff gegen die Stadt. Die Savoyer hatten schon
eine Bastion erstiegen, aber die erwachten Bürger
stießen die Feinde zurück, und im Sommer des fol=
genden Jahres ward der Friede wieder hergestellt, in
welchem der Herzog versprechen mußte, in einer Ent=
fernung von vier Stunden keine Völker zu versammeln.

Von dieser Zeit an ist Genf, von äußern Fein=
den frei, nicht selten der Tummelplatz innerer Unruhen
gewesen.

Mehr als einmal ward im Laufe des siebzehnten
Jahrhunderts die Regierung der Härte, das Volk eines
unruhigen Geistes beschuldiget.

Im Jahr 1707 bestanden die Mißvergnügten auf
eine Anordnung, welche das Ansehen der vornehmsten
Geschlechter, die vielleicht in fast erblichem Besitz der
Würde gewesen waren, einschränken sollte. Sie ver=
langten die Sammlung und Bekanntmachung aller
Gesetze und Verordnungen, und die Sitte des Ballot=
tirens, um den Wahlen mehr Freiheit zu geben. Sie

erhielten die beiden ersten Punkte und vermochten sogar einen alten Gebrauch wieder herzustellen, nach
welchem sie alle fünf Jahr die ganze Bürgerschaft versammelten, um über das Wohl der Republik Rath zu
halten. Diese Versammlungen waren oft stürmisch.
Der Rath ergriff die Gelegenheit, welche die Nachbarschaft schweizerischer Soldaten ihm darbot, verlangte
und erhielt dreihundert Männer von Bern und hundert
von Zürich. Als diese fremden Völker zugegen waren,
wurden die Häupter der Mißvergnügten vor Gericht
gezogen und einige zum Tode verdammt. Das Volk
ward schüchtern und entsagte im Jahr 1712 dem Rechte,
alle fünf Jahr in voller Versammlung über die Verfassung Rath zu halten.

Im Jahr 1730 erregte eine Schrift, in welcher
die auf Befestigung der Stadt gewandten großen Unkosten gerügt wurden, neue Unruhe. Zu dieser Zeit
gab überhaupt der Mißbrauch der freien Presse zu
vielen Gährungen Anlaß. Die Regierung besänftigte
das Volk im Jahr 1734, indem es dem conseil général, welcher aus allen Bürgern, die fünf und zwanzig Jahr alt sind, besteht, die Entscheidung der Frage
über die Abgaben überließ. Diese wurden auf zehn
Jahr bewilliget.

Zwei Jahre nachher machten die demokratisch Ge-
sinnten einen Aufstand; die, welche für die Regierung
eiferten, erhielten die Erlaubniß, sich jenen mit Waffen
aus dem Zeughause zu widersetzen. Einige Personen

men bei diesem Aufruhr um, und der erste Syndi-
s ward gefangen. Den Tag nachher bemächtigten
h die Demokratischen der Thore; verschiedene vom
ath und von den ersten Geschlechtern verließen Genf,
men aber in der Folge zurück.

Bern und Zürich sandten Abgeordnete, welche
nig Vertrauen bei einem Volke fanden, das sie
r Begünstiger der Aristokraten hielt. Doch machte
re Gegenwart das Volk zu einem Vertrage mit der
dern Partei geneigt, weil es wohl in einigen Punk-
n nachgeben wollte, um dem Einflusse dieser Frem-
n zuvor zu kommen. Indessen entwarfen die Ge-
ndten von Frankreich und von den beiden mit Genf
rbündeten Kantonen einen Plan, welcher die gegen-
tigen Ansprüche der Räthe und des Volks aus-
ichen sollte.

Die Wiedereinsetzung einiger Magistratspersonen,
lche im Jahr 1734 abgesetzt worden, erregte großen
iderspruch. Doch ward der Plan von beiden Seiten
conseil général 1738 angenommen. Im letzten
tikel ward ausgemacht, daß der neue Plan künftig
aft eines Gesetzes haben sollte. Nach diesem neuen
setze ward die Ergreifung der Waffen ohne Bewil-
ung der Obrigkeit unter Todesstrafe verboten.

Im Jahr 1754 ward Genf vom Könige von Sar-
nien für eine freie, unabhängige Republik erkannt,
d zugleich wurden die Gränzen zwischen ihrem Ge-
et und Savoyen genau bestimmt.

Der Staat bezahlte nun den Rest seiner Schulden, und es schien, als hätte er den wünschenswerthen Zustand äußerer und innerer Ruhe erreicht. Doch glomm verborgnes Feuer unter der Asche, und der ungleiche Genuß des Segens, welcher eine Folge des Friedens ist, verursachte, wie gewöhnlich, Unzufriedenheit in einer Stadt, wo Gleichheit der Rechte und das Vermögen sehr ungleich war.

Im Jahr 1762 erregten die Demokraten neue Unruhen, welche das Urtheil des Raths über zwei Schriften Rousseau's, den Emil — und den Contract social, veranlaßte. Jene Schrift ward aus religiösen, diese aus politischen Ursachen verboten. Zugleich erkannte der Rath, daß Rousseau, welcher eben dieser Schriften wegen Paris hatte verlassen müssen, wofern er nach Genf käme, sich vor ihm stellen, und ein Urtheil, welches über seine Person würde gefället werden, gewärtigen sollte.

Rousseau floh in's Gebürge von Neufchatel, und unterhielt von dort einen Briefwechsel mit seinen Freunden in Genf. Diese machten eine Vorstellung (Représentation) weniger gegen das Urtheil selbst, als gegen die Form des Urtheils.

Sie verlangten, daß die Sache an den conseil général, das heißt an die versammelten Bürger, gelangen sollte; der Rath behauptete, es sei ihre Forderung gegen die Verfassung, weil er nach einem nicht zweideutigen Gesetz gesprochen hätte.

Es ist in der That in der Verfassung gegründet, daß keine Sache der Entscheidung des conseil général unterworfen werden soll, ohne vorher von beiden Rathscollegien untersucht und gebilliget worden zu seyn. Die Rathscollegia haben also ein verneinendes Recht gegen alle Neuerungen. Daher wurden diejenigen, welche dieses Recht vertheidigten, les négatifs genannt; die andern hingegen, welche behaupteten, daß auf ihre Vorstellung die Sache an den conseil général gelangen müsse, nannte man les représentans. Die Behauptungen der négatifs wurden in einer Schrift des noch lebenden Herrn Tronchin, unter dem Titel: Lettres écrites de la campagne, entwickelt, und Rousseau schrieb dagegen die lettres écrites de la montagne, welche die Partei der représentans noch mehr entflammten. Dieser Geist beseelte die Bürger, als sie im Jahr 1765 alle Candidaten verwarfen, welche ihnen zur Wahl der neuen Syndiken von den Räthen vorgeschlagen worden. So hatte die Wahl nicht Statt, und die vorigen blieben im Amte. Hierinnen hatte der conseil général von einem Rechte Gebrauch gemacht, welches ihm nach der Verfassung zukam; unregelmäßig schien es, daß die vorjährigen Syndiken es für dieses Jahr blieben; doch ist wohl nicht zu läugnen, daß die Bürgerschaft diese Unregelmäßigkeit nothwendig machte, indem sie sich weigerte, diese obrigkeitlichen Personen, wie das Gesetz erforderte, aus dem kleinen Rath zu erwählen. Hierzu

18*

war sie verbunden, nicht zur Ernennung der vorge=
schlagenen Männer.

Die Regierung sah sich nun gezwungen, die drei
Bundesgenossen, Frankreich, Bern und Zürich um
Aufrechthaltung einer Verfassung zu bitten, für welche
sie Gewähr geleistet hatten. Es erschienen bevollmäch=
tigte Gesandte, und die Bürgerschaft ordnete aus
ihren Mitteln vier und zwanzig Commissarien. In=
dessen die streitigen Rechte nach untersucht wurden,
erhielten die Räthe von den drei vermittelnden Mäch=
ten eine Erklärung, welche ihr Verfahren billigte.
Die Bürgerschaft ward von neuem erbittert und ver=
warf im conseil général den vorgelegten Plan der Ver=
mittlung. Die drei Mächte beriefen nun ihre Gesandten
heim. Der stolze französische Hof sandte einige Völ=
ker an die Gränzen von Genf und untersagte der
Partei der représentans die Handlung mit Frankreich.
Auch durften diese Bürger nicht ohne Paß durch die
Kantone reisen. Es kamen wieder Gesandte der ver=
mittelnden Staaten in Solothurn zusammen und tha=
ten unter dem Namen prononcé einen Ausspruch,
welcher die Ruhe herstellen sollte. Aber die Bürger
achteten wenig darauf, hielten die Drohungen der
fremden Bevollmächtigten für nichtig, trotzten gegen
die Obrigkeit und zwangen die Regierung, einen Ver=
gleich einzugehen, welcher ihnen alle Macht in die
Hände gab. Dieser Vergleich ward am 11ten März
1768 geschlossen.

Viele Mitglieder des großen Raths entsagten
ihrem Amte, viele Bürger entzogen sich den Versammlungen des conseil général, sahen die auf tumultua-
rische Weise bewürkte Veränderung als schädlich an
und verzweifelten für die gegenwärtige Zeit am Heil
einer Republik, welche in den Händen der niedrigsten
Ordnung des Volkes war.

Neue Ansprüche von Einwohnern, welche nicht
einmal Bürger waren, gaben zu neuer Unzufriedenheit Anlaß.

Handlung und Gewerbe hatten nach Genf viele
Fremde gezogen, welche man Bewohner (habitans)
nennet. Dieser Kinder heißen Ingeborne (natifs).
Sie und ihre Nachkommen genossen des Schutzes,
ohne doch an allen Rechten der Bürger Antheil zu
haben. So lange die Bürger zwei Parteien ausmachten, hatte jede den natifs geschmeichelt, um sie nicht
gegen sich zu haben. Als diese nun meinten, daß
man ihr Interesse nicht sehr beherzigt hätte, klagten
und murreten sie. Gleichwohl hatte man ihnen manches eingeräumt und festgesetzt, daß in diesem Jahre
fünf und zwanzig das Bürgerrecht erhalten sollten,
und künftig alle Jahre fünf. Aber das befriedigte sie
nicht, sie murreten ferner und einige machten sich
offenbaren Ungehorsams schuldig.

Das plötzliche Gerücht eines bevorstehenden Auf-
standes, welches doch niemals erwiesen worden, brachte
am 15ten Februar 1770 die Bürgerschaft unter Waf-

fen. Einige natifs wurden getödtet, acht wurden des
Landes verwiesen, andre verließen freiwillig die Stadt.
Doch räumte dasselbe Edict des conseil général,
welches ohne hinlängliche Untersuchung acht Ingeborne
des Landes verwies, den Bleibenden neue Rechte ein.
Einige Jahre nachher verursachte ein neues Ge=
setzbuch gegenseitiges Mißtrauen, welches in offenbare
Fehde zwischen den Parteien der représentans und
der négatifs ausbrach. Diese setzten es im Rath der
Zweihundert durch, daß es verworfen ward, die re=
présentans drangen darauf, daß es angenommen
würde. Zweimal ergriffen die représentans die
Waffen, und das letztemal im Frühling 1782 setzten
sie diejenigen Mitglieder beider Räthe, welche ihnen
verdächtig waren, gefangen, und bemächtigten sich
der Thore und der Wälle. Die natifs standen ihnen
bei. Genf war in Zerrüttung, als Frankreich, Sardi=
nien und Bern gemeinschaftliche Völker in die Stadt
sandten und einen neuen Plan der Vermittlung an=
boten, welcher vom kleinen, vom großen Rath und
vom conseil général am 4ten November 1782 ange=
nommen ward und durch Gewährleistung jener Mächte
gesichert schien. Vom conseil général hatte man
aber alle diejenigen ausgeschlossen, welche im letzten
Aufstande die Waffen ergriffen hatten, und diese
Volksversammlung bestand diesmal nur aus zweihun=
dert und funfzig Männern. Hier wurden dem Volke
verschiedne Wahlen genommen, und es ward beschlossen,

ein Regiment, welches die Mißvergnügten im Zaum halten sollte, in die Casernen zu legen.

Man hätte vorhersehen können, daß dieser die Rechte des Volks kränkende und in einer einseitigen Volksversammlung gefaßte Schluß seine Rechtskraft bald verlieren müßte. Es bedurfte dazu gewiß keines andern Vorwandes; doch ergriff das Volk nach sieben Jahren, im Jahr 1789, einen, welcher ungegründet war.

Das Getraide war bis auf einen hohen Preis gestiegen, die Regierung kaufte sehr theuer ein und verkaufte an die Bürger wohlfeiler als nach dem Preise des Einkaufs, und wohlfeiler als die Kornpreise im pays de Vaud und in Frankreich standen. Sie verkaufte mit einem Schaden von vierzigtausend Thaler. Aber diese Sorgfalt ward eben durch den wohlfeilen Preis des Brods vereitelt. Denn die Nachbarn kamen schaarenweise nach Genf und kauften Brod, so daß es gleich im Preis stieg. Das Collegium der Kornkammer (la chambre des bleds) machte Vorstellungen an die Regierung, durch welche diese sich bewogen fand, das Korn für den Preis, den es bei den Nachbarn galt, zu verkaufen. Diese Maaßregel war durch den häufigen Verkauf des Brods nothwendig geworden, aber die einmal mißtrauischen Bürger schlossen die Augen gegen den Augenschein.

Es kam zum Aufstande. Die Regierung ließ das Regiment aus den Kasernen rücken; die Bürger wuß-

ten die Soldaten zu vermeiden und doch rege zu erhalten, bis das Regiment, nachdem es im Winter
sechs und zwanzig Stunden lang unter Waffen gestanden, aus einander gelassen werden mußte. Nun
waren die Bürger Herren, und es kam zu einem
neuen Vergleich, in welchem das Volk wieder in den
Besitz aller Wahlen kam und ihm eine Bürgermiliz
bewilliget ward.

So ward die wahre Verfassung wieder hergestellt.
Die Bürger würden ruhig geblieben seyn, wenn die
französische Revolution ihre Köpfe nicht erhitzt hätte.
Einige waren thöricht genug, um ernsthaft zu wünschen, daß Genf eine französische Stadt werden und
gegen einen sichern Zustand wahrer Freiheit schwan-
kende Hoffnungen, mit allen Gefahren blutiger Revo-
lutionen, und des noch viel schädlichern Sittenverderbs,
eintauschen möchte. Andre wollten zwar ein unabhän-
giges Vaterland behalten, strebten aber doch nach
gleichen Rechten, als welche den Bürgern Frankreichs
verheißen wurden. Diese Menschen reitzten die
natifs, die habitans und die Bauern des Gebiets zum
Aufstande. Es schlugen sich zu ihnen Einwohner des
angränzenden französischen pays de Gex. Es fehlte
nicht viel, daß die Aufrührer sich der Stadt bemeistert
hätten, durch Wachsamkeit und Tapferkeit wurden sie
zurück geschlagen. Es kam wieder zum Vergleich.
Die Verfassung von 1789 ward bestätigt, doch gab die

Regierung vielen natifs, habitans und einigen von den Landleuten das Bürgerrecht.

Ihrer Lage und Verfassung nach kann diese kleine Republik sehr glücklich seyn. Die Verfassung ist diejenige, welche die Alten Aristokratie nannten und in neuern Zeiten Demokratie genannt worden. Die Verwechslung der Namen hat Verwirrung in den Begriffen hervorgebracht. Mit dem Namen Demokratie bezeichneten die Alten diejenige Verfassung, wo das Volk gesetzgebende und ausübende Gewalt zugleich besitzt, eine Verfassung, welche sie der Despotie oder Tyrannei an die Seite setzten. In der That sind unruhige Demagogen, welche das Volk leiten, fürchterliche Tyrannen; und der Despotismus ist nicht so fürchterlich in den Händen Eines, als in den Händen Aller, weil diese mit der politischen Allgewalt die physische verbinden.

Was wir Aristokratie nennen, nannten die Alten Oligarchie (Herrschaft Weniger). Ihre Aristokratie (Herrschaft der Besten) war diejenige Verfassung, wo alle Bürger gleiche Rechte haben, wo die gesetzgebende Gewalt bei'm Volk ist und wo die ausübende Macht gewählten Männern anvertrauet wird.

Der Conseil général, welcher auch Conseil souverain genannt wird, besteht aus dem kleinen und großen Rath und aus allen Citoyens und Bourgeois, welche fünf und zwanzig Jahr alt sind. Citoyens heißen nur diejenigen, deren Väter schon Bürger waren, und die in Genf geboren sind; die Bourgeois haben mit jenen gleiche Rechte, gelangen aber nicht leicht zu den öffentlichen Würden.

Dieser Conseil général macht Gesetze, bestimmt Auflagen, bestätiget Kriegs=, Friedens= und Bundesschlüsse; bestätiget die Veräußerungen oder Erwerbungen von Staatsdomainen, bestimmt die Arbeiten an den Festungswerken, setzet neue oder veränderte Jurisdictionen ein, macht neue Würden, erlaubt die Einrückung fremder Soldaten, außer im Fall, da die Gewähr leistenden Mächte zu Aufrechthaltung der Verfassung, Völker senden würden. Der Conseil général besetzt alle Aemter der Republik durch Wahl.

Dem kleinen Rath von fünf und zwanzig Männern ist die hohe Polizei anvertraut, und die erste Berathschlagung über alle politischen und ökonomischen Geschäfte, über Civil= und Criminalfälle. Er spricht, ohne daß Appellation Statt findet, in allen Sachen, deren Werth nicht über zwei tausend Genfer Gulden oder tausend französische Livres geht.

Sobald einer von den fünf und zwanzig stirbt, wird seine Stelle durch Wahl von den zweihundert Männern und aus diesem Collegio ersetzt.

Der große Rath von Zweihunderten besteht aus zweihundert und funfzig Räthen. Sobald sechszehn Stellen unbesetzt sind, wird er durch Wahl ergänzet. Dann melden sich die Candidaten und lassen ihren Namen aufschreiben, jeder vom kleinen Rath und zehn

Mitglieder des großen, denen das Loos dieses Recht
giebt, nennen auch Personen, welche sie dem conseil
général vorschlagen und dieser wählt. Alle Bürger,
auch die Bourgeois, haben das angeborne Recht auf
diese Würde, und dadurch auch auf die höheren, welche
alle aus dem Collegio der Zweihundert besetzt werden,
da aber die zweihundert Männer keinen Gehalt haben,
melden sich die armen und mit Handarbeiten beschäf-
tigten Männer nicht leicht. Die große Volksclasse
wird also nicht durch gehässige Ausnahme, sondern
durch eigne Wahl von der Verwaltung öffentlicher Geschäfte mehrentheils ausgeschlossen.

Um erwählt werden zu können, muß ein Bürger
dreißig Jahr alt seyn, wenn er nicht verheirathet ist.
Ehemänner und Advocaten werden mit Erreichung
des sieben und zwanzigsten Jahres schon wahlfähig.
Der Rath der Zweihundert hat das Einsehen in alle
Kammern und Departements, er erkennet über alle
öffentliche Unternehmungen, deren Unkosten 21000
Genfer Gulden (10000 Livres) übersteigt, bestimmt
den Gehalt der obrigkeitlichen Personen, sobald er über
zwölfhundert Genfer Gulden geht, schafft neue Be-
dienungen, bestimmt Jahrgehalte, hat die Aufsicht
über die öffentlichen Einkünfte, Verpachtungen und
Gebäude, über die Münze, den Handel, die Künste
Gewicht und Maaß, über die Akademie, Schule und
den Gottesdienst.

Der Rath der sechszig Männer versammelt sich
selten. Er ist eine Deputation aus dem Rath der
Zweihundert, besteht aus dem kleinen Rath, aus allen
Magistratspersonen, die vom conseil général erwählt
werden, und aus ein und zwanzig Mitgliedern des
großen Raths. Er besorgt alle Geschäfte mit fremden
Mächten. Auch kann ihn der kleine Rath befragen
bei wichtigen Angelegenheiten, welche das Innere des
Staats betreffen.

Der kriegerische Rath besteht aus einem Syndicus, den Staabsofficieren des Regiments, einem Quar-
tiermeister, sechs Mitgliedern des großen Raths der
Zweihundert und einem Secretair, welcher auch aus
den Zweihunderten genommen wird. Dieser Rath,
dem alle militairischen Angelegenheiten anvertrauet
sind, muß jährlich der Republik Treue und dem großen
Rath Gehorsam schwören.

Die vornehmsten Würden sind, die vier Syndiken,
der Lieutenant de Justice, der Schatzmeister, der
Procureur général, die Gerichtssecretarien, die Ca-
stellanen, welche die untere Gerichtsbarkeit im Gebiet
haben. Die Syndiken und der Lieutenant de Justice
sind Mitglieder des kleinen, der Schatzmeister, der
Procureur général, die Gerichtssecretarien und Ca-
stellanen Mitglieder des großen Raths. Der große
Rath begreift, wie in Zürich, Bern und Lucern rc. den
kleinen mit in sich.

Der Coder der Civilgesetze ist kurz, deutlich und einfach. Das römische Recht gilt da, wo der Coder unvollständig ist. In diesem kleinen Staate, wo verhältnißmäßig vielleicht mehr Aufklärung und Reichthum ist, als in irgend einem von Europa, sind doch weniger Processe als irgendwo. Man zählt jetzt nur fünf wirkliche practicirende Advocaten und sieben Procuratoren. Wer einen vollständigen Begriff von der Justiz dieses Staats haben will, der lese die treffliche Schrift: Etat civil de Génêve, par Francois André Naville, citoyen de Génêve.

Die Sitten sind, in Vergleichung mit den meisten andern Ländern, rein. Die Jugend wird wohl unterrichtet. Auch die häusliche Erziehung der Töchter ist sorgfältig. Nicht nur durch Annehmlichkeiten des Umgangs zeichnen sich die Weiber von Genf aus, auch durch wahre Verdienste. Es ist fast zum Sprichwort geworden, zu sagen: "Glücklich die Kinder, welche eine Vormünderinn haben!"

Ein schönes Gesetz der Republik verdienet angeführt zu werden. Wenn ein Sohn auch diejenigen Schulden seines Vaters, zu deren Abtragung ihn die Gesetze nicht zwingen können, nicht bezahlt, so kann er kein öffentliches Amt verwalten.

Auch keiner, welcher eigne, eingeklagte Schulden nicht bezahlt hat.

La chambre des bleds (Getraide-Commission) ist eine nützliche Einrichtung. Sie muß dafür sorgen, daß ein gewisses Maaß von Korn allezeit in den Magazinen vorhanden sei.

Der Staat hat das ausschließende Recht, den Bäckern das Korn zu verkaufen. Er gewinnt zuweilen, aber er hat auch oft sehr ansehnlichen Verlust.

Diese Maaßregel ist nothwendig in einem Staate, dessen kleines Gebiet die Stadt nicht ernähren kann. Ein beständiges Verbot des Königs von Sardinien sperret den Kornhandel von Savoyens Seite. Zwar wird in guten Jahren nicht auf die Beobachtung dieses Verbots gesehen, aber desto strenger wird es in Savoyen eingeschärft und gehalten, so oft ein Mißwachs eintritt. Und Jahre des Mißwachses veranlassen auch leicht ähnliche Verbote bei den andern Nachbarn, Frankreich und dem pays de Vaud.

Man müßte mit dem Verhältnisse zwischen dem Volk und der Regierung in Genf sehr unbekannt seyn, wenn man glaubte, daß ein solches Privilegium hier jemals ein drückendes Monopol werden könnte. Die Zahl der Einwohner in der Stadt war nach der vorjährigen Zählung sechs und zwanzig tausend einhundert und vierzig. Die Zahl der Einwohner auf dem Lande gegen neun tausend. Zusammen fünf und dreißig tausend Menschen.

Der Umfang der ganzen Republik beträgt drei Lieues und sieben Hundertel im Quadrat, die Lieue zu zwanzig auf einen Grad gerechnet.

Für denjenigen, der die Wichtigkeit der Menschen nach der Zahl der Länder, nach dem Maaß, berechnet, ist Genf ein unbedeutender Staat. Dem Philosophen nicht. Ihm sind Menschen und Staaten oft nach umgekehrter Proportion wichtig. Je näher ein Staat dem Zustande einer Gesellschaft ist, desto kräftiger entwickeln sich die Charaktere, desto reiner ist das Spiel seiner Springfedern. Rom löfete sich in Größe auf. Athen und Sparta gaben dem großen Könige Gesetze, ehe sie ihre wirkliche Herrschaft ausdehnten.

Fünf und zwanzigster Brief.

Genf, den 10ten October 1791.

Ich führe dich in Gedanken ein Viertelstündchen von
der Stadt, auf die mit einer großen Allee von wilden
Kastanien bepflanzte Terrasse des Gartens von St.
Jean. Unten rauscht zu deinen Füßen der Rhone.
Links von gegenüber her rauscht die Arve. Rechts
vereinigen sich beide Flüsse, nachdem sich kurz vorher
vor deinen Augen ein schöner Bach mit der Arve vereiniget hat. Das Wasser der Arve, welche aus den
savoyischen Schneegebürgen entspringt, ist grau und
trübe, wie alle Bergflüsse, ehe sie sich in einem See
gereiniget haben. Der Rhone hingegen, noch rein von
seinem Bade im Genfer See, hat so lautres Wasser
wie der Rhein bei Schaffhausen. Beider Ströme Lauf
ist reißend.

Der Triangel, welchen sie bilden, besteht aus
Gärten, die Basis des Triangels ist die Stadt. Dir
gegenüber schattet ein anmuthiges Wäldchen auf einem
Hügel. Du sieht den Felsenberg Saleve und die entfernten savoyer Gebürge. Einen Fußsteig führe ich
dich dann auf steile Höhen an dem Rhone; wo sie

eniger jäh sind, werden sie von Weinbergen bedeckt,
ıd wo selbst die Rebe nicht wurzelt, da klimmet der
pheu, diese Ziege des Pflanzenreichs, üppig und
hn hinan.

Ich bin auch unten an der Stelle gewesen, wo
ibe Flüsse sich vereinigen. Die Arve ist noch kalt
n ihrem Ursprung aus dem Schnee; der Rhone, in
ergleichung mit ihr fast lau. So lange dein Auge
ht und noch viel weiter, unterscheidest du nach der
ereinigung beide Flüsse. So brünstig die Nymphe
s Bergstroms den Flußgott umfassen will, so spröde
ält er sich von ihr zurück. Er kömmt eben aus den
eißen Armen der sanften Najade des See's, ihn
elt vor der unsaubern Nymphe tobendem Ungestüm.

Sechs und zwanzigster Brief.

———

Genf, den 13ten October 1791.

Mit La Rive und seiner Frau, Freunden, welche uns den ohne dem interessanten Aufenthalt in Genf noch angenehmer machen, als er sonst seyn würde, haben wir eine kleine Reise auf's Land gemacht. La Rive wird bald unfern Landsleuten durch seine Gemälde bekannter werden, als er jetzt ist. Frühe, ohne Erfolg angefochtene Leidenschaft für die Malerei, reizte sein angebornes Talent desto mehr, je mehr man sie im Jünglinge dämpfen wollte. Die Natur redet in diesem Lande mit tausend Stimmen, und der geborne Landschaftsmaler hatte für sie ein leises Ohr. Seine ersten Versuche rechtfertigten seine Lust, indem sie sein Talent zeigten. In Italien vereinigten sich Natur und Kunst ihn auszubilden. Er wählet und ordnet die Gegenstände mit der feinsten Empfindung, seine Leinwand schreckt dich bald mit herströmenden Ungewittern, bald ladet sie dich in Kühlung schattender Bäume ein, in welchen der Zephyr zu säuseln scheint, oder zu Quellen, denen dein

Ohr entgegen lauscht. Seine Rinder und Ziegen
sind mit dem täuschendsten Ausdruck der Wahrheit
belebt und erinnern mich an die Epigrammen, mit
welchen griechische Dichter die eherne Kuh, Miron's
Meisterstück, unsterblich machten. Mit diesen Freunden waren wir gestern in Seligni, welches drei
Stunden von hier liegt, bei seinem Vater. Es ist
ein Dorf, welches rund vom pays de Vaud umschlossen, zum Genfer Gebiet gehört. Es besteht
theils aus Landhäusern, theils aus Bauerhöfen, deren
Besitzer sehr wohlhabend sind. Von einer Anhöhe
sieht man auf den nahen See über Weinberge, Gärten, Lusthölzchen und Weingärten. So nenne ich
die reihenweise gepflanzten Reben, zwischen denen
Korn gebauet wird. Vom Stabe, an welchem sich
der eine Weinstock schlinget, breiten sich üppige Ranken, von Trauben behängen, hinüber an den benachbarten Stab. Im Lusthölzchen des Herrn Naville
gingen wir auf anmuthigen Pfaden einen lautern
Bach entlang, welcher bald an Felsen rauschet, bald
Blumen tränket. Hier stürzt er, von der Natur
geleitet, als lautrer Wasserfall über Steine, dort
bildet er eine anmuthige Insel, an einer dritten
Stelle vereiniget er sich mit einem andern Bache.
Vor dem Hause steht eine Reihe hoher, schlanker
Platanen. Jenseit des See's sieht man die savoyischen Felsen, von der andern Seite den nahen
Jura. Den gestrigen Abend und den größten Theil

19*

des heutigen Tages brachten wir im Schloſſe von
Prangin, an jener Seite von Nyon, bei einer Freun=
dinn unſrer Freunde zu. In der gaſtfreundlichen
Schweiz wird das Sprichwort: "die Freunde unſrer
Freunde ſind auch Freunde," durch die That bewährt.
Die Freude der Weinleſe belebte dieſen ſchönen Ort
mit neuem Reiz.

Ich ſehe gern den Schnittern der Ernte zu,
aber der Weinleſe viel lieber. Dort ſcheint die
Freude, hier der Nutzen, nur Nebenſache. Das Alter
verjünget ſich und die zarteſte Jugend nimmt thä=
tigen Antheil. Kleine Mädchen von fünf bis ſechs
Jahren gehen der traubenleſenden Mutter zur Hand
und tragen frohgeſchäftig dem kelternden Vater volle
Körbe zu. Wie muß ihm zu Muthe ſeyn, wenn
ſein hoffnungsvolles Kind ihm in geſchwollnen Trau=
ben die Kraft der Reben reichet, die dereinſt ſein
Alter ſtärken ſoll!

Daß der große Schöpfer und Erhalter uns näh=
ren würde, das verſtand ſich ja von ſelbſt. Aber das
genügte Seinem Vaterherzen nicht. Er wollte uns
auch erfreuen. Ehe die Sonne den Acker erwärmt,
verkündet uns die Morgenröthe Seine Gnade und die
Abendröthe ladet uns in Seinem Namen freundlich
zur Ruhe ein. Die Blume rühret mich mehr als das
Gemüſe, und die Rebe mehr als die Aehre, denn der
Wein erfreuet des Menſchen Herz.

Du weißt, daß in den meisten Weinländern un=
sers Vaterlandes den Vorbeigehenden vergönnet wird,
nach Herzenslust Trauben zu essen und ihre Taschen
zu füllen. Im pays de Vaud ist das nicht erlaubt;
von der Zeit an, da die Trauben reifen, werden die
Weinberge bewacht. Doch muß der Hüter dem,
welcher von der Frucht essen will, in jede Hand eine
Traube geben.

Sieben und zwanzigster Brief.

Genf, den 14ten October 1791.

Wir sind heute zum zweitenmal bei Necker in Copet gewesen.

Man hatte mir von der Kälte seines Empfangs und seines Wesens überhaupt manches gesagt.

Solche Dinge laß' ich mir sagen und weiß, was ich davon halten soll.

Anschein von Kälte in einem Manne, dessen Herz von solchen Empfindungen glühte, dessen Geist so mittheilend und solches Licht strahlte, wird mich nie einen Augenblick täuschen.

Ich ging zu ihm mit dem vollen Vertrauen, welches nur große Männer einflößen können. Sein erster Anblick erfüllte mich mit einer sanften, aber auch durchdringenden Rührung, deren sichtbarer Ausdruck ihm nicht entging. Mir ward wohl bei dem edlen Manne; mir würde, das fühle ich, wenn ich ihn oft sähe, jedesmal sehr wohl bei ihm seyn.

Er spricht wenig, aber das Wenige ist Necker's werth. Mit Würde, mit sanfter Mäßigung, aber ohne den Schatten affectirter Schonung, ließ er einige

effende Worte über seine Feinde fallen. Eine
nfte Röthe stieg, kaum sichtbar, ihm mehr als ein-
al in die Wangen. Es war ein Strahl von der
ten Lebenswärme, welche den Schriften des großen
Tannes, seinem Ruhme, der Schmach seiner Feinde,
nsterblichkeit giebt.

Ich habe Monnier in einer hiesigen Gesellschaft
nnen gelernt. Es war mir interessant, den Mann
sehen, welcher mit kühnem Eifer auf die Errich-
ng einer zweiten Kammer in der Nationalversamm-
ng drang, welcher uns und der Nachwelt die zur
chande Frankreichs unbestraft gebliebnen Gräuel des
en und 6ten Octobers 1790 enthüllte.

———

Acht und zwanzigster Brief.

Genf, den 16ten October 1791.

Mit Vergnügen habe ich die Bibliothek auch auf die=
ser Reise wieder gesehen, nicht sowohl wegen der Bücher,
(denn was hat man davon, eine schätzbare Bücher=
sammlung auf einmal zu übersehen?) als wegen der
Bilder großer und berühmter Männer, mit welchen sie
ausgezieret ist. Hier findet man die Reformatoren,
Wicklef, Hüß, Luther, Calvin, Zwingli; viele Helden,
z. B. Heinrich den Vierten von Frankreich als Kind,
den Admiral Coligny, den kühnen Herzog von Rohan,
der in der Hauptkirche begraben liegt, Gustav Adolf,
Karl den Zwölften; Dichter und Philosophen, Marot,
Rabelais, La Fontaine, Hugo Grotius, viele andre,
die mir jetzt nicht beifallen, und zwei edle Zeitgenossen,
welche, beide Bürger von Genf, der Stadt Ehre
machen, Necker und Bonnet.

Herr Tronchin, Besitzer des nahe an der Stadt
gelegenen Landhauses les délices, ein freundlicher und
noch lebensvoller Greis von sieben und achtzig Jahren,
hat eine sehr schöne Sammlung von Gemälden.

Als ich zum erstenmal vor sechszehn Jahren in
Genf war, duldete der republikanische Geist kein

Schauspiel in der Stadt. Als im Jahre 1782 die Ver=
faffung sehr aristokratisch ward, führte Frankreichs Ein=
fluß die Schauspiele ein. Auch das Kartenspiel ward
seitdem gewöhnlicher. Beide sind geblieben, wiewohl
die alte Verfassung hergestellet ward, beide werden
die Aufmerksamkeit der Bürger vom Interesse der
Freiheit ablenken.

Seit einigen Tagen ist La Rive, der größte Schau=
spieler von Paris, den du ja nicht mit meinem hiesigen
Freunde La Rive verwechseln wollest, mit einer Schau=
spielerinn, Mademoiselle Fleury, hier; gestern spielte
er die Rolle des Tankred. Er ward gewiß mit
großem Talent geboren. Seine Stellungen, seine
Mienen, seiner Augen Ausdruck ist meisterhaft, seine
Stimme schön und ganz in seiner Gewalt. Nach fran=
zösischer Art und Kunst ist er gewiß ein großer Spieler;
aber du weißt, wie mir französische Art und Kunst an=
ekelt, wie entfernt von der Natur sie mir scheinet.

Unglückliches Volk, welches durch seine Philoso=
phen, Dichter und Schauspieler, nach Regeln kalter
Verabredung, immer von der Wahrheit abgeleitet
ward! unter welchem selbst Racine's zart empfindende
Seele so oft sich verstimmen ließ! welches jetzt vom
Geist der Freiheit beseelt zu seyn glaubt, von politischer
und moralischer Wiedergeburt schwatzet, und, Fenelons
und Montesquieus uneingedenk, Voltaire durch seine
Gesetzgeber apotheosiren ließ! —

Neun und zwanzigster Brief.

Genf, den 17ten October 1791.

Diesen Nachmittag haben wir Bonnet in Genthod besucht. Ich hatte gehofft, diesen edlen Weisen, dessen Schriften ich seit vielen Jahren so hoch schätze, oft zu sehen, aber er war während der ganzen Zeit meines Aufenthalts in Genf so krank, daß er vor heute keine Besuche annehmen konnte.

Seit vielen Jahren lebt er auf seinem Landhause, welches er auch im Winter nicht verläßt. Genthod liegt auf einer lieblichen Anhöhe nicht fern vom See, eine Stunde von Genf. In dieser anmuthigen Gegend beobachtete er, beschlich er die Natur oft in ihren geheimsten Schlupfwinkeln; sie läßt sich gern von Männern, deren Herz und Geist so rein wie Bonnet's sind, beschleichen. Mit der Fackel der Erfahrung in der Hand ging er sicherer als viele der gerühmtesten Weltweisen unsrer Zeit, weihete seine Stunden und seinen Geist der Wahrheit und huldigte mit reiner, heller und warmer Opferflamme der Religion.

Licht und Wärme beleben seine Blicke und seine Worte. Seine Werke, welche dem Gelehrten lehrreich

n Laien intereſſant ſind, werden noch oft des
ı Enkels Geiſt zum großen Vater der Natur
. Ihn machten ſie glücklich durch tiefſinnige
tung, durch herzerfreuendes Hinſchauen auf
rlichkeit und auf den Reichthum der Natur.
enn der unſterbliche Sänger der Meſſiade den
en Geiſt der Rahel vor ihrer Auferſtehung an
uft führt, und der Staub ihres Leibes ſich ſchon
henden Verwandlung entgegen wölbt, ohne
weiß, wie nahe dieſer Staub ihr verwandt ſei,
er:

l bewundert den Tiefſinn der immer ändernden
Schöpfung,
zgründlich im Großen und unergründlich im
Kleinen!

ſteht auch dieſer fromme Weiſe froh am
ſeiner Gruft, wohl wiſſend, wie bald ſie ihn
nen werde, und froh der ſichern Erwartung!
n beobachtet er noch immer

bewundert den Tiefſinn der immer ändernden
Schöpfung,
gründlich im Großen und unergründlich im
Kleinen!

ohl ihm! Wer in dem Geiſte Früchte der
it ſammelt, der ſammelt für die Ewigkeit!

Sechs und zwanzigster Brief.

Genf, den 13ten October 1791.

Mit La Rive und seiner Frau, Freunden, welche
uns den ohne dem interessanten Aufenthalt in Genf
noch angenehmer machen, als er sonst seyn würde,
haben wir eine kleine Reise auf's Land gemacht. La
Rive wird bald unsern Landsleuten durch seine Gemälde bekannter werden, als er jetzt ist. Frühe,
ohne Erfolg angefochtene Leidenschaft für die Malerei,
reizte sein angebornes Talent desto mehr, je mehr
man sie im Jünglinge dämpfen wollte. Die Natur
redet in diesem Lande mit tausend Stimmen, und
der geborne Landschaftsmaler hatte für sie ein leises
Ohr. Seine ersten Versuche rechtfertigten seine Lust,
indem sie sein Talent zeigten. In Italien vereinigten sich Natur und Kunst ihn auszubilden. Er
wählet und ordnet die Gegenstände mit der feinsten
Empfindung, seine Leinwand schreckt dich bald mit
herströmenden Ungewittern, bald ladet sie dich in
Kühlung schattender Bäume ein, in welchen der Zephyr zu säuseln scheint, oder zu Quellen, denen dein

Ohr entgegen lauscht. Seine Rinder und Ziegen sind mit dem täuschendsten Ausdruck der Wahrheit belebt und erinnern mich an die Epigrammen, mit welchen griechische Dichter die eherne Ruh, Miron's Meisterstück, unsterblich machten. Mit diesen Freunden waren wir gestern in Seligni, welches drei Stunden von hier liegt, bei seinem Vater. Es ist ein Dorf, welches rund vom pays de Vaud umschlossen, zum Genfer Gebiet gehört. Es besteht theils aus Landhäusern, theils aus Bauerhöfen, deren Besitzer sehr wohlhabend sind. Von einer Anhöhe sieht man auf den nahen See über Weinberge, Gärten, Lusthölzchen und Weingärten. So nenne ich die reihenweise gepflanzten Reben, zwischen denen Korn gebauet wird. Vom Stabe, an welchem sich der eine Weinstock schlinget, breiten sich üppige Ranken, von Trauben behängen, hinüber an den benachbarten Stab. Im Lusthölzchen des Herrn Nuville gingen wir auf anmuthigen Pfaden einen lautern Bach entlang, welcher bald an Felsen rauschet, bald Blumen tränket. Hier stürzt er, von der Natur geleitet, als lautrer Wasserfall über Steine, dort bildet er eine anmuthige Insel, an einer dritten Stelle vereiniget er sich mit einem andern Bache. Vor dem Hause steht eine Reihe hoher, schlanker Platanen. Jenseit des See's sieht man die savoyischen Felsen, von der andern Seite den nahen Jura. Den gestrigen Abend und den größten Theil

des heutigen Tages brachten wir im Schloſſe von
Prangin, an jener Seite von Nyon, bei einer Freun=
dinn unſrer Freunde zu. In der gaſtfreundlichen
Schweiz wird das Sprichwort: "die Freunde unſrer
Freunde ſind auch Freunde," durch die That bewährt.
Die Freude der Weinleſe belebte dieſen ſchönen Ort
mit neuem Reiz.

Ich ſehe gern den Schnittern der Ernte zu,
aber der Weinleſe viel lieber. Dort ſcheint die
Freude, hier der Nutzen, nur Nebenſache. Das Alter
verjünget ſich und die zarteſte Jugend nimmt thä=
tigen Antheil. Kleine Mädchen von fünf bis ſechs
Jahren gehen der traubenleſenden Mutter zur Hand
und tragen frohgeſchäftig dem kelternden Vater volle
Körbe zu. Wie muß ihm zu Muthe ſeyn, wenn
ſein hoffnungsvolles Kind ihm in geſchwollnen Trau=
ben die Kraft der Reben reichet, die dereinſt ſein
Alter ſtärken ſoll!

Daß der große Schöpfer und Erhalter uns näh=
ren würde, das verſtand ſich ja von ſelbſt. Aber das
genügte Seinem Vaterherzen nicht. Er wollte uns
auch erfreuen. Ehe die Sonne den Acker erwärmt,
verkündet uns die Morgenröthe Seine Gnade und die
Abendröthe ladet uns in Seinem Namen freundlich
zur Ruhe ein. Die Blume rühret mich mehr als das
Gemüſe, und die Rebe mehr als die Aehre, denn der
Wein erfreuet des Menſchen Herz.

wänden und steilen Bergen. Zwischen Felsen und
hoch auf den Bergen grünte junge Winterfaat, schlan=
gen sich Reben, schatteten fruchttragende Bäume bei
wildem Gebüsch. Die fleißige Bearbeitung der fa=
voyischen Felder macht einen sonderbaren Abstand mit
der Unsauberkeit ihrer Wirthshäuser.

Dasjenige, welches wir am Abend in Chambre
fanden, war noch etwas unreinlicher, als sie es ge=
wöhnlich in diesem Lande sind. Durch eine enge
schmutzige Treppe wird man mehrentheils in sein Zim=
mer gebracht. Fast überall findet man ziemlich große
Stuben mit drei Himmelbetten, welche seit vielen
Jahren nicht abgestäubt zu seyn scheinen. Ein Schauer
des Ekels überläuft einen, wenn man die ausge=
blichenen, alten, dunkelfarbigen Ueberdecken erblickt.
Der übrige Hausrath steht im Verhältniß mit den
Betten. Ein großer Kamin ist das Beste, was man
antrifft. Zum Glück sind die Küchen nicht völlig so
schlecht, als man vermuthen sollte, nur muß man
keinen Blick in die Speisekammer wagen, wenn
man bei'm Essen nicht allen Appetit verlieren will.
Auch vermeide man, die aufwartenden Mägde anzu=
sehen, welche den ekelhaften Schönen des spanischen
Mauleseltreibers im Don Quixotte wie ein Tropfen
faules Wasser dem andern ähnlich sehen. Aber sie sind
voll guten Willens und rüstig bei der Aufwartung.

Den 21sten kamen wir in Gegenden, welche mich
an die in meiner Kindheit von mir angestaunten,

nachher für übertrieben gehaltenen Gemälde von den
wildesten Berggegenden erinnerten. Aus einem Fel=
fenthal kamen wir durch schmale Oeffnungen in das
andere. Einige dieser Thäler bestanden nur aus dem
breiten Kieselbette des Arc, der im Sommer waffer=
arm, kleine Felseninseln bildet, welche die fleißigen
Landleute mit Gemüse bepflanzen. Zwischen den stei=
len Felsenwänden, in welche der Weg, bald an der
einen Seite des Stroms, bald an der andern mit
unsäglicher Arbeit hinein gehauen ist, öffnen sich dann
und wann schmale Thäler, wo an schwarzen Schiefer
sich die Rebe lehnet, oder wo kleine, dem Pfluge un=
zugängliche Aecker grünen, die mit dem Spaten bear=
beitet werden. Der fleißige Savoyer trägt manches=
mal Erde in Körben auf Felsen, und herunterströ=
mende Gewässer spülen sie zuweilen hinab in den
Strom. Kühne, hoch gewölbte Brücken führen über
den rauschenden Strom. Wo das Thal sich verenget,
wird es ganz von dem Arc angefüllet. Wie kam
Hannibal, ehe Wege gemacht waren, durch diese
Thäler? Das Andenken des großen Mannes war
lebendig unter uns; wir sahen die Felsen, unter wel=
chen er mit dem Heer und mit Elephanten diese pfad=
losen Gegenden durchzog; unter den vielen Steinen,
welche herabgestürzet von den Felsen an dem Strome
liegen, sahen wir vielleicht auch diejenigen, welche die
wilden Alpenbewohner, zum erstenmal im Heiligthum
einer fast unzugänglichen Natur beunruhigt, auf die

Karthager herabwälzten. Welch ein Mann, der die große Unternehmung, Rom zu stürzen, mit dieser Unternehmung begann! dessen großer Geist, selber nicht geschreckt durch Schwierigkeiten solcher Größe, auch seinen Karthagern, den streifenden Numidern, den Spaniern und Balearen so gränzenloses Vertrauen in ihn eingab!

Die hohen Berge verengten den Horizont; wo sie sich öffneten, da strahlten hinter ihnen Schneegebürge hervor und erhöhten das dunkle Blau der kleinen Himmelswölbung. Von beiden Seiten stürzen Wasserfälle hinab in den Strom.

Mitten in diesen wilden Gegenden sahen wir einen Mann mit Einsammlung der schönen Safranblume, die zwischen schwarzen Steinen gesäet war, beschäftigt. Sie unterscheidet sich von der lieblichen Zeitlose, die am Ende des Sommers und den ganzen Herbst durch häufig in Schwaben und in der Schweiz wild blühet, durch ihr dunkleres Violet und durch die schönen dunkelgelben Pistillen, welche der Safran sind, dessen Gebrauch so nützlich ist.

Wo die Felsenwände nicht zu steil und durch stürzende Regengüsse nicht ganz entblößt sind, da gedeihen in einer sehr ansehnlichen Höhe Wallnüsse und Kastanien. Jedes Fleckchen Erde ist benutzt; aber einige Thäler haben kein Fleckchen Erde, die wilden Wogen des Arc rauschen über Steine und nehmen donnernde Wasserfälle auf, die von senkrechten Felsen

herabschäumen. Den Abend kamen wir an in Modane,
einem Dörfchen, welches noch fünf Stunden weit vom
Fuße des Cenis entfernt ist. Wir standen den folgenden Morgen um 3 Uhr auf, um eine Stunde nachher
unsern Weg fortzusetzen; aber fürchterliche Regengüsse,
welche in diesen bergigen Gegenden oft ungeheure
Steine und Tannen über den Weg hinab in die Tiefe
stürzen, zwangen uns, das Ende dieses Ungewitters
abzuwarten. Ein heitrer Morgen folgte der ungestü-
men Nacht. Um sechs Uhr fuhren wir aus, und sahen
bald die Gipfel der Schneegebürge im Rosenglanz der
aufgehenden Sonne schimmern. Auch die Felsengebürge waren mit Schnee bedeckt. Zwischen dem goldnen Herbstlaube der Birken und den schon falben
Nadeln der Lerchenbäume schattete am hohen Felsen-
wege die dunkle Tanne mit ewigem Grün. Aber
nach und nach nahm die Vegetation ab, je höher wir
uns erhoben. Nur die junge Wintersaat grünte unter
den Felsen bis hin an die Ufer des Stroms. Erst
eine halbe Stunde von dem Cenis sieht man ihn aus
diesen Thälern, welche sich krümmend durch schmale
Oeffnungen an einander hangen. Zu seinen Füßen
liegt, in wilder Gegend, das aus rohem Felsenstein
gebaute, mit Schiefertafeln, welche, daß der Wind sie
nicht hohle, mit Steinen belastet sind, gedeckte Städtchen Laneburg. Unterdessen, daß wir hier Mittag hielten, wurden unsre Wagen auseinander genommen,
Tragsessel und Maulthiere herbei geschafft. Um halb

t machten wir uns auf den Weg. Meine Frau
b in einem bedeckten Tragseffel getragen. Sechs
nner wechseln je zwei und zwei mit einander im
gen ab. Der vorderste trägt mit Schulterriemen,
hält in der einen Hand einen Strick, der am
umsattel eines leichtbeladnen Maulthiers befestigt
welches ihn auf diese Art, indem er geht und
t, hinauf zieht. Wir Männer ritten auf Maul-
ren, auch Ernst, zu seiner großen Freude. Der
g ist steil und sehr uneben, voll großer Steine.
r waren keine Viertelstunde gestiegen, als wir schon
nee auf den Tannen und auf noch grünem Laub-
sahen. Nach einer Weile sahen wir nur kleines
blättertes Gesträuch, und statt des Regens, welcher
im Anfang naß machte, fielen große Schneeflocken.
ch etwas über anderthalb Stunden hatten wir die
he, über welche der Weg gehet, erstiegen. Dann
et man ohngefähr drei Viertelstunden in einem
iten Thale, zwischen den hohen Gipfeln des Ber-
, dessen Höhe man bei weitem nicht ersteigt. Auf
em hohen Thale ist ein See, dessen Forellen mit
cht berühmt sind. Wir ließen uns im Wirthshause
dem Cenis einige auftischen, und trockneten uns
einem Kaminfeuer, welches sehr willkommen war;
n setzten wir die Reise weiter fort; ich ließ aber
inen Sohn nicht wieder auf sein Maulthier steigen,
dern ihn auf einen unbedeckten Tragseffel setzen.
verdarb ihm seine Freude zwar um vieles, hatte

20 *

aber bald Ursache, mir sehr über diesen Einfall Glück zu wünschen. Bisher hatte der Cenis meiner großen Erwartung nicht Genüge gethan, aber er übertraf sie bald, und in hohem Grade, als wir herunter ritten. An einer hohen phantastischen Felsenwand ritten wir steil hinab, dann ging der Weg in beständigem Zickzack, und dennoch sehr jäh hinunter. So steil auch der Berg von der savoyischen Seite, ist er doch viel jäher auf der piemontesischen, und viel höher. Der Semar, ein Bach, der aus dem See auf dem Cenis entspringt, stürzt tief vom Felsen hinab und bildet einen außerordentlich schönen Wasserfall. Dann rauschet er durch ein hohes Thal und scheidet Savoyen von Piemont; bei Susa stürzt er in die Dora, die sich bei Turin mit dem Po vereiniget. So nahm, bei phantastischen Felsen, im Donner des Wasserfalls, das liebe Savoyen einen feierlichen Abschied von uns, und wir ritten wohlgemuth hinab in Piemont. Einige Stunden ritten wir in beständigem Zickzack jähe steinige Wege, auf der einen Seite an hohen Felsen, und an tiefen Abgründen auf der andern, herunter.

Die Maulesel, welche man auf diesem Wege reitet, sind von einer besondern Trägheit. Wenn man voran reitet, kann man den seinigen, wiewohl nicht ohne Mühe, in Trapp bringen, und die nachfolgenden traben dann nach, dem vordersten aber vorbei zu kommen, ist fast unmöglich. Uebrigens sind wenige Stellen, wo einem die Lust zum Traben kommen kann.

Auf den jähen Wegen, auf faſt unwegſamen Steinen,
muß man ihnen den Zügel ſchießen laſſen. Sie gehen
beſtändig in Schlangenlinien, bis unmittelbar an die
Felſenwand, eben ſo dicht an den Rand des Abgrunds
hinan, und drehen ſich dann kurz um. Unter dem
Beſchlag haben ſie dünne eiſerne Platten, welche vorn
aufwärts gebogen ſind, und ziemlich weit vor dem
Huf hervor liegen. Mit dieſen treten ſie ſicher auf
die Steine, und laufen nicht Gefahr kleinen Kieſel
zwiſchen den Stollen des Hufeiſens zu bekommen,
welche ihren Tritt unſicher machen würden. Wir
waren noch eine Stunde vom Fuß des Berges ent=
fernt, als die Nacht einbrach. Es war ſchon ſo dun=
kel, daß ich das Glas meiner Uhr aufmachen mußte,
um die Zeit zu ſehen. Gleichwohl gingen die Mäuler
immer gleich ſicher, mit dem Maul an dem Boden,
immer unmittelbar am Rande des Abgrunds ſich kurz
wendend, dann und wann vor dem Abgrunde ſtehen
bleibend, und hinab ſehend. Ich ſtieg zuletzt ab, wie=
wohl der Gang im Dunkeln äußerſt beſchwerlich, und
kaum der Abgrund vom Wege zu unterſcheiden war.
Neben uns donnerten Felſenſtröme herab, deren
Schaum in der Nacht fürchterlich ſchön war. Wie
freute ich mich, daß ich meinen Sohn hatte herunter
tragen laſſen! Auf dieſem Wege hätte er bei Nacht,
auch geführt, nicht gut gehen können, denn ich ſtrau=
chelte oft, und trat in Löcher zwiſchen hohen Steinen.
Endlich kamen wir in Novaleſe, einem Städtchen am

Fuße des Berges, an. Ich freute mich herzlich, meine Frau, und Ernst wohlbehalten anzutreffen. Das Wirthshaus ist, nach hiesiger Art, sehr gut, und würde sogar in Deutschland leidlich sauber scheinen.

Gestern fuhren wir durch fruchtbare Thäler, zwischen Gebürgen, welche mit Wald bedeckt sind, und zwischen Felsen. Die meisten dieser Thäler sind ziemlich breit, und mit großem Fleiß angebauet. Man fühlt es an der gelinderen Luft, man sieht es an den Gewächsen, daß man die Alpen gegen Norden im Rücken habe. Die Reben sind nicht nach deutscher Art, sondern in weit auseinander stehenden Reihen gepflanzet, von Baum zu Baum gezogen, oder von Pfahl zu Pfahl, und hangen über kleinere Seitenlatten, Lauben bildend. Zwischen den breiten Reihen sahen wir bald Stoppeln von türkischem Waizen (Mais), bald jungen Winterwaizen. Das Land wird durch breite Furchen in hohe schmale Beeten, wie Gartenbeeten, ohngefähr einer Elle breit, abgetheilt. Doch laufen noch außerdem tiefe Wasserfurchen durch die Aecker. Ich vermuthe, daß diese Thäler oft von den herunter strömenden Gewässern der Berge angefüllt, die vielen Furchen und Erhöhung der fruchttragenden Erde nothwendig machen. Aehnliche Art zu verfahren, erinnete ich mich in Böhmen gesehen zu haben; doch sind dort die Furchen nicht so breit wie in Piemont, und die Aecker dazwischen in Bogen gewölbet. Viele Maulbeerbäume stehen in Reihen,

zwiſchen den Aeckern; zerſtreute Pappeln, Wallnuß=
bäume, Kaſtanien. Wir ſahen in Gärten Cypreſſen
und Feigenbäume, von einer Höhe, welche ſie jenſeits
der Alpen nicht erreichen.

Es iſt ein großer Anblick, wenn man dieſe Alpen
hinter ſich ſieht. Sie trennen nicht nur Italien von
Savoyen, ſie trennen unſere neuere Welt von jener
ehrwürdigen älteren, von welcher wir alles, was ge=
ſittete Menſchen von Barbaren unterſcheidet, Künſte,
das Licht der Wiſſenſchaften, ja das heilige Feuer
der Religion erhalten haben. Italien war genau mit
Griechenland verbunden, deſſen Pflanzſtädte dem un=
tern Theile dieſes Landes den Namen Groß=Griechen=
land gaben. Andre griechiſche Völker wohnten in Klein=
Aſien; ihre Pflanzſtädte waren auf der Küſte von
Afrika und von Aſien zerſtreut, in Egypten ſaßen
griechiſche Könige auf dem alten Thron der Pharaone,
ehe es eine römiſche Provinz ward. Die Herrſchaft
Roms vereinigte alle Völker, die das mittelländiſche
Meer umwohnen. Bald hoffe ich am Geſtade dieſes
Meers zu ſtehen, deſſen Wogen Italien und Sicilien,
die Trümmer von Karthago, Griechenlands Weſten
in Europa und Aſien, wo jeder Strom und jedes
Vorgebürge durch Fabel und Geſchichte berühmt ward,
ſeine beſungenen Inſeln, das myſtiſche Egypten, und
Iſraels geweihtes Erbe anſpülen, wo die durch lange
Morgenröthe ihrer Geſchichte, und durch das Hahnen=
geſchrei der Propheten angekündigte Sonne der Wahr=

heit und der Liebe aufging, welche bald über Alpen und Meere, vom Ganges bis zum Eisgestade strahlend, die Völker leuchtend erwärmte; zwar durch aufsteigende Erddünste oft verdunkelt wird, aber an ihrem Himmel auch am Ende der Tage nicht untergehen soll.

Mit solchen Gedanken sah ich hinter mir die blendende Alpenreihe, in welcher hoch über die andern der Rochemelon sein ragendes Haupt erhebt.

Bei Susa verenget sich das Thal und bildet den berühmten Paß von Susa, der noch fester wird durch die Felsenburg Brünette, welche, zwei Thäler beherrschend, der französischen Gränzfestung Briançon entgegen gesetzet ist. Wir hielten Mittag im Städtchen St. Ambrosio, vor welchem auf dem Gipfel eines hohen Berges das Mönchskloster St. Michael sich von weitem zeigte. Zwischen St. Ambrosio und Rivoli erweitern sich die Thäler, und man sieht viele Trümmer alter Bergschlösser. Die Gegend ist fruchtbar und lachend. Rivoli ist ein Städtchen, über welchem ein königliches Schloß auf einem Hügel liegt. Da in Turin die Thore früh geschlossen werden, mußten wir die Nacht in einem großen, aber elenden, höchst unsaubern Wirthshause bleiben. Man sagte uns, daß eine Opera buffa gespielt werden sollte. Aus Neugierde gingen wir hin, und fanden das kleine Theater voll gedränget. Mit zuvorkommender Höflichkeit nöthigten uns die Zuschauer gute Plätze, welche doch schon besetzt gewesen, einzunehmen. Die Spieler und Spielerinnen waren besser angekleidet, als man hätte in einem so kleinen Städtchen erwarten können. Das angeborne komische Talent zeigte sich besonders in den Gebehrden des einen Spielers, der den alten Verliebten machte. Mit Ungestüm ward eine Symphonie zwischen den Aufzügen verlangt, und mit Ungestüm ward den Spielern nach mancher Scene Beifall zugerufen. Nach einem Duett zwischen dem alten Verliebten und seiner jungen Schöne, theilte sich der Beifall in schreiendem Nachrufen von bravo! und brava! je nachdem diese den Sänger, jene die Sängerinn begünstigten.

Diese Leidenschaft für's Theater scheint den Italienern angeboren. Ein kleiner Knabe von ungefähr fünf Jahren stand an der Ecke vor dem Orchester auf einer wenigstens zwei Ellen hohen und schmalen Latte, seine Arme um einen Pfeiler schlingend, und sah unverwandt der Vorstellung zu. Wir vermochten nicht dieses leidenschaftliche Interesse mit den andern Zuschauern zu theilen, und schlichen lange vor Endigung des Stückes aus dem Theater.

Froh verließen wir heute Morgen das unsaubre Wirthshaus von Rivoli und fuhren nach Turin, welches nur zwei Stunden von jenem Städtchen entfernt ist. Der Weg ist schnurgerade, außerordentlich breit, und mit Gräben eingefaßt, an deren äußern Seite

große Ulmen ihn verschönern. Dießseits Rivoli fängt
die größe lombardische Ebne an, deren Fruchtbarkeit
seit Jahrtausenden gepriesen wird. Diese Ebne zeigte
Hannibal von fern seinem Heer als den Kampfpreis
der beschwerlichen Reise und der künftigen Siege, für
welche der Geist des Helden ihnen Bürgschaft gab.
Sie erstreckt sich durch Piemont über Mailand,
Mantua, und das venezianische Gebiet, bis hin an
das adriatische Meer. Die Aecker sind schön, und
viele Maulbeerbäume stehen zwischen den Saaten.
In einiger Entfernung erheben sich hohe Hügel, welche
mit Reben und fruchttragenden Bäumen bepflanzt
sind. Hinter uns, und noch zu beiden Seiten,
krümmte sich, wie ein halber Mond, die herrliche
Reihe der schneebedeckten Alpen, über welche der Wiso
und der noch höhere Rochemelon fürchterlich schön
hervorragten. Gerade vor uns sahen wir einige Stun=
den jenseits Turin auf einem Berge das prächtige
Kloster, die Superga, liegen.

Die Schönheit der großen Gegenstände und der
heitre Morgen erfüllten unsre Herzen mit Freude, als
ein schrecklicher Anblick sie störte. Dicht am Landwege
sahen wir bei einem Wirthshause Volk zusammen lau=
fen. Wir fragten unsern Vetturino, was das wäre;
é un ammazzato, sagte er (es ist ein Erschlagner)
und war, mir nichts dir nichts, vorbeigefahren, ohne
ein Wort zu sagen. Ich ging hin mit Nicolovius.
Es war ein hübscher junger Mensch. Der Mörder

hatte ihm eine tiefe Wunde mit dem Messer in's
Kinn gehauen und den Todesstich in das Herz ge=
stoßen. Man hatte sie kurz vor der That in der
Nacht zanken gehört.

Sophien's Kammerfrau, welche im Vorbeifahren
aus der andern Chaise ihn liegen gesehen, glaubte in
ihm einen jungen Menschen zu erkennen, der gestern
Abend im Wirthshause gegen einen andern viel im
Moraspiel verloren und sich mit ihm gezanket hatte.
Dieses Moraspiel hat vielen Menschen das Leben ge=
kostet. Zwei Menschen heben mehr oder weniger Fin=
ger der rechten Hand gegen einander auf, und jeder
ruft zugleich aus, wie viel Finger seiner Meinung
nach erhoben worden. Es kommt also auf's Errathen
an. Aber die Italiener behaupten, daß ein geübter
Spieler gleich an der Hand des Gegners, ehe sie halb
geöffnet ist, sehen könne, wie viel Finger er erheben
werde. Die Italiener lieben mit Leidenschaft dieses
Spiel, und keine Verordnung kann den Unfug hemmen.
Es ist unglaublich, mit welcher Schnelligkeit sie es
spielen. Der Mörder ist entronnen. In der vorletzten
Nacht soll nicht weit von dort auch ein Mensch seyn
ermordet und beraubt worden. Die Piemonteser sind
mit Recht verschrieen wegen ihrer Heftigkeit nach dem
Trunke, und wegen der viel schändlichern Raubsucht,
welche sie auch mit kaltem Blute zu morden antreibt.
Aber wie ist es möglich, daß eine so thätige Regierung,
wie die sardinische, nicht kräftige Maaßregeln gegen

Merkwürdiger sind die Nachrichten der Gesch
welche uns lehret, daß diese Stadt unter dem R
Taurasia, die Hauptstadt Liguriens war, und
erste, welche Hannibal, nachdem er die Alpen
gen, eroberte. Der Ruhm dieses großen M
wirft mehr Glanz selbst auf Völker, die er über
als die Fabel ihnen zu geben vermag.

Einige Jahrhunderte später, zu den Zeiten
Cäsarn, sandten die Römer eine Colonie hieher
gaben ihr den Namen Augusta Taurinorum.

Die Lage von Turin ist außerordentlich
Sie hat, wie schon mehrere Reisende beme
Aehnlichkeit mit Dresdens Lage.

Der schöne Po krümmt sich um die eine
der Stadt, welche von Hügeln und Bergen um
ist, die das Auge mit mannigfaltigen Ausf
auf Weinberge, Haine, Lusthäuser und Gärte
götzen. Ueber nahe Hügel und Berge rag
schneebedeckte Kette der Alpen in furchtbarer E
heit hervor, und unter diesen Riesen erheber
Viso und der Rochemelon ihre strahlenden Hä
Dieser schönen Aussicht genießet man am Beste
dem Wall, nur Schade, daß dieser Spazie
durch den verschloßnen königlichen Schloßgarten
terbrochen wird.

Man erstaunt, den Viso, aus welchem de
entspringt, so nahe, und zugleich den schon so
tigen Po zu sehen. Mich verlangt darnach,

Ein und dreißigster Brief.

Turin, den 27ſten October 1791.

Turin, eine der ſchönſten, iſt auch eine der älteſten
Städte von Europa. Die Fabel leitet ihren Urſprung
von einem gewiſſen Phetontes, Bruder des ägyp-
tiſchen Gottes Oſiris her, welcher anderthalb tauſend
Jahre vor Chriſti Geburt ſoll gelebt und dieſe Stadt
gegründet haben. Nach ſeinem Sohne Eridanus nennet ſie den großen Strom dieſes Namens, den die
Römer ſpäter Padus nannten, den heutigen Po. Der
Name Turin ſoll nach eben dieſer Fabel dem ägyp-
tiſchen Gotte Apis zur Ehre, deſſen vom Volke ange-
betetes Symbol ein Stier war, der Stadt ſeyn gegeben worden. Gleich als ob die alten Aegypter Griechiſch
geſprochen hätten! Natürlicher wäre es, dieſer Stadt
einen griechiſchen Urſprung zu geben und ihren alten
Namen Taurasia vom Zuſammenfluß der Dora mit
dem Po, oder von den Wellen des letzteren herzuleiten. Denn die Alten verglichen oft die Ströme,
welche ſich in zwei Arme theilen, oft aber auch die
hohen Wogen eines Stroms, mit Stierhörnern.

Merkwürdiger sind die Nachrichten der Geschichte, welche uns lehret, daß diese Stadt unter dem Namen Taurasia, die Hauptstadt Liguriens war, und die erste, welche Hannibal, nachdem er die Alpen erstiegen, eroberte. Der Ruhm dieses großen Mannes wirft mehr Glanz selbst auf Völker, die er überwand, als die Fabel ihnen zu geben vermag.

Einige Jahrhunderte später, zu den Zeiten der Cäsarn, sandten die Römer eine Colonie hieher und gaben ihr den Namen Augusta Taurinorum.

Die Lage von Turin ist außerordentlich schön. Sie hat, wie schon mehrere Reisende bemerkten, Aehnlichkeit mit Dresdens Lage.

Der schöne Po krümmt sich um die eine Seite der Stadt, welche von Hügeln und Bergen umgeben ist, die das Auge mit mannigfaltigen Aussichten auf Weinberge, Haine, Lusthäuser und Gärten ergötzen. Ueber nahe Hügel und Berge ragt die schneebedeckte Kette der Alpen in furchtbarer Schönheit hervor, und unter diesen Riesen erheben der Viso und der Rochemelon ihre strahlenden Häupter. Dieser schönen Aussicht genießet man am Besten auf dem Wall, nur Schade, daß dieser Spaziergang durch den verschloßnen königlichen Schloßgarten unterbrochen wird.

Man erstaunt, den Viso, aus welchem der Po entspringt, so nahe, und zugleich den schon so mächtigen Po zu sehen. Mich verlangt darnach, diesen

Strom am adriatischen Meer als Mann zu sehen,
da seine Jugend so viel verheißet.

Unmittelbar vor dem Thore, welches nach dem
Po seinen Namen hat, liegt eine Brücke über diesen
Fluß, welche, aber weder der Schönheit der Stadt
noch der Würde des Stromes entspricht. Die Po=
straße, welche zu diesem Thore führet, ist sehr schön.
Die Stadt ist überhaupt nach einem edeln Plan an=
gelegt, die Straßen sind schnurgrade, die Thore in
gutem Styl, die Häuser mit Geschmack gebauet. Nach
Maaßgabe ihrer Höhe sind die Straßen, die Poßtraße
und die neue Straße ausgenommen, nicht breit ge=
nug. Die Poßtraße hat zu beiden Seiten überaus
schöne, hohe Hallen unter den Häusern. Das Schloß
verspricht nicht viel von außen, die Gemächer sind aber
prächtig. Gleich bei'm Eingange steht in einer Nische
die Bildsäule von Victor Amadeus des Ersten zu
Pferde. Das Pferd ist von Marmor, der Herzog
von Erz. Seine Gestalt ist edel, das Roß aber ist
nicht schön.

In der Bildergallerie erwartete ich weniger Ge=
mälde von der flandrischen, desto mehr von der ita=
lienischen Schule. Nur von einigen, welche vorzüglich
meine Aufmerksamkeit auf sich zogen, will ich dir
etwas sagen.

Die Maria Magdalena von Rubens, dessen aus=
drucksvollen, von der Wahrheit belebten Pinsel man
nicht leicht verkennen kann, ist vortrefflich. Die gen

Himmel gerichtete Stellung des Hauptes, die nachlässig herunter fallenden Locken, der Jammer der aufwärts schauenden verweinten Augen und des halb ge-
öffneten Mundes, bezeichnen die Inbrunst ihrer Reue
mit Zügen, welche, je länger man sie anschaut, desto
lebendiger werden. Mehr Wahrheit würde selbst Rafael einer Magdalena nicht gegeben haben; aber er
hätte uns eine schönere Magdalena gezeigt.

Der verlorne Sohn von Guercino, welcher seinem
Vater zu Füßen fällt, ist mit tiefer Empfindung
gemalt.

Eine kranke Frau von Gerhard Dow ist mit dem
vollendeten Fleiße gemalt und mit dem Leben des
Ausdrucks, welche dieser große Künstler wunderbar
mit einander vereinigte. Sie sitzt zurück gebogen auf
einem Lehnstuhl. Mit bedenklicher Miene steht hinter
ihr der Arzt und hält ein Uringlas gegen das Tages-
licht. Eine Tochter kniet zu ihren Füßen und greift
zärtlich nach der mütterlichen Hand. Mit kindlicher
Liebe und Sorgsamkeit hält die andere Tochter der
Mutter einen Löffel mit Arznei vor den blassen Mund.
Die Mutter sieht ihr mit sanfter, inniger Rührung
in's Gesicht. Der Tochter ein Wort des Dankes zu
sagen, scheinen sich die Lippen, früher als dem Arz-
neilöffel, öffnen zu wollen.

Die Verkündigung Mariä, von Albani, ein kleines Stück, scheint mir vortrefflich.

Karl der Erſte von einem Schüler van Dyk's, und die drei Kinder dieſes Königes von van Dyk ſind mit lebenähnlicher Täuſchung gemalt.

Ein Hieronymus in Todesbetrachtung mit einem Todtenkopf in der Hand, von Guido Reni, iſt wunderſchön.

Unter dieſem Stück ſieht man Rubens und ſeine Frau, von Rubens ſelber gemalt. Wie gerne ſieht man das Bild des Mannes, dem man ſo viel verdankt; deſto lieber, da Freudigkeit, Kraft und Bonhomie jeden Zug ſeines Geſichts beſeelen.

Von Claude Lorrain ſind zwei Landſchaften, die das ſanfte, wahre Leben der Natur haben, mit welchem dieſer große Maler jede Art von Bäumen, die Stunden des Tages und der Jahrszeit charakteriſtiſch zu bezeichnen wußte. Er empfand ſo fein in der Wahl ſchöner Gegenſtände, als er wahr iſt in der Darſtellung.

Leben und Kühnheit des Salvator Roſa erkennet man im Einſiedler, der in eitlem hohlen Baum ſitzet. Eine nicht vollendete Lucretia von Guido Reni iſt ſehr ſchön; aber wie kann ſie, da ſie eben den Dolch aus der Wunde gezogen, aufgerichtet ſitzen?

Ein jovialiſcher Trinker von Gerhard Dow, welcher das leere Glas umgekehrt im Triumph hält, iſt vortrefflich.

Von Weyermann ſind ſchöne Gemälde hier, unter andern ein Pferdemarkt. Ein braun gefleckter

Das Zeughaus enthält Waffen für hundert und zwanzig tausend Mann. Der Gebrauch der cylindrischen Ladstöcke ist noch nicht eingeführt; doch sind sie alle von Eisen.

In einem Nebenzimmer verwahrt man eine ziemliche Anzahl kleiner, leichter Gewehre, welche nach ihrer sich gegen das äußerste Ende erweiternden Oeffnung Tromboni (Posaunen) genannt werden. Der König hat den Gebrauch dieser fürchterlichen, leicht mit sich zu führenden, und daher für Banditen äußerst bequemen Waffen verboten und alle, die im Lande waren, aufgekauft. Sie können mit vielen Kugeln oder mit Kartätschen geladen werden und schreckliche Verwüstung anrichten.

Mit dem Zeughause ist eine Kanonengießerei und ein chymisches Laboratorium verbunden. Das Ganze steht unter der Aufsicht des gelehrten Grafen von Saluzzo, welcher so vielen Antheil hat an der verbesserten Einrichtung der Akademie. Dieser Mann, welcher Kenntnisse eines großen Gelehrten mit kriegerischem Verdienste, feinen Sitten und altritterlicher Freiheit im Wesen verbindet, stammet von den alten Marchesen von Saluzzo, deren Land, als im sechszehnten Jahrhundert zwei Brüder darum stritten, von dem einen an Frankreich überlassen, bald vom Herzog von Savoyen als Lehnsherrn wieder gefordert, und den Franzosen genommen, dann von Heinrich dem Vierten,

habe es also nicht zu seinem Vortheil und nur bei'm Schein einer Fackel gesehen. Dennoch ergötzte mich der Anblick durch den edeln Styl, in welchem es gebauet ist. Man wirft ihm aber vor, daß es nicht akustisch eingerichtet sei und daß man nur aus einer Loge die Spieler gut hören könne. Das Theater des Prinzen von Carignan ist schön ohne Pracht. In diesem wird die Opera buffa im Sommer gegeben. Es ist noch ein drittes Theater hier und an einem vierten wird gebauet.

Weit schöner als das Schloß nimmt sich dicht dabei der sogenannte Pallast des Herzogs von Savoyen aus mit seiner edlen Façade von korinthischen Säulen. Nach diesem scheint mir des Prinzen von Carignan Pallast der ansehnlichste.

Das Zeughaus, an dessen Vergrößerung noch gebauet wird, ist ein schönes, ungeheures großes Gebäude, welches fünf Höfe einschließet. Die Säle ruhen, gleich gothischen Kirchen, auf großen Säulen. Um jede dieser Säulen sind tausend Musketen in zierlicher Ordnung aufgestellet. Dazwischen stehen Pyramiden, um welche mit großer Eleganz die Pistolen für die Reiterei gereihet sind. Zwischen den Sälen ist ein großer runder Saal; dessen Wände und Säulen prangen mit Trophäen von alten Rüstungen in kriegerischer Pracht. Vor den Thüren dieses Saals stehen wie lebendig alte Krieger, die von der Scheitel bis zur Ferse gewaffnet sind.

21*

große Ulmen ihn verschönern. Dießseits Rivoli fängt
die größe lombardische Ebne an, deren Fruchtbarkeit
seit Jahrtausenden gepriesen wird. Diese Ebne zeigte
Hannibal von fern seinem Heer als den Kampfpreis
der beschwerlichen Reise und der künftigen Siege, für
welche der Geist des Helden ihnen Bürgschaft gab.
Sie erstreckt sich durch Piemont über Mailand,
Mantua, und das venezianische Gebiet, bis hin an
das adriatische Meer. Die Aecker sind schön, und
viele Maulbeerbäume stehen zwischen den Saaten.
In einiger Entfernung erheben sich hohe Hügel, welche
mit Reben und fruchttragenden Bäumen bepflanzt
sind. Hinter uns, und noch zu beiden Seiten,
krümmte sich, wie ein halber Mond, die herrliche
Reihe der schneebedeckten Alpen, über welche der Viso
und der noch höhere Rochemelon fürchterlich schön
hervorragten. Gerade vor uns sahen wir einige Stunden jenseits Turin auf einem Berge das prächtige
Kloster, die Superga, liegen.

Die Schönheit der großen Gegenstände und der
heitre Morgen erfüllten unsre Herzen mit Freude, als
ein schrecklicher Anblick sie störte. Dicht am Landwege
sahen wir bei einem Wirthshause Volk zusammen laufen. Wir fragten unsern Vetturino, was das wäre;
é un ammazzato, sagte er (es ist ein Erschlagner)
und war, mir nichts dir nichts, vorbeigefahren, ohne
ein Wort zu sagen. Ich ging hin mit Nicolovius.
Es war ein hübscher junger Mensch. Der Mörder

hatte ihm eine tiefe Wunde mit dem Messer in's Kinn gehauen und den Todesstich in das Herz gestoßen. Man hatte sie kurz vor der That in der Nacht zanken gehört.

Sophien's Kammerfrau, welche im Vorbeifahren aus der andern Chaise ihn liegen gesehen, glaubte in ihm einen jungen Menschen zu erkennen, der gestern Abend im Wirthshause gegen einen andern viel im Moraspiel verloren und sich mit ihm gezanket hatte. Dieses Moraspiel hat vielen Menschen das Leben gekostet. Zwei Menschen heben mehr oder weniger Finger der rechten Hand gegen einander auf, und jeder ruft zugleich aus, wie viel Finger seiner Meinung nach erhoben worden. Es kommt also auf's Errathen an. Aber die Italiener behaupten, daß ein geübter Spieler gleich an der Hand des Gegners, ehe sie halb geöffnet ist, sehen könne, wie viel Finger er erheben werde. Die Italiener lieben mit Leidenschaft dieses Spiel, und keine Verordnung kann den Unfug hemmen. Es ist unglaublich, mit welcher Schnelligkeit sie es spielen. Der Mörder ist entronnen. In der vorletzten Nacht soll nicht weit von dort auch ein Mensch seyn ermordet und beraubt worden. Die Piemonteser sind mit Recht verschrieen wegen ihrer Heftigkeit nach dem Trunke, und wegen der viel schändlichern Raubsucht, welche sie auch mit kaltem Blute zu morden antreibt. Aber wie ist es möglich, daß eine so thätige Regierung, wie die sardinische, nicht kräftige Maaßregeln gegen der befestigt sind, erhebt sich beinahe eine Elle hoch über ihre Hörner. Sie wird also durch die Anstrengung der Stiere hinuntergezogen, und diese laufen nicht, wie manchesmal bei uns die Pferde und Ochsen, Gefahr, durch die auf unebnen Wegen aufwärts schnellende Deichsel verletzet zu werden. Die Rinder ziehen allein mit dem Joch, welches ihnen auf dem Halse liegt, und haben keine Seitenstränge.

Hier sind die Bauern, wenige Ausnahmen abgerechnet, nicht Eigenthümer, aber alle sind frei.

Folgendes ist das Verhältniß in Piemont zwischen den Gutsherren und den Bauern. Jenen gehört der Grund und das Haus. Die ganze Hofstelle, wie wir sagen würden, wird dem Bauern auf drei Jahr verpachtet; die Pachtung wird oft verlängert, aber darf nie auf längere Zeit gemacht werden. Für den Genuß einer solchen Hofstelle, welche casino heißt, giebt der Bauer vom Ertrag der Aecker, des Weins, der rohen Seide, die Hälfte. Doch behält er den ganzen Genuß eines kleinen ihm angewiesenen Theils vom Weinberg und von einer Anzahl von Maulbeerbäumen. Für das Heu giebt er etwas an Geld. Dieses darf er nicht verkaufen, so wenig wie das Stroh, damit er jenes an seinem Vieh verfüttere, dieses zur Streu brauche, das Vieh in gutem Stande, der Acker wohl gedünget sei. Wird ihm in der Städte Nachbarschaft der Verkauf einer Anzahl Fuder von beiden verstattet, so geschieht es unter der Bedingung, daß er Mist aus der Stadt zurück führe. Die Bauern gewinnen viel Geld durch den Handel mit dem Rindvieh. Im Herbst kaufen sie junge Ochsen in der Schweiz, wo sie dann, wegen Mangel des Heues, wohlfeil sind. Nach vollbrachter Feldarbeit werden die Ochsen auf der Weide so fett, daß sie solche mit Vortheil verkaufen. Auch verkaufen sie die Kälber sehr theuer, besonders an die Einwohner der genuesischen Küste. Mit einigem Unterschiede findet man im Grunde dieselbige Einrichtung in den andern Staaten Italiens. Sie scheint mir viel Gutes zu haben, nur wünschte ich, daß nach dem Beispiel Englands die Pachten auf längere Zeit geschlossen würden. Beschwerden der Erben, welche meinten, das casino sei zu wohlfeil verpachtet worden, haben zu diesen kurzen Zeitpachten Anlaß gegeben.

Merkwürdiger sind die Nachrichten der Geschichte, welche uns lehret, daß diese Stadt unter dem Namen Taurasia, die Hauptstadt Liguriens war, und die erste, welche Hannibal, nachdem er die Alpen erstiegen, eroberte. Der Ruhm dieses großen Mannes wirft mehr Glanz selbst auf Völker, die er überwand, als die Fabel ihnen zu geben vermag.

Einige Jahrhunderte später, zu den Zeiten der Cäsarn, sandten die Römer eine Colonie hieher und gaben ihr den Namen Augusta Taurinorum.

Die Lage von Turin ist außerordentlich schön. Sie hat, wie schon mehrere Reisende bemerkten, Aehnlichkeit mit Dresdens Lage.

Der schöne Po krümmt sich um die eine Seite der Stadt, welche von Hügeln und Bergen umgeben ist, die das Auge mit mannigfaltigen Aussichten auf Weinberge, Haine, Lusthäuser und Gärten ergötzen. Ueber nahe Hügel und Berge ragt die schneebedeckte Kette der Alpen in furchtbarer Schönheit hervor, und unter diesen Riesen erheben der Viso und der Rochemelon ihre strahlenden Häupter. Dieser schönen Aussicht genießet man am Besten auf dem Wall, nur Schade, daß dieser Spaziergang durch den verschloßnen königlichen Schloßgarten unterbrochen wird.

Man erstaunt, den Viso, aus welchem der Po entspringt, so nahe, und zugleich den schon so mächtigen Po zu sehen. Mich verlangt darnach, diesen inwendig die Gestalt eines griechischen Kreuzes, das heißt, eines Kreuzes, welches nicht länger als breit ist. Die Gemählde schienen mir lange nicht so schön, als die drei bas reliefs über den Altären. Das größte über dem Hauptaltar, stellt den Entsatz von Turin vor. Die heilige Jungfrau schwebt mit dem Kinde Jesus über dem Heere, welches von Victor Amadeus und Eugen angeführet wird.

Die Schönheit der nicht gehäuften Verzierungen, die Säle von weißem Marmor von Carara, und von rothem von Piemont, die Höhe der Kuppel, alles das zusammen macht eine große Wirkung. Ob, wie man behauptet hat, einige Fehler gegen die Baukunst begangen worden, vermag ich nicht zu entscheiden; aber ein hoher Grad von Schönheit schließt nicht Fehler aus, und dieser ist gewiß bei einem Gebäude erreichet worden, dessen Anblick das Gemüth des Hineintretenden auf eine große und wohlthätige Art einnimmt. Ueber dem innern Eingang der Kirche steht folgende Inschrift:

Virgini genetrici Victor Amadeus Sardiniae Rex bello Gallico vovit, pulsis hostibus exstruxit dedicavitque.

(Der gebärenden Jungfrau im französischen Kriege von Victor Amadeus, Sardiniens Könige, gelobet; nachdem die Feinde vertrieben worden, erbauet und gewidmet.)

Unter der Kirche ist die Begräbnißgruft der Könige. Die Särge sind schön, mit edlen Verzierungen. Son-

Himmel gerichtete Stellung des Hauptes, die nachlässig herunter fallenden Locken, der Jammer der aufwärts schauenden verweinten Augen und des halb ge-
öffneten Mundes, bezeichnen die Inbrunst ihrer Reue
mit Zügen, welche, je länger man sie anschaut, desto
lebendiger werden. Mehr Wahrheit würde selbst Rafael einer Magdalena nicht gegeben haben; aber er
hätte uns eine schönere Magdalena gezeigt.

Der verlorne Sohn von Guercino, welcher seinem
Vater zu Füßen fällt, ist mit tiefer Empfindung
gemalt.

Eine kranke Frau von Gerhard Dow ist mit dem
vollendeten Fleiße gemalt, und mit dem Leben des
Ausdrucks, welche dieser große Künstler wunderbar
mit einander vereinigte. Sie sitzt zurück gebogen auf
einem Lehnstuhl. Mit bedenklicher Miene steht hinter
ihr der Arzt und hält ein Uringlas gegen das Tages-
licht. Eine Tochter kniet zu ihren Füßen und greift
zärtlich nach der mütterlichen Hand. Mit kindlicher
Liebe und Sorgsamkeit hält die andere Tochter der
Mutter einen Löffel mit Arznei vor den blassen Mund.
Die Mutter sieht ihr mit sanfter, inniger Rührung
in's Gesicht. Der Tochter ein Wort des Dankes zu
sagen, scheinen sich die Lippen, früher als dem Arz-
neilöffel, öffnen zu wollen.

Die Verkündigung Mariä, von Albani, ein kleines Stück, scheint mir vortrefflich.

über keine Auskunft zu geben. Daß man diese Schneegebürge hier nicht als entfernte Gränze des Horizonts
sehe, sondern daß sie als Hauptgegenstand in furchtbar blendender Nähe einen großen Theil des Horizonts
einnehmen, bedarf ich dir nicht zu sagen. Unter uns
lag Turin, dann Rivoli, viele Städte, Flecken, Dörfer
und Schlösser, wie auf einer Landcharte. Alles was
Menschenhand hervorbringt, scheint von oben her nur
vorgestellt zu seyn; nur die Natur steht in ewig
jungem Leben da. In ihrer Kraft thürmten sich Gottes Mauern, die Alpen; in seiner Schöne wand sich
zwischen lachenden Gefilden der Po.

La Veneria ist das größte Lustschloß des Königes.
Es liegt etwa anderthalb Stunden von der Stadt.
Hier bringt die königliche Familie alle Frühjahre funfzig Tage zu. Die Kirche ist schön. Im Schloß sind
schöne Zimmer, der Garten ist sehr groß, aber ganz
im französischen Geschmack, und vermuthlich von le
Notre, welcher in Turin gewesen, angelegt. Die
Orangerie ist ein edles Gebäude, in dieser Woche waren die Pomeranzenbäume erst wieder hinein gebracht
worden. Gleichwohl haben wir kalte Herbsttage gehabt, und der Reaumürsche Thermometer soll in Früh-
stunden mehrmalen nur fünf Grad über dem Eispunkt
gestanden haben, und heute früh um sieben Uhr nur
zwei Grad.

Der Graf Morozzo hat uns das Gebäude der
Akademie, deren Director er ist, und das hohe Obser-

Tigerschimmel, welcher etwas scheu, gegen die füh-
rende Hand ansträubend, wild um sich schaut, ist
vom Kopf bis zum Huf mit harmonischem Leben
dargestellt.

Große, schöne Gemälde stellen die Siege der kriegerischen Herzoge und Könige des Hauses Savoyen
über die Franzosen vor.

Verschiedne Landschaften von italienischen Gegenden und von den Ufern des Rheins sind auch
sehr schön.

Zwischen dem Schloß und der Hauptkirche steht
die Kapelle des heiligen Schweißtuchs; in dessen Besitz die Stadt zu seyn vermeinet. Sie ist ganz von
schwarzem Marmor, die Knäufe der Säulen und die
silbernen großen Leuchter, welche allein dem Gebäude
Licht geben, sind vergoldet. Heiliges Grauen ergreifet
einen bei'm Eingange. Das vermeinte ächte Schweis-
tuch wird bei'm Antritt der Regierung eines Königes,
bei seiner oder des Kronprinzen Vermählung und auf
die Bitte großer Herren, welche nach Turin kommen,
öffentlich ausgesetzt. Hier ward uns auch eine Mon-
stranz von ungeheurem Werth an Juweelen gezeigt,
sie soll die kostbarste von Italien seyn und ist mit
Geschmack gefaßt. Sowohl mit dem Schloß als der
Hauptkirche hängt diese Kapelle zusammen. Mit dem
Schlosse hängt auch das große Theater zusammen,
welches eins der schönsten von Italien seyn soll. In
diesem wird nur zur Zeit des Carnavals gespielt, ich

Die Höflichkeit, mit welcher der Adel dieses Lan=
s Fremde aufnimmt, ist auch dem königlichen Hause
sen.

Heinrich der Vierte schätzte sich's zur Ehre, der
sie Edelmann seines Landes zu seyn, und Frankreich
fand sich wohl unter der Regierung des ritterlichen
elben, der ein väterlicher König war, oder vielmehr,
r dem Traume, Vater eines Volks seyn zu können,
viel Wirklichkeit gab, als vielleicht je ein König zu
un zugleich so willig und so fähig war.

Das Museum der Universität enthält viele Merk=
ürdigkeiten. In der schätzbaren Sammlung von An=
en ist ein schlafender Amor von weißem Marmor,
kindlicher Lebensgröße, außerordentlich schön. Er
gt mit nachlässig hangenden Flügeln auf einer Lö=
nhaut, und das linke Bein unter sich geschlagen.
anftes Leben des Schlafes athmet aus der ganzen
estalt des schönen Knaben.

Zwei ägyptische sitzende Figuren, deren eine die
ttim Aeluros mit dem Katzengesicht, die andre
hrscheinlich einen Priester vorstellt, scheinen aus
m höchsten ägyptischen Alterthum zu seyn.

Die Tafel der Isis ist die merkwürdigste Selten=
t. Sie ist von schwarzem Marmor, mit vielen
yptischen inkrustirten Figuren und Hieroglyphen von
ber. Sie ist gefunden worden in Rom, an der
telle, wo ehmals ein Isistempel gestanden. Der
yptische Götzendienst, welcher mehr als einmal, so

Das Zeughaus enthält Waffen für hundert und zwanzig tausend Mann. Der Gebrauch der cylindrischen Ladstöcke ist noch nicht eingeführt; doch sind sie alle von Eisen.

In einem Nebenzimmer verwahrt man eine ziemliche Anzahl kleiner, leichter Gewehre, welche nach ihrer sich gegen das äußerste Ende erweiternden Oeffnung Tromboni (Posaunen) genannt werden. Der König hat den Gebrauch dieser fürchterlichen, leicht mit sich zu führenden, und daher für Banditen äußerst bequemen Waffen verboten und alle, die im Lande waren, aufgekauft. Sie können mit vielen Kugeln oder mit Kartätschen geladen werden und schreckliche Verwüstung anrichten.

Mit dem Zeughause ist eine Kanonengießerei und ein chymisches Laboratorium verbunden. Das Ganze steht unter der Aufsicht des gelehrten Grafen von Saluzzo, welcher so vielen Antheil hat an der verbesserten Einrichtung der Akademie. Dieser Mann, welcher Kenntnisse eines großen Gelehrten mit kriegerischem Verdienste, feinen Sitten und altritterlicher Freiheit im Wesen verbindet, stammet von den alten Marchesen von Saluzzo, deren Land, als im sechszehnten Jahrhundert zwei Brüder darum stritten, von dem einen an Frankreich überlassen, bald vom Herzog von Savoyen als Lehnsherrn wieder gefordert, und den Franzosen genommen, dann von Heinrich dem Vierten, zum Orpheus gehörten, da uns die Fabel erzählt, daß er durch sein Saitenspiel die Ungeheuer des Waldes besänftiget habe, waren schon wieder ganz hergestellt.

Das Münzkabinet enthält schöne Münzen aus dem Alterthum. Die Bibliothek der Universität besteht aus fünf und funfzig tausend Bänden und hat über zweitausend Manuscripte. Unter den letztern ist ein Plinius aus dem funfzehnten und ein Dante aus dem vierzehnten Jahrhundert vorzüglich schön. Der Plinius ist mit saubern Bildern, welche dem Inhalt angemessen sind, geschmückt.

Unter den gedruckten Büchern ist eine Bibel von elf Bänden in Folio, in vier Sprachen, in der hebräischen, chaldäischen, griechischen und lateinischen. Philipp der Zweite, König von Spanien, hat sie einem Herzog von Savoyen geschenkt. Ich glaube nicht je einen so schönen Druck gesehen zu haben.

Verschiedne Merkwürdigkeiten in und um Turin habe ich nicht besuchen können. Nicht nur der Hungerharke einer gewissen Art von Reisenden, welche aus dem Reisen ein Gewerbe machen, sondern auch dem vernünftigen Nachleser habe ich manches zurück gelassen. Ich habe weder das Landschloß Stupinigi, welches sehr gelobt wird, noch den Weinberg der Königinn gesehen. In der Stadt nur einige Kirchen, und diese nur flüchtig.

Die Stadt ist sehr volkreich. Es wimmelt selbst jetzt auf den Straßen, da doch der Hof, des Adels

sich zwei rauschende Bäche in den Po ergießen. Der
Po schlängelt hier in anmuthigen Windungen, man
übersieht einen großen Theil seines Laufs. Die Ebne
lacht mit paradiesischer Fruchtbarkeit. Aecker, Wein=
gärten, Wiesen und Triften wechseln mit einander ab;
die vielen Maulbeerbäume, Obstbäume, fruchttragende
Bäume und Pappeln geben der Ebne Schatten und
das Ansehen eines Lusthaines. Damit die Fläche dein
Auge nicht ermüde, ladet der Po dich ein seinem
Laufe nachzusehen, bis er sich zwischen den fernen
Pappeln verliert; und wo die Gegenstände dir zu ent=
schwinden beginnen wollen, da erhebt sich hier die
stolze Reihe der Alpen und dort eine Bergkette, welche
die Apenninen mit jenen verbindet.

Hier war es, wo Hannibal dem ermüdeten Heere
die schönste Ebne Europens zeigte, oder war es nicht
hier, so hätte es hier seyn sollen. Ich habe dir,
meine ich, schon gesagt, daß das Laub wegen des
diesjährigen heißen Sommers in diesen Gegenden
schon beinah so falb sei, als es um diese Jahrszeit
im nördlichen Deutschland, ja in Dännemark, zu seyn
pflegt. Die Maulbeerbäume, welche frisches Laub ge=
trieben haben, nachdem man ihnen das erste genom=
men, sind noch allein mit ganz grünen Blättern be=
deckt. Die Blumen prangen noch mit jugendlichen
Reitzen, und indem ich dir diese Zeilen schreibe, duf=
ten neben mir in einem Glase Nelken, Rosen, Gül=
den=Lack, Levkojen und doppelte Veilchen, welche der

ärtner für meine Frau unter freiem Himmel pflückte.
ie Trauben dieser Gegend sind vortrefflich und von
oßer Mannigfaltigkeit. Der gewöhnliche Wein des
ndes schmeckt den Deutschen nicht, er ist ihnen zu
rbe, zu dick oder von widerlicher Süße. Ich habe
er heute weißen und röthlichen vino amabile ge=
unken, welcher aus den Trauben des Marchese ge=
eßt worden. Beide waren sehr angenehm, besonders
r röthliche, welcher, perlend wie der oeil de perdrix
n Champagne, einen lieblichen Himbeergeschmack mit
nftem Feuer des Weines verband.

Die theils weißen, theils weiß und roth mar=
orirten Trüffeln, welche diesem Lande eigen sind,
erden den schwarzen, welche ihnen nicht fehlen, von
n Einwohnern noch weit vorgezogen.

Aus Piemont haben wir in Deutschland die
rüffelhunde zuerst bekommen.

Die Rinder dieses Landes sehen nicht so wild wie
ie schweizerischen, geben ihnen aber an Größe nichts
ach. Sie sind fast alle hellbraun oder von falbem
zelb. Die wenigen Ausnahmen sind von der weiß=
rauen Farbe der polnischen Rinder. Zum Pflügen
nd zum Ziehen braucht sie der Landmann weit häu=
ger als die Pferde. Die Wagen sind niedrig und
nten sehr stark; ich glaube, daß sie, wenn ihnen die
ast keinen Ueberschwung giebt, fast nicht umwerfen
önnen. Die rückwärts gebogne Deichsel, an deren
bersten Krümmung die Ketten der lastziehenden Rin=

der befestigt sind, erhebt sich beinahe eine Elle hoch
über ihre Hörner. Sie wird also durch die Anstrengung der Stiere hinuntergezogen, und diese laufen
nicht, wie manchesmal bei uns die Pferde und Ochsen,
Gefahr, durch die auf unebnen Wegen aufwärts-
schnellende Deichsel verletzet zu werden. Die Rinder
ziehen allein mit dem Joch, welches ihnen auf dem
Halse liegt, und haben keine Seitenstränge.

Hier sind die Bauern, wenige Ausnahmen abgerechnet, nicht Eigenthümer, aber alle sind frei.

Folgendes ist das Verhältniß in Piemont zwischen
den Gutsherren und den Bauern. Jenen gehört der
Grund und das Haus. Die ganze Hofstelle, wie wir
sagen würden, wird dem Bauern auf drei Jahr verpachtet; die Pachtung wird oft verlängert, aber darf
nie auf längere Zeit gemacht werden. Für den Genuß einer solchen Hofstelle, welche casino heißt, giebt
der Bauer vom Ertrag der Aecker, des Weins, der
rohen Seide, die Hälfte. Doch behält er den ganzen
Genuß eines kleinen ihm angewiesenen Theils vom
Weinberg und von einer Anzahl von Maulbeerbäumen.
Für das Heu giebt er etwas an Geld. Dieses darf
er nicht verkaufen, so wenig wie das Stroh, damit er
jenes an seinem Vieh verfüttere, dieses zur Streu
brauche, das Vieh in gutem Stande, der Acker wohl
gedünget sei. Wird ihm in der Städte-Nachbarschaft
der Verkauf einer Anzahl Fuder von beiden verstattet, so geschieht es unter der Bedingung, daß er Mist

der Stadt zurück führe. Die Bauern gewinnen
Geld durch den Handel mit dem Rindvieh. Im
rbst kaufen sie junge Ochsen in der Schweiz, wo
dann, wegen Mangel des Heues, wohlfeil sind.
ch vollbrachter Feldarbeit werden die Ochsen auf
Weide so fett, daß sie solche mit Vortheil verkau-
. Auch verkaufen sie die Kälber sehr theuer, be-
ders an die Einwohner der genuesischen Küste.
t einigem Unterschiede findet man im Grunde die-
ige Einrichtung in den andern Staaten Italiens.
scheint mir viel Gutes zu haben, nur wünschte ich,
nach dem Beispiel Englands die Pachten auf
gere Zeit geschlossen würden. Beschwerden der
en, welche meinten, das casino sei zu wohlfeil
pachtet worden, haben zu diesen kurzen Zeitpachten
laß gegeben.

Zwei und dreißigster Brief.

Zu den schönsten Orten Italiens, also Europens, gehört gewiß die Höhe, auf welcher, zwei kleine Stunden
von Turin, die Kirche la Superga gebauet worden.
Diese Höhe beherrschet die ganze Ebne von Piemont,
bis dahin wo Alpen und Apenninen ihr Gränzen setzen.

Die Kirche, welche auf dem Berge steht, ward
im Jahre 1706, als die Franzosen Turin belagerten,
vom Könige Victor Amadeus dem Zweiten der heiligen
Jungfrau gelobet, wofern es ihm gelingen würde die
Stadt zu entsetzen. Es gelang ihm mit Hülfe des
großen Eugenius, welcher kaiserliche, und des Fürsten
von Anhalt, welcher preußische Völker anführte.

Mit der Kirche hanget das große Gebäude zusammen, in welchem nur zwölf Domherren wohnen,
die aus der gelobten Stiftung unterhalten werden.
Das Ganze hat ein auffallendes Ansehen von Pracht
und von Größe. Die hohe Kirche ist mit einer runden Kuppel gedeckt, zu deren beiden Seiten zwei
kleinere Thürme sich erheben. Vor dem Eingang ist
ein herrlicher bedeckter Säulengang. Die Kirche hat

inwendig die Gestalt eines griechischen Kreuzes, das
heißt, eines Kreuzes, welches nicht länger als breit ist.
Die Gemählde schienen mir lange nicht so schön, als
die drei bas reliefs über den Altären. Das größte
über dem Hauptaltar, stellt den Entsatz von Turin
vor. Die heilige Jungfrau schwebt mit dem Kinde
Jesus über dem Heere, welches von Victor Amadeus
und Eugen angeführet wird.

Die Schönheit der nicht gehäuften Verzierungen,
die Säle von weißem Marmor von Carara, und von
rothem von Piemont, die Höhe der Kuppel, alles das
zusammen macht eine große Wirkung. Ob, wie man
behauptet hat, einige Fehler gegen die Baukunst begangen worden, vermag ich nicht zu entscheiden; aber
ein hoher Grad von Schönheit schließt nicht Fehler
aus, und dieser ist gewiß bei einem Gebäude erreichet
worden, dessen Anblick das Gemüth des Hineintretenden auf eine große und wohlthätige Art einnimmt.
Ueber dem innern Eingang der Kirche steht folgende
Inschrift:

Virgini genetrici Victor Amadeus Sardiniae Rex
bello Gallico vovit, pulsis hostibus exstruxit dedicavitque.

(Der gebärenden Jungfrau im französischen Kriege von
Victor Amadeus, Sardiniens Könige, gelobet; nachdem
die Feinde vertrieben worden, erbauet und gewidmet.)

Unter der Kirche ist die Begräbnißgruft der Könige.
Die Särge sind schön, mit edlen Verzierungen. Son-

derbar iſt der Gebrauch, nach welchem allezeit der
letztverſtorbene König in eine beſondre Gruft gelegt
wird, alſo dem folgenden wieder weichen muß. Dieſer
König ſcheint den Uebelſtand dieſer Sitte gefühlt zu
haben. Er hat ſeinem Vater, welcher noch die dem
Letztverſtorbenen gewidmete Gruft einnimmt, einen
ſchönen Sarg machen laſſen, deſſen Inſchrift mit den
Worten anfängt:

Sempiternae memoriae et quieti. —
(Ewigem Andenken und ewiger Ruhe gewidmet.)

Die Domherren haben eine treffliche Bibliothek,
welche vorzüglich reich an Kirchenvätern, auch mit
klaſſiſchen Schriftſtellern und Werken der Neuern gut
verſehen iſt. Wir begnügten uns nicht die große
Ausſicht von der Terraſſe zu ſehen, ſondern ſtiegen
den ſchmalen Windelgang hinauf, bis an die enge
Oeffnung der höchſten Kuppel, wo wir mit Einem
Blicke einen der größten Schauplätze der Natur, Pie=
monts Ebne, die Windungen des Po, den ganzen
ſchimmernden Kreis der Alpen mit ſtrahlendem Schnee
bedeckt, und eine Kette der Apenninen überſahen. Kein
Wölkchen trübte den Horizont. Dieſe blendende Klar=
heit der Schneegebürge nahm uns den Blick auf die
Kuppel von Mailand, welche man von hieraus zuwei=
len ſehen kann; aber wir ſahen ſchönere und größere
Gegenſtände rund um uns her. Der Lage nach zu
urtheilen, glaubten wir in der großen Alpenreihe den
Montblanc zu erkennen, unſer Führer wußte uns dar=

über keine Auskunft zu geben. Daß man diese Schneegebürge hier nicht als entfernte Gränze des Horizonts
sehe, sondern daß sie als Hauptgegenstand in furchtbar blendender Nähe einen großen Theil des Horizonts
einnehmen, bedarf ich dir nicht zu sagen. Unter uns
lag Turin, dann Rivoli, viele Städte, Flecken, Dörfer
und Schlösser, wie auf einer Landcharte. Alles was
Menschenhand hervorbringt, scheint von oben her nur
vorgestellt zu seyn, nur die Natur steht in ewig
jungem Leben da. In ihrer Kraft thürmten sich Gottes Mauern, die Alpen; in seiner Schöne wand sich
zwischen lachenden Gefilden der Po.

La Veneria ist das größte Lustschloß des Königes.
Es liegt etwa anderthalb Stunden von der Stadt.
Hier bringt die königliche Familie alle Frühjahre funfzig Tage zu. Die Kirche ist schön. Im Schloß sind
schöne Zimmer, der Garten ist sehr groß, aber ganz
im französischen Geschmack, und vermuthlich von le
Notre, welcher in Turin gewesen, angelegt. Die
Orangerie ist ein edles Gebäude, in dieser Woche waren die Pomeranzenbäume erst wieder hinein gebracht
worden. Gleichwohl haben wir kalte Herbsttage gehabt, und der Reaumürsche Thermometer soll in Früh-
stunden mehrmalen nur fünf Grad über dem Eispunkt
gestanden haben, und heute früh um sieben Uhr nur
zwei Grad.

Der Graf Morozzo hat uns das Gebäude der
Akademie, deren Director er ist, und das hohe Obser-

vatorium gezeigt. Von diesem übersieht man, nächst der ganzen Stadt, welche zu Füßen liegt, die Gegend weit umher. Mit frohem Staunen ließen wir uns vom Grafen, der sehr bekannt mit der Gegend ist, die ganze ungeheure Alpenkette zeigen, welche an den Gränzen von der Provence und dem Dauphiné anfängt, dann in verschiedenen Richtungen Savoyen von Piemont und von Wallis theilt, sich unter Graubünden wegzieht, und Tirol von Italien trennet. Der Graf Morozzo zeigte uns auch das Modell eines kleinen Thurmes, welcher auf das Gebäude der Akademie soll gebauet werden. Das convexe, oben ganz spitze Dach soll so eingerichtet werden, daß es sich durch Hülfe einer leicht zu regierenden Maschine rund umher wird können drehen lassen. Man wird alsdann, ohne Verrückung der Sehinstrumente, durch wenige Oeffnungen des Daches, den ganzen Himmel mustern können.

Heute Vormittag bin ich dem Könige und dem ganzen königlichen Hause in Montecalieri vorgestellet worden. Der König, ein Greis von fünf und sechzig Jahren, hat ein frisches Alter. Er wird von allen Unterthanen verehrt und geliebt. Diese Gesinnungen verdient er durch einen edeln Charakter und durch Treue in Verwaltung der Regierungsgeschäfte. Der Prinz von Piemont (Kronprinz), scheint ein feuriger Mann zu seyn, dem schon itzt die Angelegenheiten des Landes am Herzen liegen.

Die Höflichkeit, mit welcher der Adel dieses Landes Fremde aufnimmt, ist auch dem königlichen Hause eigen.

Heinrich der Vierte schätzte sich's zur Ehre, der erste Edelmann seines Landes zu seyn, und Frankreich befand sich wohl unter der Regierung des ritterlichen Helden, der ein väterlicher König war, oder vielmehr, der dem Traume, Vater eines Volks seyn zu können, so viel Wirklichkeit gab, als vielleicht je ein König zu thun zugleich so willig und so fähig war.

Das Museum der Universität enthält viele Merkwürdigkeiten. In der schätzbaren Sammlung von Antiken ist ein schlafender Amor von weißem Marmor, in: kindlicher Lebensgröße, außerordentlich schön. Er liegt mit nachläfsig hangenden Flügeln auf einer Löwenhaut, und das linke Bein unter sich geschlagen. Sanftes Leben des Schlafes athmet aus der ganzen Gestalt des schönen Knaben.

Zwei ägyptische sitzende Figuren, deren eine die Göttinn Aeluros mit dem Katzengesicht, die andre wahrscheinlich einen Priester vorstellt, scheinen aus dem höchsten ägyptischen Alterthum zu seyn.

Die Tafel der Isis ist die merkwürdigste Seltenheit. Sie ist von schwarzem Marmor, mit vielen ägyptischen inkrustirten Figuren und Hieroglyphen von Silber. Sie ist gefunden worden in Rom, an der Stelle, wo ehmals ein Isistempel gestanden. Der ägyptische Götzendienst, welcher mehr als einmal, so

sehr auch der Senat dagegen eiferte, sich in Rom ein-
schlich, ward zu der Cäsarn Zeiten öffentlich geduldet,
ja begünstiget. Der gelehrte Cardinal Petrus Bembo
hatte diese Tafel besessen, nach ihm die Herzoge von
Mantua. Als Mantua im Jahre 1630 von den
Oestreichern erobert und geplündert ward, bekam sie
der Cardinal Para und schenkte sie dem Herzoge von
Savoyen. Durch die Raubsucht der Soldaten, welche
einige von den eingelegten Figuren, des Silbers wegen, herausgebrochen, hat sie etwas gelitten.

Unzufrieden mit den Abbildungen, welche bisher
von ihr gemacht worden, läßt man sie jetzt in Kupfer
stechen.

Ich sah schöne musivische Arbeiten, welch ein Sardinien gefunden worden. Da sie durch die Länge der
Zeit gelitten, so hat man die meisten schon erneuet.
Die Art dieses zu thun, ist nicht weniger sinnreich als
diejenige, auf welche man ein Gemälde von der mo-
dernden Leinwand auf neue zu bringen weiß. Man
breitet Leinwand, welche mit Pech eingetränket worden, auf die Tafel; dann schlägt man von der andern
Seite den Kütt los, welcher die Steinchen zusammen
hält, und drückt sie mit der Leinwand in eine dazu
bereitete weiche, sich verhärtende Masse ein. Die Leinwand wird abgezogen, und in verjüngter Schönheit
steht die Arbeit wieder da. Man ist jetzt mit der Er-
neuerung eines Orpheus, der auf der Leyer spielt, beschäftigt. Verschiedne wilde Thiere, welche vermuthlich

zum Orpheus gehörten, da uns die Fabel erzählt, daß er durch sein Saitenspiel die Ungeheuer des Waldes besänftiget habe, waren schon wieder ganz hergestellt.

Das Münzkabinet enthält schöne Münzen aus dem Alterthum. Die Bibliothek der Universität besteht aus fünf und funfzig tausend Bänden und hat über zweitausend Manuscripte. Unter den letztern ist ein Plinius aus dem funfzehnten und ein Dante aus dem vierzehnten Jahrhundert vorzüglich schön. Der Plinius ist mit saubern Bildern, welche dem Inhalt angemessen sind, geschmückt.

Unter den gedruckten Büchern ist eine Bibel von elf Bänden in Folio, in vier Sprachen, in der hebräischen, chaldäischen, griechischen und lateinischen. Philipp der Zweite, König von Spanien, hat sie einem Herzog von Savoyen geschenkt. Ich glaube nicht je einen so schönen Druck gesehen zu haben.

Verschiedne Merkwürdigkeiten in und um Turin habe ich nicht besuchen können. Nicht nur der Hungerharke einer gewissen Art von Reisenden, welche aus dem Reisen ein Gewerbe machen, sondern auch dem vernünftigen Nachleser habe ich manches zurück gelassen. Ich habe weder das Landschloß Stupinigi, welches sehr gelobt wird, noch den Weinberg der Königinn gesehen. In der Stadt nur einige Kirchen, und diese nur flüchtig.

Die Stadt ist sehr volkreich. Es wimmelt selbst jetzt auf den Straßen, da doch der Hof, des Adels

größter Theil, und der Ferien wegen viele Geschäfts-
männer und Studenten, deren Zahl sich auf dreitausend beläuft, abwesend sind.

Im Winter wird die Bevölkerung der Stadt auf
beinahe hunderttausend Menschen geschätzt.

Die hohen Hallen, welche die Poſtraße und verschiedne andre schöne Straßen zieren, sind mit Kräm-
laden angefüllt. Die Zahl der Krämer und Handwerker, welche ihre Gilde aushängen, iſt außerordentlich groß. Auf den großen Plätzen der Stadt verſam-
melt sich das Volk häufig, um Künſte der Taschenspieler
zu sehen, oder einem Marktschreier zuzuhören, der mit
einem Affen auf einem hohen Gerüſte ſteht. An den
Affen, welcher die Rolle eines Kranken spielt, wendet
er sich bei Anpreiſung seiner Mittel, äfft aber eigentlich das Volk, dem er sie auf diese Art anschwatzt.

Nicht sowohl des Marktschreiers poſſierliche Würde,
welche zu seinem Amte gehöret, fiel mir auf, als der
ſtille Ernst des ihn angaffenden Volks. Ich glaube
dennoch, nicht sowohl, daß sie ihn für einen großen
Wundermann halten, sondern vielmehr, daß sie ihn
als einen Virtuosen von besondrer Art ansehen. Alles
was auf irgend eine, auch entfernte Art mit dem
Schauspiel verwandt ist, wird von den Italienern als
eine sehr wichtige Angelegenheit behandelt. Was, wo
ich nicht irre, Cicero von den Griechen seiner Zeit
sagte, fiel mir schon mehr als einmal bei diesem Volke
ein: Natio comœda est.

Drei und dreißigster Brief.

Genua, den 3ten November 1791.

Am 31ften October fuhren wir den Nachmittag bis Villa Nova, durch anmuthige Gefilde der fruchtbaren lombardifchen Ebne. Den folgenden Tag waren wir den Mittag in Afti, einer fehr alten, aber zum Theil wohlgebauten Stadt, welche zu der Römer Zeiten Afta Pompeja hieß. Den Abend blieben wir in Felizzano. Zwifchen diefem kleinen Ort und Aleffandria hatten wir am folgenden Vormittag böfe Wege. Verfchiedne Flüffe und befonders der Tanaro, welcher Afti und Aleffandria vorbeifließt, hatten, angefchwollen durch Regengüffe, die Wege verderbt und Brücken weggefchwemmt. Aleffandria ift eine ziemlich anfehnliche Stadt. Sie liegt im piemontefifchen Mailand, welches durch den Turiner Vertrag im Jahre 1703 von Defterreich an Savoyen abgetreten ward. Gegen das Ende des zwölften Jahrhunderts ward fie von den Bürgern von Mailand, Cremona und Placentia, als eine Schutzwehr gegen Kaifer Friedrich den Erften erbauet. Du wirft dich erinnern, daß die Städte Italiens mehrentheils von der Partei der Guelfen waren und es mit den Päpften hielten, deren Bannftrahl fie

22 *

...fandria liegt eine Besatzung von einem Regiment
...terei und zwei Regimentern Fußvolk. Gestern
...hmittag fuhren wir von Aleffandria noch Novi.
...e vor uns sahen wir die apenninischen Berge, auf
...n Gipfel Schnee lag. Dieses berühmte Gebürge
...n uns wie eine Reihe von Hügeln gegen die er-
...e weiße Alpenkette, welche wir zwar fern, aber in
...nbarer Nähe hinter uns strahlen sahen. Dicht vor
...i fängt das genuesische Gebiet an. Novi ist ein
...es Städtchen. Im Wirthshause fanden wir Rein-
...eit, welche wir in Savoyen und Piemont so sehr
...ißt hatten. Heute fuhren wir früh aus, um noch
...Thorschluß Genua zu erreichen. Der Weg führt
...h Thäler und über Höhen des Apennins, deren
...hmteste la Bocchetta heißt. Da über diese Berge
...nur eine Straße geht, begegneten wir unzähligen
...nen Maulthieren und Eseln. Einige der Höhen
...felsig und rauh, die meisten aber mit ächten Ka-
...enbäumen bepflanzt. Wir hatten uns lange auf
...Aussicht der Bocchetta, von deren Gipfel man das
...elländische Meer sehen kann, gefreuet, aber ein
...r Nebel beraubte uns dieses herrlichen Schauspiels.
...er sich zertheilte, waren wir schon in der niedern
...nd. Auffallend groß ist der Unterschied der Jah-
...it zwischen der nördlichen und südlichen Seite des
...nins; dort waren alle Blätter falb, hier grünten
...och. Die Kastanienbäume haben einen schönen
...hs, die Maulbeerbäume sind von einer ansehnlichen

Stärke, auch die Feigenbäume; und in Campomarone, wo wir Mittag hielten, sahen wir im Freien einen großen Lorbeerbaum.

Ein anhaltender starker Regen trübte uns die schöne Gegend zwischen Campomarone und Genua. Wir fuhren längs dem Strome Bisageo, welcher sich dicht bei dieser Stadt in's mittelländische Meer ergeußt. Dieser Weg soll ehemals sehr beschwerlich gewesen seyn, seit dem Jahre 1778 aber fährt man auf einer prächtigen Landstraße, an welcher drei Jahre lang, auf Unkosten des patricischen Geschlechts Cambiasi, zwischen fünf bis achthundert Menschen gearbeitet haben. Dem Adel verdanket diese Republik öffentliche Gebäude und Anstalten, welche jedem Könige Ehre machen würden. Nahe vor Genua sahen wir endlich dieses Meer, auf dessen Anblick wir uns lange gefreuet hatten. Lange fährt man schöne Landhäuser der Genueser vorbei, ehe man die Stadt erreicht. Sie ist als Theater, auf dem sich landeinwärts erhöhenden, sichelförmigen Gestade gebauet. Der Regen und die Abenddämmerung verhüllten uns einen Anblick, der selbst in dieser Hülle noch sehr groß und schön war.

Vier und dreißigster Brief.

Genua, den 4ten November 1791.

Diese Stadt ist von einem hohen Alterthum und ihr Ursprung ungewiß. Wenn einige der Alten sie die Hauptstadt von Ligurien nennen, so nehmen sie wohl den Namen in seiner eingeschränkten Bedeutung, nach welcher er das jetzige Gebiet von Genua bezeichnet. Denn in den älteren Zeiten begriff der ligurische Name den ganzen Strich Landes, welcher vom Rhone bis zum Arno liegt. So glaube ich auch, daß alte Schriftsteller, welche Taurasia (Turin) die Hauptstadt von Ligurien nennen, unter diesem Namen den Theil des großen Liguriens meinten, welcher zwischen dem Po und den Apenninen liegt, das ist das heutige Piemont. Der griechische und römische Name dieser Stadt ist derselbige, welchen wir Deutsche ihr geben, Genua. Die Italiener nennen sie Genova. Einige aus dem barbarischen Zeitalter haben ihr den Namen Janua gegeben, um ihren Ursprung vom alten Janus herzuleiten, welcher anderthalb tausend Jahr vor Christi Geburt in Italien herrschte. Genua war früh mit den Römern verbündet, und ward daher im zweiten

punischen Kriege von Mago, Hannibal's Bruder, zer=
stört. Eine alte Inschrift beweiset, daß sie nachher
eine römische Municipalstadt geworden. Als die Ost=
gothen das römische Reich überschwemmten, fiel diese
Stadt unter ihre Botmäßigkeit, welcher Belisarius sie
aber wieder entriß. Saracenen und Longobarden ha=
ben sie verwüstet. Karl der Große nahm sie den letz=
tern, und gab ihr ihre vorige Freiheit. Sein Sohn
Pipinus aber gab sie dem Franzosen Adhemar, und
ernannte ihn zum Grafen. Im elften Jahrhundert
schüttelten die Genueser das Joch der Grafen ab, und
ernannten Consuls. Zu eben dieser Zeit ward die
Stadt mit Mauern versehen und in sechs Quartiere
vertheilt; jedem Quartier stand ein Tribun vor.

Uneinigkeit trennte bald die Bürger, sie wählten
einen Fremden zum Podesta, wurden auch dieser Ein=
richtung müde, ernannten Statthalter, dann Dogen
aus dem Adel und aus der Bürgerschaft.

Neue Unruhen bewegten sie dazu, sich Karl dem
Sechsten, König von Frankreich zu übergeben. Im
Jahr 1409 warfen sie diese selbst angelegte Kette von
sich, ermordeten die französische Besatzung und unter=
warfen sich den Marchesen von Montferrat. Vier
Jahre nachher behaupteten sie wieder ihre Freiheit,
und erwählten abermals einen Dogen; bald darauf
wurden sie dem Herzoge von Mailand dienstbar, und
machten im Jahr 1436 sich wieder frei. Im Jahr
1458 unterwarfen sie sich noch einmal den Franzosen;

drei Jahre nachher stellte das Volk die Freiheit und
die Regierung der Dogen wieder her. Dem Könige
Ludewig den Elften boten sie sich wieder an; dieser
antwortete, daß er, wofern Genua sein wäre, es allen
Teufeln übergeben würde.

Nach dieser Zeit ward die Stadt zerrissen von
innern Unruhen, von den Partheien der Guelfen und
Gibellinen, vom Wetteifer der Häuser Adorno und
Fregoso. Deutschlands Kaiser, die Könige von Frankreich und die Herzoge von Mailand beherrschten sie
abwechselnd. Sie war dem Untergang nahe, als der
Seeheld Andrea Doria, einer der größten Männer,
welche Italien hervorgebracht, sie den Franzosen aus
den Händen riß und ihre Freiheit wieder herstellte.
Es hing von ihm ab, Beherrscher seines Vaterlandes
zu werden, aber er schlug die Herrschaft edelmüthig
aus, und ward von den dankbaren Bürgern durch
den großen Namen Vater des Vaterlandes mehr ver-
herrlichet, als er durch die Herrschaft der Welt hätte
werden können. Seitdem war Genua mehrentheils
mit Spanien verbündet.

Im Jahr 1684 ward es von den Franzosen bom-
bardirt, und erhielt den Frieden unter demüthigenden
Bedingungen. Der Doge, welcher den Gesetzen nach
nicht abwesend seyn darf, mußte mit vier Rathsherren
nach Versailles reisen, um Verzeihung vom stolzen
Ludwig dem Vierzehnten zu erflehen. Als ihm die
neue Anlage dieses prächtigen Schlosses gezeigt ward,

fragte man ihn, was er am meisten seiner Bewunderung werth hielt. "Daß der Doge von Genua hier ist", antwortete er mit bitterm Lächeln.

Die Verfassung dieses Freistaats ist aristokratisch, oder vielmehr oligarchisch. Die Regierung ist in den Händen des Adels, welcher in alten und neuen Adel eingetheilt wird. Jener bestand anfänglich aus acht und zwanzig Geschlechten, welche Doria im Jahr 1528 von den andern absonderte. Doch gehet selbst der alte Adel nicht über das zwölfte Jahrhundert hinaus. Nachher sind andre adliche Geschlechte dem alten Adel zugerechnet worden. Der neue Adel besteht ungefähr aus fünfhundert Geschlechten. An seiner Spitze stehen die Giustiniani, welche doch eigentlich von älterm Adel sind.

Ehemals war der neue Adel von den obrigkeitlichen Würden ausgeschlossen. Jetzt genießt er mit den alten Geschlechten gleicher Rechte, wiewohl diese mehr Macht und Ansehen haben. Der Doge wird alle zwei Jahr erwählt. Abwechselnd muß er aus dem alten und neuen Adel ernannt werden. Er hat den Vorsitz und den Vortrag in allen Collegien. Nach Verlauf der zwei Jahre können acht Tage lang Klagen gegen ihn eingebracht werden. Fällt das Urtheil gegen ihn aus, so wird er vom Antheil an den Geschäften ausgeschlossen. Kein Doge kann früher als nach einem Zwischenraum von zehn Jahren wieder erwählt werden.

Collegien, die ich übergehe, muß ich eines erwähnen, dessen Einrichtung allgemeine Nachahmung verdient. Seine Bestimmung ist die Rechte armer Gefangenen zu vertreten.

Einem Collegium von fünf auswärtigen Doctoren, welche nur zwei Jahr ihr Amt verwalten, ist die Rechtspflege anvertraut. Es heißt rota civile. Ob das Collegium der peinlichen Richter, rota criminale, auch aus Auswärtigen bestehe, ist mir unbekannt. Die Ursache, weswegen man zu jenem Auswärtige nimmt, ist ohne Zweifel, weil man ihnen, da sie keine Verbindungen im Lande haben, mehr Unpartheilichkeit zutraut. Aber man hätte bedenken sollen, daß Richter, welche nach zwei Jahren das Land mehrentheils verlassen, leichter bestochen werden. Ueberhaupt ist es keine gute Politik, so ängstliches Mißtrauen in seine Bürger zu setzen. Wir haben gewiß in Deutschland sehr viele Gerichtshöfe, auf welche nie ein Schatten des Vorwurfs der Partheilichkeit gefallen ist.

Die Bank des heiligen Georgius ist eine Art von Staat im Staate; sie hat eigne Gesetze, Magistratspersonen, Versammlungen. Die Inhaber ihrer Handlungsactien sind die Glieder dieses Staats. Sie hat anderthalbmal so viel Einkünfte als die Republik, deren Einnahme nicht auf eine Million Thaler geschätzet wird.

Im Jahre 1746 schoß diese Bank dem Vaterlande fünf Millionen Thaler vor. Im Jahre 1751
war sie fast ganz erschöpft. Der große Rath setzte
aber eine Kopfschatzung auf zwanzig Jahre an, um
ihr wieder aufzuhelfen.

Jährlich ernennt der Rath der Republik einen
Procurator, und acht Protectoren, welche den Geschäften der Bank vorstehen.

Das Gebiet der Republik enthält neunzig deutsche
Quadratmeilen, funfzehn Meilen auf einen Grad gerechnet, und seine Bevölkerung wird auf vierhundert
tausend Menschen gerechnet. Das Land ist bergig und
dürr, die Bewohner arbeitsam und hart. Dieses Zeugniß giebt ihnen schon Diodor von Sicilien. (Vol. I.
p. 265-66. Edit. Wessel.) Ihre Staaten vermögen nicht sie zu nähren, sie ersetzen aber diesen Ab-
gang reichlich durch den Weinbau und die Pflanzungen edles Obstes. Geschützt gegen den Nordwind durch
die Apenninen, genießen sie eines sanften Himmels,
welcher ihnen Früchte gewährt, die nicht in Toscana
und nur in südlichen Provinzen des Kirchenstaats gedeihen. Citronen, Pomeränzen und Granatäpfel reifen auf Bäumen, welche im freien Lande stehen bleiben. An Feigen und Mandeln haben sie Ueberfluß,
Maulbeerbäume und Oelbäume werden in großer
Menge gezogen. Dennoch sind der Seidenmanufactu-
ren in der Stadt so viel, daß ihnen die Seide des

Landes nicht genüget. Sie holen daher viele rohe
Seide aus beiden Sicilien und aus Piemont. Das
Oel, welches bei St. Remo gepreßt wird, hält man
für das beste in ganz Europa.

Die Stadt verdient, wegen der Menge und Schönheit ihrer Palläste, den Zunamen die Prächtige (la
superba). Die Straße Balbi und die neue Straße
wären wohl die schönsten in der Welt, wenn sie nicht
so schmal wären. Es fehlt an einem Standpuncte,
um die hohen Palläste bequem anzusehen. Das
Pflaster ist von Ziegeln und drei Reihen Fliesen,
deren eine in der Mitte breit, die beiden längs den
Häusern schmal sind. Die Straßen werden mit der
äußersten Sorgfalt rein erhalten. Viele sind unglaublich eng, und da die Stadt sehr bewohnt ist, wird das
Gedränge beschwerlich. Die Häuser haben fünf bis
sechs Stockwerke, ja ich habe an einigen sieben und
acht Stockwerke gezählt. Die großen Palläste, deren
im französischen Büchlein Description des beautés de
Génes 1781 außer dem Pallast des Dogen, drei und
vierzig angezeigt und beschrieben worden, sind mehrentheils in edlem Styl gebauet, doch werden viele durch
gemalte Säulen und andre Zierathen verunstaltet.
Die Lage nach dem Meere zu ist gewiß eine der
größten und schönsten in der Welt. In einem halben
Monde erhebt sich vom sichelförmigen Ufer die Stadt
auf den Hügeln des Gestades, dessen Felsen über ihr
emporragen. Der Hafen ist von ungeheurer Größe,

runt und von einer hohen steinernen Mauer, auf welcher man gehen kann, umgeben.

Zwei Leuchtthürme stehen vor den beiden Seiten an der Oeffnung des Hafens, durch welche sich der Blick in's Meer verliert. Noch ein viel höherer Leucht= thurm ist auf einem kegelförmigen Felsen erbauet. Wo die Stadt aufhört, da fangen die Landhäuser der reichen Besitzer an.

Die hohen Gärten geben dem Auge Ruhe, wenn es, vom Anblick der wilden Wogen nicht sowohl er= müdet als geschreckt, nach sanftern Gegenständen sich zu sehnen beginnt. Aber es kehrt bald wieder zum Anblick der Wogen zurück, deren Reiz mir unwider= stehlich scheint. Wir standen heut auf der Mauer, welche wenigstens sechszehn Ellen hoch über die Fläche des Meeres sich erhebt. Die Luft war still, gleich= wohl war das Meer bewegt; von fern sahen wir die schwellenden Wogen kommen, sie schlugen mit don= nerndem Getöse an die Mauern an und sprützten so hoch auf, daß sie uns mehrmal mit gewölbter Auf= schäumung bethaueten.*)

Man soll bei heiterm Himmel die Küste von Corsika sehen können.

*) Eine gewöhnliche Erscheinung des Scirocco, wie ich oft nachher in Sicilien bemerkt habe, daß bei diesem Winde das Meer in der größten Bewegung und die Luft still ist. Er wehet aus Südwesten.

Genua ist ein Freihafen, wird aber weniger von Fremden besucht als Livorno, theils weil der Hafen nicht ganz sicher ist, theils weil die Freiheit der Fremden nicht so groß ist, als in jener Stadt. Sie schränkt sich auf das Recht ein, daß jeder fremde Kaufmann ein Magazin haben kann, aus welchem und in welches er ein Jahr lang alle Waaren ohne Abgaben über's Meer führen darf. Verkauft er aber in der Stadt oder im Gebiet, so muß er starken Zoll erlegen.

Die Zahl der Einwohner von der Stadt wird auf achtzigtausend geschätzt. Die schönste Aussicht über den Hafen und in's Meer sieht man aus dem Garten des großen Pallastes der Doria, welcher dicht vor dem Thor an der östlichen Seite der Stadt liegt. In der Mitte des Gartens erhebt sich aus einem großen Springbrunnen die Bildsäule des Andreas Doria, als Neptun auf einem Muschelwagen stehend, welcher von drei Rossen gezogen wird. In der Rechten hält er den Dreizack mit herrschender Stellung und Miene, als spräche er das virgilische quos ego! Rund umher stehn in elendem Geschmack beschnittene Cypressen und Buchsbaumstauden, gleich unwerth der großen Gegend und des großen Mannes.

Auf der einen Seite steht eine schöne Allee von großen und dichten immer grünen Eichen (Stecheichen), deren Laub an Gestalt und dunkler Farbe den Lorbeerblättern, oder den glatten Blättern, welche wir

dann und wann zwischen den stachlichten des Stech=
palms finden, ähnlich ist. Die Frucht ist aber unsrer
Eichel ganz gleich, nur etwas kleiner. Auf der andern
Seite ist ein Pomeranzengarten, dessen Bäume im
kalten Winter 1788 — 89 fast alle bis dicht an der
Wurzel erfroren, aber seitdem so stark wieder getrie=
ben haben und so voll von Früchten sind, daß man
ihnen ihr Unglück kaum mehr ansehen kann. Einige
süße Pomeranzenbäume, welche wenig gelitten haben,
stehen von ansehnlicher Größe in natürlichem Wuchs
und lieblicher Schönheit, reich geschmückt mit goldnen
Aepfeln der Hesperiden da. Jetzt im November blühen
Nelken und Rosen; welche den ganzen Winter nicht
aufhören zu blühen. Man glaubt in die phääkischen
Gärten des Alkinous, oder in die Insel der Kalypso
versetzt zu seyn. Ich halte dafür, daß in Ansehung
der Himmelsmilde ein größerer Unterschied zwischen Ge=
nua und Turin sei, als zwischen Turin und Frankfurt.

Du würdest dich wundern, zwischen Ritzen alter
Gemäuer Feigensprößlinge und Lorbeern wachsen zu
sehen. Der Obst= und Gemüsemarkt ist im November
reichlich versehen. Unter andern bietet man Beeren
feil, welche den Erdbeeren zum Täuschen ähnlich, nur
etwas größer und von höherem Roth sind (arbutus
unedo heißt die Pflanze), aber weder an Geschmack
noch Duft der Erdbeere zu vergleichen. Der Ther=
mometer stand heute auf zwölf Grad über dem Eis=
punkt. Selbst im harten Winter von 1788 — 89,

welcher auch hier Epoche machte, fiel er nicht tiefer als fünf Grad unter dem Eispunkt.

Unsre Zeit ist eingeschränkt, und es würde eines langen Aufenthalts erfordern, um alles Sehenswerthe in den Kirchen und Palläften zu befuchen. Die Kirche des heiligen Karls ist in der Gestalt eines griechischen Kreuzes gebauet. Die Seitenkapelle, welche dem Hauptaltar zur Linken steht, ist von schwarzem Marmor. Ein großes ehernes Crucifir ist sehr schön. Rund umher stehen zwölf eherne Bruftbilder. Diese ganze Kapelle ist die Arbeit des Algardi.

Die Kirche de l'Annunciata ist reich und prächtig. Das Schiff ruhet auf großen gekerbten Säulen von weißem Marmor, deren Höhlungen mit rothem und weißem Marmor incruftirt find. Die Gemälde scheinen mir nicht vorzüglich schön. Ueber dem Eingange steht das Abendmahl, das Meisterstück von Giulio Cesare Procaccino. Es ist wirklich vortrefflich. Da aber die Kirche an sich nicht hell ist und der Tag sich schon zu neigen begann, erschien uns dieses Gemälde nicht zu seinem Vortheil. Das ganze Gewölbe ist bemalt. Die Kirche scheint mir zwei Fehler zu haben, deren vereinte Wirkung widrig ist. Sie ist bunt und dunkel.

Die Börse ist nicht so prächtig, als man sie in einer alten und reichen Handelsstadt vermuthen sollte, doch aber hell, geräumig und bequem. An der Seite stehen kleine Waaren in Kramladen feil.

Das Jesuitercollegium, welches nach Aufhebung des Ordens mit andern Lehrern versehen worden, steht in der Straße Balbi.

Ein Balbi schenkte diesen Pallast den Jesuiten im vorigen Jahrhundert. Die Säulen des Hofes, die Treppen, die hohen Gallerien, welche auf Säulen ruhen, die beiden großen Löwen von weißem Marmor, welche gleich an der untersten Treppe in die Augen fallen, sobald man durch die Säulenhallen des Eingangs tritt, sind von großer Wirkung. Man rühmt den großen Platz Aqua Verde. Ich finde ihn öde.

Als wir diesen Mittag zu Tische saßen, trat ein wohl angezogener Mensch in's Zimmer und warf einige kleine geheftete Büchlein auf den Tisch. Es waren Gedichte, die er gemacht hatte. Zugleich kündigte er sich als Improvisatore an, und bat mich, ihm einen Gegenstand zu bestimmen. Ich gab ihm den Fall des Phaeton. Kaum hatte ich es ausgesprochen, als er mit unglaublicher Schnelligkeit und mit Lebhaftigkeit der Geberden zu singen anfing. Es entging uns manches, weil wir der Aussprache des Italienischen noch nicht gewohnt, auch der Sprache nicht kundig genug sind, um den schnellen Wortstrom eines singenden Improvisatore immer folgen zu können. Doch verstand ich genug, um die Leichtigkeit der Verse, das Feuer der Darstellung und wahre Begeisterung zu bewundern. Ich gestehe dir, daß ich bisher für diese Art von genialischem Seiltanz eben

23*

keine große Achtung hatte. Ich bin auch weit entfernt, diese Fertigkeit mit jener Begeisterung zu vergleichen, welche in Stunden der Weihe unwillkührlich
den Dichter ergreift und mit Blitzen, die er nicht
rufen kann, entflammet. Aber angeboren ist doch auch
jene Fertigkeit und auf ein Volk eingeschränkt, dessen
Lebhaftigkeit allgemein, dessen productive Kraft groß
ist und auch in unsterblichen Werken jeder Art sich
geäußert hat. *)

Ernst hatte heute die Freude, einen Riesen zu
sehen. Es ist ein Deutscher aus der Gegend von
Frankfurt am Main. Er ist mehr als zwei Köpfe
über die gewöhnliche Menschengröße, aber, gleich andern Riesen, die ich gesehen, scheint er unbehülflich
und schwach. Ich mußte lachen über einen Menschen,
welcher, wiewohl der Riese ganz gewöhnliche Stiefeln
anhatte und seine Arme und Hände in vollkommenem
Ebenmaaße mit der ganzen Größe waren, dennoch
auf den absurden Gedanken fiel, daß jener sich durch

---

*) Auch die Portugiesen haben Improvisatori. Den spa-
nischen Schauspielern soll ein ähnliches Talent eigen
seyn. Ihrer Dichter Schauspiele sind, wie man mich
versichert, oft nur eine Art von Skizzen. Die Schauspieler fügen von dem Ihrigen hinzu, ohne vorher-
gegangene Abrede. Ihr Witz wetteifert mit dem
Dichter, und zugleich sucht ein Spieler den andern
an genialischen Einfällen zu übertreffen. Dasselbige
Stück wird daher jedesmal mit neuen Veränderungen
gespielt.

Sohlen groß scheinen machte. Der Riese be=
mte ihn, indem er einen Stiefel auszog. Ich
ibe dir diesen Zug, weil er mir charakteristisch
eine gewisse Art von anmaßendem Unglauben
eyn scheint. Das Männchen dünkte sich weiser
wir andern zu seyn, weil es an der Größe eines
en zweifelte, der leibhaftig vor ihm da stand.

Die berühmtesten Palläste unfrer Privatperfonen find armfelig gegen diefe Palläste, und wenn ich den Ritterfaal im Kopenhagener Schloffe, oder den ungeheuren neuen Pallaft des Prinzen Potemkin in Petersburg ausnehme, fo fcheint mir alles, was ich in den Schlöffern der Fürften und Könige gefehen habe, nur Flitter gegen die Pracht der vornehmen Genuefer.

Von den vielen Gemälden, die ich hier fowohl in Palläften als in Kirchen fehe, werde ich nur einige, fo wie ihr Bild mir am gegenwärtigften geblieben, auszeichnen. Im Pallafte Brignole: Der Sonnengott auf feinem ftrahlenden Wagen mit den vier Jahrszeiten als kleine Genien, und mit Horen, welche Blumen ftreuen; von Dominico Piola. Die eine Hore ift von unausfprechlicher Lieblichkeit und Anmuth.

Ein großes Portrait eines Brignole auf einem weißen Roffe; gegenüber die Frau diefes Brignole; beide von van Dyck.

Chriftus, welcher die Wechsler und Taubenkrämer aus dem Tempel treibt; von Guercino. Heiliger Ernft und herrfchende Würde find vortreflich auf dem Antlitze Chrifti ausgedrückt. Eine Taubenkrämerinn fchaut mit Erftaunen hin; ein Wechsler fcheint unwillig, doch gefchreckt, fich aufzumachen; Schrecken bezeichnet die Fliehenden.

Chriftus mit dem Zinsgrofchen, von van Dyck. Ein erhabnes Gemälde. Das Antlitz Chrifti und feine Stellung find im höchften Grade fchön und edel.

Der natürlichste und stärkste Ausdruck von betroffner Schalkheit charakterisirt die beiden Schriftgelehrten. Man table nicht den Anstrich des Komischen, den sie haben; betroffne Schalkheit, vereitelte Hinterlist erregen immer Lust zum Lächeln, so siegend auch der Unwille seyn mag. Christi Blick schaut tief in ihre zerrütteten Seelen hinein. Es ist ein herrliches Stück.

Eine schöne heilige Familie von Jul. Cäsar Procaccini.

Von diesen genannten Gemälden ist mir die Erinnerung deutlich geblieben. Im Pallaste mögen wohl hundert und funfzig Stück seyn, und sehr viele Meisterstücke darunter, deren Eindruck durch ihre Anzahl in mir geschwächt wird.

Die ehemalige Jesuiterkirche, jetzt Kirche des heiligen Ambrosius, ist von großer Pracht. Die ganze Kirche ist al Fresco bemalt, von Carloni.

Ueber dem Hauptaltar steht ein großes Gemälde von Rubens, die Beschneidung. Da er es in Antwerpen malte, und man ihm aus Irthum die Höhe, in welcher es hängen sollte, falsch bestimmt hatte, so hängt es nicht zu seinem Vortheil.

Schöner scheint mir ein Ignatius Lojola, welcher eine Besessene heilt, und todte Kinder erweckt. Die stille, sanfte Größe des Heiligen kontrastirt vortreflich mit der Wuth des besessenen Weibes, in deren Stellung, mit zurück geworfnem Halse und aufschwellender Kehle, fürchterlicher Ausdruck ist.

Mariä Himmelfahrt von Guido Reni ist von himmlischer Schönheit, und schien mir wenigstens so schön als die berühmte Himmelfahrt Mariä eben dieses Meisters in Düsseldorf. Hier ist sie schon hoch in den Wolken, Engel umschweben sie. Die Apostel sehen ihr mit staunender Liebe nach.

Der Pallast des Doge ist schön, aber verliert bei der Vergleichung mit vielen Pallästen hiesiger Privatpersonen. Man vermißt den Marmor bei den Säulen, die mit Tünche überzogen sind. Der ganze Bau scheint mir mehr Anspruch auf Größe, als Größe zu zeigen. Vor der Vortreppe auf dem Hofe stehen marmorne Bildsäulen von Andreas und Johann Andreas Doria. Sie sind schlecht gearbeitet, nicht besser vielleicht als die Bildsäulen preußischer Feldherren auf dem Wilhelmsplatz in Berlin.

In diesem Pallaste sind die Säle des großen und des kleinen Raths. Der erste ist sehr groß, mit Säulen geschmückt. Die großen Statuen scheinen mir nicht schön, und die Gemälde nicht edel. Für viele, welche diesen Saal noch schmücken sollen, ist Platz gelassen.

Der Saal des kleinen Raths ist schön, die Gemälde scheinen mir bunt und dürftig. In diesem Pallast ist das Zeughaus, welches furchtbar versehen und wohl geordnet ist. Unter andern zeigt man hier etliche dreißig Panzer, welche, wie man sagt, genuesische Weiber für sich hatten machen lassen, um im An=

fang des 14ten Jahrhunderts einen Kreuzzug zu
machen. Der Pabst soll ihnen diese ritterliche Unter:
nehmung abgerathen haben. Man zeigt hier eine
lederne Kanone. In eben diesem Zeughause verwahrt
man einen eisernen Schiffschnabel der Alten, den man
im Hafen gefunden hat — ein Rostrum im eigentlichen
Sinn; denn es ist in der Gestalt eines wilden Thier:
kopfes mit einem Rüssel gearbeitet. Auf dem Wege
vom Pallaste des Doge nach der Kirche Carignan,
gehet man über eine breite, hohe, steinerne Brücke,
deren Zweck ist, die Hügel Carignan und Sarzano
mit einander zu verbinden. Sie ist so hoch, daß unter
ihren Bogen Häuser von sechs Stockwerken stehen,
und einen ansehnlichen Luftraum zwischen ihren Dächern
und der Brücke lassen. Von der einen Seite der
Brücke übersieht man einen großen Theil der Stadt,
von der andern den Hafen, und einen Theil der abend:
ländischen Küste. Diese Brücke soll einer aus dem
Hause Sauli haben bauen lassen.

Die Vorfahren dieses edelmüthigen Bürgers ha:
ben die Kirche Carignan gestiftet. Galeazzo Alessi
Perugino hat sie gebaut. Sie ist schön, hell und
edel.

Vier kolossalische Bildsäulen von Marmor schmücken
sie. Die schönste stellt den heiligen Sebastian vor,
welcher, nackt an einen Stamm gebunden, schon zwei
Pfeilwunden in der Seite hat. Würde des Märtyrers,
Vorgefühl des Himmels, und Schmerz der duldenden

Natur sind voll Ausbrucks auf seinem Gesicht ver=
bunden. Der Leib ist sehr schön und wahr.

Petrus und Johannes, vor der Thür des Tem=
pels, und der Gichtbrüchige, von Dominico Piola, ist
ein schönes Gemälde. Der Kranke ist vortreflich;
aber Petrus ist nicht in der hohen Apostelwürde dar=
gestellt, mit welcher er dem um Almosen bittenden
Gichtbrüchigen die erhabnen, mit Kraft begleiteten
Worte zurief: "Silber und Gold habe ich nicht, was
ich aber habe, das gebe ich dir; im Namen Jesu
Christi von Nazareth, stehe auf und wandele!" (Apost.
Gesch. III., 6.)

Gestern besahen wir drei Palläste hinter einander.
Der erste von Marcellino Durazzo übertrifft an königs
licher Pracht selbst den rothen Pallast von Brignole.
Man wird es in Genua sinnlich inne, daß man in
den Pallästen der Gläubiger von Europens Fürsten
ist. Gleich in einem der ersten Säle sieht man drei
große Gemälde von Luca Giordano, den sterbenden
Seneca, Olint und Sophronia, Perseus, welcher mit
dem Medusenhaupt den Phineus versteinert zu Boden
stürzt. Sie sind voll Kraft. Das zweite stellt den
Augenblick vor, da Clorinda zu Pferde ankommt und
die beiden Geliebten, welche schon, um verbrannt zu
werden, an denselben Pfahl gebunden sind, befreiet.
Welchem Leser des Tasso ist diese Scene nicht ge=
genwärtig?

Eine Magdalena zu den Füßen des Heilands,
als er mit den Pharisäern zu Tische saß, von Paul
Veronese. Das Stück ist sehr schön, und gut erhalten. Die beiden Hauptpersonen scheinen mir doch
nicht so gut als einige der andern. Der Besitzer des
Pallastes soll eine Kopie dieses Gemäldes haben,
welche dem Original so ähnlich ist, daß man sie nie
veräußern wollte, damit sie nicht als Original möchte
gezeiget werden.

Juno, welche die Augen des Argus auf die
Federn des Pfauen setzen läßt, von Rubens. Vor
ihrem Wagen liegt der Leib des Argus, dieser ist vortreflich. Sehr wohl hat der Maler gethan, den blutigen Theil des Rumpfes zu verbergen. Aber widrig
bleibt immer die Vorstellung der weiblichen Figur,
welche den Kopf in der Hand hält, und Augen heraus holt. Sehr widrig auch der Anblick der Augen,
welche Juno auf ihrer flachen Hand, wie Farben auf
einer Pallette, liegen hat.

Von einem hohen und großen Söller dieses
Pallastes sieht man den ganzen Hafen, und weit über
den Hafen das Meer. Die Häuser in Genua haben
keine flache, aber doch niedrige Dächer von Schiefer.
Die Palläste haben oben große Söller, auf welchen
die Bewohner zwischen Pomeranzenbäumen und Blumen der frischen Luft genießen können. Wenn man
ermüdet von den vielen Gemälden, deren Wirkung
durch zu schnelle Uebersicht sich selber zerstört, nach-

ıft und Freiheit zu lechzen anfängt, so ist ein Blick
uf die große Natur wahre Stärkung.

Sie ermüdet uns nie; von den Werken der Kunst
ehrt man wie ein Kind von Puppen, zu den Armen
ıd in den Schooß der allmilden Mutter zurück.

Der Pallast von Marcello Durazzo (jener heißt
Marcellino) ist nicht so prächtig wie der vorige, aber
ı Gemälden nicht minder reich. Auch von diesen
nne ich nur einige.

Achilles Geschichte in sechs Bildern von sechs ver-
iebnen Meistern schien mir sehr kalt. Man sollte
nken, diese Maler hätten den Inhalt der homerischen
esänge gelesen, die Gesänge selber nicht. Das große
eal seines Helden haben sie nicht gefaßt.

Ein Christus mit dem Zinsgroschen von Guercino.
iefes Stück scheint dem von van Dyk, welches ich
rgestern sah, den Kampfpreis streitig zu machen.
er Christus von van Dyk hat mehr Macht, doch ist
ıch der von Guercino voll Kraft und Würde. Es
einer der wenigen Christusköpfe, welche dem christ=
hen Auge genügen können, in so fern ein Maler,
elcher sich an diesen Gegenstand waget, ihm genügen
nn. Drei Schriftgelehrte contrastiren trefflich mit
r erhabnen Größe des Erlösers. Derjenige, welcher
m in's Gesicht schaut, indem er ihm den Zinsgroschen
rhält, will ein ehrlicher Frager scheinen, und ist —
an sieht es ihm so deutlich an — ein forschender
chalk. Halb hinter ihm steht ein andrer, mit spitz=

keine große Achtung hatte. Ich bin auch weit ent=
fernt, diese Fertigkeit mit jener Begeisterung zu ver=
gleichen, welche in Stunden der Weihe unwillkührlich
den Dichter ergreift und mit Blitzen, die er nicht
rufen kann, entflammet. Aber angeboren ist doch auch
jene Fertigkeit und auf ein Volk eingeschränkt, dessen
Lebhaftigkeit allgemein, dessen productive Kraft groß
ist und auch in unsterblichen Werken jeder Art sich
geäußert hat. *)

Ernst hatte heute die Freude, einen Riesen zu
sehen. Es ist ein Deutscher aus der Gegend von
Frankfurt am Main. Er ist mehr als zwei Köpfe
über die gewöhnliche Menschengröße, aber, gleich an=
dern Riesen, die ich gesehen, scheint er unbehülflich
und schwach. Ich mußte lachen über einen Menschen,
welcher, wiewohl der Riese ganz gewöhnliche Stiefeln
anhatte und seine Arme und Hände in vollkommenem
Ebenmaaße mit der ganzen Größe waren, dennoch
auf den absurden Gedanken fiel, daß jener sich durch

---

*) Auch die Portugiesen haben Improvisatori. Den spa=
nischen Schauspielern soll ein ähnliches Talent eigen
seyn. Ihrer Dichter Schauspiele sind, wie man mich
versichert, oft nur eine Art von Skizzen. Die Schau=
spieler fügen von dem Ihrigen hinzu, ohne vorher=
gegangene Abrede. Ihr Witz wetteifert mit dem
Dichter, und zugleich sucht ein Spieler den andern
an genialischen Einfällen zu übertreffen. Dasselbige
Stück wird daher jedesmal mit neuen Veränderungen
gespielt.

he Sohlen groß scheinen machte. Der Riese be=
ämte ihn, indem er einen Stiefel auszog. Ich
reibe dir diesen Zug, weil er mir charakteristisch
r eine gewisse Art von anmaßendem Unglauben
seyn scheint. Das Männchen dünkte sich weiser
s wir andern zu seyn, weil es an der Größe eines
iesen zweifelte, der leibhaftig vor ihm da stand.

Fünf und dreißigster Brief.

Es scheinet mir oft ein eitles Bemühen, mein Freund, aus dem Meere von Schönheiten jeder Art, vor denen ich flüchtig vorüber eile, mit flacher Schale der Oberfläche etwas für dich zu entschöpfen. Vom Sehenswerthen kann ein Reisender nur das wenigste sehen, weil dessen so viel in diesem Lande ist; die Gegenstände, welche er sieht, drängen sich

— velut unda supervenit undam

Hor.

und verwirren die Erinnerung. Und dann, wie schwer sich selber zu genügen, wenn man den Eindruck von Werken der Natur oder des Genius einem andern mittheilen will!

Vorgestern begannen wir mit dem Pallaste von Brignole, welcher auch der rothe Pallast genannt wird, um ihn von einem andern, der auch einem Brignole gehört und gerade gegenüber steht, zu unterscheiden. Nicht wegen seiner Pracht, sondern seiner Gemälde wegen, besuchten wir ihn. Doch ist seine Pracht zum Erstaunen groß, und dabei voll Geschmack.

Die berühmtesten Palläste unsrer Privatpersonen sind armselig gegen diese Palläste, und wenn ich den Rittersaal im Kopenhagener Schlosse, oder den ungeheuren neuen Pallast des Prinzen Potemkin in Petersburg ausnehme, so scheint mir alles, was ich in den Schlössern der Fürsten und Könige gesehen habe, nur Flitter gegen die Pracht der vornehmen Genueser.

Von den vielen Gemälden, die ich hier sowohl in Pallästen als in Kirchen sehe, werde ich nur einige, so wie ihr Bild mir am gegenwärtigsten geblieben, auszeichnen. Im Pallaste Brignole: Der Sonnengott auf seinem strahlenden Wagen mit den vier Jahrszeiten als kleine Genien, und mit Horen, welche Blumen streuen; von Dominico Piola. Die eine Hore ist von unaussprechlicher Lieblichkeit und Anmuth.

Ein großes Portrait eines Brignole auf einem weißen Rosse; gegenüber die Frau dieses Brignole; beide von van Dyck.

Christus, welcher die Wechsler und Taubenkrämer aus dem Tempel treibt; von Guercino. Heiliger Ernst und herrschende Würde sind vortreflich auf dem Antlitze Christi ausgedrückt. Eine Taubenkrämerinn schaut mit Erstaunen hin; ein Wechsler scheint unwillig, doch geschreckt, sich aufzumachen; Schrecken bezeichnet die Fliehenden.

Christus mit dem Zinsgroschen, von van Dyck. Ein erhabnes Gemälde. Das Antlitz Christi und seine Stellung sind im höchsten Grade schön und edel.

Der natürlichste und stärkste Ausdruck von betroffner
Schalkheit charakterisirt die beiden Schriftgelehrten.
Man table nicht den Anstrich des Komischen, den sie
haben; betroffne Schalkheit, vereitelte Hinterlist erregen
immer Lust zum Lächeln, so siegend auch der Unwille
seyn mag. Christi Blick schaut tief in ihre zerrütteten
Seelen hinein. Es ist ein herrliches Stück.

Eine schöne heilige Familie von Jul. Cäsar
Procaccini.

Von diesen genannten Gemälden ist mir die Erinnerung deutlich geblieben. Im Pallaste mögen wohl
hundert und funfzig Stück seyn, und sehr viele Meisterstücke darunter, deren Eindruck durch ihre Anzahl in
mir geschwächt wird.

Die ehemalige Jesuiterkirche, jetzt Kirche des heiligen Ambrosius, ist von großer Pracht. Die ganze
Kirche ist al Fresco bemalt, von Carloni.

Ueber dem Hauptaltar steht ein großes Gemälde
von Rubens, die Beschneidung. Da er es in Antwerpen malte, und man ihm aus Irthum die Höhe,
in welcher es hängen sollte, falsch bestimmt hatte, so
hängt es nicht zu seinem Vortheil.

Schöner scheint mir ein Ignatius Lojola, welcher
eine Besessene heilt, und todte Kinder erweckt. Die
stille, sanfte Größe des Heiligen kontrastirt vortreflich
mit der Wuth des besessenen Weibes, in deren Stellung, mit zurück geworfnem Halse und aufschwellender
Kehle, fürchterlicher Ausdruck ist.

Mariä Himmelfahrt von Guido Reni ist von himmlischer Schönheit, und schien mir wenigstens so schön als die berühmte Himmelfahrt Mariä eben dieses Meisters in Düsseldorf. Hier ist sie schon hoch in den Wolken, Engel umschweben sie. Die Apostel sehen ihr mit staunender Liebe nach.

Der Pallast des Doge ist schön, aber verliert bei der Vergleichung mit vielen Pallästen hiesiger Privatpersonen. Man vermißt den Marmor bei den Säulen, die mit Tünche überzogen sind. Der ganze Bau scheint mir mehr Anspruch auf Größe, als Größe zu zeigen. Vor der Vortreppe auf dem Hofe stehen marmorne Bildsäulen von Andreas und Johann Andreas Doria. Sie sind schlecht gearbeitet, nicht besser vielleicht als die Bildsäulen preußischer Feldherren auf dem Wilhelmsplatz in Berlin.

In diesem Pallaste sind die Säle des großen und des kleinen Raths. Der erste ist sehr groß, mit Säulen geschmückt. Die großen Statuen scheinen mir nicht schön, und die Gemälde nicht edel. Für viele, welche diesen Saal noch schmücken sollen, ist Platz gelassen.

Der Saal des kleinen Raths ist schön, die Gemälde scheinen mir bunt und dürftig. In diesem Pallast ist das Zeughaus, welches furchtbar versehen und wohl geordnet ist. Unter andern zeigt man hier etliche dreißig Panzer, welche, wie man sagt, genuesische Weiber für sich hatten machen lassen, um im An-

fang des 14ten Jahrhunderts einen Kreuzzug zu
machen. Der Pabst soll ihnen diese ritterliche Unternehmung abgerathen haben. Man zeigt hier eine
lederne Kanone. In eben diesem Zeughause verwahrt
man einen eisernen Schiffschnabel der Alten, den man
im Hafen gefunden hat — ein Rostrum im eigentlichen
Sinn; denn es ist in der Gestalt eines wilden Thier-
kopfes mit einem Rüssel gearbeitet. Auf dem Wege
vom Pallaste des Doge nach der Kirche Carignan,
gehet man über eine breite, hohe, steinerne Brücke,
deren Zweck ist, die Hügel Carignan und Sarzano
mit einander zu verbinden. Sie ist so hoch, daß unter
ihren Bogen Häuser von sechs Stockwerken stehen,
und einen ansehnlichen Luftraum zwischen ihren Dächern
und der Brücke lassen. Von der einen Seite der
Brücke übersieht man einen großen Theil der Stadt,
von der andern den Hafen, und einen Theil der abend-
ländischen Küste. Diese Brücke soll einer aus dem
Hause Sauli haben bauen lassen.

Die Vorfahren dieses edelmüthigen Bürgers haben die Kirche Carignan gestiftet. Galeazzo Alessi
Perugino hat sie gebauet. Sie ist schön, hell und
edel.

Vier kolossalische Bildsäulen von Marmor schmücken
sie. Die schönste stellt den heiligen Sebastian vor,
welcher, nackt an einen Stamm gebunden, schon zwei
Pfeilwunden in der Seite hat. Würde des Märtyrers,
Vorgefühl des Himmels, und Schmerz der duldenden

Natur find voll Ausdrucks auf feinem Geſicht ver=
bunden. Der Leib iſt ſehr ſchön und wahr.

Petrus und Johannes, vor der Thür des Tem=
pels, und der Gichtbrüchige, von Dominico Piola, iſt
ein ſchönes Gemälde. Der Kranke iſt vortreflich;
aber Petrus iſt nicht in der hohen Apoſtelwürde dar=
geſtellt, mit welcher er dem um Almoſen bittenden
Gichtbrüchigen die erhabnen, mit Kraft begleiteten
Worte zurief: "Silber und Gold habe ich nicht, was
ich aber habe, das gebe ich dir; im Namen Jeſu
Chriſti von Nazareth, ſtehe auf und wandele!" (Apoſt.
Geſch. III., 6.)

Geſtern beſahen wir drei Palläſte hinter einander.
Der erſte von Marcellino Durazzo übertrifft an könig=
licher Pracht ſelbſt den rothen Pallaſt von Brignole.
Man wird es in Genua ſinnlich inne, daß man in
den Palläſten der Gläubiger von Europens Fürſten
iſt. Gleich in einem der erſten Säle ſieht man drei
große Gemälde von Luca Giordano, den ſterbenden
Seneca, Olint und Sophronia, Perſeus, welcher mit
dem Meduſenhaupt den Phineus verſteinert zu Boden
ſtürzt. Sie ſind voll Kraft. Das zweite ſtellt den
Augenblick vor, da Clorinda zu Pferde ankommt und
die beiden Geliebten, welche ſchon, um verbrannt zu
werden, an denſelben Pfahl gebunden ſind, befreiet.
Welchem Leſer des Taſſo iſt dieſe Scene nicht ge=
genwärtig?

Die vornehmen Damen scheinen sich häufig mit Zeichnen und Malen zu beschäftigen. In drei Pal= lästen zeigte man uns Copien von Gemälden, welche die Besitzerinnen gemacht hatten. Auch sahen wir in ihren Zimmern artige Handarbeit und theils franzö= sische, theils italienische Bücher.

Die Regierung von Genua wird als milde ge= rühmt. Die Unterthanen auf dem Lande geben sehr geringe Abgaben, besonders die von der Riviera di Ponente, wo fast jedes Dorf seine besondern Verträge mit der Stadt machte, als der Staat sich der fremden Herrschaft entriß. Jeder Fremde, welcher zehn Jahre in Genua gewohnt hat, kann als Bürger aufgenom= men werden; hierin sind die Protestanten nicht ausge= schlossen. Mit den Türken, hauptsächlich mit den Barbaresken, führt Genua ewigen Krieg. Doch wa= gen sich die Galeeren der Republik nicht in's hohe Meer und haben seit zwei Jahren kein Schiff erobert, also auch keine Gefangene gemacht.

Noch in diesem Monate werden über hundert tür= kische Gefangene, die sich losgekauft haben, in ihre Heimath ziehen. Einige zwanzig Marokkaner hat neu= lich ein hiesiger Kaufmann, dem des Kaiser von Marokko eine Gefälligkeit erwiesen hatte, um seine Dankbarkeit zu zeigen, losgekauft.

Sechs und dreißigster Brief.

Pavia, den 12ten November 1791.

Noch am 6ten stand der Thermometer auf zwölf Grad über dem Eispunkt, und am 8ten, als wir Genua verließen, fiel Schnee mit einem schneidenden Winde, welcher so empfindlich war, daß wir froren, wie ich selten im November gefroren habe. Genua soll berüchtigt seyn wegen der unbeständigen Witterung. Die Geschichte beweiset gleiche Unbeständigkeit des Volks. Auch die Alten stellen die Ligurer als ein eitles, unbeständiges, wiewohl hartes, arbeitsames Volk vor.

Auf der schönen Landstraße, welche nach Campomarone geht, war das Ungemach der bösen Witterung erträglicher als auf der Bochetta, wo wir oft dem Winde, der von der Höhe her mit scharfer Schneeluft wehete, auf glatt gefrornem Wege, mit strauchelnden Maulthieren langsam entgegen fahren mußten. Am Abend erreichten wir Voltaggio, einen Flecken, der am nördlichen Abhang der Bochetta liegt. Am 9ten war die Luft kalt, aber wir hatten schönen Son-

nenschein. Wir ließen Gavi mit seiner hohen Berg-
festung zur rechten Hand liegen, und kamen Mittags
in Novi an. Durch eine fruchtbare Ebne des sardinischen Mailands fuhren wir bis Tortona, einer ansehnlichen Stadt, welche ehemals eine Colonie der
Römer, von ihnen Dertona genennet ward.

Vorgestern reiseten wir nach einer kalten Nacht
bei heiterm Himmel hier her. Uns zur Rechten erhob
sich der Apennin, zur Linken die ferne Reihe der Alpen. Nicht nur sahen wir am Morgen Pfützen mit
Eis bedeckt, sondern auch noch am Nachmittage fanden
wir Eis in den tiefen Stellen des Weges, welcher
durch eine Ueberschwemmung des Po im vorigen Monate sehr verderbt worden.

Diese Ueberschwemmung hatte eine Strecke der
fruchtbaren Lombardei übersandet, und soll überhaupt
großen Schaden angerichtet haben. Ich halte dieses
Land, dessen außerordentliche Fruchtbarkeit mit Recht
so berühmt ist, für sehr ungesund. Die vielen Flüsse,
die es wie einen Garten wässern, treten oft über ihre
Betten, und lassen schleichende Wasser zurück. Was
die Natur unterläßt, befördert des Menschen Fleiß;
er leitet Gewässer auf die Reisfelder, welche in Fäulniß gehend ihm gesunde Nahrung gewähren, aber die
Luft mit bösen Dünsten erfüllen. Diese große Ebne
ist ermüdend für das Auge, im Sommer muß sie
beschwerlich seyn. Zwar ist sie mit vielen Maul-

beerbäumen bepflanzt, aber umsonst sieht man sich
nach schattenden Wäldern um. Die großen Bäume,
welche hie und da wachsen, geben einen traurigen
Anblick, und erinnern nur an den Schatten, welchen
zu geben die Natur sie bestimmt hatte. Da den Last=
thieren das Laub vorgeworfen wird, so sind sie oft
bis zur Krone behauen, und treiben dünne Zweiglein,
welche man nie zu Zweigen, geschweige zu Aesten ge=
deihen läßt. Die Maulbeerbäume sind wie unsre
Dorfweiden behauen, damit sie desto ergiebiger an
Laub seyn mögen.

Sehr willkommen war uns der schöne Po, des=
sen Ufer mit ungeschauerten Pappeln gekränzet sind.
Er ist hier, da er seit seinem Laufe bei Turin schon
viele Flüsse aufgenommen, von einer sehr ansehnlichen
Breite. Wir fuhren über ihn auf einer fliegenden
Schiffbrücke. Die schon niedrige Sonne und die
Pappeln der Ufer riefen uns lebhaft die Fabel des
Phacton zurück, der vom Sonnenwagen in diesen
Strom stürzte, dessen weinende Schwestern in Pap=
peln verwandelt wurden.

Eine Viertelstunde vor dieser Stadt fuhren wir
in einer Fähre über den Canal Ticinello, welchen
Franz der Erste, König von Frankreich, graben ließ.
Er scheidet jetzt den sardinischen Antheil Mailands
vom Oesterreichischen. Gleich vorn in Pavia fuhren
wir über die große Brücke des lautern und reißenden

Flusses Ticino. Sie ward gebauet von Galeazzo
Visconti, erstem Herzoge von Mailand, der im Jahre
1402 starb. An diesem Flusse, nicht weit vom Po,
in welchen er sich ergießt, besiegte Hannibal die Römer in einem Treffen der Reiterei. In dieser Schlacht
rettete, noch sehr jung, der große Scipio seinem Vater, welcher die Römer anführte, das Leben.

Nach dem Flusse Ticinus (Ticino, Tessino) nannten die Römer diese Stadt Ticinum. Nachher hat
man sie Papia genannt, ehe sie ihren jetzigen Namen
Pavia erhielt. Ansehnlicher als jetzt, wenigstens nach
dem Verhältniß der Zeit, mag sie gewesen seyn als
hier lombardische Könige ihren Sitz hatten. Die Zahl
ihrer Einwohner wird ohngefähr auf dreißigtausend
Menschen geschätzt.

Sie ist berühmt wegen ihrer Universität, welche
von Karl dem Großen gestiftet, von Karl dem Vierten erneuert, und vor ohngefähr zwanzig Jahren, unter der Regierung der guten Maria Theresia und unter den Augen des verdienstvollen Grafen von Fir-
mian, in ihren jetzigen Zustand gesetzet worden. Man
rühmt die Rechtschaffenheit, den Eifer, die Geschicklichkeit der Lehrer in der Theologie, welchen der römische Stuhl eben nicht soll gewogen seyn, weil sie,
als ächte, aufgeklärte Katholiken, ihre Lehre mehr auf
die Aussprüche der allgemeinen Concilien, als auf
Lehrsätze der Päbste gründen. In einigen wichtigen

Wissenschaften, in der Jurisprudenz, Philologie und Philosophie, mag sie vielleicht vielen deutschen Universitäten nachgehen, aber keine vielleicht ist ihr gleich an großen Lehrern in der Arzneiwissenschaft, der Naturkunde, der Physik und Astronomie. Für diese Behauptung mögen die großen Namen ihrer jetzt lebenden Lehrer bürgen, eines Spalanzani, Frank, Fontana, Volta, Scarpa, und andrer, deren Ruhm nicht so weit erschollen, die aber als trefliche Männer von ihren Gehülfen gerühmt werden.

Unser Landsmann Frank, ein so rechtschaffener Mann als großer Arzt, führte uns in's Museum. Es ist reich an anatomischen Präparaten, an Injectionen von Scarpa, welcher über die Anatomie lieset, und an Naturalien mancher Art. Im vordersten Zimmer liegt unter einem Glasdeckel, welcher aufgehoben wird, eine schöne weibliche Figur von Wachs in Lebensgröße. Wenn man die Kunst der äußern Arbeit bewundert hat, wird man auf eine interessante, aber mir schauervolle Art überrascht, durch Abnehmung der Oberfläche des Leibes, welcher in verschiednen Schichten, deren eine nach der andern entblößet wird, den ganzen innern Bau eines schwangern Weibes enthält.

Das Museum ist im großen Gebäude der Universität. Dieses enthält auch die Hörsäle. Nahe bei Frank's Hörsaal ist das kleine Hospital von zwanzig Betten, auf welchen immer ausgesuchte Kranke

des großen Hospitals. liegen, in dem dreihundert
Kranke verpflegt werden. Hier führt dieser große
Arzt seine Zuhörer, deren Zahl sich manchesmal auf
hundert und funfzig erstrecket, vor die Betten der
Kranken, wo die Natur selbst auf die augenscheinlichste,
nachdrücklichste Art einen Unterricht giebt, deren Doll=
metscher zu seyn Frank so fähig ist.

Jedes Kranken Geschichte verfolgt Frank mit sei=
nen Zuhörern, deren einer immer sich vorzüglich mit
einem Kranken beschäftiget. Er hält diese Vorlesung
auf Lateinisch, um nicht den armen Gegenstand zu
beunruhigen. Auch schreibt Frank über jeden Kran=
ken einen besondern Aufsatz, welcher in ein Protokoll
getragen wird. Stirbt der Patient, so wird er anato=
mirt. Hierzu wird die ganze Facultät eingeladen,
in deren und der Studenten Gegenwart der Todte
secirt wird. Die Geschichte der Section wird auch
in's Protokoll getragen. So unterwirft Frank sein
bei Lebzeiten des Kranken gefaßtes Urtheil dem un=
widerlegbaren Ausspruche des Augenscheins.

Er hat die medicinische Oberaufsicht über alle
Hospitäler in den Herzogthümern Mailand und Man=
tua. Die Aerzte müssen ihm Berichte senden. Auch
diese Berichte dienen den studierenden Jünglingen zum
Unterricht. Die Geschichte seiner Hospitalskranken
wird er mit anatomischen Kupferstichen herausgeben.

Die Anzahl der Studierenden beläuft sich auf
zwölfhundert Jünglinge. In sechs verschiedenen Col=

legien werden Studenten umsonst unterrichtet. Das
eine ist vom großen Carlo Borromeo gestiftet worden.
Die Collegien unterscheiden sich durch die Farben ihrer Mäntel, und tragen über der rechten Schulter
ein gebrämtes Zeichen. Die Universität hat vier und
zwanzigtausend holländische Dukaten jährliche Einkünfte.
Sie hat einen schönen botanischen Garten.

Wir haben den Abt Bertola kennen gelernt, dessen Buch über die deutsche Litteratur, und Lobrede
auf Geßner, auch in Deutschland bekannt sind. Er
liebt unser Vaterland, hat schon drei Reisen nach
Deutschland gemacht, arbeitet jetzt an einer Reisebe-
schreibung, und sinnet wieder auf eine vierte Reise.
Es ist ein interessanter und freundlicher Mann.

Auf einem Platze der Stadt, welcher der kleine
heißet, stehet die eherne Bildsäule zu Pferde von
Antoninus Pius. Eherne Bildsäulen des Alterthums
sind selten, aber diese bedarf nicht das zufällige
Verdienst der Seltenheit, um merkwürdig zu seyn.
Das Roß ist weder von tadelloser Schönheit, wie das
kolossalische von Friedrich des Fünften Bildsäule in
Kopenhagen, noch hat es eine so kühne Stellung, wie
das von Peter dem Ersten in Petersburg. Aber es
gewinnt jeden Augenblick vor dem Auge des An-
schauenden; es belebt sich. Es scheint zu brausen und
von Bögen unter dem Fuße voll Ungeduld, nicht
berührend zu stehen.

Stare loco nescit, micat auribus, et tremit artus,
Collectumque premens volvit sub naribus ignem.

Virg. Georg. III. 84. 85.

Stampft unstät, und reget das Ohr, und erbebt an
den Gliedern,
Und dick schnaubt's aus der Nase den Schwall des
gesammelten Feuers.

Voß Uebers.

Kunstfleiß vermag, mit Talent verbunden, der
Natur ihr Ebenmaaß abzusehen; vermag durch schwel=
lende Nüstern und starrende Adern des Halses auf
Feuer des Rosses zu deuten, aber nur lebendiges
Genie vermag eine Gestalt, von der Scheitel bis zur
Ferse, oder von der Spitze des ausdrucksvollen Pferde=
ohres bis zum Huf, mit diesem Leben zu beleben!
Und doch war das Jahrhundert des Antoninus die
Zeit des Verfalls griechischer Kunst. Das Roß gleichet
einem feinen, feurigen türkischen Pferde.

Die Stellung des Kaisers ist gut gedacht; voll
Ruhe, welche mit der Ungeduld des Pferdes kon=
trastirt, sitzt er da, die rechte Hand mit sanfter Krüm=
mung des Armes ausstreckend, als besänftigte er er=
regte Schaaren. Aber seine ganze Gestalt ist kalt,
steif, leblos.

Auf einem andern Platze steht eine große eherne
Bildsäule von Pabst Pius, dem Fünften. Sie scheint
mir schön zu seyn. Eben diese von Marmor steht

wo ich nicht irre, in einem öffentlichen Gebäude, ich habe die letztere nicht gesehen.

Die Aussichten von beiden Seiten der Brücke über den Ticino sind sehr schön. Auf der einen Seite siehst du die fernen Alpen, und zwischen den mit Pappeln gekränzten Ufern eine liebliche, von hohen Bäumen beschattete Insel. Auf der andern Seite verliert sich zwischen Pappeln beider Ufer der lautre Strom.

Das Land liegt tief, an vielen Stellen achtzig Fuß unter dem Lago maggiore. Daher die künstlichen Wässerungen aus den Flüssen und Canälen leichter anzubringen waren als an andern Orten. Diese haben hier den größten Gipfel der Kunst erreicht und geben dem Boden, welcher an vielen Stellen, selbst in der gerühmten Gegend von Lodi, sandig seyn soll, seine große Fruchtbarkeit. Das Gras wird in diesem Lande fünfmal gemähet. Der vorige König von Preußen verglich die ganze Lombardei mit einer Artischocke, von welcher seit langer Zeit jeder gern ein Blatt genommen. Das Herzogthum Mailand würde wohl der Stuhl dieser Artischocke seyn, auch hat die umwohnenden Fürsten immer am meisten nach diesem Lande gelüstet.

Ich habe heute auch die Bekanntschaft des durch seine Erfahrungen in der Electricität so berühmten Ritters Volta und des großen Spalanzani gemacht. Dieser ist ein freundlicher und feuriger Mann, dessen

Charakter so hoch als seine Wissenschaft geschätzet
wird. Du weißt, daß er zu den großen Erfindern
unsrer Zeit gehört.

Wiewohl das Wetter kalt ist, indem der Ther=
mometer auf fünf Grad unter dem Eispunkt steht,
sind doch noch verschiedne Bäume ziemlich belaubt
und grün. Man muß nicht von der frühen Kälte auf
harte Winter schließen. Selbst im Winter 1788 — 89
fiel der Thermometer hier nicht unter zehn Grad
unter dem Eispunkt nach Reaumür. Man frieret
in den Zimmern, weil sie schlecht gegen die Kälte
verwahrt sind. Die Italiener tragen viel mehr
Kälte im Zimmer als wir. Man sagt dasselbe von
den Spaniern. Ich höre, daß unsre Kaiserinn, als
sie im vorigen Jahr von Florenz nach Wien zog, sich
soll vorgenommen haben, nicht nur des Ofens, son=
dern auch des Kamins zu entbehren. Ich habe einen
spanischen Gesandtschaftsprediger in Kopenhagen ge=
kannt, welcher nie einheizte. Er trank, sobald er des
Morgens aufgestanden war, einige Gläser eiskaltes
Wasser, hüllte sich in einen dicken Mantel, las und
schrieb an seinem Schreibtische.

Hier ist eine sehr alte Kirche, dem Engel Michael
gewidmet. Ich habe keine von roherer Bauart noch ge=
sehen. In ihr wurden die lombardischen Könige gekrönt.
Sie ist äußerlich mit vielen Bildern von Stein geziert,
oder vielmehr verunstaltet. Zwischen Thieren und
Geschöpfen einer verwilderten aber dürftigen Phantasie,

fah ich einen Engel, welcher sich mit einem Teufel um
ein Herz zanket.

Die Luft, welche im ganzen Mailand nicht gesund
ist, soll in Pavia besonders ungesund seyn, und vor=
züglich im Sommer. Junge Deutsche, welche sich der
Naturkunde oder der Arzneiwissenschaft widmen, können
die heiße Zeit vermeiden, da die Vorlesungen im An=
fange des Novembers beginnen, und mit dem Juni
endigen. Eine Einrichtung, welche freilich einen Lauf
der Studien von vier bis fünf Jahren voraussetzt,
aber für Jünglinge, welche die Zeit der Ferien zu
wissenschaftlichen Uebungen anzuwenden wissen, ohne
Zweifel von großem Nutzen ist.

CPSIA information can be obtained
at www.ICGtesting.com
Printed in the USA
BVHW090913060219
539622BV00034B/1880/P